权威 · 前沿 · 原创

皮书系列为

“十二五”“十三五”国家重点图书出版规划项目

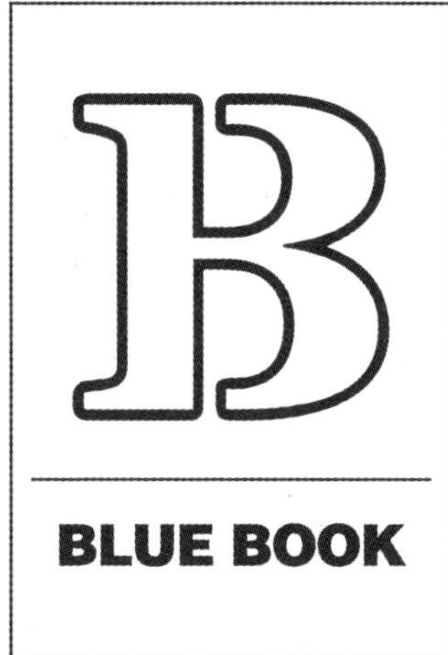

智库成果出版与传播平台

广东城乡融合发展报告（2021）

ANNUAL REPORT ON URBAN-RURAL INTEGRATION OF GUANGDONG PROVINCE (2021)

主　　编 / 郭跃文　顾幸伟
执行主编 / 刘　伟　任志宏

社会科学文献出版社
SOCIAL SCIENCES ACADEMIC PRESS (CHINA)

图书在版编目(CIP)数据

广东城乡融合发展报告. 2021 / 郭跃文，顾幸伟主编. -- 北京：社会科学文献出版社，2021.5
（乡村振兴蓝皮书）
ISBN 978 -7 -5201 -8197 -6

Ⅰ. ①广… Ⅱ. ①郭… ②顾… Ⅲ. ①城乡建设 - 区域经济发展 - 研究报告 - 广东 - 2021 Ⅳ. ①F299.276.5

中国版本图书馆 CIP 数据核字（2021）第 060954 号

乡村振兴蓝皮书
广东城乡融合发展报告（2021）

主　　编 / 郭跃文　顾幸伟
执行主编 / 刘　伟　任志宏

出 版 人 / 王利民
责任编辑 / 陈　颖　桂　芳

出　　版 / 社会科学文献出版社 · 皮书出版分社（010）59367127
　　　　地址：北京市北三环中路甲 29 号院华龙大厦　邮编：100029
　　　　网址：www.ssap.com.cn
发　　行 / 市场营销中心（010）59367081　59367083
印　　装 / 三河市东方印刷有限公司

规　　格 / 开 本：787mm × 1092mm　1/16
　　　　印 张：26.5　字 数：439 千字
版　　次 / 2021 年 5 月第 1 版　2021 年 5 月第 1 次印刷
书　　号 / ISBN 978 -7 -5201 -8197 -6
定　　价 / 198.00 元

本书如有印装质量问题，请与读者服务中心（010 - 59367028）联系

《广东城乡融合发展报告（2021）》
编　委　会

《广东城乡融合发展报告（2021）》
编　写　组

主要编撰者简介

郭跃文 广东省习近平新时代中国特色社会主义思想研究中心副主任，广东省社会科学院党组书记，广东省社会科学界联合会副主席，省政协委员。合作研究成果有《国家能力支撑下的市场孵化——中国道路与广东实践》（人民出版社，2019）、《中国经济特区四十年工业化道路》（社会科学文献出版社，2020）。主要研究公共行政管理、广东改革开放史。

顾幸伟 中共广东省委农办主任，省农业农村厅党组书记、厅长，省扶贫办主任，广州市天河区人大代表。主要研究“三农”政策。

刘　伟 经济学研究员，广东省社会科学院国际问题研究所所长。相关研究成果有《广东改革开放百村探索》（广东省委宣传部专项理论研究课题2016）；著作《乡村振兴启示录》（2018）、《乡村振兴启示录：改革开放40年中山乡村高质量发展探索》（2019）；国家专项规划编制《粤港澳大湾区文化和旅游发展规划》（2020）。主要研究粤港澳合作、“三农”问题、产业与区域经济。

任志宏 经济学研究员，教授，财政部金融问题研究专家，广东省社会科学院港澳台研究中心主任。研究成果有《广东省建设珠江三角洲金融改革创新综合试验区总体方案》《飞地经济的理论与实践研究》《粤港澳大湾区数字经济发展报告》。主要研究区域金融发展、“一国两制”与港澳台、粤港澳大湾区政策与制度。

邓宏图　经济学教授、博士生导师，广州大学新结构经济学研究中心主任，国家社科基金重大攻关项目首席专家。主要研究契约理论、农业经济学与乡村社会转型、政治经济学、新结构经济学，在《经济研究》《管理世界》《经济学季刊》《中国社会科学》等学术杂志发表论文百余篇。

前 言

改革开放40多年来，广东从一个经济相对落后的农业省发展成为全国第一经济大省，创造了世界工业化、城市化、现代化发展史上的奇迹。在这场史诗级发展进程中，众多伟大创举都是率先在广东农村“先行一步”，为广东经济社会腾飞提供了丰富的资源、要素、人力和机制保障支撑。可以说，“广东经济奇迹”富含丰富的广东“三农”发展基因。但随着广东城市化进程的迅猛发展，广东经济社会发展不平衡不协调已经成为困扰广东发展的突出问题。2018年10月，习近平总书记考察广东时指出，广东要推动高质量发展，提高发展平衡性和协调性。近年来，广东按照总书记指引的方向，全面实施乡村振兴战略，下大力气改变不平衡不协调状况，以发展富民兴村产业带动农业全面升级，以实施乡村建设行动推动农村面貌全面提升，以提高科技文化素质促进农民全面发展，农业农村现代化建设取得了显著成效，短板正在变成“潜力板”。

城乡发展不是此消彼长的零和博弈，而是融合发展、共享成果的共生过程。解决好“三农”问题是党的政府工作的重中之重。健全城乡融合发展机制，推动形成工农互促、城乡互补、协调发展、共同繁荣的新型工农城乡关系，是加快农业农村现代化的战略性路径选择。广东的成功实践为中国特色社会主义乡村振兴道路提供了鲜活的注脚，并以探索性、创新性和示范性，为全国各地实施乡村振兴战略，尤其是促进城乡融合发展提供启示借鉴。

新使命要有新作为。广东应以更大魄力、在更高起点上推进改革开放，在全面建设社会主义现代化国家新征程中走在全国前列，创造新的辉煌，广东农村这块热土必将再次春潮涌动，焕发勃勃生机。在习近平新时代中国特色社会主义思想指引下，广东省各级党委和政府积极谋划，主动作为，不断推进城乡融合发展，在乡村振兴和新型城镇化建设方面取得了关键突破。广东坚持以市场化、协同化思维促进形成城乡要素配置新格局，积极深化营商环境综合改革，大力推进土地、劳动力、资本、技术、数据等要素市场化综合性改革，推进农村土地“三权分置”改革，探索土地经营权有序流转模式，促进农业适度规模经营，探索城乡市场全产业链对接机制；广东坚持以集聚化、多元化思维锻造城乡产业融合发展新格局，有效利用粤港澳大湾区资本、金融、科技、人才、文化和体制机制集聚与外溢优势，积极发挥粤东西北资源要素禀赋优势，促进一、二、三产业均衡发展；广东坚持以全域化、特色化思维重塑城乡融合空间优化新格局，利用建设粤港澳大湾区和世界级城市群的发展契机，引导韶关、河源、汕尾、阳江、清远、云浮等环珠三角城市深度融入珠三角，同时，粤东西北地级市中心城区扩容提质成效明显，中小城市竞争力明显提升，小城镇服务功能增强，多中心、网络化的城镇体系基本成型。广东坚持以均等化、一体化思维构建城乡公共基础建设新格局，科学制定广州、深圳、珠江口西岸、汕潮揭、湛茂都市圈发展规划，构建协同发展机制，促进都市圈内中心城市与周边城乡同城化发展，增强都市圈综合承载能力和辐射带动作用，全面提高都市圈城镇化发展质量和城乡融合水平。广东坚持以平台化、法治化思维提升城乡融合公共治理新格局，加快“数字政府”和“智慧城乡融合”建设。

广东城乡融合发展具有浓郁的广东特征和鲜明的中国特色。广东避免了一般意义上的“城市兴、乡村衰”的老路，逐渐探索并率先走上了一条城市和农村携手并进、互利共赢的新时代发展康庄大道。广东在城乡要素市场、城乡产业发展、城乡空间布局、城乡基础设施建设、城乡社会治理等诸多方面进行了可贵探索，获得了许多宝贵经验，涌现了大量鲜活成功的案例，涉及城乡融合的空间布局、要素市场、产业发展、社区建设、集体经济收益分配、新型基建等多个方面。同时，也应清醒地看到，广东城乡融合发展中存在的重建设、轻运营，重产量、轻结构，重资源、轻机制等惯性思维，需要引起足够重视。广东城乡融合发展的责任与使命，不仅要成为“三产融合”发展的“创新地”“试验田”，更重要的意义在于广东社会主义新农村要成为新时代承载乡愁的“诗与远方”。

为总结广东的实践经验，全面系统地梳理广东推进城乡融合发展中哪些方面做得比较好，哪些方面具备比较好的条件和基础，哪些方面存在差距和不足，在中共广东省委领导和省委农办、广东省农业农村厅有关部门的支持和指导下，广东省社会科学院成立专项课题组，开展调查研究，编撰此“广东城乡融合发展报告”。我们立足广东，面向全国，归纳总结广东推进城乡融合建设的显著成效与成功经验，既全景式地描述广东乡村振兴最新成就以及城乡融合发展建设进展，又准确地研判广东城乡融合发展态势，摸查存在的问题和突出的短板，为今后围绕短板发力，加快破解城乡二元结构，促进城乡“人地钱技”四大要素自由流动提供思路与对策，为广东经济社会发展“添动力”“增后劲”。

随着困扰千百年的绝对贫困问题得到历史性解决，全面建成小康社会、实现全体人民共同富裕的中国式现代化这项长期任务已经现实地摆在我们面前。当前，我国各地城乡区域发展差距仍然比较明显，必须把城乡融合发展摆在突出位置，真抓实干践行“以人民为中心”的发展思想。城乡融合发展是个全新的重大课题，广东率先开展的促进城乡融合发展的积极探索，既是广东履行的新时代使命任务，也是在全面建设社会主义现代化国家新征程中广东继续走在全国前列、创造新辉煌实践的生动体现。

理论是灰色的，实践之树常青。本书还无法面面俱到地展现广东城乡融合发展的全貌，对其主要做法、重要成效、成功经验等方面归纳总结也是点到为止，尚未做到深入细致。我们不揣浅薄，在全国率先就省域层面的城乡融合发展进行阶段性回顾总结，希望能够抛砖引玉，为促进乡村振兴战略深入实施贡献我们的微薄力量。

郭跃文

2021 年 3 月 28 日

摘　要

本书全面梳理、呈现乡村振兴战略背景下广东城乡融合发展的主要状况。围绕广东城乡融合发展主题形成总报告，并形成要素配置篇、产业升级篇、空间发展篇、公共基础篇、城乡治理篇、理论与案例篇。本书在布局谋篇上力图全面、系统地揭示反映广东城乡融合发展的成效、特点，并分析问题、展望发展趋势、提出对策建议。

本书阐明在“总书记关切”下，广东明确推进城乡融合发展的方向，增强推动城乡融合发展的信心和决心，以及在新时代开启广东城乡融合新篇章。本书系统地论述“一核一带一区”格局下广东城乡融合发展的新实践、广东城乡融合模式的多维创新，测算评估了广东省城乡融合发展指数，分析了广东城乡融合发展中的制约因素，全面阐述了广东走向全面现代化的城乡融合发展之路：以城乡空间联动实现广东城乡融合发展、以工商资本下乡促进广东城乡融合发展、以湾区经济辐射加快广东城乡融合发展、以资源优化配置丰富广东城乡融合发展、以居民收入提升加速广东城乡融合发展、以制度创新变革推动广东城乡融合发展。

城乡融合发展突出体现在要素配置、产业升级、空间发展、公共基础、城乡治理等五个方面，本书分别围绕以下重点展开论述：一是2020年广东城乡人力资源流动、土地流转、工商资本下乡、科技资源下乡、生态资源市场供给变革催生出的新平台、新成效、新态势和新模式；二是2020年广东科技创新、现代农业产业园和乡村文旅融合发展的成效与态势；三是2020年广东推进“一核一带一区”城乡融合大格局、都市圈与核心城市加速城乡融合发展、“双循环”背景下城乡融合的举措、成效与新趋势；四是2020年广东城乡基础设施一体化、城乡公共服务均等化、城乡社会保障发展以及珠江三角洲地区社会服务乡村实践的主要情况；五是2020年广东积极完善农村集体经济运行机制、推进乡风文明建设、建构市域善治体系的举措与成效。本书还增加了城乡融合发展大量鲜活的实践，如广州黄埔区、电白沙琅镇、东莞茶山镇、南方电网城乡融合发展的先进做法和显著成效等。这些案例在不同侧面彰显着岭南特色乡村特有的现代活力和人文岭南的悠悠乡愁，在古老农耕文明与现代工业文明激烈碰撞、不断产生新的裂变与聚变中，进一步为广东经济社会高质量发展注入新活力。

关键词： 乡村振兴　融合发展　广东城乡融合

Abstract

The book comprehensively summarizes and presents the main situation of integrated development of urban and rural areas in Guangdong under the background of rural revitalization strategy. In this book, a general report was formed around the theme of Guangdong's urban-rural integration and development, and a chapter on factor allocation, industrial upgrading, spatial development, public foundation, urban and rural governance, theory and case chapters were formed. The book tries to reveal the effects and characteristics of the integrated development of urban and rural areas in Guangdong comprehensively and systematically, and analyzes the problems, looks forward to the development trend, and puts forward countermeasures and suggestions.

This book clarifies that under the "General Secretary's Concern", Guangdong has made clear the direction of promoting the development of urban-rural integration, strengthened the confidence and determination to promote the development of urban-rural integration, and opened a new chapter in Guangdong's urban-rural integration in the new era. This book systematically discussed the new practice of Guangdong's urban-rural integration development under the "One Core, One Belt and One Area" pattern, and the multi-dimensional innovation of Guangdong's urban-rural integration model, measured and evaluated the Guangdong Province urban-rural integration development index, and analyzed the constraints in the development of Guangdong's urban-rural integration. The book comprehensively expounds the urban-rural integration development road of Guangdong towards comprehensive modernization: realizing the integrated development of urban and rural areas in Guangdong through the linkage of urban and rural spaces, using industrial and commercial capital to go to the countryside to promote the integrated development of Guangdong's urban and rural areas, accelerating the integrated development of urban and rural areas in Guangdong with the economic radiation of the Bay Area, enriching the integrated development of urban and rural areas in Guangdong with the optimal allocation of resources, accelerating the integrated development of urban and rural areas in Guangdong with the increase of residents' income, and promoting the integrated development of urban and rural areas in Guangdong with institutional innovation and reform.

The integration of urban and rural development is prominently embodied in five aspects: factor allocation, industrial upgrading, spatial development, public foundation, and urban-rural governance. This book focuses on the following key points: 1. Guangdong urban and mobility of human resources, land transfer, industrial and commercial capital to the countryside, the countryside scientific and technological resources, ecological resources, market supply changes spawned a new platform, new achievements, new situation and new models in 2020; 2. The effect and trend of Guangdong's scientific and technological innovation, modern agricultural industrial park, and rural cultural tourism integration development in 2020; 3. In 2020, Guangdong will promote the "One Core, One Belt and One Area" urban-rural integration pattern, the urban circle and core cities will accelerate the development of urban-rural integration, and the measures, effects and new trends of urban-rural integration under the background of "Dual Circulation"; 4. Guangdong's urban and rural infrastructure integration, urban and rural public service equalization, urban and rural social security development, and the main situation of social service rural practices in the Pearl River Delta region in 2020; 5. Guangdong will actively improve the operation mechanism of the rural collective economy, promote the construction of rural customs and civilization, and construct the measures and results of a good governance system in the city in 2020. The book also adds a large number of lively practices in the development of urban-rural integration, such as Guangzhou Huangpu District, Shalang Town, Dongguan Chashan Town, and China Southern Power Grid's advanced practices and remarkable results in urban-rural integration development. These cases show the unique modern vitality of Lingnan characteristic villages and the long-lasting homesickness of humanistic Lingnan in different aspects. In the fierce collision between ancient farming civilization and modern industrial civilization, and the continuous production of new fission and fusion, it further injects new vitality into the high-quality development of Guangdong's economy and society.

Keywords: Rural Revitalization, Integrated Development, Guangdong Urban-rural Integration

目　录

Ⅰ　总报告

Ⅱ　要素配置篇

Ⅲ　产业升级篇

Ⅳ　空间发展篇

Ⅴ　公共基础篇

Ⅵ　城乡治理篇

Ⅶ 理论与案例篇

Ⅷ 附录

CONTENTS

I General Report

II Element Allocation

III Industrial Upgrading

IV Spatial Develoment

V Public Foundation

VI Urban and Rural Governance

VII Theory and Case Studies

总 报 告

General Report

B.1

广东积极探索中国特色城乡融合发展道路

郭跃文　邓宏图　刘 伟*

摘　要：城乡融合发展程度决定工业化质量和现代化高度。城乡融合发展是乡村振兴和新型城镇化建设的重要内容，体现了两者的相互协调、促进与统一。习近平总书记指出，城乡、区域发展不平衡不协调是广东现代化建设短板，要破除广东区域发展失衡和城乡二元结构，实现高质量发展，为全国提供示范。广东省委、省政府积极响应习近平总书记号召，抓住战略机遇期，提出并形成“一核一带一区”区域发展格局，利用各地区位和要素禀赋特点，构建起具有比较优势的城乡产业结构和内外循环经济体系，在补短板、调结构、强基础、抓落实，支持鼓励社会资本和国有资本下乡，塑造新型农业生产经营体制，构建具有内生动力的农村信贷（金融）体系等方面，推动城乡融合和区域协调发展，为中国现代化发展提供“广东样板”。

* 郭跃文，广东省社会科学院党组书记，主要研究方向为行政管理与广东改革开放史；邓宏图，广州大学新结构经济学研究中心主任，经济学博士，教授，博士生导师，主要研究方向为契约经济学和农村经济；刘伟，广东省社会科学院国际问题研究所所长，法学博士，研究员，主要研究方向为产业与区域经济。

关键词： 城乡融合发展 “一核一带一区” 新型城乡产业分工体系 广东城乡融合发展指数

习近平总书记高度重视“三农”工作，党的十八大以来，对做好“三农”工作提出了一系列新理念新思想新战略，科学回答了新时代“三农”工作的重大理论和实践问题，① 其中关于城乡融合发展的深刻阐述是习近平新时代中国特色社会主义思想的重要组成部分。

习近平总书记在党的十九大报告中指出，农业农村农民问题是关系国计民生的根本性问题，必须始终把解决好“三农”问题作为全党工作重中之重。要坚持农业农村优先发展，按照产业兴旺、生态宜居、乡风文明、治理有效、生活富裕的总要求，建立健全城乡融合发展体制机制和政策体系，加快推进农业农村现代化。党的十九大把实施乡村振兴战略写入党章，开启了加快我国农业农村现代化的新征程。② 在现代化进程中，如何处理好工农关系、城乡关系，在一定程度上决定着现代化的成败。习近平总书记强调，我国作为中国共产党领导的社会主义国家，应该有能力、有条件处理好工农关系、城乡关系，顺利推进我国社会主义现代化进程。应当认识到，全面建成小康社会，最突出的短板在“三农”；到 2035 年基本实现现代化，大头重头在“三农”；到 2050 年全面建成社会主义现代化强国，基础在“三农”。把乡村振兴战略作为新时代“三农”工作总抓手，不断强化实施乡村振兴战略的自觉性和坚定性，才能促进乡村全面发展，让乡村尽快跟上国家发展步伐，走好中国特色社会主义乡村振兴道路，推进城乡融合发展，实现“两个一百年”奋斗目标。③

---

① 韩长赋：《用习近平总书记“三农”思想指导乡村振兴》，http：//theory. people. com. cn/n1/2018/0328/c40531－29892998. html，2018 年 3 月 28 日。

② 《习近平总书记十九大政治报告摘编》，中华人民共和国中央人民政府网，http：//www. gov. cn/zhuanti/19thcpc/baogao. htm。

③ 《习近平主持中共中央政治局第八次集体学习》，中国日报网，http：//china. chinadaily. com. cn/2018－09/22/content_ 36965048. htm，2018 年 9 月 22 日。

一　“总书记关切”下广东开启城乡融合新篇章

习近平总书记指出，我国农业农村发展已进入新的历史阶段，农业主要矛盾由总量不足转变为结构性矛盾，矛盾主要方面在供给侧。新形势下深化农村改革，主线仍然是处理好农民和土地的关系。[①] 全面实施乡村振兴战略，推动城乡融合向纵深发展，必须加强顶层设计。要立足当地特色资源，推动乡村产业发展壮大，优化产业布局，完善利益联结机制，让农民更多分享产业增值收益。深化农村改革，加快推进农村重点领域和关键环节改革，激发农村资源要素活力，完善农业支持保护制度，尊重基层和群众创造，推动改革不断取得新突破。实施乡村建设行动，把公共基础设施建设的重点放在农村，推进城乡基本公共服务均等化，加强普惠性、兜底性、基础性民生建设。合理确定村庄布局分类，注重保护传统村落和乡村特色风貌。健全城乡融合发展体制机制，促进农业转移人口市民化。把县域作为城乡融合发展的重要切入点，赋予县级更多资源整合使用的自主权，强化县城综合服务能力。创新、优化乡村治理方式，提高乡村善治水平。[②]

实施乡村振兴战略是“三农”特别是农民面临的重大机遇。要不断健全体制机制，打通城乡要素合理流动的渠道，关键是解决好“人、地、钱”三个问题。一是围绕解决好“人”的问题，培养和吸引各路人才投身乡村建设；二是围绕解决好“地”的问题，完善乡村振兴中土地的制度性供给，土地是农村的巨大财富，要创新土地收益分配机制，盘活闲置农房和宅基地，实现农村集体建设用地和城市建设用地入市“同地同权同价”，通过建设高标准农田实现土地占补平衡、异地交易，提高土地等要素配置效率；三是围绕解决好“钱”的问题，优化财政支农资金结构，强化财政支持力度，引导城市工商资本下乡。公共财政要向“三农”倾斜，逐步建立健全农村基础设

---

① 转引自韩长赋《用习近平总书记“三农”思想指导乡村振兴》，http：//theory. people. com. cn/n1/2018/0328/c40531 –29892998. html，2018 年 3 月 28 日。

② 《习近平出席中央农村工作会议并发表重要讲话》，新华社，http：//www. gov. cn/xinwen/2020 –12/29/content_ 5574955. htm，2020 年 12 月 29 日。

施和公共服务体系，[①] 探索建立农村增信扩资体制机制，构建以土地经营权和农业期货为抵（质）押的农村内生性金融体系，推动农业和农村的全面现代化。

2018 年 10 月 23 日，习近平总书记在广东清远考察时指出，城乡区域发展不平衡是广东高质量发展的最大短板。要下功夫解决城乡二元结构问题，力度更大一些，措施更精准一些，久久为功。要坚持辩证思维，转变观念，努力把短板变成“潜力板”，充分发挥粤东西北地区生态优势，不断拓展发展空间、增强发展后劲。[②] 习近平总书记讲话提出了发人深省的“广东城乡发展之问”，表达了深厚的“总书记关切”，为广东省城乡融合发展道路指明了方向，增强了广东省补短板、调结构、强基础，发挥工业强省和粤港澳大湾区区位优势，破除二元结构，推动城乡融合发展的信心和决心。

按照习近平总书记战略部署，2019 年，广东省密集召开各类农业农村工作会议，明确思路，规划方略，落实方案，先行先试，有序推进城乡融合发展。4 月 19 日，全国现代农业产业园工作推进会在广东省江门市召开，谋划如何发挥产业园联工促农、联城带乡的桥梁纽带作用，探索城乡融合发展之路。[③] 4 月 20 日，农业农村部与广东省政府在广州签署《部省共同推进广东乡村振兴战略实施合作框架协议》。根据协议，双方将共同推进农业供给侧结构性改革，在城乡融合发展、区域协调发展、农村基层有效治理等方面走在全国前列。7 月 4 日，广东省委印发《关于深入学习贯彻习近平总书记视察广东重要讲话精神奋力开创新时代广东改革开放新局面的决定》，提出发挥广东城市经济发达的优势，有效破除城乡二元结构。

2018 年以来，广东省政府工作报告均强调，要坚持全省一盘棋思路，深入实施乡村振兴战略、区域协调发展战略，优化珠三角、东西两翼和粤北山区

① 《习近平论“三农”》，人民网，http：//cpc. people. com. cn/n1/2019/0508/c64094 - 31072879. html。又参阅韩长赋《用习近平总书记“三农”思想指导乡村振兴》，http：//theory. people. com. cn/n1/2018/0328/c40531 - 29892998. html，2018 年 3 月 28 日。

② 《习近平：高举新时代改革开放旗帜　把改革开放不断推向深入》，新华网，http：//www. xinhuanet. com/politics/2018 - 10/25/c_ 1123614520. htm，2018 年 10 月 25 日。

③ 农业农村部新闻办公室：《全国现代农业产业园工作推进会强调：坚持姓农务农为农兴农建园宗旨，高质量推进现代农业产业园建设》，http：//www. moa. gov. cn/jg/leaders/lingdhd/201904/t20190419_ 6212068. htm，2019 年 4 月 19 日。

发展格局，健全城乡融合发展体制机制，推动以人为核心的新型城镇化，做强做优县域经济。2020 年 1 月，广东省委常委会召开农业农村工作会议，提出抓重点、补短板、强弱项，深化农村综合改革，健全城乡融合发展体制机制。[①] 5 月 8 日，《广东省建立健全城乡融合发展体制机制和政策体系的若干措施》印发，要求建立健全城乡要素合理配置、基本公共服务均等化以及农民持续增收的体制机制，促进城乡融合发展。《措施》要求健全都市圈率先实现城乡融合发展的机制，促进都市圈内中心城市与周边城乡同城化发展。2020 年 6 月 5 日，《广东省开发区总体发展规划（2020～2035 年）》出台，明确了广州都市圈和深圳都市圈的范围，为建设大都市现代农业生态圈提供了政策依据。9 月 19 日，广东省委全面深化改革委员会印发《佛山市南海区建设广东省城乡融合发展改革创新实验区实施方案》，允许南海直接复制省内其他实验区已获批权限，以全域土地综合整治为突破口，促进城乡全面融合。9 月 23 日，佛山市顺德区印发《顺德区地券管理操作指引》，首次提出“地券”概念。建立地券管理制度，是广东省支持顺德率先建设高质量发展体制机制改革创新实验区的一个重要事项。

广东省委认真学习贯彻习近平总书记在中央农村工作会议上的重要讲话精神，强调要深化农村综合改革，加强和改进乡村治理，持续推进城乡基本公共服务均等化，不断健全城乡融合发展体制机制。2020 年 12 月 13 日，中国共产党广东省第十二届委员会第十二次全体会议通过《中共广东省委关于制定广东省国民经济和社会发展第十四个五年规划和二〇三五年远景目标的建议》，提出全面实施乡村振兴战略，强化以工补农、以城带乡，推动城乡融合发展，发展精细农业、建设精美农村、培养精勤农民，加快农业农村现代化。12 月 30 日，广东省城镇化工作暨城乡融合发展工作领导小组办公室印发《广东省县城新型城镇化补短板强弱项实施方案》，提出提升广东县城综合承载与服务能力、治理水平的 17 项建设任务。

为响应“总书记关切”，交出一份出色且切合广东实际的答卷，广东省委、

① 徐林、岳宗：《强力实施乡村振兴战略　全力完成好全面建成小康社会决胜之年“三农”工作目标任务》，《南方日报》2020 年 1 月 3 日。参阅 http：//cpc. people. com. cn/n1/2020/0103/c64094－31533622. html。

省政府抓住推行“国内循环为主，国内国际循环互相促进”战略时机，注重区域特征，发挥各地综合比较优势，形成“一核一带一区”政策思路和战略定位。发挥政府动员社会资源的组织和制度优势，用“有为政府之手”弥补市场功能短板；发挥市场配置资源的决定性作用，用“有效市场之手”提高政府决策的精准性，解决乡村振兴和新型城镇化建设中的堵点、痛点和难点问题。图 1 显示了广东城乡融合发展的推进思路。

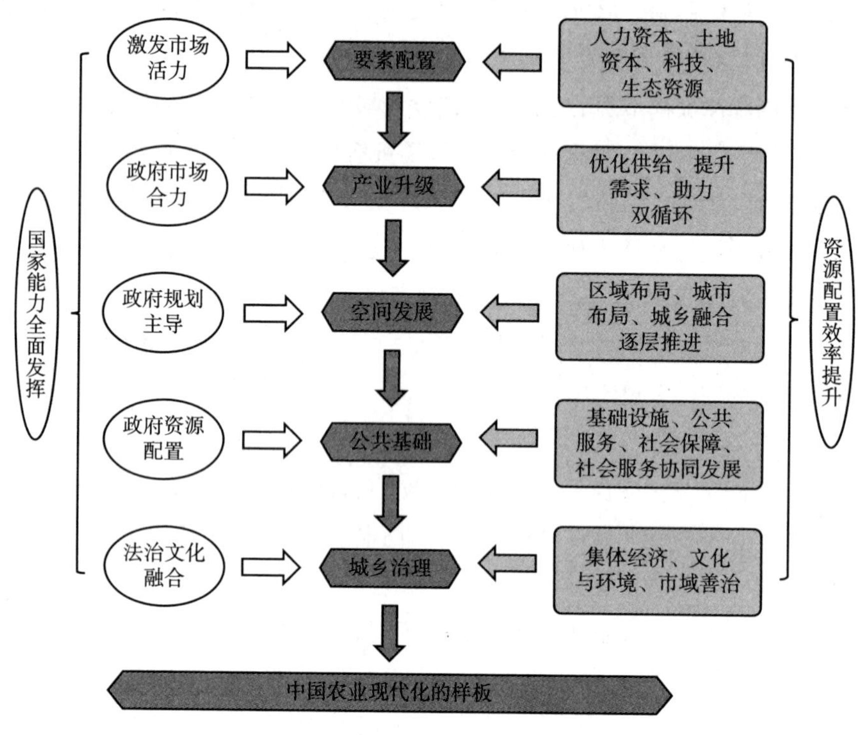

图 1　广东城乡融合发展的推进思路

广东城乡融合发展进程正是国家能力在地方现代化进程中的演绎，反映了政府与市场形成优化资源配置的合力。通过促进城乡资源要素自由流动，加速农业产业转型升级；通过产业振兴，促进乡村振兴；以人为本，优化城乡布局，统筹城乡公共基础设施建设，推动城乡公共服务均等化；以乡风文明提升为内核，强化乡村治理，向世界展示新时代广东农村新风貌。

广东将以盘活土地经营权为动力，以土地级差地租收益为支点，统筹城乡规划，鼓励城市社会资本和国有资本下乡，夯实城乡基础设施建设，优化产业结构和城乡空间布局。补短板，抓关键，培育同本地区禀赋结构相吻合的企业和产业，强化龙头企业、合作社和农户自生能力。运用互联网、区块链、大数据、云计算等数字技术构建农村数字经济，打通生产、流通、分配和消费诸环节，赋能赋权，创新农业经济组织，提高农业信贷能力。稳定土地承包权，用好土地经营权，赋予城乡居民土地发展权，推进城乡要素同权、公共服务均等化。① 通过城乡建设用地的深度对接融合，强化农村宅基地、非农用地和建设用地的抵押功能，创设出具有内生动力自主性和普惠性的农村金融（信贷）体系，实现农村集体建设用地、农户宅基地的资产化、资本化和股权化。构建城乡市场循环、产业循环、经济循环、金融循环体制机制，变短板为优势，不断推进城乡一、二、三产业融合，实现产业升级和经济社会持续发展。缩小区域差距，破除二元结构，提升社会治理水平，建设“产业兴旺、生态宜居、乡风文明、治理有效、生活富裕”的新乡村，为全面建设社会主义现代化强国提供可推广、可复制的“广东样板”。

二　“一核一带一区”区域发展格局下广东城乡融合发展新实践

广东是改革开放的前沿阵地，经济社会发展走在全国前列。在习近平新时代中国特色社会主义思想指引下，广东省各级党委和政府积极谋划，主动作为，不断推进城乡融合发展，取得了关键性突破。

作为全球制造业基地、全国经济大省、外贸大省，2020 年广东省实现地区生产总值约 110760.94 亿元（2019 年为 107671.07 亿元），比上年增长 2.9%（2019 年为 6.2%）。人均地区生产总值为 94172 元（按年平均汇率折算为 13651 美元），增长 4.5%。城乡居民人均可支配收入达 41029 元，比全国均值高出约 9000 元；社会消费品零售总额达 4.02 万亿元（2019 年为 4.27 万亿元），占全国的 10.3%。2020 年，第一产业增加值为 4769.99

① 有关土地发展权的讨论见华生《城市化转型与土地陷阱》，东方出版社，2013。

亿元（2019 年为 4351.26 亿元），比上年增长 9.6%，对地区生产总值增长的贡献率为 4.3%（2019 年为 2.6%）；第二产业增加值为 43450.17 亿元（2019 年为 43546.43 亿元），比上年减少 0.2%（2019 年为 4.7%），对地区生产总值增长的贡献率为 39.2%（2019 年为 33.6%）；第三产业增加值为 62540.78 亿元（2019 年为 59773.38 亿元），比上年增长 4.6%（2019 年为 7.5%），对地区生产总值增长的贡献率为 56.5%（2019 年则为 63.8%）。三次产业结构比重为 4.3∶39.2∶56.5（2019 年为 4.0∶40.5∶55.5），第三产业所占比重比上年提高 1 个百分点。① 即使在疫情等因素影响下，广东经济仍在不断发展。

近年来，广东省产业转型升级稳步推进，经济结构日趋合理，但城乡二元结构特征、区域发展差异仍十分明显，核心区如珠三角地区城市化质量、产业链高度和现代化程度直逼世界先进经济体，而粤北、粤西，甚至粤东某些区域与珠三角地区相比，城乡不同步，产业不协调，发展不平衡特征非常鲜明。2019 年，珠三角核心区经济总量占全省的 80.7%（比 2018 年提高 0.5 个百分点），东翼、西翼、北部生态发展区分别占 6.4%、7.1%、5.8%。② 外向型经济是广东经济优势和特点，但在美国挑起的贸易摩擦、科技摩擦等不确定因素影响下，2019 年全省外贸进出口总额达 7.14 万亿元，占全国 31.55 万亿元总量的 22.6%，同比下降 0.2%。广东外贸依存度为 66.35%，外贸对 GDP 的贡献率近年来持续下降，2019 年降至 14.23%。

抓住推行“国内循环为主，国内国际循环互相促进”战略时机，补农业产业化和农业现代化短板，夯实乡村振兴产业基础，强化龙头企业、合作社和农户自生能力，运用互联网、区块链、大数据、云计算等分析技术构建农村数字经济，打通生产、销售诸环节，赋能赋权，创新农业经济组织，提高农业信贷能力，发挥各功能区比较优势，优化城乡产业结构，用有为政府之手弥补市场功能短板，用有效市场内在要求提高有为政府决策效率，解决乡村振兴和城镇化堵点问题和痛点问题，实现城乡深度融合。图 2 显示广东特色的城乡融合

① 广东省统计局、国家统计局广东调查总队：《2019 年广东省国民经济和社会发展统计公报》，《南方日报》2020 年 3 月 7 日。又参见广东省统计局网站，http://stats.gd.gov.cn/。

② 相关数据参阅岳芳敏《高质量推动广东区域、城乡协调发展，畅通国内大循环》，《南方杂志》2020 年 9 月 30 日。

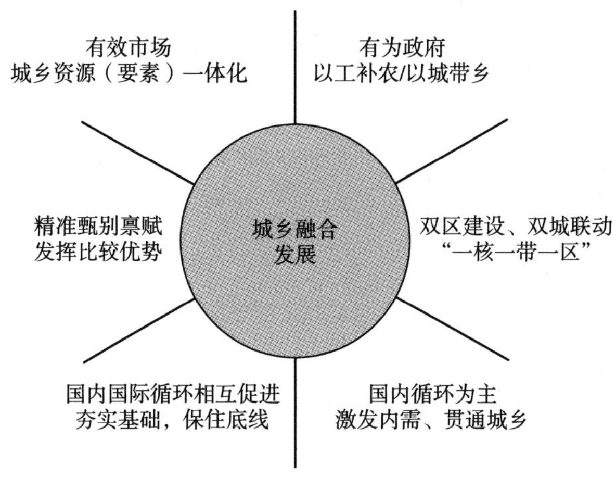

图2　广东特色的城乡融合着力点

着力点。

目前，广东已处在城镇化发展中后期，在城乡二元结构仍很明显的情况下，常住人口城镇化率位居全国各省第一（见图3），足见广东省在工业化、城市化和现代化发展总量之大、水平之高的同时，经济强劲发展中的结构差异性、区域差异性和城乡差异性仍十分明显（见图4、图5）。也因此，广东省具备通过以城带乡、以工促农实现城乡融合发展的必要条件。

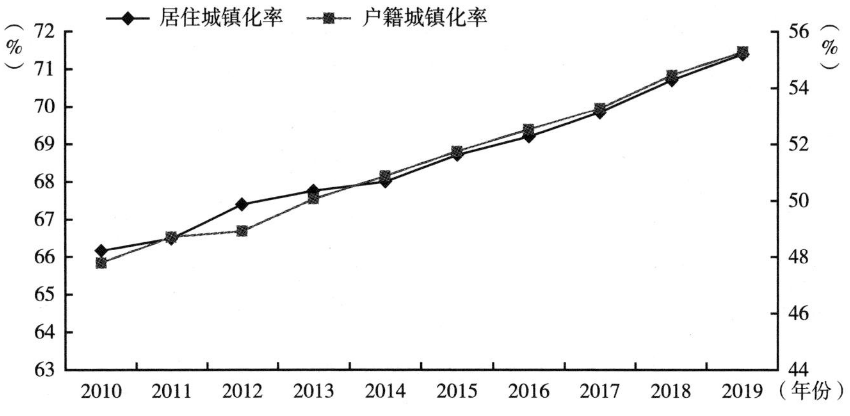

图3　广东省居住和户籍城市化率变动趋势

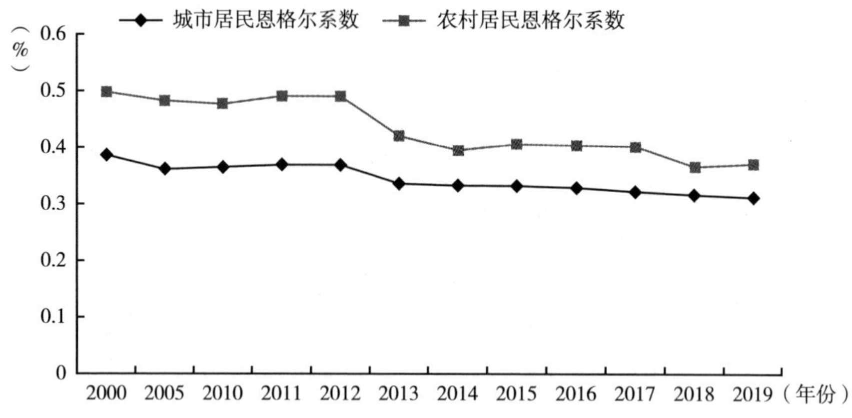

图4　广东城乡恩格尔系数比较

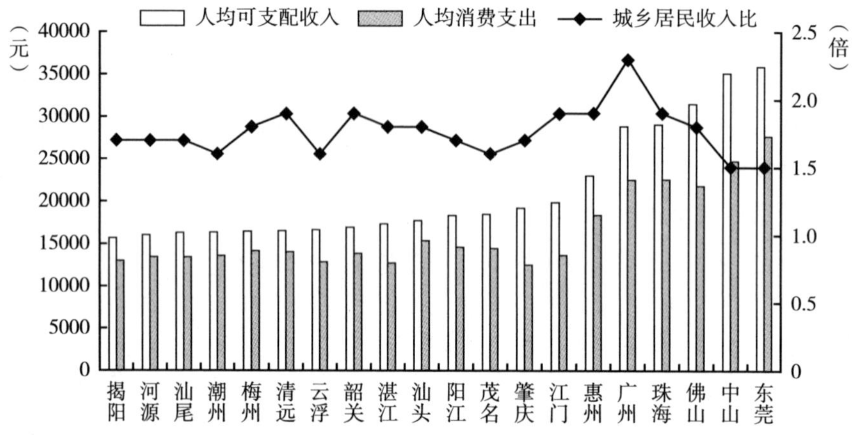

图5　广东（除深圳）城乡居民收入比

推进城乡融合发展，既是破解城乡发展不平衡、农村发展不充分的关键抓手，也是实现农业农村现代化的重要支撑，还是拓展城市发展空间、释放更多城乡要素市场潜能的强大动力①。城乡、区域发展不平衡是广东高质量发展的最大短板，广东尤其需要以美丽乡村建设、“超大城市－大中小城市－小城

① 《广东省建立健全城乡融合发展体制机制和政策体系的若干措施》，http：//news. sun0769. com/national/zh/202005/t20200518_ 16099306. shtml。

镇-积聚性乡村”布局为重要手段，实现城乡深度融合，补短板，同步推进城镇化和农业现代化。近年来，广东省在城乡要素配置一体化、城乡产业分工协同化、城乡空间布局规整化、城乡基础设施互联互通化、城乡公共治理法治化等五个方面积极探索，谋篇布局，形成了符合广东省情的整体性政策框架，开创了城乡融合发展新格局。

（一）坚持以市场化协同化思维促进形成城乡要素配置新格局

各地经验表明，在青壮劳力不断离开乡村进城务工的“人口红利衰减期”，[①] 振兴乡村经济，推进农业现代化，实现城乡融合战略目标有赖于夯实农业产业基础，找准与本地资源禀赋相符合、与本地实际需要相吻合的生产方式与产业结构，提高农户自生能力和龙头企业竞争优势。通过盘活土地经营权，吸引城市工商资本下乡，创造、培育、壮大具有持续盈利能力的龙头企业和相关业态，提高农户收入，建设美丽乡村，建构与产业分布、人口分布相契合的小城镇，产城（镇）一体、产乡（村）一体，提升农业全要素生产率，促进城乡要素同权，越过刘易斯第二拐点，实现城乡一体化与融合发展目标。

近年来，广东省积极优化营商环境，大力推进土地、劳动力、资本、技术、数据等要素市场化综合性改革，按照农村土地“三权分置”改革总体部署，探索土地经营权有序流转模式，促进农业适度规模经营。推行“点状供地”，落实设施农用地政策。全面铺开农村集体经营性资产股份合作制改革，规范村级经济组织运行机制，增加农民财产性收入。[②] 推动土地要素市场化配置改革，创新土地规模、指标分配模式，健全先租后让、弹性供应、作价出资等工业用地供应体系，完善低效利用土地市场退出机制；全面落实农村土地征收制度改革，规范推动农村集体经营性建设用地入市，加快建设城乡统一的建设用地市场。做大做强县域、镇域经济。[③] 推进要素市场化配置改革，完善资本下乡、人才引进培育和服务管理机制，加快培育数据要素市场，加强“数

① 蔡昉：《人口转变、人口红利与刘易斯转折点》，《经济研究》2010 年第 4 期。

② 《梅州市 2020 年政府工作报告》，https：//www. meizhou. gov. cn/zwgk/gzbg/zfgzbg/content/post_ 1962990. html。

③ 《中山市 2020 年政府工作报告》，http：//www. zs. gov. cn/sjz/zfxxgkml/ghjh/zfgzbg/content/post_ 1743614. html。

字政府”和新型智慧城市建设，推动政府数据有序开放共享，探索拓展工业、农业、交通、教育、安防、城市管理等领域规范化数据开发利用，促进数字经济新产业新业态新模式发展。[①] 加大惠农支农政策力度，大力推广普惠金融，推动农业稳产保供，根据各地要素禀赋和空间区位优势，挖掘茶叶、柠檬、板栗、猕猴桃、油茶、鹰嘴蜜桃、花卉、南药等特色农业产业的市场价值和发展潜力，做优做强产业链，打造优势农产品和优势农业产区。[②] 探索城乡市场全产业链对接机制，建立健全社会征信体系。支持并推动深圳、广州开展国家级营商环境创新试点城市建设。[③]

推动城乡融合发展，必须紧紧抓住各地资源禀赋特征，激活要素市场，甄别各地产业优势，构建多方参与、激励相容的经营方式，推进乡村振兴和城镇化建设，优化乡村公共治理。广东省在城乡要素市场、城乡产业发展、城乡空间布局、城乡基础设施建设、城乡社会治理等诸多方面进行可贵探索，获得了许多宝贵经验。

企业要发展，产业要振兴，城乡要协调共进，离不开市场的要素配置和政府依据各地综合比较优势发展出具有竞争性和盈利能力的产业体系。城乡融合发展既包括农业产业化和农村现代化，也包括高质量的新型城镇化，必须在城乡之间打破要素配置的体制机制障碍，利用信息和电子集成技术构建数字经济，为农业产业化中的各个环节赋权赋能，增信扩资，为一二三产业融合和城乡协调发展提供信贷支持。产业要发展，信贷是关键，信贷本质上是资本要素与其他各要素的配置，资金（本）缺乏，即意味着资金（本）是各要素配置中的“短板”，就需要体制机制再造和各类组织创新去弥补这块“短板”，只有这样才能优化包括资金在内的要素配置，这是一个增信扩资的过程。信贷机制不仅仅关涉到信贷供给与需求两个方面，还在云计算、区块链、数字技术越来越发展的今天，通过引入智能算法，架构数字经济平台，

---

① 《佛山市 2020 年政府工作报告》，http://www.foshan.gov.cn/gkml/zfgzbg/content/post_4405608.html。

② 《河源市 2020 年政府工作报告》，http://www.heyuan.gov.cn/ywdt/szxw/content/post_417310.html。

③ 《深化重点领域改革，加快构建市场化法治化国际化营商环境，更好激发市场发展活力》，《南方日报》（网络版），http://www.gd.gov.cn/gdywdt/zwzt/2021gdlh/ylbg/2021gzap/content/post_3186197.html。

实现数据、资本、土地、人力等诸要素的聚集性配置，打通信贷（要素）供求、市场（产品）供求的阻梗，增信扩资，推动产业成长，实现农民增收致富，加快城乡融合发展。

2020 年 4 月 28 日，国内首笔“畜禽活体抵押贷款”在广东清远市正式发放，这是区块链技术在农村金融实践中的一次开创性运用，在国内生物资产金融化方面迈出了关键一步。① 广州码上服农信息科技有限公司以其区块链技术和“真知码”专利在其中发挥了决定性作用，区块链技术使生猪从幼崽养殖到最后销售的每个环节所生成的信息均能数字化、透明化、信息化和可视化，进而客观上使银行等金融机构、担保公司、养猪场（户）、猪肉加工厂、销售商、消费者、卫生检疫部门等均能“观察”到生猪养殖、销售的每个环节、每个细节，准确得到生猪的种别、产量（规模）和质量信息，银行、担保公司、客户不仅可以按时间链正向考察、研判生猪养殖和销售的全过程，也能反向溯源，追踪市场上所售生猪的“前世今生”，从而打通了猪肉市场的供求阻梗，提升了“猪农”征信水平，激活了信贷供求市场，使担保机构愿意为“猪农”提供担保，银行愿意为“猪农”提供信贷。由于生猪质量可验、食品安全可靠，市场对“猪农”的信任度提高，客观上生猪养殖的市场风险大大降低甚至消除了。其中一个非常关键的制度设计就是构造了以“区块链 + 金融 + 征信”为核心、具备金融和交易功能的移动物联网信贷监管平台，与银行跨界合作，切实服务“三农”。通过使用“真知码畜禽身份”，缔结“养殖户 + 银行 + 担保机构 + 屠宰 + 销售”的综合性合约，实现了“区块链 + 征信 + 识别技术 + 金融”的典型应用，既发挥了政府的组织动员能力，也利用广东省农村信用社联合社在全省农村的客群优势、服务优势和品牌优势，实现了“生猪活体抵押贷款业务”的快速覆盖，使广东生猪养殖业在疫情还未得到完全控制的情况下即能得到信贷支持，确保了养殖户生产经营的“安全性”和“连续性”。生猪产业链短且庞大，可控性强，以“互联网 +”的思维、“异业合作”的思维，“多维度”思考其链条的布局，延伸产业链，提升价值链，促进生猪生产，屠宰加工，冷链流通，冷鲜上市一体

① 此小节案例来源于曹沛原《广东省农村信用社联合社和广州码上服农信息科技有限公司签署“生猪贷”产品战略合作协议——有效布局生猪产业链》，《农村金融时报》2020 年 12 月 30 日，https：//www. sohu. com/a/441519700_ 618595。

化、集约化、品牌化经营，利用农业贷款政策，创新运用供应链、区块链技术，为养殖场/户、农资企业、猪肉供应商、社区超市提供网上综合金融服务和线上办贷业务，融资成本大大降低。

城乡融合发展的关键在产业成长，因此，通过体制机制创新为城乡融合发展提供金融支持是一个必然选择，码上服农的制度与平台创新是农业产业化融资创新的可贵尝试。图6、图7显示了广东省2019年生猪、家禽发展情况。

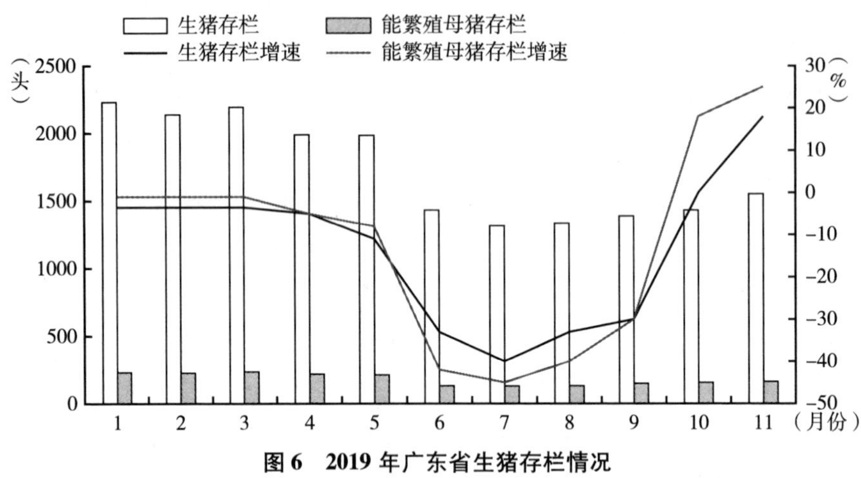

图6　2019年广东省生猪存栏情况

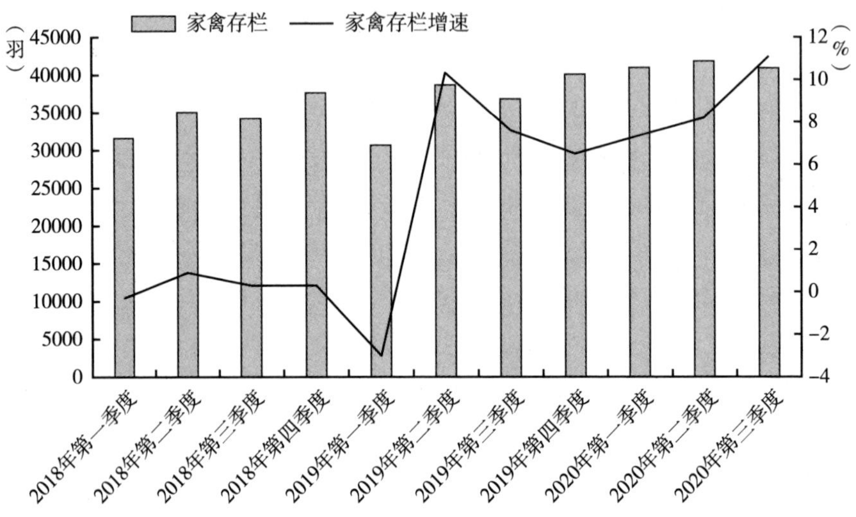

图7　2019年广东省家禽存栏情况

（二）坚持以集聚化多元化思维锻造城乡产业融合发展新格局

产业兴旺是乡村振兴和农业现代化的基础，利用粤港澳大湾区资本、金融、科技、人力资本、文化和体制机制优势，发挥珠三角的城市和产业的集聚与扩散优势，以及粤东西北的生态优势，促进一、二、三产业均衡发展，是破解广东省二元经济结构的重要政策选择。

在长期实践中，清远市连南瑶族自治县逐渐形成了绿色环保的稻田养鱼的传统，提高了单位耕地面积的增值能力。依托这一独特农耕方式，连南县发展出了既具有生产性、创业性，又具有观赏性和休闲性的渔业经营模式。连南县举办“稻田鱼文化节”，“稻鱼”搭台，文旅登场，一二三产业融合，优化了生产方式。目前连南全县建成稻田养鱼面积万余亩，实现2万农户致富增收。①

河源市田源镇位于河源市连平县东南部，新丰江水库（万绿湖）上游，具有发展农业和生态旅游等相关产业的“地标优势”。田源镇是新丰江古水道的关键节点，具有丰厚的人文历史和红色文化资源，森林覆盖率高达76.8%。田源镇利用区间和资源禀赋优势，创造良好的投资环境，吸引工商资本下乡，夯实各项基础设施建设，大力推进耕地保护和水田垦造，加大对生态旅游、特色农业等相关资源的挖掘力度，把小镇的社会经济发展水平推向一个新的台阶。②

潮州市立足农业大市资源条件，充分挖掘本地比较优势，打造城乡产业结构。地处潮州市北部山区的潮安区凤凰镇，拥有凤凰单枞茶、畲鹅粉、凤凰米粉、特色小吃等地标性名优产品，既有产业前景，又有文化内涵。凤凰镇不断创新农业合作经济组织，利用“互联网+”“区块链”“数字经济”等现代信息技术、经营手段把这些农特产品盘活起来，增信扩资，对各个生产环节和各种经营业态赋权赋能，提高了特色产业、文旅产业吸引力和竞争力。该镇积极实施农村“头雁工程”，充分发挥农民主动性，提高农户参与度，形成共建共治共享乡村治理新格局。凤凰镇完善小镇发展规划，积极推动茶旅特色小镇建

---

① 黄津、李忠华：《特色立县绘就生态连南》，《南方日报》2017年12月28日。参见：http：//epaper. southcn. com/nfdaily/html/2017－12/28/content_ 7693835. htm，2017年12月28日。

② 谢庆裕等：《加快推动乡村振兴　促进城乡融合发展》，南方网，http：//economy. southcn. com/e/2018－10/27/content_ 183828063. htm。

设，深度推进城乡一二三产业融合发展，以产业发展助推乡村振兴，以新型城镇化建设实现城乡合理布局，把潮州北部绿色发展示范区打造成为绿色产业示范基地、粤东人文生态旅游聚集区和“潮人生态家园”。[①]

茂名高州市成立石榴专业合作社，带领贫困户种植番石榴，打造绿色产业与乡村观光旅游业，仅在闲置土地种植水果一项，就为每户一年增收1万多元。2018年，石榴专业合作社与云潭镇扶贫村丰文垌村和博马坡村建立合作关系，充分发挥村委会的“社会动员”功能和合作社的“组织经营”功能，在两个村各建1个番石榴种植基地，总面积达到200余亩，带动贫困户脱贫致富，为产业助推乡村振兴政策提供了一个生动范例。[②]

梅州市五华县河东镇林石村通过土地整治、土地流转吸引工商资本下乡，努力把短板变成“潜力板”。该村利用“行政村+龙头企业+合作社+农户”方式，与广州风行发展集团有限公司缔结战略合作关系，为该公司提供（生产）青贮饲料种植基地，在此基础上，该村还与风行集团下属广州华美牛奶有限公司达成多个合作项目，由华美公司统一收购玉米青贮饲料，实现产供销一体化，锁定龙头企业和终端市场，减少或消除经营风险，强化产业发展根基。2018年4月，林石村已实现营业收入15万余元。经过一年多发展，青饲种植面积从几十亩扩大到300余亩，其中有近百亩地是经过改造的荒滩荒地。产业前景大，盈利能力强，全村先后有100多户村民加入经济联合社，发展了符合本地要素禀赋特征的比较优势产业，实现了乡村振兴和农民增收。

云浮市抓住国内循环为主、国内国际双循环相互促进的历史契机，大力实施乡村振兴战略，构造具有地域特征和市场前景的富民兴村产业体系，推动土地与资本的深度融合，打通资源变资产、资产变资本、资本变股权的“三变环节”，产业脱贫，产业兴农，产业富农，依托云雾山、现代草畜、南药种植等生态和产业优势，精心规划、建设、优化一批宜居宜业宜游的文旅小镇，移

① 《广东：加快推动乡村振兴、促进城乡融合发展》，城乡发展网，http：//www.gxbdw.cn/news/shehui/1241.html，2020年6月30日。

② 谢庆裕等：《加快推动乡村振兴 促进城乡融合发展》，南方网，http：//economy.southcn.com/e/2018－10/27/content_183828063.htm，2018年10月27日。

风移俗，全面提升农村社区治理水平，提高乡村的经济与社会效益。[①]

农业公园是大都市农业的重要组成部分，同时也是偏远山区特色农业的展示区和具有文旅价值的农业博物馆，不仅具有经济价值，更内含着文化价值，是农耕文明与现代农业科技相结合的重要“载体”，体现了产业的分工性、积聚性和多元性，是田园综合体的具体实现形式。广东省首批认定24家农业公园总面积13.25万亩，核心产业涵盖食用菌、火龙果、茶叶、南药、大鲵养殖、蔬菜、花卉、油茶等特色优势产业，这些产业与加工、旅游等紧密融合，衍生出了创意农业、农耕文化、旅游观光、果蔬采摘、科普教育、民俗风情等环节，每个环节都内含着历史文化底蕴，每个环节都能创造价值。以农业公园为平台，构建了诸多亦庄亦趣、亦动亦静的美丽田园、美丽菜园、美丽果园、美丽茶园。统计数据显示，首批认定的24家农业公园年营业收入合计超过58亿元，客量达到1600万人，带动农户32600多户，户均年增收达7875元，对促进农村一二三产业融合，加快现代农业发展具有重要示范作用，实现了农业增效，农民增收。截至2020年底，创建农业公园达到100家，其中省级50家、市级50家，使之成为农村三产融合和农业新业态新产业示范区。[②] 以广东省雷州半岛现代农业示范核心区为例，该核心区占地约1万亩，是农业农村部、广东省人民政府批准，由湛江市人民政府和广东省农垦总局共同承建的国家级现代农业示范区。该示范区已建有现代农业科技园、休闲旅游园及一二三产业融合发展园等，是一座非常具有示范意义的典型的现代农业公园，不仅为广大市民提供了一个休闲旅游度假的好去处，还把科技研发、产业开发和农业休闲观光旅游结合在一起，成为市民体验农业、亲近自然、感受文化和休养身心的好场所，也是中小学生体悟现代农业、航天科普、生态保护的教育基地。[③]

（三）坚持以全域化特色化思维重塑城乡融合空间优化新格局

习近平总书记2018年10月在广东视察期间强调，要充分发挥粤东西北地

---

① 以上诸案例引自谢庆裕等《加快推动乡村振兴　促进城乡融合发展》，https：//m. sohu. com/a/271589413_ 222493。

② 参见《广东省农业厅为首批24个广东农业公园授牌》，http：//m. xinhuanet. com/gd/2017 - 11/17/c_ 1121969456. htm，2017年11月17日。

③ 参阅《湛江广东农业公园：中国首个热带农业科技园》，https：//www. 163. com/dy/article/D74SHUBC0518LEAQ. html，2018年1月2日。

区生态优势，培育内生动力，持续拓展城乡融合发展空间，强化发展后劲。《广东省新型城镇化规划（2016～2020年）》（以下简称《规划》）指出，到2020年，全省常住人口城镇化率达71.7%左右，户籍人口城镇化率达到50%，实现不少于600万本省和700万外省农业转移人口及其他常住人口在城镇落户；户籍人口城镇化率与常住人口城镇化率差距明显缩小。绿色生产、绿色消费成为城市经济生活的主流，节约集约用地水平明显提升，节能节水产品、再生利用产品和绿色建筑比例大幅提高。广东省利用建设粤港澳大湾区世界级城市群的优势，引导韶关、河源、汕尾、阳江、清远、云浮等环珠三角城市深度融入珠三角，基本形成“广佛肇+清远、云浮、韶关”“深莞惠+河源、汕尾”“珠中江+阳江”三大新型都市区。大中小城市和小城镇科学合理布局，粤东西北地级市中心城区扩容提质成效明显，中小城市竞争力明显提升，小城镇服务功能增强，多中心、网络化的城镇体系基本成型。广东省的城乡融合发展依托珠三角的体制机制优势，借靠粤港澳深度协同创新的大背景，不断提升城乡融合发展的质量，加强产业对城镇化发展的支撑作用，把生态文明建设融入城镇化进程，城镇空间品质和城乡人居环境明显改善；岭南文化得以传承和保护，地域文化特色明显，城镇形象鲜明。生态环境持续保持优良，饮用水安全得到保障。基础设施和市政公用设施建设不断完善，城市管理更加人性化、智能化，城乡一体化和美丽乡村建设取得明显成效。以粤港澳大湾区建设为总体战略格局，发挥广州、深圳两市的双城引领作用，进一步利用核心城市资金、技术与人才的溢出效应，有序向周边城镇，甚至乡村疏解珠三角城市集群的非核心功能，优化城乡布局，提高城乡产业分工效率，加强城乡协调与合作，在大湾区范畴下，整合城乡资源，规划城乡发展，实现要素融合、产业融合、基础设施融合、社保融合、生态融合，携手港澳打造粤港澳深度合作核心区和粤港澳优质生活圈。

《规划》还提出，“要促进珠三角和粤东西北城市融合互动发展。优化城镇化布局和形态，构建‘广佛肇+清远、云浮、韶关’‘深莞惠+河源、汕尾’‘珠中江+阳江’三大新型都市区，推动韶关、河源、汕尾、阳江、清远、云浮等城市融入珠三角。加快建设高速铁路、高速公路、城际轨道等高快速交通干线，促进城市功能互补、产业分工合作和要素资源优化配置。促进区域产业统筹发展，推动珠三角地区与粤东西北地区产业合作共建，促进要素资

源互通共用。开展产业链联合招商，鼓励引导珠三角龙头企业将生产性环节放在粤东西北地区，形成更紧密的经济联系”。①

统计显示，在人均可支配收入方面，珠三角区域明显高出粤东西北等区域，即使在同一个区，城乡居民可支配收入也呈现实质性差异，作为发达省份的广东省依然具有鲜明的区域差异性和二元经济结构特征（见图8）。珠三角地区的东莞、深圳、中山和珠海诸市农业产值较低，具体原因是这些城市城镇化率很高，农业区域面积很小；肇庆、茂名、湛江等市农业产值比较高，直接原因是它的城镇化率相对较低。梅州、阳江、清远、广州和江门市农业产值比较接近，广州市的工业基础和城镇化率均高出其他城市，主要原因是后者工业基础不及广州市，农业产值占比自然较高，而广州尽管城镇化率高、工业发达，但由于行政区域面积较大，农业产值的绝对量也就随之更高。东莞、深圳涉农产业总产值不大，但农业的增速高出其他城市，亦证明即使在发达地区，尽管农业产值占比甚小，却仍有发展大都市农业的空间。

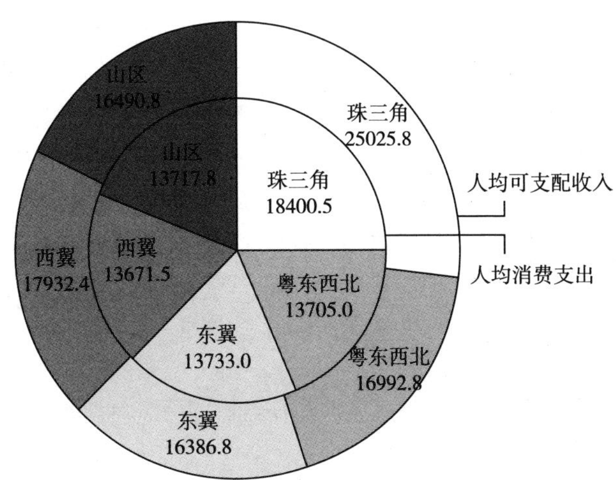

图8　广东省各地人均可支配收入比较

说明：本报告“总论”所列诸数据，包括图表数据等，均来自广东省统计局等《广东农村统计年鉴（2020）》，中国统计出版社，2020。下同，不另注明出处。

① 上述诸数据和相关论述参见《广东省新型城镇化规划（2016－2020）》，http：//drc. gd. gov. cn/fzgh5637/content/post_ 845165. html。再参阅《广东省县城新型城镇化补短板强弱项实施方案》，http：//drc. gd. gov. cn/ywtz/content/post_ 3162958. html。

广东省各市县拥有不同的要素禀赋和区位特征，战略定位和发展路径各具特色。广州市外环城乡接合区域大都市农业特征明显，具有发展绿色农业、种子农业、立体农业、高质农业综合优势；深圳市农业产业空间相对有限，纵深狭窄，在发展观赏农业、体验农业、示范农业、精致农业上更为便利。图 9 展示了广东省各市不同资源禀赋下不同农业体量和相关特征，东莞、深圳、中山、珠海各市农业产值规模小，潮州、河源、汕头、汕尾、云浮等农业体量也不大，韶关、揭阳、佛山、惠州、梅州、阳江、清远、广州、江门、肇庆诸市农业总产值有一定规模，湛江、茂名农业生产总量居全省前两位，一方面揭示了广东省各市城乡二元结构的“（各自）占比”，另一方面显示了各地城乡融合发展的规模和潜力。

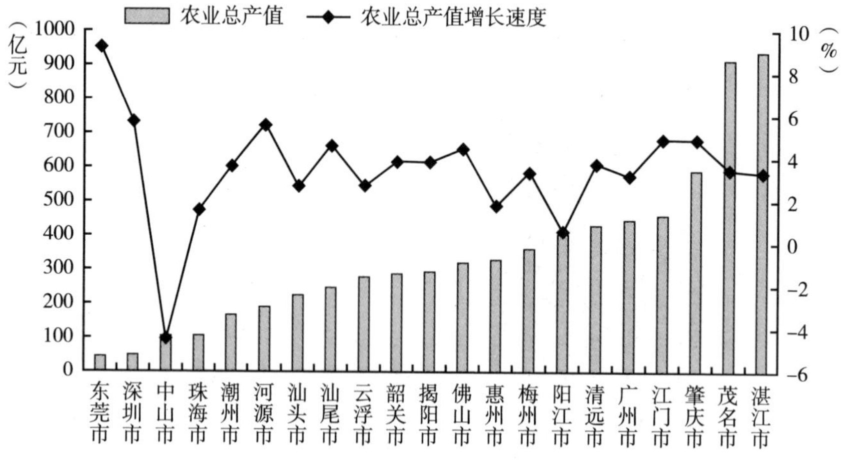

图 9　广东省 2019 年各地区的农业产值与增长速度

佛山市起步于传统工业产业，近年来面临着转型升级重压。在广佛同城大背景下，大力推进城乡融合发展取得了具有可推广、可复制意义的“佛山绩效”。佛山市紧紧抓住土地做文章，探索集体经营性建设用地有关转让、入市、竞拍、抵押、定价、入股等程序和相关模式，实行与国有建设用地同标评估、同等入市，同地同权、同地同价等政策，构建城乡统一的一级、二级土地市场，城市、乡村共享土地增值收益。允许乡、镇通过集体建设用地（资产）交易平台公开招标，吸引社会资本参与城乡融合发展项目。

清远市处于丘陵地带，有山有地有水，作为珠三角城市群纵深腹地，清远有广州市后花园之称。近年来广清在一体化建设中，发展出观光农业、体验农业、生态农业和林地经济等各类田园综合体，打破城乡二元分割状态，不断盘活土地要素，形成工农产业对接、一二三产业融合、生态宜居的城乡结构。“双区驱动”的“清远探索”[①] 极具前瞻性，广清结合片区采取一系列措施深入推动交通、产业及营商环境一体化发展。清远市是粤港澳大湾区乃至广东省农业发展最好的地区，但距离粤港澳大湾区远，属于湾区北部边缘区域，资源禀赋优势决定其应积极融入粤港澳大湾区扮演“菜篮子”的角色。粤港澳大湾区是高人力资本的人才聚集地，他们对农产品的健康及营养有着特定要求，这意味着从传统农业向现代农业转型有广泛的市场（需求）基础。

清远探索和实践的核心有四点：一是优先推进交通设施互联互通，全面缩短与大湾区主要城市的时空距离。加快推进广清城轨二期、广清地铁的规划建设，修编清远市骨架公路网中长期规划，推进北江千吨级航道通江达海，支持连州支线机场、英德通用机场建设。交通基础设施完善将使农产品产业链与市场的距离“变短”，珠三角城市集群中的市民离清远“更近”，这将为清远市的农业现代化和文旅产业的兴旺打下坚实的基础。二是重点突出产业融合发展，积极推进广清、广德、广佛三个产业园和广清空港现代物流产业新城建设，鼓励龙头企业到清远建设农产品生产、加工和配送基地，组建“农产品篮子”产业链，推动一二三产业共同发展。三是着力营造优质营商环境，打造“入珠融湾”强劲新引擎。开通“广清跨城办理”业务，开设“广清跨城办理”实体专用窗口。四是巩固强化绿水青山优势，推进粤北生态特别保护区建设，高标准推进生态景观林带、森林公园和湿地公园等建设，串联“北江三峡”、飞霞山风景区、古驿道、摩崖石刻、河鲜美食等旅游和文化资源，建设独具岭南特色的北江旅游经济带。突出“两县三乡”民族地区风情，打造“两县三乡一带”旅游经济发展区，通过“深耕”各类自然的和人文的优质资产来获得更高的“租值”。

---

① 本节所引案例来自耕夫和清开宣《“双转移”助力清远“双驱动”——清远高新区以产业转型推动园区发展纪实》，《中国高新区》2011 年第 7 期。

东莞是广东重要的中心城市，有国家森林城市、国际花园城市之美誉，不仅以“世界工厂”著称，还是一座人文悠远、颇具历史底蕴的城市，在语言、书画、曲艺、民歌、风俗民情上具有别具一格的文化特性。东莞市下几乎每个村落都有宗祠遗存，各具品格，香火不绝。例如，东莞市茶山镇南社明清古村有800多年历史，堪称南粤乡俗文化的“活化石”。东莞市人均收入高，城乡融合，浑然一体，通过挖掘耕读文化遗产，发展出了以乡村文化、乡俗遗存为载体的多元“文旅产业”。就国家社会而言，乡村是传统文化的根和魂。就城市居民而言，乡村是乡愁的承载地，是兹兹在念的故土和精神家园；对农民而言，乡村是安身立命之所。通过乡村振兴，实现增收共富，可不断赋予城乡融合发展的历史与文化含义。

广东省委、省政府高度重视“总书记关切”，抓实事、调方案、立框架，把振兴涉农产业、发展精准农业、创设特色园区、强化分工优势、打造绿色农业、建设美丽乡村作为推动城乡融合发展的“牛鼻子”。统计显示，“2017年以来，全省已创建14个国家级、160个省级、55个市级现代农业产业园，主要农业县实现省级现代农业产业园全覆盖，形成国家级、省级、市级现代农业产业园梯次发展格局。据统计，2019年底粤东粤西粤北等地100个省级产业园主导产业总产值1305.8亿元。产业园内农业企业数量达到3299个，品牌数量（含企业自有品牌）2459个，其中新增品牌493个。吸引返乡创业人员数2.55万人，辐射带动农民就业人员数123万人，园内农民收入水平高于当地全县平均水平24.6%，累计联结带动贫困户7.18万户，平均每户每年增收8518.91元。财政资金撬动作用效果明显，省级财政资金撬动比达到1∶4.36”。①

（四）坚持以均等化一体化思维实现城乡公共基础建设新格局

2020年5月8日，广东省委和省政府为贯彻落实中央《关于建立健全城乡融合发展体制机制和政策体系的意见》② 精神，正式发布《广东省建立健全

① 黄进、粤农轩：《我省100个省级产业园主导产业总产值1305.8亿元》，《南方日报》2020年10月10日，转引自广东省人民政府门户网站 http://www.gd.gov.cn/gdywdt/bmdt/content/post_3098957.html，2020年10月12日。

② 参阅《中共中央国务院关于建立健全城乡融合发展体制机制和政策体系的意见》，中华人民共和中央人民政府网站，http://www.gov.cn/zhengce/2019-05/05/content_5388880.htm，2019年5月5日。

城乡融合发展体制机制和政策体系的若干措施》（以下简称《措施》）。[①]《措施》指出：“健全都市圈率先实现城乡融合发展的机制。科学制定广州、深圳、珠江口西岸、汕潮揭、湛茂都市圈发展规划，构建协同发展机制。促进都市圈内中心城市与周边城乡同城化发展，率先推动统一市场建设、基础设施一体高效、公共服务共建共享、产业专业化分工协作、生态环境共保共治，增强都市圈综合承载能力和辐射带动作用，全面提高都市圈城镇化发展质量和城乡融合水平。”

城乡融合发展不仅成为广东省高质量发展中的极关键环节，而且是广东省构建以国内循环为主，国内国外循环相互支撑、双轮驱动、双向对接的经济体系的重要节点。珠江三角洲的产业集群与城市集群如果缺少农业现代化支撑，城乡结构将是不完整的，城乡产业分布将是失衡的，因此，以城乡融合发展推进城乡要素一体化、塑造城乡协调共进的体制机制，将有力地促使广东省的传统农业向现代农业、低效农业向高效农业、分散农业向规模与集约的高质农业的转化。经验观察表明，只有构建了城乡融合发展体系的基础性结构，才能补广东经济发展模式中的“农业现代化短板”，改变广东省城乡发展、工农发展不平衡、不协调的现状，实现经济的可持续和高质量增长。

解决城乡土地级差收益分配问题，统筹城乡基础设施建设，同步推进城乡新基建规划与布局，守住土地所有权，稳定土地承包权，用好土地经营权，赋予城乡居民土地发展权，[②] 通过城乡建设用地市场深度对接融合，以地权为支撑，创设出农村内生性、普惠性金融（信贷）体系，实现农村集体建设用地、农户宅基地资产化、股权化，推进乡村振兴、城乡一体，构建城乡市场循环、产业循环、经济循环、金融循环体系，补短板、强优势，在城乡基础设施建设一体化的基础上，推动政府和社会资本合作，吸引更多社会资本投入农村基础设施建设，加强农田整理、生态整治，提升农业产业化和现代化水平，提高农户、龙头企业、合作经济组织自生能力和市场竞争优势。[③]

---

① 《广东省建立健全城乡融合发展体制机制和政策体系的若干措施》，广东省人民政府网站，http：//www. gd. gov. cn/gdywdt/gdyw/content/post_ 2989744. html，2020 年 5 月 8 日。

② 有关土地发展权的讨论见华生《城市化转型与土地陷阱》，东方出版社，2013。

③ 2018 ~2021 年广东省历年政府工作报告，参阅 http：//www. gd. gov. cn/zwgk/zfgzbg/。

在城乡融合发展中，如何有效地利用土地，实现土地与资本等要素的有效配置，以及土地在基础设施和产业发展两方面的合理匹配，是十分关键的政策课题。发展农村合作经济组织，建立高效农田水利灌溉设施，构建与本地区位和要素禀赋结构相符合的农业产业化体系，引导城市工商资本下乡，盘活农村集体资产，落实资产变资金、资金变股权、农民变股东等“三变”政策，实现一二三产业循环联动，加快农业现代化进程，推动城乡融合发展。在“三权分置”框架下，建立健全土地流转与经营制度，构造城乡土地市场一体化体制机制，探索城乡建设用地证券化可行政策路径，调节城乡土地级差收益，实现城乡基础设施融合、产业融合、经济融合、社会融合与文化融合。

土地是广东经济发展的短板，挖掘农村土地价值潜力巨大。目前经济发展最大的困境是土地。深圳、东莞、中山、佛山等地的土地开发强度已经超过30%的警戒线，可挖掘空间极为有限。但农村可挖潜的土地空间依旧很大，包括空心村改造、宅基地改造、旧厂房改造和农田整治，通过增减挂钩，既能为当地农民增加收入，又能增加建设用地指标。截至 2018 年，珠三角 9 市已形成复垦指标需求 3 万亩。按广东省确定的复垦指标交易保护价 50 万元一亩计算，转让后将产生超过 150 亿元的收益。如果城乡土地市场一体化，交易价格还可以再高，农村从土地转让中得到收益将大大超过 150 亿元。加上中央和农业农村部出台新规定，城乡土地级差收益中至少有一半用于农业现代化和乡村振兴，农村从土地中得到的收益甚至可达到 300 亿元甚至更高。再如垦造水田，到 2020 年，全省在坡度在 15 度以下旱地、水浇地等地块上，垦造出 30 万亩水田，指标可保障省市县三级建设用地占补需求。[①] 图 10 显示了 2019 年广东农村土地流转和利用情况。图 10 表明，2019 年广东省出租面积占比甚高，达到 876.6 万亩，入股面积其次，达到 240.1 万亩，前者反映了“龙头企业 + 农户”缔约结构的规模，后者反映了合作经济组织和集体经济组织生产（用地）规模，既显示了广东省规模农业和合作经济组织有了长足发展，亦表明农业现代化发展还有巨大空间。

① 叶贞琴：《关于广东“发展最大的潜力和后劲在农村”的几点思考》，《农村工作通讯》2019 年第 10 期。

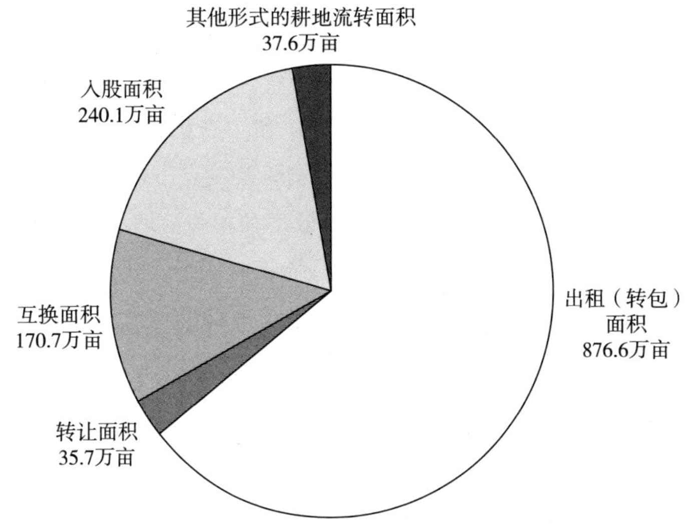

图 10　广东省土地流转方式（2019）

统计数据显示，2020 年上半年，由于疫情的持续冲击，沿海经济带东翼、西翼，北部生态发展区和珠三角的平均经济增速降幅比第一季度分别收窄 3.7 个、5.4 个、3.3 个和 5.0 个百分点，在已经公布半年经济运行情况的 16 个城市中，深圳、韶关和汕尾等 3 个城市实现经济正增长，其中汕尾同比增长 5.1%，“一核一带一区”区域协调发展新格局更加明晰。很明显，广东“一核一带一区”区域发展战略为广东省协调区域关系、破除城乡二元结构、实现高质量增长提供了新的空间和动能，通过体制机制创新、合理布局城乡基础设施、实施符合各地比较优势的产业政策，广东可以形成集聚优质经济要素的强大引力，推动城乡融合发展进入更新更高阶段。

（五）坚持以平台化法治化思维提升城乡融合公共治理新格局

要实现“产业兴旺、生态宜居、乡风文明、治理有效、生活富裕”五大目标，推进城乡融合发展和农业现代化建设，必须坚持用法治化思维提高城乡融合公共治理水平，科学制定广州、深圳、珠江口西岸、汕潮揭、湛茂都市圈发展规划，推动城乡公共服务提质增效，构建城乡协同共进机制，促进都市圈内中心城市与周边城乡同城化发展。统一城乡要素市场、统筹规划城乡基础设施，建立健全城乡公共服务协调共享机制，优化城乡产业分工协作关系，提升城乡生态环境共保共治水平，坚持以平台化、法治化思维开创城乡融合公共治理新格局，加快城乡融合发展的现实进程。

河源市和惠州市积极加快“数字政府”和“智慧城乡融合”建设。推动政务服务能力提升改革，开展“区块链+农业”试点工作，继续推进政务网、政务云等新基建工作，提高政务数据利用效率和相关治理水平，促进城乡基础数据共享、共治和共用，推动城乡业务系统相互联通。优化“粤系列”政务服务平台宣传推广路径，进一步提高行政系统内部的信息“知晓率”和“利用率”。以数字化、智能化促进城乡治理系统化、精细化和一体化，加快推动城乡基础数据库结构化、模块化、集成化和平台化建设，有序推进“城乡智脑”工程，推动城市和乡村运行智慧感知、智慧协调、智慧预判、智慧治理，建设推进城乡融合发展的“智慧型网格化治理平台”。①

梅州市不断深化行政体制改革，发展县域经济，持续向县下放一批市级管理权限，压减一批市级职权事项。深化镇（街）体制改革，完善基层治理体系，推动雁洋、留隍、高陂、华城等中心镇创新发展。② 汕头市坚持城乡公共治理法治化建设，以平台建设积聚城乡要素，以法治思维规范公共管理，以有为政府和有效市场相结合的体制机制助力产业发展。不断提高城乡治理水平，推进城市和乡村的科学化、精细化、智能化管理，创新“互联网+社会治理”模式，谋划建设从“城市大脑”到“基层细胞”的智能化服务体系。建立社会组织登记负面清单制度，促进和规范（城乡）社会组织发展，鼓励社会组织发挥中介调节功能，支持（城乡）社会组织参与政府购买服务，化解社会矛盾，构建共治、共享、共荣的包容性体制机制。建立健全城乡社区民主协商议事决策机制，探索推进以村（居）民小组、小区、楼宇为载体的“微自治”“微志愿”“微课堂”形式，推动民事民议、民事民办、民事民管。持续推进“一县一园、一镇一业、一村一品”建设，培育壮大家庭农场、农民合作社等

① 《河源市 2020 年政府工作报告》，http：//www. heyuan. gov. cn/ywdt/szxw/content/post_417310. html；《惠州市 2020 年政府工作报告》，http：//www. huizhou. gov. cn/zwgk/gbjb/zfgzbg/content/post_ 3106951. html。

② 《梅州市 2020 年政府工作报告》，https：//www. meizhou. gov. cn/zwgk/gzbg/zfgzbg/content/post_ 1962990. html。

新型农业经营主体，引导发展休闲农业和乡村旅游等新业态，建成潮南区生猪省级现代农业产业园，加快建设澄海区狮头鹅省级现代农业产业园和13个市级现代农业产业园。①

清远市在农业产业化，城乡融合发展中取得了许多可复制、可推广的经验。以清远市连樟村为例，该村积极探索推进“新型城镇化、城乡基础设施一体化、城乡公共服务均等化、城乡资源要素同权化、乡村经济发展多元化、村社治理优质化”改革，不断强化法治化治村手段，发挥党建作用，建立“法治化对事，党支部提事，村民理事会议事，村民会议决事，村委会执事”等民主议事和决策机制。在清远市驻连樟村精准扶贫工作队和碧桂园集团帮扶下，连樟村围绕城乡融合发展目标，着力提升基本公共服务均等化水平，建设完成乐广高速出入口至连江口镇区、省道S382镇区至连樟村中心等“村段公路”，建成5G网络基站、生态气象观察站等重要设施，开辟了以古驿道为纽带，联动周边两镇九村的文旅产业带。连樟村以土地经营权流转为核心，探索“合作社+公司+基地+农户”模式，建设现代农业科技示范园项目和儿童玩具生产企业，坚持以产业振兴乡村，以产业扶贫致富，以产业实现增收，以产业带动村社治理。连樟村不断推动农村集体资产和土地产权改革，激活土地要素，发挥本地禀赋优势，细化产业内部分工体系，强化村庄治理，推动城乡融合向纵深发展。通过引进城市工商资本和技术，提高农户、合作经济组织的自生能力和持续盈利能力，把村庄治理建立在产业兴旺、生态宜居和乡风文明的基础上，逐渐发展出了一整套有助于实现农村社区化、农业现代化和农民市民化的“经济–社会–文化”体系。

事实证明，打好脱贫攻坚战也是推进城乡融合的重要前提。截至2020年底前，现行标准下广东2277个相对贫困村全部出列，161.5万相对贫困人口全部脱贫，相对贫困村人均可支配收入达20739元，村均集体收入达33.5万元，全省贫困群众全部实现“两不愁三保障”。农民收入大幅提升的背后，反映了广东各地始终坚持党的领导，严格落实五级书记抓扶贫的政治责任；始终坚持大扶贫格局，推动有效市场和有为政府相结合；始终坚持改革创新，不断

① 《汕头市2020年政府工作报告》，https://www.shantou.gov.cn/cnst/zwgk/zfgzbg/content/post_1763400.html。

完善扶贫开发体制机制，先后发动10630家企业参与“万企帮万村”行动，实施特色产业扶贫项目6.3万个，为广东“十四五”时期城乡融合发展打下了扎实基础。

广东省委、省政府加快构建“一核一带一区”发展格局符合习近平总书记新时期中国特色社会主义政治经济学新理念，是对“总书记关切”的“广东承诺”。该战略注重不同城市、不同地区资源禀赋特征，在推进城乡融合发展的历史与现实进程中发挥各地综合比较优势，通过合理产业分工塑造彼此协调、相互促进的城乡关系，因地施策，产业互动，城乡均衡，不断推进城乡产业转型升级和高质量增长，提高城市品质，提升农业现代化水平，为城乡融合发展提供切实可行的新机制、新思路、新动力。

三　广东省城乡融合发展指数：观察与研判

观察广东城乡融合发展应力求客观、精准，唯有客观精准的研判，才能为广东的乡村振兴、新型城镇化和城乡协调发展的政策路径提供充足的科学依据。要准确识别城乡融合发展路径，比较不同地区城乡融合发展的不同特征和状态，就有必要设计一套测算城乡融合发展程度的指标体系，以比较广东省不同地区城乡融合发展的现实进程、优势劣势，进而明确方向，形成更合理、更符合省情的政策分析框架。当然，尽管数据是客观的，但指标体系的设计仍受主观认知的影响，因此，构建指标体系测算各地城乡融合发展程度只具有相对科学的含义，还需不断地实践、校准，才能使指标体系的测算不断地逼近客观实际。本报告所推出的城乡融合发展指数的直接目的是为比较不同地区（城市）的发展阶段及其特点提供量化依据，为城乡融合发展的政策观察与政策研判提供实证基础，为城乡融合发展的可行路径提供参考。

借鉴已有研究，① 根据层次分析法原理，把城乡融合发展评价指标体

① 周新秀、刘岩：《城乡融合发展评价指标体系的构建与应用——以山东省为例》，《山东财政学院学报》2010年第1期；赵德起、陈娜：《中国城乡融合发展水平测度研究》，《经济问题探索》2019年第12期；韩磊、王术坤、刘长全：《中国农村发展进程及地区比较——基于2011～2017年中国农村发展指数的研究》，《中国农村经济》2019年第7期。

系分为目标层、子系统和具体指标，我们根据城乡融合发展内涵将目标层分为五个子系统，即城乡经济融合、城乡人口融合、城乡社会融合、城乡空间融合以及城乡生态环境融合。每个子系统下面再包括若干具体指标，这些具体指标的性质必须得到明确定义，在此基础上，综合运用层次分析法和主成分分析法对各子目标进行赋权，得出城乡融合指数各要素的赋值（见表1）。

表1　城乡融合发展评价指标体系

目标层	子系统	具体指标	指标性质	权重
城乡融合发展评价指标体系	城乡经济融合	人均 GDP	正	0.078
		农林水支出占总支出的比重	逆	0.060
		第三产业占 GDP 的比重	正	0.083
		城乡消费水平对比系数	逆	0.091
		非农产业增加值占地区总产值比重	正	0.082
	城乡人口融合	城市人口密度	正	0.077
		农村人口与城镇人口比	逆	0.090
	城乡社会融合	教育支出占总支出的比重	正	0.051
		人均医疗床位数	正	0.043
		人均社会保险基金收入	正	0.041
	城乡空间融合	建成区面积比例	正	0.072
		公路网密度	正	0.067
		建制市镇密度	正	0.075
	城乡生态环境融合	城市污水处理率	正	0.051
		环保支出占总支出比重	正	0.039

按照上述指标体系，从历年《广东省统计年鉴》《广东省农村统计年鉴》搜集反映各指标体系的数据，经过约定俗成的统计方法逐一计算广东省各地级市（或以上）从2015年到2019年历年的经济融合指数、人口融合指数、社会融合指数、空间融合指数和生态环境融合指数，再利用综合统计方法计算各地的总的城乡融合指数，最后可得广东省从2015年到2019年历年的城乡融合指数，分别参见表2至表7。表中的“一核”、“一带”和“一区”的定义与相关内容参见广东省委、省政府正式印发的《关于构建“一核一带一区”区域发展新格局促进全省区域协调发展的意见》。

表 2　广东省各城乡融合指数（2015～2019）

分类	地区	2015 年	2016 年	2017 年	2018 年	2019 年
整体	广东省	0.4736	0.5058	0.5342	0.5515	0.5773
一核	深　圳	0.7297	0.7396	0.7550	0.7676	0.7761
	广　州	0.6618	0.6781	0.7051	0.7073	0.7384
	东　莞	0.6173	0.6140	0.6221	0.6171	0.6441
	珠　海	0.5533	0.5746	0.5939	0.5926	0.6377
	江　门	0.4597	0.4833	0.5216	0.5155	0.5518
	佛　山	0.5247	0.5564	0.5751	0.5733	0.5327
	中　山	0.4823	0.4965	0.5212	0.5231	0.5320
	惠　州	0.4752	0.4734	0.5045	0.5163	0.5067
	肇　庆	0.2741	0.3058	0.3721	0.3603	0.3414
一带	汕　头	0.4623	0.4656	0.4749	0.4670	0.5060
	揭　阳	0.4087	0.3786	0.3913	0.3987	0.4754
	汕　尾	0.3236	0.3644	0.3704	0.3708	0.4328
	湛　江	0.3678	0.3807	0.4000	0.3745	0.3952
	茂　名	0.2801	0.3221	0.3633	0.3759	0.3755
	潮　州	0.3081	0.3169	0.3502	0.3472	0.3399
	阳　江	0.1823	0.2151	0.3768	0.3413	0.2902
一区	河　源	0.3055	0.3453	0.4141	0.4231	0.4418
	韶　关	0.3379	0.3731	0.4084	0.4147	0.4053
	清　远	0.2559	0.3067	0.3565	0.3169	0.3735
	梅　州	0.2259	0.2827	0.3523	0.3182	0.3315
	云　浮	0.1678	0.1650	0.2343	0.1930	0.2748

表 3　经济融合指数

分类	地区	2015 年	2016 年	2017 年	2018 年	2019 年
整体	广东省	0.3021	0.3198	0.3337	0.3353	0.3383
一核	广　州	0.3859	0.3920	0.3936	0.3934	0.3940
	深　圳	0.3940	0.3940	0.3940	0.3940	0.3940
	珠　海	0.3151	0.3197	0.3258	0.3324	0.3508
	佛　山	0.2699	0.2790	0.2891	0.2821	0.2863
	江　门	0.1802	0.1936	0.2152	0.2103	0.2438
	中　山	0.2066	0.2213	0.2423	0.2523	0.2350

续表

分类	地区	2015 年	2016 年	2017 年	2018 年	2019 年
一核	东　莞	0.2454	0.2535	0.2452	0.2373	0.2258
	惠　州	0.2018	0.2029	0.2185	0.2088	0.2038
	肇　庆	0.1207	0.1156	0.1618	0.1554	0.1139
一带	汕　头	0.1911	0.1964	0.1952	0.1759	0.1940
	揭　阳	0.0926	0.0926	0.0984	0.0991	0.1572
	汕　尾	0.0769	0.0935	0.1014	0.0805	0.1241
	湛　江	0.1243	0.1228	0.1341	0.1147	0.1121
	茂　名	0.0749	0.0778	0.1009	0.1045	0.1058
	潮　州	0.0986	0.1145	0.1297	0.1297	0.1044
	阳　江	0.0764	0.0800	0.1265	0.1138	0.0831
一区	韶　关	0.1372	0.1481	0.1688	0.1696	0.1667
	河　源	0.0721	0.0966	0.1349	0.1399	0.1545
	清　远	0.0913	0.1172	0.1292	0.1054	0.1171
	云　浮	0.0147	0.0423	0.0655	0.0575	0.0923
	梅　州	0.0459	0.0515	0.1106	0.0798	0.0810

表 4　人口融合指数

分类	地区	2015 年	2016 年	2017 年	2018 年	2019 年
整体	广东省	0.0791	0.0801	0.0814	0.0829	0.0843
一核	深　圳	0.1670	0.1670	0.1670	0.1670	0.1670
	东　莞	0.1646	0.1648	0.1654	0.1664	0.1670
	佛　山	0.1574	0.1577	0.1597	0.1623	0.1650
	广　州	0.1483	0.1517	0.1543	0.1567	0.1590
	中　山	0.1481	0.1486	0.1494	0.1506	0.1521
	珠　海	0.1143	0.1159	0.1183	0.1218	0.1253
	惠　州	0.0709	0.0723	0.0730	0.0749	0.0769
	江　门	0.0681	0.0685	0.0698	0.0710	0.0715
	肇　庆	0.0142	0.0173	0.0196	0.0227	0.0253
一带	汕　头	0.1442	0.1443	0.1445	0.1445	0.1445
	潮　州	0.0807	0.0811	0.0820	0.0834	0.0842
	揭　阳	0.0659	0.0665	0.0666	0.0669	0.0671
	汕　尾	0.0551	0.0553	0.0554	0.0557	0.0554
	阳　江	0.0303	0.0328	0.0350	0.0375	0.0400
	茂　名	0.0111	0.0113	0.0132	0.0177	0.0244
	湛　江	0.0117	0.0118	0.0142	0.0178	0.0213

续表

分类	地区	2015 年	2016 年	2017 年	2018 年	2019 年
一区	韶　关	0.0387	0.0399	0.0414	0.0436	0.0455
	清　远	0.0254	0.0280	0.0298	0.0332	0.0369
	梅　州	0.0226	0.0250	0.0276	0.0303	0.0329
	河　源	0.0026	0.0059	0.0091	0.0136	0.0177
	云　浮	0.0026	0.0027	0.0028	0.0058	0.0085

表 5　社会融合指数

分类	地区	2015 年	2016 年	2017 年	2018 年	2019 年
整体	广东省	0.0298	0.0450	0.0493	0.0582	0.0724
一核	广　州	0.0710	0.0729	0.0923	0.0899	0.1034
	东　莞	0.0766	0.0806	0.0853	0.0755	0.0904
	江　门	0.0802	0.0861	0.0923	0.0873	0.0881
	珠　海	0.0677	0.0705	0.0733	0.0742	0.0815
	惠　州	0.0646	0.0711	0.0683	0.0696	0.0756
	中　山	0.0512	0.0540	0.0509	0.0523	0.0748
	肇　庆	0.0554	0.0707	0.0690	0.0593	0.0698
	佛　山	0.0392	0.0597	0.0633	0.0688	0.0575
	深　圳	0.0380	0.0415	0.0476	0.0496	0.0532
一带	茂　名	0.0749	0.0844	0.0901	0.0909	0.0946
	湛　江	0.0730	0.0760	0.0809	0.0718	0.0892
	汕　头	0.0534	0.0579	0.0604	0.0629	0.0684
	揭　阳	0.0510	0.0519	0.0556	0.0590	0.0619
	潮　州	0.0509	0.0520	0.0526	0.0409	0.0535
	阳　江	0.0261	0.0347	0.0488	0.0424	0.0521
	汕　尾	0.0225	0.0390	0.0255	0.0407	0.0442
一区	清　远	0.0414	0.0736	0.0782	0.0663	0.0849
	河　源	0.0264	0.0452	0.0704	0.0715	0.0763
	云　浮	0.0468	0.0551	0.0597	0.0462	0.0557
	梅　州	0.0315	0.0468	0.0557	0.0404	0.0554
	韶　关	0.0419	0.0610	0.0513	0.0561	0.0518

表 6　空间融合指数

分类	地区	2015 年	2016 年	2017 年	2018 年	2019 年
整体	广东省	0.0171	0.0163	0.0176	0.0168	0.0166
一核	江　门	0.1024	0.1058	0.1066	0.1033	0.1020
	东　莞	0.0633	0.0656	0.0675	0.0687	0.0800
	肇　庆	0.0808	0.0821	0.0824	0.0830	0.0797
	深　圳	0.0674	0.0692	0.0694	0.0696	0.0720
	惠　州	0.0724	0.0741	0.0733	0.0747	0.0699
	广　州	0.0229	0.0232	0.0235	0.0242	0.0247
	中　山	0.0125	0.0125	0.0135	0.0140	0.0136
	珠　海	0.0104	0.0121	0.0110	0.0110	0.0118
	佛　山	0.0054	0.0055	0.0057	0.0058	0.0035
一带	揭　阳	0.1585	0.1588	0.1597	0.1600	0.1619
	汕　尾	0.1456	0.1475	0.1512	0.1520	0.1525
	湛　江	0.1456	0.1457	0.1457	0.1458	0.1458
	茂　名	0.1061	0.1063	0.1067	0.1126	0.1097
	潮　州	0.0676	0.0693	0.0822	0.0856	0.0893
	阳　江	0.0495	0.0522	0.1366	0.1134	0.0459
	汕　头	0.0321	0.0324	0.0340	0.0344	0.0334
一区	河　源	0.1544	0.1553	0.1559	0.1563	0.1567
	梅　州	0.0974	0.0975	0.0983	0.1025	0.1062
	韶　关	0.0943	0.0957	0.0948	0.0961	0.0972
	清　远	0.0863	0.0868	0.0864	0.0804	0.0814
	云　浮	0.0620	0.0650	0.0625	0.0331	0.0695

表 7　生态环境融合指数

分类	地区	2015 年	2016 年	2017 年	2018 年	2019 年
整体	广东省	0.0456	0.0446	0.0523	0.0583	0.0658
一核	深　圳	0.0633	0.0678	0.0770	0.0874	0.0898
	惠　州	0.0655	0.0530	0.0714	0.0883	0.0805
	东　莞	0.0674	0.0495	0.0588	0.0693	0.0810
	珠　海	0.0457	0.0564	0.0656	0.0533	0.0683
	广　州	0.0337	0.0384	0.0414	0.0430	0.0572

续表

分类	地区	2015 年	2016 年	2017 年	2018 年	2019 年
一核	中　山	0.0638	0.0600	0.0651	0.0539	0.0565
	肇　庆	0.0028	0.0201	0.0393	0.0398	0.0527
	江　门	0.0288	0.0293	0.0377	0.0436	0.0465
	佛　山	0.0529	0.0544	0.0572	0.0543	0.0203
一带	阳　江	0.0000	0.0154	0.0299	0.0342	0.0692
	汕　头	0.0414	0.0346	0.0408	0.0493	0.0657
	汕　尾	0.0235	0.0292	0.0367	0.0418	0.0566
	茂　名	0.0130	0.0424	0.0524	0.0501	0.0409
	湛　江	0.0132	0.0244	0.0251	0.0245	0.0269
	揭　阳	0.0407	0.0088	0.0111	0.0137	0.0272
	潮　州	0.0104	0.0000	0.0036	0.0076	0.0086
一区	梅　州	0.0284	0.0619	0.0601	0.0652	0.0559
	清　远	0.0115	0.0011	0.0329	0.0316	0.0532
	云　浮	0.0417	0.0000	0.0439	0.0502	0.0488
	韶　关	0.0259	0.0285	0.0520	0.0493	0.0441
	河　源	0.0500	0.0423	0.0438	0.0417	0.0365

从表 2 至表 7 中可得出诸多启发性的结论，这些结论对政策分析具有重要参考价值。广州、深圳、珠海、东莞、中山、佛山等市的城镇化率位于前列，在经济含义上城乡融合指数相对其他城市当然就更高，因为城乡融合的最本质含义是乡村和城市（镇）的生产方式和生活方式趋于一致，城乡居民的人均收入、就业和发展机会、社会保障以及所拥有的基础设施、所享受的公共服务趋于均等，客观上如果某市城镇化率更高，城乡融合指数亦随之提高。在政策含义上，城乡融合指数高并不意味着只有城镇化而无乡村振兴和农业现代化，如此看来，深圳市具有特殊性，是特例。我们或许可以从另一个侧面来解读“深圳指标”，即农业现代化和乡村振兴会使农村在生产方式和生活方式上越来越逼近城市，越来越“像”城市。城乡要素市场越来越一体化，城乡产业越来越融成一体。随着乡村振兴和农业现代化不断推进，农业生产方式和农村生活方式不断逼近城镇，城乡融合指数自然就会越来越高，但是城市与乡村各具特色，并不存在城市（镇）完全替代乡村的问题。表 2 至表 7 显示，韶关、清远、梅州、汕尾、阳江、肇庆等市城乡融合指数相对偏低，尤以肇庆等市为

典型，说明这些地区城镇化建设和乡村振兴有待同步推进，应当根据各自城市空间区位特征和要素禀赋特性发展具有比较优势的产业。广东省全境的城乡融合指数只有0.582，与广东省城镇化率71%的水准具有明显落差，说明广东省存在明显的二元经济结构和区域发展不平衡、不协调的“特征化事实”，城乡失衡和区域差距成为广东省现代化建设中必须正视和加以解决的“短板”。值得注意的是，从总体上看，“一核”地区是经济体量最大、经济发展最快的地区，城乡融合发展指数普遍较高（除个别城市如肇庆的城乡融合指数偏低外），“一带”地区次之，“一区”地区的城乡融合指数普遍偏低。显然，这些指标符合上述各区的实际情况，这为缩小并消灭区域差异、破除城乡二元结构、推动城乡一、二、三产业融合发展提供了令人信服的数据，也为广东省针对各地不同特点、分类施策、推动各地经济社会发展、实现共容共富和可持续的包容性增长提供了充足的实证基础。表2至表7也表明，广东各地城乡融合发展势头良好，成效卓著，创新举措与政策有效性走在全国前列。当然，个别城市在城乡融合发展中有所滞后，这正好证明广东省“一核一带一区”发展格局和城乡融合发展总体思路符合广东各地实际情况，对于响应“总书记关切”提供了可靠的政策保证。出于研究便利性考虑，本报告并未彻底区分城市化率几乎达到百分之百的城市（如深圳仅有若干个农场，而几乎不存在传统意义上的农村）和一般性城市（即既有城镇，也有农村的城市，如清远市等）在统计口径上的若干差异性，但这并不影响本报告的基本结论。

四　广东城乡融合发展中的制约因素

城乡发展不平衡是广东最大的发展不平衡，农村发展不充分是广东最大的发展不充分。从静态看，“短板”决定了经济发展的“高度”，限制了潜在资源得到充分利用的“程度”，但从动态看，短板就是潜力，差距就是空间，补短板、减差距就是释放潜力，激发后劲的过程。①

① 叶贞琴：《关于广东“发展最大的潜力和后劲在农村”的几点思考》，《农村工作通讯》2019年第10期。

城乡融合发展是解决城乡发展不平衡、乡村发展不充分、推动农业供给侧结构性改革、促进农业现代化、提高农村居民收入、建设美丽新乡村的关键路径和必然选择。在城乡融合发展过程中，改变土地、资本、劳动等要素由乡村到城市单向流动，实现要素在城乡之间双向流动至关重要。广东城乡融合发展中存在如下制约因素：重城市、轻农村，重工业、轻农业等理念不利于广东全方位实现农业现代化；城乡要素市场不统一、不协调导致土地资源难以变为资产，资产难以变为资金，资金难以变为股权；农村土地制度、城乡二元户籍制度等多种历史与现实制约因素妨碍城市工商资本下乡，造成农业现代化和乡村振兴后劲乏力；农村交通、物流、医疗、教育、卫生、通信、文化等基础设施及配套措施比较落后，农村人力资本等要素不断外流，乡村振兴所需人才储备严重不足。推动广东城乡融合必须注意解决如下五个制约因素。

（一）工业化、城镇化、农业现代化和信息化“四化”之间不协调，影响广东省城乡发展的整体质量

相对于农村，城市有着明显的空间区位优势，可以降低企业生产经营成本，吸引更多资本和其他要素向城市积聚。在城乡二元格局下，大量要素流向城市，各类企业、各类产业在城市落地，加剧了城乡二元结构失衡，成为广东省城乡融合发展的短板。城市经济活跃，产业集中，结构多元，规模大，积聚效应强，城市基础设施投资提供的各类公共品将为各类产业和市民创造更多的预期收益率和社会满足感，极易导致城市偏向的公共财政配置，造成工业化、城市化优先，农业现代化滞后，工农产业不平衡，城乡发展不协调。

2019 年，广东省常住人口的城镇化率为 70.14%，高于全国平均水平 10.80 个百分点，处于上海、北京、天津三个直辖市之后。分区域来看，2019 年珠三角核心区的人口城镇化率为 86.28%，而沿海经济带和北部生态发展区的相应值分别为 53.33% 和 50.80%，尽管低于珠三角核心地区，但具有后发优势，发展速度快于珠三角核心区。与人口城镇化相伴随的是土地城镇化。在“三权分置”框架下，现行征地制度使政府以较低价格从农民或村集体手中获得建设土地，经过土地整理和城乡土地的空间置换，在城市建设用地交易市场以“招拍挂”的方式出让土地使用权，在税收之外，城市又获得了丰厚的土

地级差收益，其中大部分投向了城市基础设施和各类公共事业。这也直接导致农村在诸如道路、水电、信息等基础设施，以及教育、医疗、公共卫生和社会保障等基本公共服务建设方面严重落后于城市。农村的基础设施和基本公共服务供给不足，以及供给质量不高使得农村的劳动力、资本要素进一步向城市集中，导致农村经济发展乏力；农村教育、医疗与社会保障等低水平发展不利于农村人力资本积累，阻碍了现代农业的发展；基础设施不完善、不配套提高了农业生产经营成本，延长了农产品贸易半径，限制了农业现代化发展，造成工业化、城镇化、农业现代化、信息化发展存在不平衡、不协调问题，影响了广东省全面现代化进程，降低了广东省城乡融合发展的质量。

（二）二元结构与农村居民消费能力偏低制约城乡融合发展高度

调查显示，城乡居民中等收入群体（即年人均 3.34 万元的群体）平均消费倾向最大，在达到 3.34 万元收入水平前群体的消费倾向趋势总体上升。在现有收入和消费水平下，农村居民家庭家用汽车、空调、计算机等耐用消费品的普及率仍然较低。增加农民收入，就是雪中送炭，边际效用最高，最可能变成现实需求。如果广东农民收入达到现在城市居民水平，按农村常住人口 3295 万人计算，一年就可以增加 9654 多亿元的收入。2019 年，全省社会消费品零售总额 4.29 万亿元，按年增长率 10% 计算，一年增加将近 4300 亿元，约占新增加收入的一半，新增加收入足以消化新增加零销总额，还将进一步优化、提升消费结构，并反过来推动农业供给侧结构性改革。[①]

农村消费能力扩大，城乡基尼系数下降，城乡融合程度更高。构建内循环为主、内外循环相互促进的经济体系，关键要去短板，提高农民收入，破除二元结构，提升农村产业竞争能力。乡村振兴的关键在于产业振兴，城乡融合的关键在于城乡要素市场、城乡产业结构、城乡公共服务、城乡基础设施、城乡教育体制无缝对接和有序循环。

城乡融合发展旨在弥合城乡发展差距和居民生活水平差距，要点在于协调推进乡村振兴战略与新型城镇化战略，补齐乡村发展短板。城乡融合发展的关

---

① 叶贞琴：《关于广东“发展最大的潜力和后劲在农村”的几点思考》，《农村工作通讯》2019 年第 10 期。本文对相关数据重新进行了估算。

键在于打通城乡要素循环“路障”，实现人才、土地、资本等要素在城乡间，在城市内部城区与城中村之间双向流动和平等交换，激发乡村振兴内生活力，利用城中村土地级差收益改造城中村生活环境、产业环境，变二元经济为一体化经济。构建以国内大循环为主、国内国际双循环相互促进的经济体系，需要进行体制机制改革。

（三）统一的城乡土地流转与定价体系尚未形成

广东农村要素市场化程度仍然较低，农村宅基地、荒山荒坡、集体资产等，还没有盘活利用，处于用不了、用不好的困局，是一笔沉睡的资产。比如，2017 年，广东农村集体资产 5598 亿元，占全国 3 万亿元的比例超过 1/6，但这笔庞大的资产，在权能上仍然受到很大限制，包括集体建设用地如何入市，宅基地如何转让如何抵押。如果通过“三权分置”改革，有望实现资源变资产、资金变股金、农民变股东，赋予农民更加充分的权能，可以增加农民财产性收入，也是一笔很大的资金来源。[①] 农村土地制度是一种复合型、综合性、结构性的制度安排，并非单一的承包地的“三权分置”，还包括农村宅基地制度和集体经营性建设用地制度，是多种农地制度安排的一个统称。当然，农村承包地的“三权分置”在所有制度安排中最为重要。由于缺乏统一的城乡土地流转和定价体系，农村建设用地与城市建设用地两种定价机制，两种价格，同地不同权，同地不同市，同地不同价，增减挂钩、占补平衡制度与城市建设用地招拍挂制度尽管具有可操作的“政策通道”，但其中的制度性转手与政策性迂回使得农村无法（与城市）平等地分享土地级差收益，使农村、农业和农民失去了城乡同步发展的机会。尽管“三权分置”的制度框架稳定了农户对土地承包权的预期，但土地所有权归集体，土地承包经营权归农户，而新型经营主体可从拥有承包权的农户那里获得经营权，这种制度安排，使得土地权属多重分立，难以从根本上改变土地的分散经营模式。

土地规模化、集约化经营是现代农业发展的基本要求，分散的承包地有必要通过土地流转等方式实现集中连片。截至 2018 年底，广东省承包地流转面

① 叶贞琴：《关于广东“发展最大的潜力和后劲在农村”的几点思考》，《农村工作通讯》2019 年第 10 期。

积占全省承包地面积的比重为38.09%，而相较于2018年，2019年仅仅提高了0.56个百分点。而且，流转土地主要集中于珠三角地区，占流转总面积的38.2%，粤东地区、粤西地区和粤北山区则分别为14.6%、23.6%与23.6%。在土地流转中，出租（转包）是主要的流转方式，而且流转土地的主要流向是一般农户，占流转总面积的52.1%，流向农民合作社、家庭农场和农业企业等新型农业经营主体的比重仅仅为47.9%，不足半数；另外，在流转期限层面，流转期限在10年以内的土地面积占流转总面积的比重为62.9%，流转期限超过10年的相应比重则少于40%。自2014年中央一号文件《关于全面深化农村改革加快推进农业现代化的若干意见》正式出台、农村承包地“三权分置”的制度安排以来，广东省土地流转进展偏慢，土地转入主体更多的是一般农户而非规模化经营的现代农业主体。由此可见，“三权分置”的制度框架并不能自动地改变土地分散经营模式，有必要通过建立统一的城乡土地市场和定价机制为农村土地赋权赋能，实现农业用地连片经营，实现广东从传统农业向现代农业的根本转型。此外，在粤北、粤西等偏远地区，农村宅基地和住宅因劳动力外迁出现大量闲置，一方面造成土地资源不能有效利用，另一方面增加了农村财产的机会成本，造成浪费。因土地性质的刚性规定，现代农业发展、乡村振兴和新型城镇化建设衍生出对建设用地的需求与集体经营性建设用地供给之间形成扭曲，城乡间因为土地级差收益的扭曲和错位分配而融合发展动力不足。因此，在城乡土地制度上进一步创新，构造城乡统一的地权市场和级差收益均等分配机制，塑造以地权为抵押的农村内生性信贷（金融）体系是推进广东城乡融合发展的重要政策选择。

土地流转过程的标准化、程序化和体制机制性困境，制约土地与资本要素的结合。城乡融合发展是建立在农业生产率提高，要素在城乡之间双向流动的体制机制基础上的。发展现代农业，推进一二三产业融合，提升农产品的附加值，构造城乡产业分工与专业化体系，成为城乡融合发展的重要实现路径。现代农业以规模化、机械化、集约化为基本特征，要求土地连片集中、规模经营。通过土地流转将分散化、细碎化的土地集中，是城乡融合发展中必须正视的现实问题之一。土地流转是一个复杂的过程，标准化和程序化难度较高，既涉及事前土地供求信息的搜寻和匹配，事中土地价格的评估，供求双方在流转前的谈判；也包括签约之后土地流转的完成或执行。2019年8月，广东省出台《关于加快推进农村承包土地经营权流转的意见》，鼓励市、县、镇三级建立农村产权流转管理服务平台。截至2019年底，全省共建有市级平台12个、县级平台133个、镇级平台1372个，基本实现县、镇两级全覆盖。然而，在全省流转的1360万亩农村承包地中，通过平台流转的承包地面积仅为369.32万亩，占流转总面积的27.16%。可见，农村产权流转管理服务平台在土地流转中的作用极为有限，并未达到政策预期目标。

（四）缺乏以物联网、大数据技术等为载体的全产业链农业生产经营体系

随着收入水平的提高，居民的消费结构不断升级。当前城乡居民对于农产品的需求已经跨过了“吃得饱”阶段，迈入追求“吃得好、吃得健康”层次。然而，由于农产品市场供求信息不对称，农业生产与市场需求之间存在明显错位，主要表现在：一是农产品的种类、品质不符合市场需求，因而农产品有效供给不足；二是因农产品的生产、管理过程缺乏全程的追踪记录，即使供给的农产品属于绿色食品，但难以被消费者识别或甄别，故在销售价格上并不具有优势，造成“劣币驱逐良币”，影响城乡居民对农产品的信心。因此，农业生产技术作为农产品生产的基本要素，是“供给侧”，然而生产的最终目的是满足消费者对农产品的有效需求，直接关系农产品能否顺利出售，以及以何种价格出售，所以“需求侧”对农产品实现“从商品到货币的惊险一跃”至关重要。物联网、大数据等数字经济的兴起与发展将弥补农业生产供给侧与需求侧在生产与消费方面信息不对称的缺失，实现全产业链农业生产经营的有效对接和匹配。一方面，通过大数据技术，搜寻、整理和归纳消费者对农产品的消费偏好，为农业生产者提供“市场”依据，从而有效地生产满足市场需求的农产品；另一方面，物联网和区块链技术的发展可实现消费者对农产品生产和经营全过程的“溯源性”追踪，降低了信息不对称，提高了农产品的交易效率，使城乡居民对农产品的安全和质量有了更准确的评估。

近年来，广东省城乡居民的人均可支配收入有了大幅提高，其中2019年城镇人均可支配收入为50257元，增长4.4%，扣除物价因素，实际增长1.8%；农村居民可支配收入为20143元，增长7.0%，扣除价格因素，实际增长3.9%。分别是2010年的2.10倍和2.55倍，2020年城乡可支配收入比为

2.4。从城镇化率来看，2019年广东省城镇常住人口为8225.99万人，城镇化率稳步提升，对农产品的种类、质量均提出了更高要求。广东省在推动物联网、大数据等数字经济及其基础设施建设方面尚存巨大空间，亟须全方位赋能农业生产经营的各个环节。物联网、大数据等是新兴技术，需要相应基础设施的配套，加大农村新基建投入、补农业现代化短板，是广东省推进城乡融合发展中必须正视的关键问题。

（五）资本下乡支持与引导力度不足，延滞现代农业生产经营体系的建立

资本下乡不仅改变了农业生产方式，也推动了农业经营管理理念、市场销售理念等的创新与变革，在“生产－加工－销售”的全链条上促进一二三产业的深度融合，既延伸了产业链，也提升了价值链。然而，现代农业投资并非一次性的，而是连续性的投资，农业投资回收周期长，这些因素提高了农业现代化“门槛”。在“三权分置”的制度框架下，新型农业经营主体难以通过土地经营权抵押获得贷款，在相当程度上弱化了城市工商资本下乡趋势。2016年广东省成立农业信贷担保有限责任公司（以下简称广东农担），为家庭农场、种养大户、农民合作社、农村社会化服务组织、小微农业企业、农业龙头企业等农业适度规模经营主体提供农业信贷担保业务。作为全省唯一一家政策性担保公司，广东农担可为符合条件的农业经营主体担保贷款，不过担保额度非常有限，难以满足广东农业现代化的需要，这也表明新型农业经营主体的资金来源渠道是狭窄的。

2019年广东省的居住城镇化率达到71%，但户籍城镇化率只有55.28%，承包地流转面积占全省承包地面积的比重为38.65%，其中转入新型农业经营主体的土地面积占流转总面积的比重不足50%。由此可见，广东省城乡二元经济结构的特征仍很明显，粤北、粤西多数地区农业生产经营尚处于向现代农业转型的初始阶段，传统的小农经济经营模式在某些地区仍占主导性地位。资本的一个重要特性是逐利性，如果没有政策引导和监管，在工商资本下乡的过程中，社会资本将凭借在要素采购、生产技术、经营管理、产品质量、品牌培育、销售渠道等方面所形成的规模经济（效率）、高产出率、高附加值等优势，在与农户的不对称竞争中将对农业散户和小规

模经济主体产生挤出效应。因此，资本下乡对于农业产业化和乡村振兴是一把双刃剑，既能推动农业生产方式、经营管理方式以及销售方式的变革，也可能挤出农村散户和小业主，使后者丧失原有的生存空间，成为城乡融合发展的障碍。

五　广东走向全面现代化的城乡融合发展之路

2020 年是我国全面建成小康社会和“十三五”规划收官之年，2021 年是我国“十四五”规划和进入第二个百年奋斗目标新征程的开局之年，广东省将按照习近平总书记赋予“广东在全面建设社会主义现代化国家新征程中走在全国前列、创造新的辉煌”的总定位总目标要求，将城乡融合发展放到全面建设现代化和形成新发展格局上考虑，全面加强党对推进城乡融合发展工作的领导，有效破解发展不平衡不充分难题，突出乡村振兴和新型城镇化两大抓手，破除二元经济结构，走好全面现代化的城乡融合发展之路，为“总书记关切”提供完美答卷，创造出中国城乡现代化协调发展的广东样本。

（一）以城乡空间联动实现广东城乡融合发展，以“一核一带一区”牵引城乡协调发展空间将加速形成

广东现代化建设正处于珠三角与粤东西北全面融合发展的关键时期，按照粤港澳大湾区与“一核一带一区”战略布局，广东将城乡空间联动发展实现省域空间融合，即要实现珠三角与环珠三角、泛珠三角、粤东西北的空间联动与协调发展，形成有广东特色的空间联动发展格局。

截至 2019 年，“一核一带”地区集聚了全省 94.3 的地区生产总值（GDP）和 70.4% 的地方一般财政预算收入。由于现代产业的区位指向、人才指向、成本指向、服务指向、配套指向和集聚指向越来越明显，因此，越来越多的现代产业尤其是先进制造业、高技术制造业和现代服务业，正加速向“一核一带”地区集聚。加快建设沿海沿江城市延绵带，将更加强化这一地区的区位、人才、服务、成本、配套和集聚优势，形成更加强大的对全球高端资源的吸引力，最终形成世界级的、具有国际竞争力的产业带。建设粤港澳大湾区和深圳

先行示范区，是新时代中央赋予广东的新动能，通过“双区”[①] 在改革开放和创新发展的先行先试，广东为全国在新时代完善中国特色社会主义制度、实现“两个一百年”目标探路。同时，建设一个具有雄厚实力的世界级城市群和全球性标杆城市，代表国家参与国际竞争，并向世界展现中国特色社会主义制度的优越性。加快推进沿海沿江城市带建设，形成高密度的产业与人口空间集聚带，创造“双区”驱动的新地理空间效应。

广东率先实现现代化，短板在粤东西北。在珠三角人均 GDP 超过 1 万美元后，土地占全省 70%、人口占全省 50% 的粤东西北人均 GDP 仍低于全国平均水平。这与广东第一经济大省的地位极不相称。加快城乡空间联动发展是解决粤东西北落后问题的根本之策，粤东西北不发展起来，全省发展就是不全面、不协调、不充分的，广东现代化取决于粤东西北现代化。因此，在广东总定位总目标指引下，加速形成从沿海沿江到粤东西北的内陆提升线，是解决全省空间联动创新的关键。可以预见，在我国社会主义现代化建设的新发展格局下，加快粤东西北发展已经到了刻不容缓的时候，不仅需要把珠三角这一个增长极继续做优做强，还需要把粤东西北培育成新的增长极，培育粤东西北发展的新型空间结构，共同支撑广东省经济长远发展，确保广东形成改革开放新格局，实现经济社会健康可持续发展，率先全面实现社会主义现代化。广东区域协调发展已进入一个全新的发展时期，随着“双转移”的推进及大项目的落地、“双区驱动”带动，珠三角等发达地区加快经济结构调整，给粤东西北承接产业转移带来新机遇，将为广东建设现代产业体系和城乡融合发展营造一个新型空间并创造新的辉煌。

根据世界银行的统计，目前世界 60% 的经济总量集中在“湾区”、75% 的大城市、70% 的工业资本和人口集中在距海岸 100 公里内的海岸带地区。我国由于都市圈、城市群能产生更高的集聚效应和更高的要素生产率，因此，今后十年中国 70% ~80% 的经济增长潜能都将来自这一范围，“一核一带一区”空间战略肩负重大使命，是广东在新时期贯彻落实新发展理念的生动实践，有利于服务全国新发展格局战略，也是广东区域协调发展的百年大

---

① “双区”是指粤港澳大湾区和深圳的中国特色社会主义先行示范区。下文提及的“双城”则指广州市和深圳市。

计。“一核一带”地区集聚了9819万常住人口，占全省常住人口总数的85.2%。可以预见，“一核一带”地区的人口还会大量增加，“一区”将享受发展红利。广东建设“一核一带一区”的关键之一，就是要形成适合广东自然环境的新型城镇化体系，这一体系的重要特征就是广东人口特别是北部生态发展区的人口，逐步向大都市区、区域性中心城市，以及县城、中心镇村集聚。

“一核一带”的新型城镇化辐射能力将提升，形成世界级城市群引领乡村新型城镇化中国样本。将“一核”建设成为广东全省发展的主引擎，将“一带”开辟成为新时代广东发展的主战场，将“一区”建设成为广东的生态发展大屏障，是广东新时代区域发展新格局和新型空间战略。要实现这一宏大战略，就必须通过建设现代化的交通体系，通过建设产城融合的新城区，通过对城市的提质扩容，将广东沿海沿江一带的城市“串珠成链”，建设成世界第七大城市延绵带，使之成为广东建设新时代现代产业体系和率先实现现代化的巨大平台。在当前我国行政区划和地方利益色彩比较突出的现实情况下，地理空间是影响城市发展的一大重要因素。中国城市化道路的实践表明，加大都市圈和城市带的规划与建设力度，是一种科学的选择。到2019年，“一核一带”地区已经集聚了全省85.2%的常住人口。随着沿海沿江城市建设，人口将进一步加速向“一核一带”集聚，发展空间的统筹协调将促进广东“一核一带”辐射“一区”，实现整体城镇化提升，创建产城融合型的新型城区。

在广东建设“一核一带一区”框架下，广东“一区”的新型城镇化，将在“一核一带”的辐射带动下超前发展，发挥广东国际化程度高的优势，先进产业和人口的集聚，必将有力支撑港澳国际信息、国际贸易、国际金融、国际旅游、国际航空航运、国际教育、高端医疗等高端服务功能的扩散。沿海沿江城市建设，将为北部生态发展区的生态产品和服务提供巨大的消费市场。而巨量人口的集聚，蕴含着巨大的对生态型产品和服务的消费能力，这将极大地刺激北部生态发展区的优质农产品、生态与文化旅游等产业的发展。未来发展途径是以特色小城镇的发展为主、以大交通为空间纽带、以新兴产业转移为抓手，实现珠三角与粤东西北的城市群互动发展，进而完成区县级城市提升和专业化小镇建设，形成具有岭南特色的城市化格局。

（二）以工商资本下乡实现广东城乡融合发展，“国内大循环”城乡融合发展将助力新发展格局形成

工商资本是推动乡村振兴的重要力量，对于广东城乡融合发展也不例外。从国内外实践来看，美国、日本以及中国浙江、苏南等农业农村现代化速度快的国家和地区，得益于工商资本投资农业农村。工商资本下乡，既是“输血”，更应“造血”。工商资本进入农业农村，不仅为农业农村输入了资金、技术、人才、信息以及先进的管理经验，还激活了农业农村生产要素，促进农业生产方式发生深刻变革。实现工商资本与农户共赢，建立风险共担、利益共享的经济共同体。政府应强化引导，探索多样化的联合方式，支持工商资本和农户的关系由买断、订单关系转变为保底收益、按股分红和社会化服务关系。支持农民以土地资源入股，资源变资产、资金变股金、农民变股东，鼓励村集体的资源型资产以及农民的产权、资产、资金、技术等入股涉农工商资本并获得合理收益。深化农村土地制度改革，进一步放活农村集体建设用地，盘活闲置宅基地农房、“四荒地”等资源。对列入省、市重大产业项目库的项目，涉及新增建设用地的，优先落实用地指标。搭建招商服务平台、创业孵化平台、产权交易平台等政企、政农合作平台，以政府为中介促进企业与社区、农户对接，找准企业与农户的利益汇合点。打破一家一户的生产组织方式，将新理念、新技术、先进管理模式等生产要素带入农业农村，对农村生态、文化、社会治理等领域产生全面的溢出效应。

工商社会资本和国有资本下乡将有利于构建新发展格局，促进以国内大循环为主体，国内国际双循环提升。粤东西北将找准自己在国内大循环和国内国际双循环中的位置和比较优势，提高贯彻新发展理念、构建新发展格局的能力，制定具体的规划、政策和措施，使新发展格局变为现实落到实处。

广东正处于城镇化快速发展时期，这个过程既创造巨大需求，也提升有效供给。未来将发挥珠三角中心城市和城市群带动作用，实施区域重大战略，建设现代化乡村新城圈，形成一批新增长极。城乡区域经济循环是国内大循环的重要方面，核心是推动农业供给侧结构性改革，全面实施乡村振兴战略，强化以工补农、以城带乡，释放农村农民的需求。要推动城乡要素平等交换、双向流动，增强农业农村发展活力。推动城市化地区、农产品主产区、生态功能区三大空间格局发挥各自比较优势，提供优势产品。健全区域战略统筹、市场一体化发展等机制，优化区域分工，深化区域合作。推动更高水平的对外开放，更深度融入全球经济。发挥广东改革开放先行先试优势，进一步扩大市场准入，创造更加公平的市场环境，在更高水平上引进外资。加快推进贸易创新发展，提升出口质量，扩大进口，推进共建“一带一路”高质量发展，实现高质量引进来和高水平走出去。用顺畅联通的国内国际循环，推动广东融入更加紧密稳定的全球经济循环体系。

（三）以湾区都市圈经济辐射加速广东城乡融合发展，粤东西北农业农村新型产业化结构将呈现新发展业态

在“双区驱动”“双城联动”的框架下，发挥粤港澳大湾区建设的优势作用，将有助于推进广东城乡融合发展，形成有区域特色的城乡融合发展之路。

习近平总书记指出，要不断探索农村土地集体所有制的有效实现形式，落实集体所有权、稳定农户承包权、放活土地经营权，加快构建以农户家庭经营为基础、合作与联合为纽带、社会化服务为支撑的立体式复合型现代农业经营体系。农业生产既是经济再生产，又是生物再生产，具有复杂的产业链、加工链、供应链、创新链、价值链、生态循环链。生物再生产的产业链是农业生产的基础，决定了现代农业生产显著的链条化特征和复杂的生产力结构。应推动农业供给侧结构性改革，优化农业生产结构和区域布局，加强粮食生产功能区、重要农产品生产保护区和特色农产品优势区建设，推进优质粮食工程。未来将利用珠三角的先进技术，推进广东农村地区农业现代化，以多元的生产关系与复杂的农业生产力结构相适应，加速推进农业产业化进程，形成先进制造与农业生产融合发展格局。

新农村建设将始终坚持以改善民生为着力点，以村容村貌整治和农村基础设施建设为重点，以科学规划为先导，把新农村示范村建设与脱贫攻坚相结合，努力建设一批美丽、文明、可持续发展的新农村建设先进示范村。充分发挥小城镇联结城乡作用，拓展镇区建设空间，引导农村人口在镇区集中居住，提升镇区教育、医疗、养老等公共服务水平。建设一批产业特色鲜明、产城人文融合、宜业宜居宜游的特色小城市和特色小镇。

互联网等现代信息技术的快速发展，各领域管理制度的深入推进，商业模式创新的不断涌现，合力驱动了农村传统产业的形态不断发生“裂变”，推动了乡村产业的转型升级和创新发展。以数字经济催生农业农村新业态发展，赋权赋能，构建现代农业生产经营体系。数字产业化和产业数字化，为新发展格局构筑农村产业支撑。以数字技术帮助传统产业跨界融合、重构组织模式，进而降低成本，提高效率并拓展创新路径。依托虚拟网络，拓展市场空间，拓宽中小企业嵌入产业集群的渠道，促进各地区合理分工，专注于发展具有比较优势的产业，增强竞争力，延伸国内产业链，畅通国内产业循环。

在推进城乡融合发展中，广东将以绿水青山“后花园”和“菜篮子”“米袋子”为主导，推进乡村主动对接融入粤港澳大湾区、深圳先行示范区建设。推进区域性旅游资源整合，促进农业与文化旅游服务业深度融合，鼓励开展“旅行社带村”联合开发模式。实施新型农业经营主体高质量发展行动，支持新型农业经营主体参与现代农业产业园、“一村一品、一镇一业”建设。特别要打造一批现代农业产业科技创新中心，健全成果转化和推广应用体系，将农业垦区建设成为现代农业示范、优质鲜活农产品供应和农产品精深加工基地，促进农村一二三产业融合，促进农村产业结构优化升级。

建设田园综合体，将使农村生产生活方式产生全局性变革。在田园综合体中，不仅有老农民，更有参与农村发展的新农民。在资金投入上，不仅有财政资金投入，还要引入金融资本、社会资本和国有资本，国有资本在农村基础设施和美丽乡村建设方面将发挥压舱石作用和牵引者作用，为农村基本建设、乡村产业振兴“增信扩资”，提供充足的财政与金融支持。建设田园综合体，不是在生产、生活和生态等领域单一的、局部的试点探索，而是对农业农村生产生活方式的全局性变革。要通过一二三产业的深度融合，带动田园综合体资源聚合、功能整合和要素融合，使城与乡、农与工、生产生活生态、传统与现代在田园综合体中相得益彰。

（四）以资源优化配置加速广东城乡融合发展，广东将率先完善以要素市场化为核心的市场经济体制

广东城乡融合发展关键在于提高市场化改革力度，尤其要以农村土地、人才等核心要素的市场化配置为抓手，全面提升市场化水平，加速城乡融

合进程。

首先，以处理好农民与土地的关系为主线，推进体制机制的制度体系创新，让农村的资源要素活起来，探索宅基地所有权、资格权、使用权“三权分置”制度创新，做好土地流转和失地农民的就业工作，合理解决小产权房问题，培育商业思维，从农村农业市场化改革寻求突破。未来，要大力推动农业适度规模经营，加大各级财政奖补力度，健全流转服务体系，全面推动农村承包土地经营权规范有序流转，鼓励支持新型经营主体承接土地经营权，参与农业农村建设；鼓励推动国有资本下乡，参与农村基础设施建设，推进现代规模农业向纵深发展，建立国有、社会资本联合参股的新型农业生产经营主体；建设高技术、高质量标准的现代种业生产基地，完善城乡产业分工体系；鼓励探索农村承包地“三权分置”具体实现形式，对长年抛荒地不予发放耕地地力保护补贴；出台宅基地管理办法，全面开展宅基地及地上房屋权籍调查，推进房地一体宅基地使用权确权登记颁证，通过置换转让、有偿退出等方式，整合利用腾退宅基地和碎片化集体建设用地。积极鼓励农村集体经济组织对农村旧住宅、废弃宅基地、空心村等闲置建设用地拆旧复垦，支持农民以合法的宅基地使用权及农房财产权入股组建农民专业合作社；完善农村集体经营性建设用地出让、出租、出资、入股、转让、抵押等制度，在符合规划和用途管制前提下，规范推进集体经营性建设用地入市，健全土地增值收益分享机制，逐步实现与国有土地同等入市、同权同价；推动城中（郊）村、村级工业园等可连片开发区域土地依法合规整治入市；积极探索集体土地整备制度，通过统一招商等模式对集体经营性建设用地进行整备开发。

其次，构建多方协同合作交流的共享平台联动机制与产业体系构建共享平台联动机制，把推动发展与防范风险、精准扶贫和美丽乡村建设、内生动力和外部助力结合起来，由产业依赖转变为生产生态、生活生态、人文生态、环境生态并重，重点打造产、镇、人、文、治兼备的乡村新生活载体，实现美丽乡村建设与城乡融合高质量发展相得益彰。进一步健全有利于城乡要素合理配置的体制机制，促进公共资源在城乡之间更加均衡合理配置，建立全民覆盖、普惠共享、城乡一体、均等服务的基本公共服务体系，健全政策协同和传导落实机制，确保政策有效落地。通过产业结构优化、要素流动顺畅、生态环境优美的国际一流宜居宜业宜游的优质生活圈的构建，进一步促进城乡要素双向流动，实现资源要素在城乡之间无障碍流动，健全城乡之间资金、技术、人才等要素互联互通的双向流动机制，推动形成城乡要素均衡配置格局。把培育本土人才与引进外来人才相结合，构建支持引导社会各方面人才参与乡村振兴的政策制度体系，夯实乡村人才队伍，激活乡村发展活力。大力培育新型职业农民，全面建立职业农民制度，增强农民的自我发展能力；全面建立高等院校、科研院所等事业单位专业技术人员到乡村和企业挂职、兼职和离岗创新创业制度，保障其在职称评定、工资福利、社会保障等方面的权益；鼓励社会各界投身乡村建设，建立有效激励机制，以乡情乡愁为纽带，吸引支持党政干部、国企经理、民营企业家、专家学者、医生教师等技能人才服务美丽乡村建设事业。

最后，以市场需求为导向，以要素集聚、技术渗透和制度创新为动力，将一二三产业融合与构建现代产业体系、生产体系、经营体系相结合，促进新产业新业态新模式发展，以农业功能的多样性、多元性、多组合性，积极培育多元化经营主体，完善利益联结机制，打造全产业链、价值链，让百姓分享一二三产业增值收益，增添新动能新活力，实现城乡统筹发展。建立健全多元投入保障机制，充分调动广大农民的积极性。拓展融资渠道，不仅要盘活存量资金，依靠财政资金、金融资金信贷投入，创新农业农村贷款担保的新模式，而且要广泛发动社会主体，撬动更多社会资本，鼓励企业和个人以独资、联营、股份等多种形式投入美丽乡村建设与开发，引导农业龙头企业创新经营模式，发展具有高附加价值的农业产业，不断扩大规模经济，提高经济效益和农民生产积极性，助推城乡二元结构破解和城乡融合高质量发展。

（五）以制度创新变革实现广东城乡融合发展，构建新型体制机制和政策体系将成为城乡一体化关键

面临“百年未有之大变局”，广东必须进一步深化改革扩大开放，充分发挥市场配置资源的决定性作用，同时也要更好地发挥政府作用，构建一整套新型体制机制，从顶层设计上确保城乡融合发展。这就必须发挥有效市场与有为政府双向互动，形成城乡融合政策新机制。

珠三角地区对标建设世界级城市群，加快理顺经济发达镇、城中（郊）村等管理体制，推进镇村融合，支持都市区优化升级和高端功能集聚。沿海

经济带东西两翼地区全力打造新增长极，着重推进中心城区、县城扩容提质，拓展产业发展空间，稳步提升城镇化发展水平，增强对乡村的辐射带动能力。北部生态发展区围绕打造重要生态屏障，合理引导常住人口向珠三角地区、沿海经济带中心城市和城镇转移，推进城区、开发区点状集聚开发，发展与生态功能相适应的生态产业，促进城乡共同形成生态资源优势。推动实施主体功能区战略，构建以都市圈和城市群为主体的空间动力系统和以农产品主产区、重点生态功能区为主体的空间保障系统。科学制定广州、深圳、珠江口西岸、汕潮揭、湛茂都市圈发展规划，构建协同发展机制。促进都市圈内中心城市与周边城乡同城化发展，率先推动统一市场建设、基础设施一体高效、公共服务共建共享、产业专业化分工协作、生态环境共保共治，增强都市圈综合承载能力和辐射带动作用，全面提高都市圈城镇化发展质量和城乡融合水平。要建立健全稳定高效的制度体系，规范引领珠三角美丽乡村建设和城乡融合高质量发展，从发展理念和发展方式变革入手，走产业兴旺、生态宜居、乡风文明、治理有效发展之路；坚持政府主导而不包办，充分发挥市场在资源配置、行为激励等方面的重要作用，推动高效制度构建和治理效能提升。健全有利于乡村经济多元化发展、农民收入持续增长的制度体系，保护利用开发乡村文化资源，发挥完善制度体系对环境治理、经济发展、城乡融合的引领和保障作用。

（六）加强党对城乡融合工作的全面领导，发挥基层党建引领作用，推广连樟村的“村治方略”，以乡村居民收入可持续提升加快广东城乡融合发展

2018 年 10 月，习近平总书记视察广东清远市连樟村，为广东乡村脱贫攻坚奔小康以及后续通过城乡融合巩固乡村发展成果注入了强大动力。广东大力创新党建工作，构建“党支部提事，村民理事会议事，村民会议决事，村委会执事”等乡村治理机制，以党建引领乡村振兴，尤其在农业产业化中取得了许多可复制、可推广经验。连樟村探索推进“新型城镇化、城乡基础设施一体化、城乡公共服务均等化、城乡资源要素同权化、乡村经济发展多元化、村社治理优质化”改革，不断推动农村集体资产和土地产权改革，激活土地要素，发挥本地禀赋优势，细化产业内部分工体系，强化村委会村庄治理，推

动城乡融合向纵深发展。通过引进城市工商资本和技术，提高农户、合作经济组织的自生能力和持续盈利能力，把村庄治理建立在产业兴旺、生态宜居和乡风文明的基础上，保障农民收入稳定增长，走出了一条有助于实现农村社区化、农业现代化和农民市民化的城乡融合发展之路。就全省来看，各地农村要借鉴连樟“治村方略”，以党建引领城乡融合发展，不断焕发基层党组织的战斗力，以提高农民工资性收入、财产性收入、资本性收入为导向，深入实施“广东技工”“粤菜师傅”“南粤家政”“农民金融”工程，加速农业产业化、市场化进程，全面提高农民经营性收入，夯实城乡融合的根基，全面推进农业农村现代化和新型城镇化建设。

近年来，广东省响应党中央和习近平总书记号召，以“一核一带一区”协调发展为核心，以农业供给侧结构性改革为关键抓手，产业兴农、组织兴农、质量兴农、绿色兴农、品牌兴农，有效发挥财政金融支农惠农功能，持续推动新型经营主体提质增效，不断培育和强化龙头企业、合作社、家庭农场内生动力和市场竞争能力，大力推进“一县一园、一镇一业、一村一品”建设，党建引领，不断提升城乡治理水平，取得了令人振奋的成绩。在脱贫攻坚成果巩固、农村人居环境整治、农村基础设施建设、农村集体产权改革、农产品质量安全检测、城乡融合发展中取得了重要进展。到 2020 年底，已创建 8 个国家级、46 个省级特色农产品优势区，培育农产品区域公用品牌 316 个，认定名牌农产品 1520 个，农产品质量安全检测合格率达到 96% 以上，规模化养殖场、大型规模养殖场粪污处理设施装备配套率分别达到 94. 9%、100%；推动水产绿色养殖，加大渔业资源养护，创建省级以上水产健康养殖示范场 271 家，新增建设 3 个国家级海洋牧场示范区。不断探索“三权分置”框架下农村建设用地、承包地、宅基地的流转、匹配和规模利用的体制机制，探求“三块地”的资本化、资产化、股权化、增值化的有效政策路径，建立健全城市工商资本包括社会资本和国有资本与农村土地结合的最优缔约结构，通过组织创新推动产业振兴，利用产业振兴推进乡村振兴，实现城乡高质量融合发展。

2020 年，广东统筹推进农村疫情防控和农业生产保供给各项工作，农业农村经济运行持续全面向好，重要农产品供给保障有力，粮食、蔬菜、水果等主要农产品实现全面丰收。全年实现农林牧渔业产值 7937. 60 亿元，同比增长

4.2%，增幅比上年提高0.8个百分点。全省粮食总产量1267.56万吨，同比增长2.2%；蔬菜产量增长5.1%；园林水果产量增长6.9%；茶叶产量增长15.7%；禽肉产量增长10.8%；禽蛋产量增长7.6%；水产品产量增长2.3%。生猪存栏持续增长。年末生猪、能繁殖母猪的存栏量同比分别增长32.5%和41.0%，增幅分别比第三季度末提高14.8个和15.1个百分点。[①] 三大攻坚战[②]取得决胜成果，全面小康成色更足。高质量打好打赢脱贫攻坚战，派出6.5万名驻村干部，投入1600亿元，全省161.5万相对贫困人口、2277个相对贫困村全部达到脱贫出列标准，贫困户“两不愁三保障”[③] 全面实现。2020年，广东居民人均可支配收入为41029元，同比增长5.2%，扣除价格因素，实际增长2.5%。按常住地分，城镇居民人均可支配收入为50257元，增长4.4%，扣除价格因素，实际增长1.8%；农村居民人均可支配收入为20143元，增长7.0%，扣除价格因素，实际增长3.9%。[④] 城乡居民可支配收入差距进一步缩小，两者比率为2.495，创历史新低，城乡融合发展政策初见成效，为下一步推动乡村振兴和率先在全国实现农业农村现代化打下了坚实基础。

广东省发挥有效市场和有为政府两个优势，党建引领，乡村善治，补短板、强基础、促产业，在珠三角核心区，构建大都市农业圈和高新农业示范区；在环海、沿江区域，发展农业、渔业等混业产业带；在粤北、粤东、粤西等山区，夯实农业基础，发展文旅产业，建设生态农业。各地基层组织不断创新土地增值机制，在城乡间合理分配土地级差收益，以促进城乡居民收入可持续提升为重点，探索了一条既有广东特色，又具有可复制、可推广意义的城乡融合发展之路，为中国全面建成社会主义现代化强国提供了“广东样本”。

---

① 广东省统计局农村处：《2020年广东农业生产逆势增长4.2%》，http://stats.gd.gov.cn/tjkx185/content/post_3184127.html。

② 三大攻坚战是指防范化解重大风险、精准脱贫、污染防治，是在党的十九大报告中首次提出的新表述。

③ “两不愁”就是稳定实现农村贫困人口不愁吃、不愁穿；“三保障”就是保障其义务教育、基本医疗和住房安全。

④ 国家统计局广东调查总队：《2020年广东居民收入和消费支出情况》，http://www.gd.gov.cn/zwgk/sjfb/mssj/rjkzpsr/content/post_3184247.html。

参考文献

中共中央党史和文献研究院编《习近平扶贫论述摘编》，中央文献出版社，2018。

《中共中央国务院关于坚持农业农村优先发展　做好“三农”工作的若干意见》，人民出版社，2019。

中国扶贫发展中心、全国扶贫宣传教育中心编《脱贫攻坚与乡村振兴衔接：概论(脱贫攻坚与乡村振兴衔接研究丛书)》，人民出版社，2020。

陈锡文主编《走中国特色社会主义乡村振兴道路》（习近平新时代中国特色社会主义思想学习丛书)，中国社会科学出版社，2019。

要素配置篇

Element Allocation

B.2
2020年广东城乡人力资源流动报告

周仲高*

摘 要： 广东城乡人力资源呈现双向流动新态势，这既是城乡融合发展的结果，也将促进城乡融合发展。广东人力资源的配置机制体制不断完善，规模庞大但量质失衡。乡村人力资源发展的动力不足，产业支撑基础不强和公共服务保障短板等因素制约着城镇人力资源向乡村流动的稳定性和预期效果。促进城乡人力资源融合发展，要遵循人口迁移流动规律，积极推进新型城镇化和乡村人才振兴，以融合促发展，以发展助融合，最终实现人力资源的高效开发与科学配置。

关键词： 人力资源 双向流动 城乡融合发展

* 周仲高，博士，广东省社会科学院省人才发展研究中心研究员，副主任，主要研究方向为人口学和人才学。

人力资源是指能够推动整个经济和社会发展、具有劳动能力的人口总和，又称劳动力资源或劳动力。研究表明，充分利用人口红利期，积极开发人力资源，是改革开放以来我国经济持续高速增长的重要原因之一①。新时代实现经济高质量发展，创新是第一动力，人才是第一资源，全面提升人力资源质量，促进城乡人力资源融合发展，是全面推进乡村振兴、高效开发人力资源、推进人力资源改革的必然要求和题中应有之义。

习近平总书记于2020年9月22日在教育文化卫生体育领域专家代表座谈会上指出："人力资源是构建新发展格局的重要依托。"② 2020年11月24日，习近平总书记在全国劳动模范和先进工作者表彰大会上的讲话提出："努力建设高素质劳动大军。""劳动者素质对一个国家、一个民族发展至关重要。当今世界，综合国力的竞争归根到底是人才的竞争、劳动者素质的竞争。"③ 习近平总书记的重要讲话全面阐述了人力资源开发的时代价值与重大意义，为推进人力资源改革提供了根本遵循和战略指导。近年来，随着城乡融合发展的推进，广东城乡人力资源发展呈双向流动新态势，城乡人力资源的分布变动对实施新型城镇化战略、促进区域协调发展、推进乡村振兴等均具有重要的意义。

一　主要特征

目前广东城乡人力资源发展处于深化改革期，城乡人力资源分布、结构及流向正在发生变化，呈现出三大主要特征。

（一）人力资源配置体制机制创新

长期以来，广东人力资源发展具有规模庞大、年龄结构相对年轻、较高的

① 蔡昉：《人口转变、人口红利与刘易斯转折点》，《经济研究》2010年第4期，第4～13页。

② 习近平：《在教育文化卫生体育领域专家代表座谈会上的讲话》，新华网，2020年9月22日，http://www.xinhuanet.com/politics/leaders/2020-09/22/c_1126527570.htm，最后检索时间：2020年12月7日。

③ 习近平：《在全国劳动模范和先进工作者表彰大会上的讲话》，新华网，2020年11月24日，http://www.xinhuanet.com/2020-11/24/c_1126781907.htm，最后检索时间：2020年12月7日。

流动性和富有创新力等明显优势特征。广东省委、省政府于2020年5月8日印发《广东省建立健全城乡融合发展体制机制和政策体系的若干措施》（以下简称《措施》），进一步创新城乡人力资源合理配置体制机制。在农业转移人口市民化方面，《措施》明确提出："全面取消城区常住人口300万以下的大中小城市和小城镇落户限制。逐步实现居住证持有者、城中（郊）村居民在公共服务上与当地城镇居民同等待遇。"推进基础信息互通共享。加强基本公共服务资金统筹，鼓励向吸纳农业转移人口较多地区倾斜，加快实现基本公共服务常住人口全覆盖。财力性转移支付适当考虑为持有居住证人口提供基本公共服务增支因素。在安排城镇新增建设用地指标时，充分考虑农业转移人口落户数量和常住人口变化权重。在城市人才入乡激励方面，《措施》强调，制定财政、金融、社会保障、住房、名誉等激励政策，吸引各类人才返乡入乡创业兴业等。①

此外，广东近年来持续加强对农村劳动力培训。2020年4月，在广东省实施乡村振兴战略工作推进会上，省委书记李希强调，扭住"五个振兴"，将发展精细农业、建设精美农村、培养精勤农民作为主攻方向，推动农业全面升级、农村全面进步、农民全面发展。2020年5月28日，广东省农业农村厅、广东省人力资源和社会保障厅印发《广东省精勤农民培育工作实施方案（2020～2022年）》（粤农农〔2020〕148号），提出"以培育各类农业职业经理人、合作社管理人员、家庭农场主、创业致富带头人、专业技能和专业服务型高素质精勤职业农民为重点"，加大投入、整合资源、创新方式，力争到2022年，基本实现50岁以下农业从业人员全员培训。截至2020年11月，全省已完成了13019名高素质农民的培训。

（二）人力资源丰富优势持续

人力资源丰富是我国发展的重要优势，也是广东改革开放以来经济社会发展的显著优势。2019年，广东15～64岁人口比例为74.72%，比全国平均水

① 广东省委、省政府：《广东省建立健全城乡融合发展体制机制和政策体系的若干措施》，广东省人民政府官网，2020年5月8日，http://www.gd.gov.cn/gdywdt/gdyw/content/post_2989744.html，最后检索时间：2021年1月6日。

平70.60%高4.12个百分点，人力资源优势显著（见图1）。综合历史发展惯性与现实发展机遇，在未来较长一段时期内，在区域经济发展格局大调整、地理区位条件、政策有序引导以及人口流动意愿等多种因素综合作用下，广东对人力资源依然保持较强劲的吸引力，人力资源丰富优势将会持续存在。

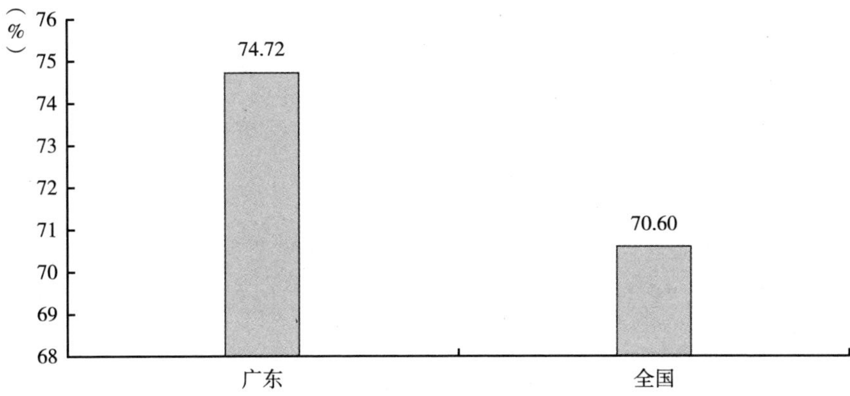

图1　广东与全国15～64岁人口比例比较

资料来源：2020年《广东统计年鉴》、2020年《中国统计年鉴》。

从发展历程来看，广东人力资源丰富的优势存在较久，2010年以来，广东15～64岁人口比例与全国平均水平的差距最高值达到4.12个百分点（2019年），最低也有1.14个百分点（2015年），平均高出2.96个百分点（见表1）。

表1　2010～2019年广东与全国15～64岁人口比例比较

单位：%

年份	广东	全国	差值(广东－全国)
2010	76.30	74.50	1.80
2011	76.30	74.40	1.90
2012	76.98	74.10	2.88
2013	77.19	73.90	3.29
2014	76.35	73.40	2.95
2015	74.15	73.01	1.14
2016	74.22	72.50	1.72

续表

年份	广东	全国	差值(广东 - 全国)
2017	74.17	71.80	2.37
2018	74.20	71.20	3.00
2019	74.72	70.60	4.12
平均值	75.51	72.55	2.96

资料来源：根据2011～2020年《广东统计年鉴》和2020年《中国统计年鉴》数据计算整理。

（三）人力资源城乡分化显著

从城乡分布来看，与全国城乡人力资源分布特征类同，广东城乡人力资源分布整体呈现“城乡分化”特征，即城镇人力资源持续集聚，乡村人力资源不断流失（见图2）。

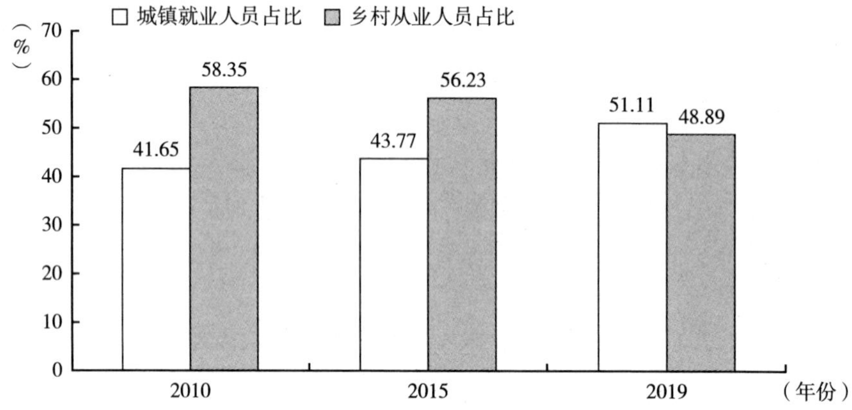

图2　2010～2019年广东城乡就业（从业）人员结构变化

资料来源：根据2011～2020年《广东统计年鉴》和2020年《广东农村统计年鉴》数据计算整理。

从发展趋势来看，广东城乡人力资源分布差异将不断扩大。城镇就业人员占比从2010年的41.65%扩大到2019年的51.11%，增加了9.46个百分点，相反，乡村从业人员占比从2010年的58.35%缩小到2019年的48.89%，城乡人力资源结构正在发生“逆转”（见表2）。

表2　2010～2019年广东城乡就业（从业）人员变动情况

年份	城镇就业人员（万人）	乡村从业人员（万人）	城镇就业人员占比（%）	乡村从业人员占比（%）
2010	2445.18	3425.30	41.65	58.35
2015	2722.31	3497.00	43.77	56.23
2019	3654.45	3495.80	51.11	48.89

注：城镇就业人员占比是指城镇就业人员占总就业人员的比例；乡村从业人员占比是指乡村从业人员占总就业人员的比例。虽然乡村从业人员与就业人员统计口径有差异，但其比例变动可在一定程度上反映出城乡就业（从业）人员结构变化。

资料来源：根据2011～2020年《广东统计年鉴》和2020年《广东农村统计年鉴》数据计算整理。

二　呈现双向流动新态势

近年来，随着乡村振兴战略推进，广东城乡融合发展成效显著，城乡人力资源变动呈现双向流动新态势。所谓双向流动，是指人力资源作为一种生产要素，既有传统的从乡村向城镇流动，也有现代的城镇向乡村流动（包括户籍为乡村的人力资源从城镇向乡村回流）。广东城乡人力资源呈现双向流动新态势，是人力资源发展到一定阶段的必然结果，也是政府在遵循人力资源市场规律前提下，通过有效政策积极引导的综合结果。城乡人力资源双向流动，整体上有利于区域协调发展，有利于乡村振兴。双向流动新态势的出现，既是城乡融合发展的直接结果，也为促进城乡融合发展提供了人力资源支撑和人才智力支持。

（一）乡村向城镇流动仍在持续

城乡发展不平衡是造成乡村人力资源持续向城镇流动的根本原因。促进城乡融合发展，并非简单地阻止这种流动，而是引导有序流动和促进双向流动。国家发展改革委印发的《2019年新型城镇化建设重点任务》明确指出，城镇化是现代化的必由之路，也是乡村振兴和区域协调发展的有力支撑①。可见，

① 国家发展改革委：《关于印发〈2019年新型城镇化建设重点任务〉的通知》，国家发展改革委官网，2019年4月8日，https://www.ndrc.gov.cn/xxgk/zcfb/tz/201904/t20190408_962418.html，最后检索时间：2020年12月7日。

乡村人力资源向城镇的持续流动，是城镇化发展的必然结果，也是推进人口发展现代化的重要途径。

从三次产业就业人员结构来看，第一产业就业人员持续向第二、三产业转移，主要表现为乡村人力资源持续向城镇流动。2000 年以来，广东第二、三产业就业人员呈持续递增状态，第二、三产业就业人员占比从 2000 年的 60.05% 增加到 2019 年的 81.81%，增加了 21.76 个百分点。相反，第一产业就业人员从 2000 年的 39.95% 降低到 2019 年的 18.19%（见图 3）。三次产业从业人员结构的变化，既反映了产业结构的调整，也反映出城乡人力资源结构的重大变化。

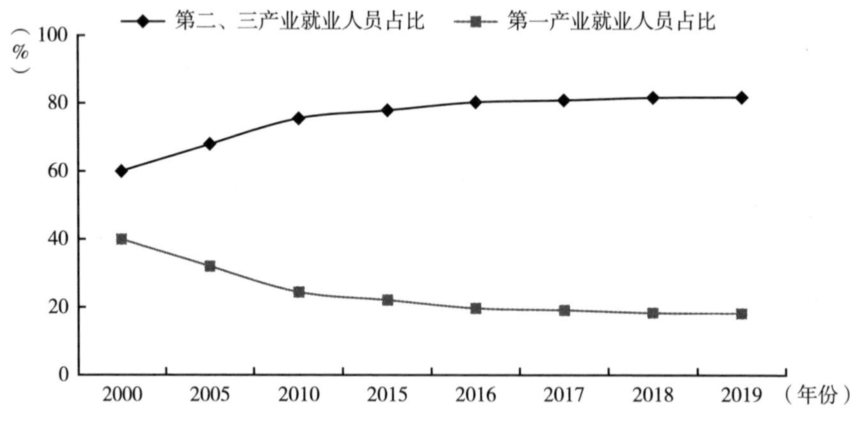

图 3　2000～2019 年广东三次产业就业人员结构变化

资料来源：根据 2001～2020 年《广东统计年鉴》数据计算整理。

从人口城镇化过程来看，乡村人口持续向城镇转移，但未来速度将趋缓。统计数据表明，广东城镇人口比例从 2000 年的 55.00% 增加到 2019 年的 71.40%，增加了 16.40 个百分点。与全国平均水平比较，2000 年以来广东人口城镇化水平均明显高于全国（见表 3）。随着城镇化推进，广东人口城镇化水平在 2018 年已超过 70%，达到诺瑟姆人口城镇化三阶段理论的第三阶段①，可以

① 根据诺瑟姆人口城镇化三阶段理论，当人口城镇化率超过 70% 后，人口城镇化迈进第三阶段。在此阶段，农村人口向城镇人口的转化趋于停止，农村人口占比稳定在 10% 左右，城市人口可以达到 90% 左右，趋于饱和，这个过程的城市化不再是人口从农村流向城市，而是城市人口在产业之间的结构性转移，主要是从第二产业向第三产业转移。

预见，未来广东人口城镇化速度将趋缓，乡村人口单向流到城镇的态势也将改变，城乡人口双向流动，乡村人口从城镇回流以及城市人口在不同产业之间的流动等新态势会不断出现。

表3　2000～2019年广东与全国城镇人口比例比较

单位：%

年份	广东	全国	差值(广东－全国)
2000	55.00	36.22	18.78
2010	66.17	49.95	16.22
2015	68.71	56.10	12.61
2016	69.20	57.35	11.85
2017	69.85	58.52	11.33
2018	70.70	59.58	11.12
2019	71.40	60.60	10.80

资料来源：根据2001～2020年《广东统计年鉴》和2020年《中国统计年鉴》数据计算整理。

（二）城镇向乡村流动渐成趋势

从现实来看，城镇人口向乡村流动表现为两种形式：一是乡村人口回流，即户籍为乡村的人口从城镇回到乡村，回到家乡创业创新；二是人才下乡入乡，即居住在城镇的人才以产业、资金或技术等形式参与到乡村振兴的伟大事业中。

人口城镇化规律表明，在人口城镇化后期，城乡人口流动将呈现双向性。其中，农民工返乡创业是乡村人口回流的最重要形式。农民工群体是乡村人力资源的主体力量，在外务工时既了解或掌握了城镇发达地区的先进经验及技术，也能结合本地优势，推陈出新，发展农村经济。近年来，广东不断加强对农民工返乡就业创业支持力度。例如，鼓励各地认定一批主要面向返乡创业人员的创业孵化基地。在广东“众创杯”创业创新大赛等比赛中专设大众创业创富赛和农村电商赛。完善鼓励乡村人才创新创业的资金扶持机制，广东本省农民工返乡创业，可申请获得最高不超过5万元的小额贷款，就业困难农民工自主创业的，可申请一次性创业资助等①。调查数据表明，在广东省高素质农民中，进城务工返乡人员比例达到35.7%，进城务工返乡人员已成为乡村高素质农民的重要来源（见图4）。可见，农民工返乡创业将从根本上改变人口单向流动状态，助益乡村振兴与城乡融合发展。

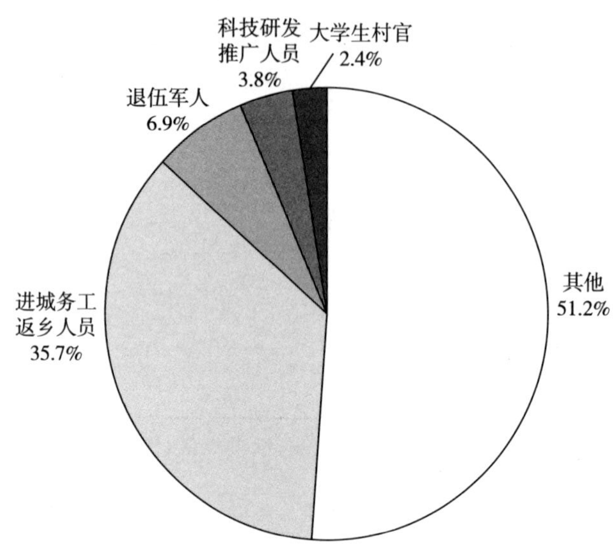

图4　2019年广东高素质农民的身份来源构成

资料来源：广东省农业农村厅2020年全省高素质农民发展调查。

人才下乡入乡是优质人力资源从城镇流向乡村的重要形式。随着乡村振兴战略实施，乡村人才振兴是关键。乡村人才振兴既需要内部“造血”，也需要外部“输血”，人才下乡入乡对实现乡村人才振兴、促进城乡人力资源双向流动具有重要价值。当前，广东不断畅通专业人才下乡渠道，实施“三支一扶”计划和粤东西北乡镇事业单位专项公开招聘。实施科技志愿服务行动，成立“科技工作者乡村振兴科技志愿服务队”，把省、市科技工作者和科技资源引入乡镇和基层。实施广东青年科学家乡村行、院士专家企业行活动。深入开展

① 杨霞：《广东省出台多项优惠政策鼓励支持农民工自主创业》，中国政府网，2019年2月2日，http：//www.gov.cn/jrzg/2009－02/02/content_1219790.htm，最后检索时间：2020年12月9日。

农业科技特派员“千村大对接”行动。据统计，广东累计向乡村选派农村科技特派员1.4万余人、1000余个团队，覆盖1300多个乡村产业，对接1118个省定建档立卡贫困村，推广农业科技成果、新品种、新技术、新工艺2190个，推广先进农业和农村实用技术4615项，培训农村基层技术人员和农民约63万人次，安置劳动力就业19.3万人，带动9.4万户农户增收，辐射带动824万人受益，在推动科技服务发展和助力农民脱贫致富、促进农业现代化特别是提升农村科技水平方面发挥了重要作用①。

三　主要问题

比照高质量发展和城乡融合发展要求，广东城乡人力资源发展仍面临两大难题。

（一）人力资源存在量质失衡

人力资源量的增加并不必然带来质的提升。长期以来，广东外向型的经济结构导致其经济社会发展对劳动力素质要求偏低，人力资源质量整体处于较低水平。笔者曾对2000～2016年广东劳动力质量对经济增长贡献进行研究，发现广东经济增长主要的驱动力是投资和劳动力数量，劳动力质量对经济增长的贡献并不显著②。劳动力质量提升滞后，既对过去经济增长的贡献较小，也将成为未来广东提升创新能力、走高质量发展道路的重要制约因素之一。

从现状来看，广东人力资源质量整体依然偏低。2019年，在6岁及以上人口中，广东受过高等教育的人口比例为14.39%，比全国平均水平14.58%低0.19个百分点，居全国第13位（见表4）。从数量来看，2019年广东就业人员达到7150.25万人，占全国就业人员的9.23%。综合来看，广东人力资源丰富，但整体质量偏低，量质失衡现象明显存在。

① 游霭琼：《创新科技特派员制度，助力广东高质量发展》，《南方杂志》2020年第18期，第35～36页。

② 周仲高：《广东人口发展研究报告》，载广东省社会科学院编《广东经济社会发展报告2018》，广东人民出版社，2018，第218页。

表 4　2019 年全国部分地区 6 岁及以上高等教育人口比例

单位：%

地区	高等教育人口比例	序位
北　京	50.49	1
上　海	30.73	2
天　津	28.87	3
内蒙古	20.55	4
江　苏	17.56	5
辽　宁	17.15	6
浙　江	16.45	7
重　庆	15.42	8
山　西	15.15	9
新　疆	14.88	10
湖　北	14.70	11
海　南	14.70	12
广　东	14.39	13
全国平均	14.58	—

注：高等教育人口包括大学专科人口、大学本科人口和研究生人口。

资料来源：根据 2020 年《中国统计年鉴》数据计算整理。

（二）乡村人力资源开发难度较大

2019 年，广东乡村从业人员为 3495.8 万人，占全省总就业人员的 48.89%。随着城镇化发展，乡村人力资源向城镇转移仍在持续，乡村人力资源规模呈缩减趋势。相较于城镇人力资源发展，广东乡村人力资源开发难度较大，特别是促进城镇人力资源流向乡村仍面临不少现实挑战。一是人力资源质量整体偏低。以人口受教育程度来衡量，广东乡村人力资源的平均受教育程度为初中水平。根据广东省 2015 年全国 1% 人口抽样调查资料的数据分析，广东 76.63% 的乡村劳动力的受教育程度为初中及以下，其中初中教育水平的为 53.55%①。二是劳动力大龄化严重。所谓劳动力大龄化，是指在 15～64 岁劳动力人口中，45 岁及以上劳动力所占比例较高，劳动力平均年龄偏大。劳动

① 统计乡村人力资源质量，2015 年为最新数据。

力大龄化意味着人力资源发展潜力不足，未来退出人力资源市场的人数较多，整体上是不利于人力资源开发的。根据广东省 2015 年全国 1% 人口抽样调查资料的数据分析，在广东乡村劳动力中，45 岁及以上的乡村劳动力占比高达 36.4%，25～40 岁的乡村劳动力占比仅为 31.66%。根据笔者估算，2020 年，广东 45 岁及以上的乡村劳动力占比仍达 35%。三是城镇人力资源流向乡村仍存在不少制约因素。第一，逆向流动动力不足。人力资源从城镇向乡村流动，属于“逆向流动”①，在目前阶段仍处于初级阶段，流动动力不足。从人口流动迁移规律来看，在市场条件下，人口从欠发达地区向发达地区流动具有普遍性。因此，在城乡发展不平衡条件下，要实现人力资源从相对发达的城镇流向乡村，必须加持其他动力。当前，广东城乡人力资源出现双向流动新态势，主要表现为农民工返乡创业与人才下乡入乡这种“逆向流动”。无论是农民工返乡创业，还是人才下乡入乡，并非完全是市场自发生成的，而更多的是政府顺应趋势并通过相关政策积极引导的结果。因此，从动力机制来看，这种动力是外生的，效果虽然显著但稳定性不足。第二，产业支撑基础不强。乡村振兴，产业振兴是基础，城镇人力资源要持续向乡村流动，产业支撑也是基础。统计数据表明，2019 年广东乡村从业人口中，从事第一产业的人口比例仍有 37.3%②，第二、三产业发展相对滞后。在第一产业从业人员仍占较大比重、城乡收入差距仍然较大的条件下，实现城镇人力资源向乡村流动仍有不少现实困难。第三，服务保障短板突出。乡村公共服务保障相对薄弱也是限制城镇人力资源流向乡村的重要因素。留住人口，留下人才，最终还是要落实到服务上。近年来，广东省通过深化推进基本公共服务均等化，实施粤东西北振兴发展战略和加快构建“一核一带一区”区域发展格局③等，城乡差距不断缩小，乡村基础设施和发展面貌焕然一新。但相对于城镇，乡村优质公共服务依然稀缺，优质教育、优质医疗、便捷交通等公共服务短板突出，这将直接影响到城镇人力资源流向乡村的持久性和预期效果等。

① “逆向流动”是个中性表述，是基于人口迁移流动规律而做出的判断。

② 根据 2020 年《广东农村统计年鉴》数据计算整理。

③ 2019 年 7 月，广东省委、省政府印发《关于构建“一核一带一区”区域发展新格局促进全省区域协调发展的意见》，提出以功能区战略定位为引领，加快构建形成由珠三角地区、沿海经济带、北部生态发展区构成的“一核一带一区”区域发展新格局。

乡村人力资源开发面临的各种问题，最终表现为劳动力年龄结构的城乡倒置①和城乡发展的二元性。究其原因，最重要因素在于城乡人力资源的单向流动。也就是说，较长时期以来，优质人力资源（主要体现为年轻的和高质量的）一直单向地从乡村流到城镇，乡村“后生”和“能人”都被城镇吸走，乡村发展面临人力资源枯竭的风险。

四　策略建议

城乡人力资源融合发展，本质是实现人力资源要素在城乡之间合理配置，高效开发城乡人力资源。促进城乡人力资源融合发展，需要有机融合国家区域协调发展战略、新型城镇化战略和乡村振兴战略，遵循人口迁移流动规律，尊重个人意愿，科学有序引导，以融合促发展、以发展助融合，最终实现人力资源的高效开发，科学配置，不断满足城乡人民对美好生活的向往和追求。

（一）遵循规律科学配置城乡人力资源

遵循人口迁移流动规律，科学配置城乡人力资源，本质就是要减少不合理阻力，加强按预期方向流动的推力。一方面，要加大户籍制度改革力度，针对不同类型城市取消或放开放宽落户条件，逐步取消落户限制，实现城乡人力资源顺畅流动。加强要素保障，允许入乡就业创业人员在原籍地或就业创业地落户并享受相关权益，建立科研人员入乡兼职兼薪和离岗创业制度。户籍制度改革，将从源头上为消除不同口径人口的公共服务差异提供可能性，为科学配置城乡人力资源提供重要制度保障。另一方面，要联动“一核一带一区”区域发展格局来配置城乡人力资源。人力资源发展离不开产业支撑，必须紧扣广东区域发展格局，以产业聚人聚才，围绕珠三角地区建设具有全球竞争力的现代化经济体系和培育世界级先进制造业集群等发展目标，围绕沿海经济带重大产业项目和北部生态发展区特色优势产业匹配人力资源。

① 范建双、高骞、周琳：《城乡人口老龄化对城镇化的双边效应》，《中国人口科学》2020 年第 2 期，第 69～80 页。

（二）推进新型城镇化助力城乡融合

新型城镇化在促进城乡人力资源融合层面的价值，就是既要让乡村人口能够生根城镇，也要保障城镇人口能够“反哺”乡村。一方面，以人为本推进新型城镇化。过去的人口城镇化是“无根”的、“飘浮”的城镇化，流动人口对所在地没有归属感，是城市的“异客”。因此，促进城乡人力资源融合发展，首要任务是推进农业转移人口市民化，也就是让这部分流动群体在城市“落地生根”，实现真正以促进人的城镇化为核心、以提高质量为导向的新型城镇化。另一方面，以新型城镇化助力乡村振兴。要科学理解新型城镇化战略与乡村振兴战略的辩证关系，必须跳出从城市谈城市、从乡村谈乡村的狭隘视野，以系统思维分析两者之间的互动关系。城镇化发展是大势所趋，必须充分发挥城镇化的规模效应；乡村振兴是国家战略，必须充分发挥新型城镇化战略的辐射带动效应。乡村振兴的关键并不在于留住多少人口，而更重要的是如何在保住绿水青山的基础上，以城带乡、城乡融合，找到一条新型的农村现代化发展道路。

（三）振兴乡村人才建设现代化农村

牢固树立人才资源是第一资源的理念，聚焦乡村振兴人才引进、培育、使用、流动、评价、激励、保障和服务等关键环节，着力破除束缚乡村振兴人才发展的体制机制障碍，让愿意留在乡村、建设家乡的人留得安心，让愿意上山入乡、回报乡村的人更有信心。一方面，要扩大乡村振兴人才队伍规模。持续实施村党组织“头雁”工程，加快培养乡村治理人才。大力培育精勤农民，建设高素质农民队伍。以提高农业行业职业技能为核心，建设乡村技能人才队伍。适应农业高质量发展要求，建设农业科技人才队伍。加强乡村卫生健康、乡村教师、乡村文化旅游体育和乡村规划等人才队伍建设，建设乡村公共服务人才队伍。创新完善体制机制和政策举措，推动各类人才下乡入乡，建设一支返乡入乡人才队伍。另一方面，创新机制激发乡村振兴人才发展活力。坚持党管人才原则，创新党管乡村振兴人才方式方法。统筹城乡人才资源，研究并使用更多市场手段，鼓励和引导发达地区人才资源向欠发达地区流动，强化核心区对其他区域的人才辐射作用，创新机制持续强化人才帮扶协作。充分发挥各类主体在乡村人才培养中的作用，建立健全乡村振兴人才培育提升机制和政策，大力发展面向乡村振兴需求的职业教育。建立健全乡村振兴人才评价发现机制和政策，完善乡村振兴人才评价标准，改进人才评价方式，拓宽人才评价渠道等。

参考文献

党俊武：《老龄社会的革命——人类的风险和前景》，人民出版社，2015。

郭跃文、赵细康主编《广东发展若干现实问题研究（2019）》，广东经济出版社，2020。

叶忠海：《人才学与人才资源开发研究》，党建读物出版社，2015。

周仲高：《赢取教育红利：中国人口质量转变初论》，社会科学文献出版社，2018。

B.3

2020年广东省土地流转成效与流转模式创新报告

徐宝亮　胡振健*

摘　要：土地流转所形成的连片集中是促进现代农业发展，推动城乡融合，进而实现乡村振兴的基本前提。2018年以来广东省土地流转在培育新型农业经营主体、提高农民可支配收入、推动生产方式变革、改善农村人居环境等方面取得了显著成效。案例分析显示，广东不同区域形成了异质性的土地流转创新模式，比较典型的有增城区财政奖补模式、佛冈县土地入股+“四统一分”模式、开平市“两预两委托”模式。作为促进落实乡村振兴战略的关键环节，推进广东土地流转的需求极为迫切，在此过程中要注意发挥村集体或政府组织的作用，也要注意提高农户对“稳定农业承包权”的认知、培育新型农业经营主体、兼顾散户的利益以及由当地资源禀赋决定的对现代农业发展的定位。

关键词：土地流转　模式创新　城乡融合　广东

习近平总书记在党的十九大报告中提出实施乡村振兴战略，指出“要建立健全城乡融合发展体制机制和政策体系，加快推进农业农村现代化”。这一重大决策部署为广东省农业的发展指明了发展的方向和着力点，明确了发展的

* 徐宝亮，广州大学新结构经济学研究中心博士后，主要研究方向为制度变迁与经济增长、新政治经济学；胡振健，广东信息工程职业学院讲师，主要研究方向为马克思主义理论。

总要求，以及发展的总体路径，即促进城乡融合发展，推进农业农村现代化。在农村，土地是最基本的生产资料或生产要素，无论何种“三农”政策的有效实施都有赖于与其相适应的农地制度。当前农地制度的“三权分置”通过促进土地经营权的流转，为推动城乡融合发展和农业农村现代化创造了有利的前提条件。不过，土地所承载的不仅是经济价值，亦有其社会价值，在其流转过程中所牵扯的主体不仅是农户与流转方，亦涉及拥有土地所有权的农村集体，甚至是基层政府、第三方评估或强制实施机构等，因而土地的流转有其实施上各式各样的问题与障碍。本文在关注广东省土地流转成效的基础上，抓取广东省土地流转的典型模式及其特色创新经验，进而为我国其他地区的土地流转提供借鉴，从而以更高的质量、更快的速度推进城乡融合发展和农业农村现代化。

一 农地制度变革与广东省土地流转态势

2014 年党中央在中央一号文件《关于全面深化农村改革加快推进农业现代化的若干意见》中正式将农地制度的“三权分置”表述为：“在落实农村土地集体所有权的基础上，稳定农户承包权、放活土地经营权，允许承包土地的经营权向金融机构抵押融资。”由此，标志着我国的农地制度由之前的“两权分离”（土地集体所有权与承包经营权）变迁为“三权分置”。农地制度变革在使农户对土地承包权形成稳定预期的同时，以土地经营权独立向社会传递信号，从而吸引社会工商资本下乡，促进农户承包土地的流转。

2020 年前三季度广东省一、二、三产业的增加值依次为 3260.42 亿元、30656.50 亿元、44480.15 亿元，同比分别增长 3.0%、-0.8% 和 1.7%，相应的三次产业增加值的比重为 4.2∶39.1∶56.7①。然而，由于新冠肺炎疫情的影响，这一数据可能难以真实反映广东省的经济运行状况。从 2019 年的数据来看，广东省一、二、三产业增加值同比分别增长 4.1%、4.7% 和 7.5%，比重为 4.0∶40.5∶55.5，相较于 2020 年前三季度的统计数据，第一产业增加值增

① 《2020 年前三季度广东经济运行情况分析》，广东统计信息网，2020 年 11 月 9 日，http://stats.gd.gov.cn/tjfx/content/post_3132080.html。

长率最低，且占比有所降低；城镇常住人口总量为8225.99万人，常住人口城镇化率为71.40%，高于全国10.8个百分点，是除上海、北京、天津三个直辖市外，人口城镇化率最高的省份①。可见，广东省农业的发展无论是在速度，抑或是在生产效率上严重落后于非农产业，形成城乡发展失衡、产业发展失衡等结构性问题，不仅与广东省的工业化、城镇化水平不相匹配，更重要的是阻滞了广东省整体现代化的实现。然而，农业的发展离不开农业的现代化，而农业现代化的前提是以土地流转为基础的土地规模化。因此，广东抓住农地制度由之前的“两权分离”变迁为“三权分置”的战略机遇，实现多种形式的适度规模经营，从而推动现代农业的发展，为乡村振兴和城乡融合发展创造条件已经成为当前农村深入改革发展的首要任务。

表1　2018年广东省各区域承包地流转面积及其占比

单位：万亩，%

指标	珠三角地区	粤东地区	粤西地区	粤北山区
承包地流转面积	512.8	195.2	317.0	316.2
农作物总耕种面积	1848.0	774.7	1927.7	1868.6
占农作物总耕种面积比例	27.7	25.2	16.4	16.9

资料来源：http://dara.gd.gov.cn/nyyw/content/post_2596554.html 和《广东省农村统计年鉴2019》。

2018年底，广东省承包地流转面积为1341.2万亩，占全省承包地面积的38.09%，而截至2019年底，广东省承包地流转面积为1360.7万亩，比2018年增加19.5万亩，其在全省承包地面积中的占比则为38.65%，相对于2018年提高了0.56个百分点②。2019年9月广东省出台《关于加快推进农村承包土地经营权流转的意见》提出“力争到2020年底，全省农村承包地流转面积占家庭承包地面积40%以上”的目标。从2018年广东省承包地流转面积的区域分布可见（见表1），珠三角地区在承包地流转中处于绝对的主导地位，其

① 广东省统计局发布《2019年广东人口发展状况分析》，《羊城晚报》2020年4月29日，https://www.sohu.com/a/391994725_119778?_trans_=010001_grzy。

② 《发展农业适度规模经营　推动乡村全面振兴》，《南方日报》2019年9月5日，http://dara.gd.gov.cn/nyyw/content/post_2596554.html。

承包地流转面积为512.8万亩，占农作物总耕种面积的比例为27.7%；粤西地区与粤北山区大致相同，承包地流转面积分别为317.0万亩和316.2万亩，在农作物总耕种面积中的占比分别为16.4%和16.9%；粤东地区的承包地流转面积为195.2万亩，其占农作物总耕种面积的比例为25.2%。图1显示的是2018年广东省各流转主体承包地流转面积及其占比，结合图1可知，承包地流转的方向主要集中在一般农户，其在流转总面积中的占比超过半数，达到52.1%，而流向农民合作社、家庭农场和农业企业的承包地流

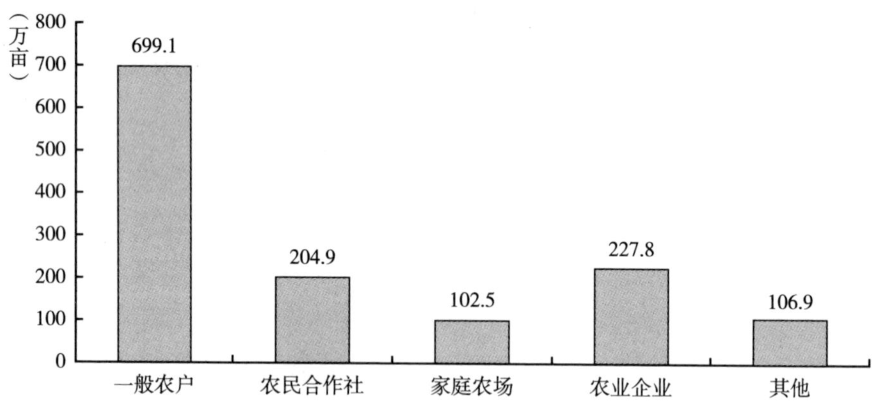

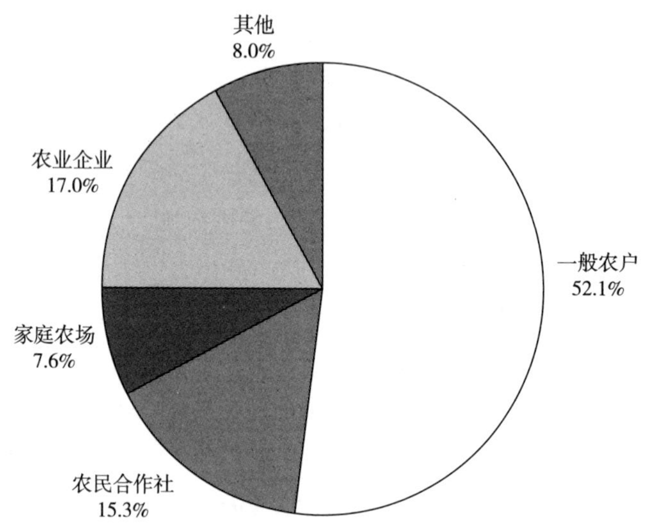

图1　2018年广东省各流转主体承包地流转面积及其占比

资料来源：http：//dara. gd. gov. cn/nyyw/content/post_ 2596554. html。

转面积占比则仅仅为15.3%、7.6%与17.0%，均不足20%。此外，从流转期限上来看，在流转的承包地中，流转期限在3年及以下的有358.6万亩，占总承包地流转面积的26.7%；而流转期限处于4~10年、11~20年和20年以上的承包地流转面积分别有485.8万亩、305.0万亩和191.8万亩，相应地，在总承包地流转面积中的占比则为36.2%、22.7%和14.3%。

至2018年，广东省农村土地确权登记颁证任务基本完成，而在此过程中土地流转的规模与比例不断提高。不过，相对于山东、江苏而言，从土地流转的比例来看，广东土地流转的速度是落后的。2019年底，山东土地流转面积为3890.4万亩，流转率达到42.3%①；而江苏的土地流转面积，截至2016年10月便已占农户家庭承包地总面积的64%②。不仅如此，土地流转比重在珠三角、粤东、粤西，以及粤北山区是不平衡的。同时，承包地绝大多数流向一般农户，这意味着广东省在新型农业经营主体的培育上是不充分的。另外，现代农业的发展需要高额的资本投入，以及先进的基础设施，而且投资的回收周期长，因而较短的土地流转期限将严重制约现代农业的发展。

二　广东省土地流转的成效

总结土地流转的成效，可以为农地制度“三权分置”的改革，进而土地经营权流转的政策提供最直接而有力的证据。由于土地流转是推动农业现代化、实现城乡融合发展、落实乡村振兴战略的基础，其影响涉及“三农”问题的方方面面，因而本部分将围绕新型农业经营主体和新业态、农民可支配收入和就业、农业品牌、农业生产方式，以及农村基础设施等方面归纳和反映土地流转的主要成效。

（一）培育新型农业经营主体，发展农业新业态

分散化、细碎化的土地已难以适应现代农业的发展，这就需要通过土地流

① 《山东农村土地流转步伐明显加快　土地经营规模化率已超过60%》，齐鲁网，2020年6月18日，https：//www.sohu.com/a/402596895_100169067。

② 《江苏有序流转土地3200多万亩　新农民奔向家庭农场》，中国质量新闻网，2016年10月8日，http：//www.cqn.com.cn/cj/content/2016-10/08/content_3464619.htm。

转以实现土地适度规模化、集中化的经营。不过，因资本缺乏、技术落后、经营理念陈旧等，作为原农业经营主体的农户无力经营连片的土地，而且由于农业附加值有限、劳动力成本上升等原因，单一环节的传统农业发展模式也必然无法支撑农业产业的可持续发展。因此，在改革传统农业生产与推动农业现代化发展的客观背景下，土地的流转将催生和培育新型的农业经营主体，实现农业的专业化、标准化、规模化、集约化生产，同时发展集生产、加工、存储、物流、电商、销售、研发、旅游等于一体的农业新业态，从而推动农业的全环节升级和全链条增值。

2018年广东省作为新型农业经营主体的农业龙头企业、农民合作社与家庭农场的数量分别为4260家（其中省重点龙头企业915家）、4.7万家、1.72万家[①]，相对于2017年分别增加455家、0.2万家和0.19万家。而在农业新业态层面，截至2020年10月，广东省已创建14个国家级、160个省级、55个市级现代农业产业园，形成了国家级、省级、市级现代农业产业园梯次发展的格局[②]，并实现了主要农业县省级现代农业产业园的全覆盖。不仅如此，广东省通过整合省级农业专项财政资金支持创建36家农业公园试点，并于2019年组织认定了50家省级农业公园，成立了广东省农业公园联盟[③]。农业新业态的发展将促成农业全链条资源的集聚，补足单一新型农业经营主体在精深加工、现代营销等方面的短板，通过产业链的延伸和价值链的提升，形成一二三产业融合发展的格局和要素的合理布局。

（二）提高农民可支配收入，创造新就业岗位

“两权分离”的农地制度难以充分调动农户土地流转的积极性，限制了土地流转的规模，使得农业依然以传统的小农生产经营模式为主，由此决定了农业较低的生产效率，以及农民有限的土地经营收入。农地制度“三权分置”

① 广东省农业农村厅：《广东省农业农村工作情况》，2019年12月19日，http://dara.gd.gov.cn/nyncgk/content/post_2720031.html。

② 《广东：现代农业产业园激发乡村振兴新活力》，《人民资讯》2020年10月11日，https://baijiahao.baidu.com/s?id=1680219475338201986&wfr=spider&for=pc。

③ 《广东两地超百家农业公园集中开园》，《南方农村报》2020年4月30日，http://epaper.nfncb.cn/nfnc/content/20200430/Articel01003MT.htm。

的改革，在制度层面稳定了农户对土地承包权的预期，使农户可通过转包、出租、互换、转让及入股等方式流转承包地，从而获取相应的土地租金、股权分红等收入。而且，在承包地流转入新型农业经营主体后，新的农业经营方式将产生新的就业岗位，进而为流转承包地的农户提供就业机会，形成农户的薪酬收入。

表2　广东省历年城乡居民家庭人均可支配收入及其比重

指标	2015 年	2016 年	2017 年	2018 年	2019 年
农村居民家庭人均可支配收入(元)	13360. 44	14512. 15	15779. 74	17167. 74	18818. 42
农村居民家庭人均可支配收入增长率(%)	9. 10	8. 62	8. 73	8. 80	9. 62
城镇居民家庭人均可支配收入(元)	34757. 16	37684. 25	40975. 14	44340. 97	48117. 55
城镇居民家庭人均可支配收入增长率(%)	8. 12	8. 42	8. 73	8. 21	8. 52
城乡居民家庭人均可支配收入比率	2. 601	2. 597	2. 597	2. 583	2. 557

资料来源：历年《广东省统计年鉴》。

表2从整体层面展示了广东省2015年以来的城乡居民家庭人均可支配收入的基本情况。由表2可知，2015～2019年广东省农村居民家庭人均可支配收入不断提高，且农村居民家庭人均可支配收入增长率高于城镇（2017年两者相同），因此城乡居民家庭人均可支配收入比率处于持续降低的态势（2017年保持上年不多），至2019年，二者的比率为2. 557。据2020年前三季度最新的统计数据计算，城乡居民人均可支配收入同比分别名义增长3. 5%和5. 7%，比率则由2019年的2. 557进一步缩小为2. 495①。从依托于土地流转而发展的农业新业态层面来看，截至2019年底，粤东、粤西、粤北地区100个省级产业园吸引了2. 55万人返乡创业，吸纳农民就业32. 95万人，辐射带动农户61. 9万户，产业园内农民年人均可支配收入为19199. 55元，比产业园建设前增长了20. 02%②；2019年认定的50家省级农业公园则带动农户近6万户，其

① 《2020年前三季度广东经济运行情况分析》，广东统计信息网，2020年11月9日，http：//stats. gd. gov. cn/tjfx/content/post_ 3132080. html。

② 《“百园争鸣”奏响广东农业产业兴旺“交响曲”》，《南方日报》2020年10月10日，http：//www. gd. xinhuanet. com/newscenter/2020－10/10/c_ 1126587428. htm。

中带动贫困户 9920 户，户均增收达 21100 元[①]。农村居民可支配收入水平的提高将在推动自身消费结构升级的同时，加大其对教育、健康等的投入，促进人力资本的形成和积累，从而为城乡的融合发展与乡村振兴提供强有力的支持。

（三）推动生产方式变革，强化品牌建设

土地流转形成的土地集中为农业生产的前向高端要素投入与后向产品品牌建设提供了条件。在要素投入方面，现代农业已非劳动密集型产业，而是资本密集型，甚至是知识密集型，这种要素投入上的转变在提高农业劳动生产率和农产品质量的同时，实现了劳动力成本的节约；而在产品品牌方面，现代农业在充分利用当地自然和区位优势的基础上，通过运用先进的农业科学技术，以及创新生产过程的管理等，生产差异化农产品，塑造品牌，从而在消费市场上拥有更多的定价权并赢得良好的声誉。

近年来，广东省农业机械化水平持续提高。由图 2 可见，水稻和主要农作

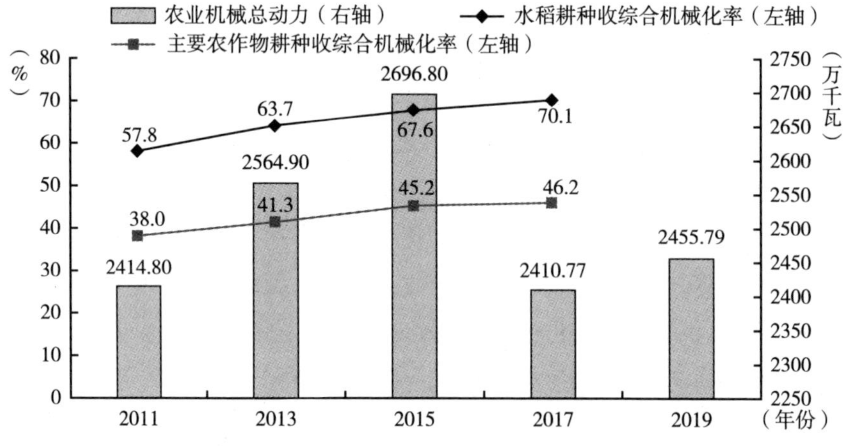

图 2　广东省农业机械化发展水平

资料来源：《广东省统计年鉴 2018》《广东省统计年鉴 2020》《广东省农业机械化发展现状》（陈亿强，《现代农业装备》2017 年第 3 期），以及 https://baijiahao.baidu.com/s? id = 1671217966094880755&wfr = spider&for = pc。其中，2016 年及以后农业机械总动力统计中不含"农用运输车动力"。

① 《广东农业公园联盟成立》，《农民日报》2020 年 1 月 3 日，http://szb.farmer.com.cn/2020/20200103/20200103_004/20200103_004_3.htm。

物耕种收综合机械化率均处于上升趋势，分别在 2017 年增至 70.1% 和 46.2%，比 2011 年分别提高了 12.3 个和 8.2 个百分点，而农业机械总动力水平在统计口径变化前后亦是不断递增，在 2019 年达到 2455.79 万千瓦。

另外，为大力发展农机社会化服务，促进农机服务向全程全面高质高效转型升级，2020 年广东省认定汕头市潮阳区顺杰农机种养专业合作社等 37 家服务组织为“全程机械化 + 综合农事”服务联合体①。“粤字号”农产品品牌的建设也进入品牌培育与发展的关键时期。农业机械化等生产方式的变革，以及“粤字号”农产品品牌的建设，将有助于推进广东省农业的供给侧结构性改革，实现农业的高质量发展。

（四）改善农村人居环境，弥补基础设施短板

土地流转为龙头企业、农民合作社、家庭农场等新型农业经营主体的培育，以及现代农业产业园、农业公园等农业新业态的发展创造条件，在实现农业适度规模化经营的同时，推动一二三产业的融合。不过，产业融合并非无条件的，尤其是作为必要支撑的基础设施是不可或缺的。良好的基础设施可保障农业生产的稳定，实现城乡人流、物流和信息流的畅通，拓展农产品的市场空间，推动农产品供需的有效对接。此外，土地流转是发展以农业公园等为代表的休闲农业的前提，同时休闲农业的发展离不开良好的人居环境，因此土地流转在某种程度上间接地推动了农村人居环境的改善。

至 2019 年底，广东省 5 年来农村公路通车里程达 18.3 万公里，基本形成以县城为中心、乡镇为节点、建制村为网点，遍布农村、连接城乡的农村公路交通网络②。此外，4G 网络在行政村实现全覆盖，农村电网综合电压合格率和供电可靠率均达 99.9%③，而且农产品冷链物流基础设施处于快速发展之中。在人居环境方面，截至 2020 年 9 月，广东省“三清三拆三整治”完成率、

① 广东省农业农村厅：《关于认定 2020 年广东省“全程机械化 + 综合农事”服务联合体的通知》，2020 年 6 月 19 日，http://dara.gd.gov.cn/tzgg2272/content/post_3020596.html。

② 《广东农村公路通车达 18.3 万公里》，中国新闻网，2020 年 1 月 6 日，https://www.chinanews.com/cj/2020/01-06/9052609.shtml。

③ 广东省发展和改革委员会：《广东省发展改革委关于省政协十二届三次会议第 20200459 号提案答复的函》，2020 年 7 月 14 日，http://drc.gd.gov.cn/zxtabl/content/post_3044612.html。

无害化卫生户厕普及率、生活垃圾收运处理体系普及率分别为99.95%、99.50%和99.97%，而达到干净整洁村标准的自然村的占比则为76.84%①。农村基础设施的发展和人居环境的提升将为城乡要素的双向流动，农产品生产、运输和经营条件的改善，以及乡村旅游的迅速推进提供良好的条件，进而以产业融合带动城乡融合，推动乡村的全面振兴。

三 广东省土地流转的模式创新

承包土地经营权的流转是解决土地细碎化、分散化问题，实现土地经营适度规模化的重要路径，是培育新型农业经营主体，发展农业新业态、推动一二三产业融合、推进农业现代化的基础，是促进城乡融合发展、乡村振兴不可或缺的关键环节。当前，广东省进行了多种土地流转模式的创新，形成了诸如增城区财政奖补、佛冈县土地入股+“四统一分”、开平市“两预两委托”等土地流转典型模式。这些模式将为我国其他地区的土地流转提供可复制、可推广、可借鉴的一般性经验，从而为国家的土地流转做出广东省贡献。

（一）增城区财政奖补模式

为调动土地流转相关各方的积极性，广州市增城区对土地流转农户、新型农业经营主体，以及镇街服务机构、村社集体等均予以奖励或补助。增城区政府于2018年10月出台的《增城区推动集体农业用地流转补助奖励办法》将土地流转年限限制在5年（含5年）以上，规定在承租合同的有效年限内，土地流转农户的补助标准提高至300元/亩，并以每年500元/亩的标准连续五年对经营主体大户进行奖励，而且将之前单个经营主体累计经营土地面积达到300亩（含300亩）以上放宽至100亩（含100亩）以上。除此之外，增城区通过完善区镇村三级服务和管理网络，为流转双方提供信息发布、政策咨询、合同签订指引等服务。为保障流转双方的合法权益，增城区实行公开、公平、公

① 《专访省农业农村厅厅长顾幸伟丨广东推进农房管控和乡村风貌提升的举措有哪些?》,《南方农村报》2020年9月15日，http://static.nfapp.southcn.com/content/202009/15/c4038536.html?date=NmRhN2JlNmQtODYyOS00YzRlLWFhNjQtZGI4NzVlMGRiMTZm。

正的招标、竞标等农村土地流转交易形式，并且在全区 13 个镇街建立涵盖土地流转交易功能的农村集体资产交易平台，制定了规范的流转交易和补助申请流程，明确将签订规范的土地承包经营权流转合同且通过农村集体资产交易平台规范交易管理作为申请奖补的必要条件。截至 2020 年 5 月，增城区通过镇（街）交易平台规范流转耕地（鱼塘、园地）77572 亩，引进和培育了一批超亿元、超千亩、“三产融合”发展的优质产业项目①。

增城区土地流转在政府的财政支持之下实现快速推进，并形成独特的发展模式。在这一模式中，增城区为涉及土地流转的各个主体提供财政奖补，提高了土地流转各方的积极性；以财政奖补的期限要求延长了土地流转的年限，有助于拓展现代农业种类选择的空间，增加其投资水平；申请奖补的平台交易条件在为签约双方提供保障的同时，降低了双方因事后违约而产生的讨价还价成本。此外，增城区通过区、镇、村三级服务和管理网络提高了土地流转供需的匹配效率，节约了搜寻成本。

（二）佛冈县土地入股 + “四统一分”模式

佛冈县水头镇西田村独王山村以土地入股经济合作社的形式发展集体经济，创新经营模式，探索建立了村集体统一整合土地、统一产业、统一技术、合作社统一收购销售、农户分户经营管理的“四统一分”发展模式。独王山村在村党支部和村民理事会带领下，积极推动土地整合整治工作，进而对整合的土地进行统一经营和统一发包。在土地整合之后，独王山村根据生态环境的先天优势，在党支部、理事会、经济社集体讨论，充分征求村民意见的前提下，确定鹰嘴桃作为独山村统一发展的产业。为便于指导农户种植鹰嘴桃，独王山村由集体统一提供果苗，按统一标准统一挖坑种植，并邀请经验丰富的村民介绍鹰嘴桃种植和病虫害防治技术，成立桃农协会提供技术、物资和市场信息等服务。对于鹰嘴桃的销售问题，独王山村成立鹰嘴桃专业合作社，对全村的鹰嘴桃统一收购销售。而在具体的经营管理方面，独王山村则实行分户经营。作为“四统一分”后的最后一个环节，即果树收益的分红，独王山村理事会将留存 30% 的收益用于基础设施建设，而剩余的 70% 收益用于村民分红。

---

① 《广东省广州市增城区以土地流转为抓手助推产业兴旺》，中华人民共和国农业农村部网站，2020 年 6 月 17 日，http：//www. zcggs. moa. gov. cn/nccbdggygl/202006/t20200617_ 6346654. htm。

不过，在分红的过程中，村民理事会将对果树的生长情况和结果率进行评估，依照每户家庭果树种植面积和果树产量按比例进行分红。

佛冈县独王山村土地入股+“四统一分”模式将经济合作社土地进行统一整合，进而统一产业、技术和收购销售，并共享物资、市场信息等服务，而在生产过程中的管理则是由分户经营。在这一模式中，土地流转更多地体现在两个方面，其一是土地的整合以经济合作社为载体将分散的土地集中；其二是入股经济合作社的土地面积或比例是分红的重要依据。土地入股与“四统一分”的经营模式相结合，使得经济合作社可充分发挥土地经营过程中的规模经济，同时亦可兼顾对社员生产管理的激励，这将提高村民、村集体的收入，有力地促进乡村振兴和城乡融合发展。

（三）开平市“两预两委托”模式

开平市以农村土地确权为基础，探索预整合、预流转、委托统筹经营和委托统一发包公开招标的“两预两委托”土地流转模式，以解决农村土地细碎化的问题。开平市根据地区经济发展水平和土地价格对不同镇（街）的土地实行差异化的处理，即在经济发达、土地价格较高的镇（街），通过市场化竞争的方式购买农民的土地，而后整合统筹，开展招商引资；在经济和土地价格处于中等水平的镇（街），与村民签订土地预流转协议，不过村民在预流转、预整合期间可适度生产，同时获得一定额度的资金补助，当镇、村引入发展项目后，村民按时供地；而对于边远的镇、村，在镇、村与村民达成土地预流转意向后，村民可在预流转、预整合期间正常经营生产，并在引入发展项目后按时供地。在土地预流转、预整合的基础上，由农村集体经济组织成员委托镇（街）或村集体进行统筹经营，并由镇（街）或村集体委托第三方统一发包公开招标，进行招商引资。同时，为规范土地流转程序，开平市推行统一的土地承包经营权流转合同、农户承包土地流转委托书和承包土地租赁合同，建立农村土地流转的备案、登记和档案管理制度。截至2020年6月，全市共流转土地面积28.7万亩，占承包地总面积的72%①。

---

① 开平市农业农村局：《开平市农村土地流转经验在全省推广》，2020年8月26日，http://www.kaiping.gov.cn/kpsnyncj/nydt/ywsd/content/post_2129646.html。

开平市“两预两委托”模式通过土地的预流转、预整合，以镇（街）或村集体为单位进行统筹经营和公开招标，从而引入新型农业经营主体和产业项目。这种模式可充分发挥镇（街）或村集体在土地供求信息搜集、整理、协调等方面的优势，实现农村土地要素供给与市场需求的有效匹配。而镇（街）或村集体作为招商引资中土地流转的签约主体，一方面将减少土地流转的签约数量，另一方面将降低土地转出方违约的概率，提高合约执行的可信度，进而节约合约签订和执行的交易成本。此外，开平市通过推行统一的土地流转委托书和合同文本，以及建立农村土地流转的备案、登记和档案管理制度，在保障土地流转相关主体利益的同时，亦有助于新型农业经营主体形成稳定的预期，进而推动招商引资的顺利开展。

四　广东省土地流转的启示与展望

农业现代化是一个系统性的工程，而农地制度“三权分置”的变革及其相应的土地流转是这一工程的核心，因此通过土地流转模式的创新，加速推进土地流转，将为现代农业的发展，进而为城乡融合发展和乡村振兴提供坚实的基础。为此，有必要总结广东省土地流转的经验和启示，结合土地流转中的问题，在展望未来的基础上，为我国其他地区的土地流转提供可推广、可模仿、可借鉴的经验。

（一）广东省土地流转的启示

以农地制度“三权分置”为基础的土地流转是实现土地规模化经营、发展现代农业的基本前提。具体而言，土地流转可以培育龙头企业、农民合作社、家庭农场等新型农业经营主体，发展现代农业产业园、工业公园等农业新业态；提高农民的可支配收入，创造新的就业岗位，减少甚至消除农村贫困人口；提高农业机械化水平，变革农业生产方式，塑造高附加值品牌；改善农村的人居环境，加强农村公路、网络等基础设施建设。因此，在土地流转的基础上，现代农业的发展可通过产业链的延伸与价值链的提升，推动一二三产业的深度融合，同时促进城乡生产要素的双向自由流动，推进城乡基础设施的一体化建设，提升农村居民的生活水平，从而实现城乡的融合发展，助力乡村振兴。

土地的流转并非遵循统一的流转模式，而是在不同的区域形成了不同的流转模式。广东省典型的土地流转模式有增城区财政奖补、佛冈县土地入股+“四统一分”、开平市“两预两委托”等。这些土地流转模式尽管在土地流转的方式，以及土地流转的具体程序上有所不同，但村集体或政府组织均参与土地流转的过程，为土地流转的供求匹配提供信息服务，并提高土地流转合约执行的可信度，从而节约土地流转事前事后的交易成本，有力地促进和保障土地流转的顺利进行。

（二）广东省土地流转的展望

土地流转涉及诸多主体，其中农户与新型农业经营主体则是最为直接的参与者。对于农户而言，是否流转土地，其因素是多方面的：一是基于土地自主生产经营的净收益与流转后土地租金、分红等收益的考量；二是农户对土地流转的认知，尤其是流转中土地承包权的规定，因为土地是农民最后的保障；三是在农民城镇化过程中因户籍制度形成的城乡公共服务差异等。而在新型农业经营主体方面，现代农业发展需要大量的资本投资，且回收周期长，然而，由于土地集体所有以及土地经营上的诸多限制，以土地经营权抵押贷款难以顺利推进，而且土地的流转期限相对较短，这也限制了新型农业经营主体的投资和具体的产业选择。不仅如此，当前现代农业中出现的农业新业态，如农业公园等，其发展必然形成对建设用地的需求，而这与“不得改变土地所有权的性质和土地的农业用途”的规定相矛盾。此外，有必要注意的是，土地流转推动了土地的适度规模化经营，提高了农业的生产效率，但其间可能形成对农民散户的挤出，这种挤出或者是由于规模化农业发展的成本与价格优势，或者是因为政府特定产业发展规划，挤压其他产业的发展空间等。

因此，广东省在土地流转过程中，一方面，需要提高农户对“稳定农业承包权”的认知，同时大力推动城乡基本公共服务一体化，促进城乡要素的双向自由流动；另一方面，有必要为新型农业经营主体的培育创造条件，尤其是解决现代农业发展在资本融资、土地流转期限，以及建设用地指标等方面所面临的难题。与此同时，建议在土地流转之上的规模化农业发展的同时应考虑

农户散户的利益，创新农业生产、经营和管理模式，将农户散户纳入农业发展的现代化进程。除此之外，土地流转模式的选择与创新亦依存于现代农业发展的方向和定位，而广东省是改革开放的排头兵、先行地、实验区，拥有充裕的知识、技术、人才、资本、信息等创新要素禀赋，在发展高科技农业，如种业等方面有着综合比较优势，因此同时以创新要素禀赋和区域自然资源差异等为基础的土地流转模式，必将呈现出更加多样性、复杂化的特点。

B.4
2020年广东工商资本下乡发展报告

徐永慧　李超海*

摘　要：广东乡村振兴取得卓越成效，农村农业的蓬勃发展成为吸引城市工商资本下乡的巨大引力。2019年以来广东省土地流转取得了突破性进展，为工商资本下乡创造了良好条件。下乡资本就提升农民收入和农业生产率、推动农业产业链条变革和城乡融合等方面发挥了重要作用。在"一核一带一区"战略框架下，广东省三类地区表现出多样化的工商资本下乡路径。珠三角核心区的工商资本下乡路径有"工商资本+标准+农户""政府+工商资本"等模式；沿海经济带的工商资本下乡路径有"工商资本+合作社+农业项目+农户"、乡贤推动的村企合作等模式；北部生态发展区的工商资本下乡路径有"工商资本+合作社+合资公司""财政资金+工商资本+产业园+合作社"等模式。广东工商资本下乡前景极为可观，下一步广东还需持续发挥国家资本对工商资本下乡的引导作用，基于各地资源禀赋发展特色农业，积极搭建工商企业、政府、农民三方之间的长效沟通机制。

关键词："一核一带一区"　工商资本　资本下乡　广东

乡村振兴要求农业规模化经营并由传统耕种向附加值更高的产业链高端延

---

* 徐永慧，博士，广州大学经济与统计学院博士后，主要研究方向为新结构经济学、城市经济学；李超海，广东省社会科学院副研究员，主要研究方向为社会学。

伸，需要资本做支撑，单纯靠农村自身的力量无法发展起来，必须吸引城市工商资本下乡。2018 年以来，广东省政府开始引导资本要素向农村流动以促进城乡融合和乡村振兴，2020 年广东省政府工作报告首次明确将“建立城市人才入乡激励机制和工商资本入乡促进机制”纳入“健全城乡融合发展体制机制”“深入实施乡村振兴战略”的主要工作内容。

一　土地流转取得突破性进展为工商资本下乡创造条件

《广东省人民政府办公厅关于加快推进农村承包土地经营权流转的意见》（粤府办〔2019〕16 号）于 2019 年 9 月印发，围绕这一省政府文件，各地市在奖补政策、模式创新等方面纷纷落实执行政策，使得广东土地流转取得突破性进展，从而为工商资本下乡创造良好条件，各地市土地流转进程加快。如潮州市潮安区 2019 年以来新增集中连片流转面积超万亩，徐闻县仅 2019 年就新增土地流转面积 4.06 万亩，南雄市土地流转率已经达到 42%。全省还建有市级农村产权流转管理服务平台 12 个、县级平台 133 个、镇级平台 1372 个，基本实现县、镇两级全覆盖，全省通过平台流转承包地面积 369.32 万亩。截至 2019 年底，广东全省农村土地流转面积 1360.73 万亩，同比增长 16.07%，增速高于山东省、浙江省等农业大省或经济强省（见图 1）。

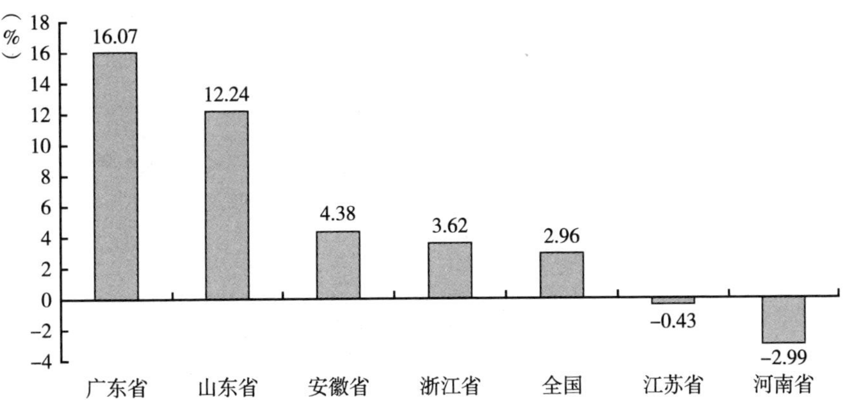

图 1　2019 年全国及部分省份家庭承包耕地流转面积的同比增速

资料来源：根据《2019 年中国农村政策与改革统计年报》相关数据计算。

从流转对象来看（见图2），2019年广东家庭承包耕地流转入农户、流转入专业合作社、流转入企业的土地面积分别为767.14万亩、215.06万亩、168.94万亩，相应的同比增速为21.44%、71.38%、1.54%，分别比2018年高出19.92个百分点、70.68个百分点、0.81个百分点。流转入企业的土地面积是工商资本下乡规模的直接反映；而广东现有土地流转案例显示家庭承包耕地流转入各种合作社后①，合作社会进一步以各种模式与企业合作、吸纳企业资本下乡，因此流转入专业合作社的耕地规模增长在一定程度上反映出工商资本下乡规模。由此可见，在土地流转规模大幅增长的同时，广东工商资本下乡规模必然有所扩张。这一特点也反映在广东重点龙头企业个数的增长上，截至2020年12月，全省重点农业龙头企业共1183家②，

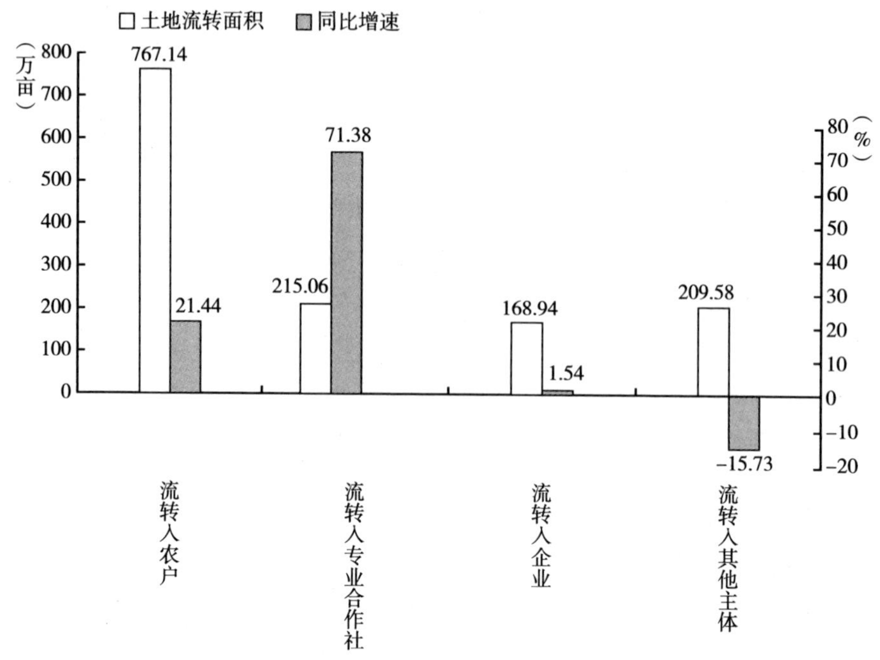

图2　2019年广东家庭承包耕地流转规模和增速——区分流转对象

资料来源：根据《2019年中国农村政策与改革统计年报》整理和计算。

① 如湛江市廉江市良垌镇中塘村、梅县区南口镇侨乡村。

② 广东省农业农村厅：《关于公布广东省重点农业龙头企业名单的通知》，（2020-12-25）[2021-01-05]，http://dara.gd.gov.cn/ncjjzzglc/content/post_3159881.html。

比 2019 年 12 月新增 174 家①②，而 2018 年、2019 年省重点农业龙头企业的新增数分别为 95 家、94 家③。

二　广东工商资本下乡成效

（一）农民增收效应明显

乡村振兴背景下工商资本下乡不是从事传统的农业耕种，而是进行农业规模化经营和现代化耕种，以及向附加值更高的文旅、农工、农商等产业链环节延伸。在农村土地确权基础上进行土地流转，工商资本所有者若直接以土地经营者的角色从农民手中或村集体组织手中租用土地，一般会根据上一年的每亩收成加上预期调整来确定土地转让金，产业链延伸带来的就业机会会进一步给农民带来额外的收益。若是以客户或合作伙伴的间接方式进入农业生产环节，如"公司 + 农户""公司 + 农民合作社 + 农户"等形式，公司或合作社一般会给农户提供相应的资金帮扶和技术指导，减少农业生产风险、提高农业生产效率。如珠海市斗门区莲洲镇石龙村早先只是种植甘蔗等经济作物，2000 年村民家庭年收入不到 2000 元，之后由村党员干部带头进行花卉苗木种植，于 2014 年成立石龙连心园林花卉专业合作社，合作社以高于市场的价格统一从村民手中购销树苗，打造成"商品苗"再统一对外销售，这一模式有效地提升了村民收入，2018 年村民人均收入达到 16500 元。2017 年，由珠海市斗门生态农业园管理委员会、石龙村村民合作社和珠海市岭南文化投资有限公司共同打造"珠海斗门岭南大地田园综合体项目"，2020 年 5 月三期项目岭南大地 · 万豪国际德尔塔酒店正式开工，而一期的中药园项目和花田喜地预期于 2021 年下半年之前均实现开放运营。随之带来

① 广东省农业农村厅：《关于公布广东省重点农业龙头企业名单的通知》，（2019 - 12 - 20）［2021 - 01 - 05］，http：//dara. gd. gov. cn/tzgg2272/content/post_ 2723545. html。

② 广东省农业农村厅：《关于公布广东省重点农业龙头企业名单的通知》，（2019 - 01 - 17）［2021 - 01 - 05］，http：//dara. gd. gov. cn/tzgg2272/content/post_ 1589538. html。

③ 广东省农业农村厅：《关于公布广东省重点农业龙头企业名单的通知》，（2018 - 03 - 20）［2021 - 01 - 05］，http：//dara. gd. gov. cn/zwjggk/content/post_ 1552128. html。

的土地出租收入、就业收入、资产增值等多项收益将大力帮助村民增收。待项目建成后，包括租金、门票收入和分红的村集体收入将达到400多万元①。2020年11月，《珠海市斗门区莲洲镇石龙村村庄规划（2020～2035年）》发布，以推进斗门区乡村振兴市级样板村（莲洲镇石龙村）建设，该规划将以岭南大地田园综合体项目为依托。显然资本下乡对于石龙村成功抓住乡村振兴机遇也发挥了重要助力。

（二）农业生产效率明显提升

对于从事农业种养业的工商企业，无论是直接销售农产品还是对农产品进行二次加工后再销售，都会重点建设销售渠道，同时搭建供应链条以购买种子、饲料等原材料。购销链条的建设会节省企业生产成本、提升企业在农产品市场上的议价权，从而大幅度提升农业生产效率。这是单凭小农户的力量无法搭建的。其中也可进一步区分为两种类型，一种是新建购销链条，如珠海市斗门区白蕉镇新环村、梅州市梅县区松口镇大黄村均是借助合作社新建购销和产业链条；另一种是将原有的购销链条向农村延伸，如“盒马村”深圳坪山曾屋村。

图3显示，广东省农业劳动生产效率呈较大幅度的稳步提升态势。2018年广东农业劳均产值为30426.2元/人，同比增速为10.04%，2019年这一数值为34331.78元/人，同比增速为12.84%。

（三）推动农业全产业链条发展

现代农业的竞争，正在由农产品之间的竞争转向全产业链的竞争。工商资本下乡激发了农业生产经营方式的变革，促进农业产业链条向二、三产业延伸，推动种养、加工、流通等农业全产业链的形成，使得农民不只是依赖种养收入，更可以收获全产业链的增值收益。

1. 促进传统耕种向现代耕种转变

工商资本下乡会引入具备现代管理理念和技术的经营主体，更重要的是碎

---

① 广东省农业农村厅：《珠海斗门：久久为功推进乡村振兴》，［2020－07－10］，http://dara.gd.gov.cn/snnyxxlb/content/post_3041928.html。

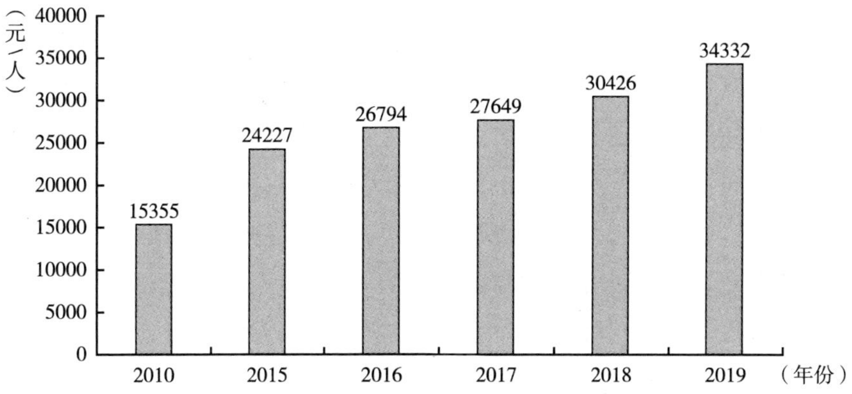

图3　广东农林牧渔业劳均产值

注：用农林牧渔业增加值和农林牧渔业从业人数得到广东农业劳均产值指标。
资料来源：2011～2020年《广东统计年鉴》。

片化土地经流转后可以形成片，这是进行规模化经营的前提，之后进一步通过改水改土以及完善机械耕种、灌溉等基础设施，更容易形成从种苗、养殖到收获的一整套现代化种养流程。如2018年潮州市潮安区江东镇成为全市土地流转试点镇之一，之后下湖村乡贤黄冬焕接手了513亩集体土地后就配套建设农田基础设施，成立溪东种养专业合作社，并聘请福建的专业团队来管理。其种植模式是一年收三季，第一季种植水稻、第二季种毛豆、第三季种马铃薯或观赏花，每亩收成比之前的小农户耕种翻了不止一倍，实现了这500多亩土地由小农户耕种向现代农业耕种的转型。

2. 推进农业与二、三产业融合

我国农业全产业链尚处于分段经营的阶段，农业生产、加工、流通、销售等环节彼此脱节，一方面农民在购销环节处于弱势地位，无法分享高附加值的产业链增值，导致城乡收入差距极大，另一方面也导致农业产出与市场需求不匹配，不利于双循环格局下激发内需。鉴于工商企业家与市场更为接近，资本下乡将对市场行情波动更为敏感，并自发带来农业产业链向农产品精深加工业、农业休闲旅游业、农村电商等后端环节延伸，促进现代农业全产业链的形成。如投资鸡𧊅塱村的广东顺欣海洋渔业集团有限公司采用的正是一二三产业相融合的全产业链经营模式，截止到2020年

11 月，由 104 户 490 人构成的鸡乸塱村拥有现代化渔船 111 艘，年海捕产量达到2.6 万吨，产值1.85 亿元，年利润为3880 万元。南美白对虾、罗非鱼等捕捞产品进一步由顺欣公司进行深加工以远销欧美、韩国、日本等地，年出口创汇达数千万美元。在第一和第二产业发展的基础上，凭借鸡乸塱村的地理区位优势以及独特的山海资源优势，广东顺欣海洋渔业集团有限公司董事长、鸡乸塱村书记林织带领村民进一步发展起了第三产业——渔家风情旅游业，2019 年累计接待游客 5 万人次。一二三产业融合带动鸡乸塱村村民致富、落实乡村振兴，2020 年人均年收入达 13 万元，其中 12 户年收入超过 100 万元①。类似的案例还有全王新带头成立的廉江市良垌兴旺农业机械专业合作社，除了主营农业机械化全程服务外，合作社还租赁 3000 多亩土地从事种养业、农产品加工和销售、土地流转等多项涉农项目；广东首个“盒马村”深圳坪山曾屋村打通了杨梅现代化从生产到销售终端的直接连接通道。

（四）助推城乡融合

首先，工商资本下乡带来农民增收，缩小城乡收入差距，而城乡收入差距的明显缩小是广东城乡融合发展加快的最直观体现。2019 年广东城镇常住居民、农村常住居民人均可支配收入分别为 48118 元、18818 元，同比增速分别为 8.52%、9.61%，分别提高了 0.82 个、0.30 个百分点，农村居民收入的大幅增长拉动了 2019 年广东城乡收入比指标同比下降了 0.0258。由图 4 可见，相比于前几年的下降幅度，2019 年广东城乡收入差距明显加速下降。分城市来看（见图 5），2019 年广东省所有地级及以上城市（不包括深圳）的城乡收入比都有所下降，其中工商资本下乡表现比较好的地市如粤东的潮州和揭阳、粤西的阳江市、粤北的河源市、珠三角的广州市都实现了城乡收入比的大幅下降。

其次，完善农村基础设施，促进城乡互联互通。城乡融合要求人才、资

① 莫谨榕：《探访远航“一带一路”的粤西渔村：三次产业升级成就乡村振兴　十余户年收入过百万元》，《羊城晚报》2020 年 11 月 19 日，https：//guangdong.chinatax.gov.cn/gdsw/mtsd/2020-11/19/content_c36c6b17878e45378acf84d23bb9706d.shtml。

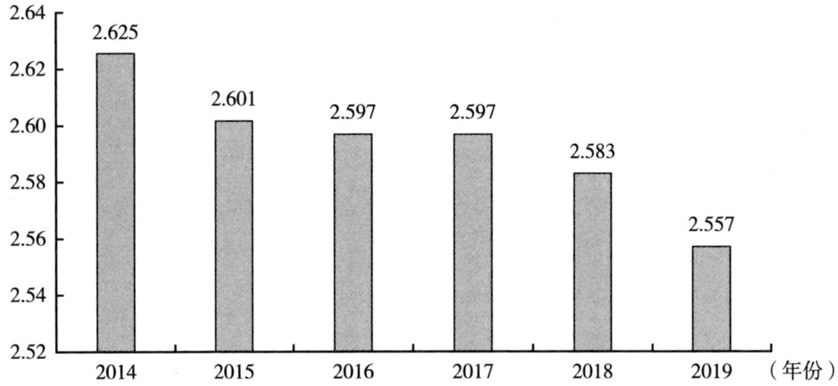

图 4　2014～2019 年广东城乡收入比

注：城乡收入比指标用城镇常住居民人均可支配收入（元）/农村常住居民人均可支配收入（元）得到。

资料来源：2015～2020 年《广东统计年鉴》。

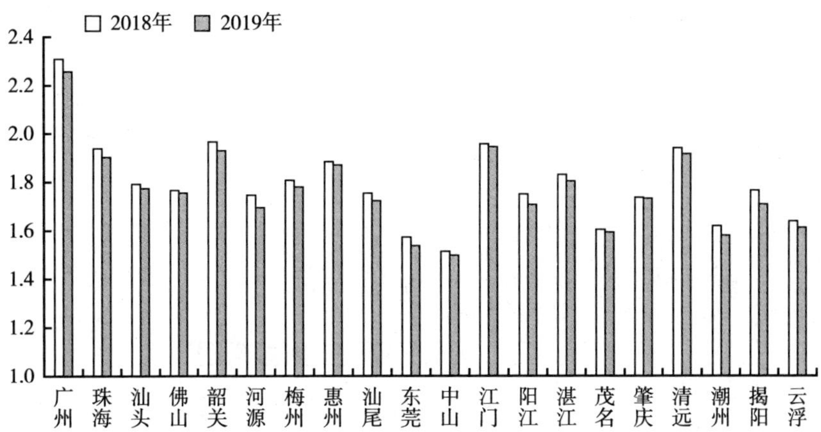

图 5　2018～2019 年广东各地市（不包括深圳）城乡收入比

注：城乡收入比指标用城镇常住居民人均可支配收入（元）/农村常住居民人均可支配收入（元）得到。

资料来源：2019～2020 年《广东统计年鉴》。

金、土地等资源的双向自由流动，以实现城乡投入和产出的良性循环，从而达到城乡各自以及二者之间的均衡发展，因此城乡融合的前提是城乡的互联互通。而工商资本下乡必然伴随着城乡基础设施的互联互通，会促进或倒逼交通、物流、仓储等农村基础设施建设。2020 年阿里巴巴旗下盒马与深圳坪山曾屋村杨梅园实行“订单化农业”，继而盒马引入极飞科技对基地进行数字化装备，以期实现杨梅产供销全产业链的数字化，使得曾屋村杨梅产销不再看天吃饭。由于数字化要求配套完善的农村基础设施，成为广东首个盒马村必然会倒逼曾屋村的生鲜冷链物流、网络等基础设施建设，而“订单化农业”模式下这些问题基本由盒马方面来负责，基地负责人只需要专注于农产品种植。显然，工商资本可作为纽带帮助城乡实现互联互通。

三　广东工商资本下乡存在的局限

近两年，广东工商资本下乡进展迅猛，但规模仍整体偏小，与其过十万亿的经济实力并不匹配，更无法满足广东省经济整体发展失衡对资本下乡的需求。

图 6 和表 1 比较了江苏、山东等几个经济强省或农业大省与广东省的土地流转规模和主体构成。图 6 显示，6 省土地流转的主体构成较为类似，农户仍是土地流转的主要对象，从而土地流转规模的省际比较在一定程度上可以反映工商资本下乡规模的省际比较。表 1 显示，广东土地流转规模明显低于江苏省、山东省、河南省、安徽省，虽然略高于浙江省，但广东省的土地流转面积

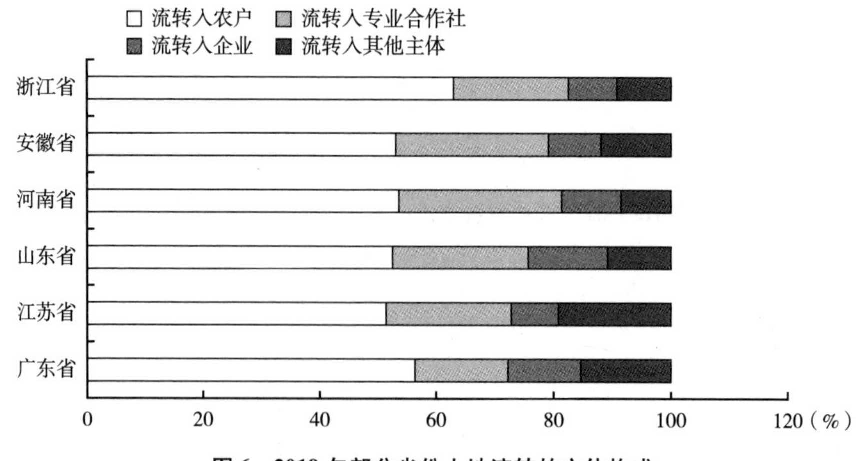

图 6　2019 年部分省份土地流转的主体构成

资料来源：《2019 年中国农村政策与改革统计年报》。

占比却远低于浙江省。由此可以判断，广东工商资本下乡规模与其经济实力尚不匹配。

表1　2019 年底各省农村土地流转规模

单位：万亩，%

省份	土地流转面积	土地流转面积占承包地面积的比重	流转入农户的面积占土地流转面积的比重
广东省	1360.73	38.65	56.38
江苏省	3081.58	59.07	51.36
山东省	3890.42	42.27	52.49
浙江省	1119.48	60.68	63.01
河南省	3828.24	35.52	53.60
安徽省	3950.74	49.44	53.06

资料来源：《2019 年中国农村政策与改革统计年报》。

与此同时，广东存在较大的区域失衡和城乡失衡。2019 年广东各地市之间人均 GDP 的悬殊要比山东省、江苏省、浙江省更大，韶关、梅州等多个地市的人均收入水平均低于全国平均水平。2019 年广东整体城乡居民收入比（2.56）也高于山东省（2.38）、江苏省（2.25）、浙江省（2.01）、河南省（2.26）、安徽省（2.44）。经济整体发展失衡会自发内生出工商资本下乡的需求，从而凸显广东工商资本下乡要比其他省市更为迫切。

四　广东“一核一带一区”工商资本下乡路径多样化

（一）珠三角核心区

1. “工商资本 + 标准 + 农户”模式

佛山市的广东何氏水产有限公司创建于 1995 年，2011 年广东省质监局根据何氏水产公司的鲜活水产品冷藏运输技术，以“公司 + 标准 + 农户 + 基地”的经营模式，创建广东省桂花鱼标准化示范区。按照示范区的要求，何氏水产的养殖、研发、收购、物流配送、餐饮服务等全产业链都按照标准进行生产和管理。该经营模式的关键特点是，在标准化理念下与养殖户签订经营合同，对合作农户进行系统的养殖培训，并在收购、配送、销售等所有环节都建立质量安全监控和追溯体系，这使得与何氏水产合作的相关风险较低，更为安全无忧。截至2020年，何氏水产已经带动上游合作农户超过1.8万户、带动水产养殖面积超过3万亩，销售网络更是遍及国内25个省的50多个城市，年产值超过20亿元①。

基于标准化理念融入农业并将其向二、三产业延伸的现象不只出现在佛山，阿里巴巴打造的广东首个“盒马村”深圳坪山曾屋村的主要特点也是借助数字化技术实现杨梅从枝头到餐桌的全程可追溯，从种养延伸到销售终端的整个产业链条都借助农业无人机、农业机器人等智能装备实现标准化管理，智慧农业特征更为明显。

这种模式类似于订单农业，即工商资本与农户签订合约，要求农户按照一定标准进行种养，如江门市达华生态农业种植基地于2019年在江门城郊租1000多亩农田，就是采取了订单模式种植水稻。但是比起订单农业，在“工商资本+标准+农户”模式下工商资本对农民生产过程参与得更多、更深入，既保证了农户收入的稳定，相关标准化生产流程的纳入也显著提高了农业生产的效率和质量。其主要原因是珠三角地区的下乡资本多是服务于大都市，对农产品质量要求高，甚或已经形成了自己的品牌，与农户合作时要求也高。

2. “政府+工商资本”模式

2019年8月，珠海市斗门区莲洲镇政府与珠海朗涛文化旅游发展有限公司签订投资意向协议，合作开发光明村旅游产业，进一步促进农民增收、农业转型发展，助力莲洲镇“美丽生态”变身为“美丽经济”。珠海朗涛文化旅游发展有限公司拟在莲洲镇投资建设以“生态农业”为核心产业的益田停云小镇项目、斗门农中旧址的书画文创项目、永利大沙的总部综合体项目三个项目。据该公司有关负责人介绍，三个项目总投资约31.5亿元，计划分三期推进，至2022年底完成。通过项目的建设将实现资本下乡盘活资产、产业导入增加就业、平台构建拓展销售渠道。莲洲镇充分发挥资源优势，规划出“一镇三片”的功能分类，即横山片对应工业经济，上横片对应水产养殖业和农

① 数据来自何氏水产官网，http：//www.gdhssc.com.cn/a/about/jianjie/。

产品出口及深加工，莲溪片对应蔬菜、花卉苗木种植业。加快构建绿色产业新体系，着力形成“生态旅游、特色产业、现代农业”协调平衡发展的内在产业格局，打造滨江田园生态新城。

“政府＋工商资本”模式指的就是由政府牵头和企业签约，按规划对农村进行大规模投资建设，以促进农业转型和农民增收。这种模式能更快地改变乡村面貌、实现农业产业转型升级、带来农民身价高涨，但是也面临着下乡资本是否会按照规划打造项目的风险，现实中的确存在部分工商资本借着乡村旅游的名义大搞房地产开发的情况，而且该模式留给农民的主动权较少，如项目失败，企业难以回本，资本可能会逃逸，这时农民将面临无法收到土地租金、项目建设烂尾却无人治理的情况。因此这一模式需要政府更多地发挥监察、监管作用。

鉴于珠三角的区位、交通和经济实力，我们发现进入珠三角农村的工商资本更多的是着眼于从种养到线上线下销售终端、从农业延伸到二三产业的全产业链，也更多地利用现代技术发展高科技农业、种子农业和智慧农业。

（二）沿海经济带

1. 党组织推动下的“工商资本＋合作社＋农业项目＋农户”模式

湛江市廉江市良垌镇中塘村，由于农业基础薄弱，2010 年被列入贫困村。在党组织带领下，2013 年以来，中塘村创新出流转土地的“中塘模式”，由村民把自有的土地流转到村集体经济合作社统一管理，通过召开经济合作社社员大会集体决定该土地与谁合作经营，从而实现了土地所有权归村民小组集体所有、土地承包权归村民所有、土地经营权归经营方所有，激活了村民流转土地的积极性。

“工商资本＋合作社＋农业项目＋农户”模式首先通过“中塘模式”将村民的零散土地集中到集体合作社统一管理。再由合作社设立辣椒、土豆等不同种养项目，吸引工商资本和村民资本按股注资以解决规模化种养的资金问题，种养项目则由懂农事的专业团队进行经营管理，最后按股分红。该模式的主要优点是以设立农业生产项目的形式解决了工商资本不熟悉农业生产的问题，资本融入农业的方式较为简单易行。

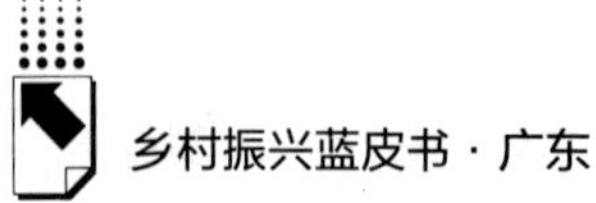

2. 返乡乡贤推动的村企合作模式

党的十九大提出乡村振兴战略以来，乡贤亦成为助推器之一，广东各地政府积极鼓励、引导乡贤助力乡村振兴，使得乡贤返乡投资成为广东省工商资本下乡的一个鲜明特色。粤西的阳江市陆续出台《阳江市鼓励乡贤回乡投资兴业反哺工程优惠暂行办法》《阳江市招商引资奖励办法》等政策，通过"乡贤反哺"招商推介会、乡亲恳谈会等形式联络乡情，多措并举重视、尊重乡贤对家乡的贡献，为乡贤返乡投资创造良好的软硬件条件。林织出生于阳江市阳西县织篢镇鸡乸塱村，改革开放以来经多年打拼积累起自己的捕捞船队，在当地政府的引导和支持下，2005 年回乡建立起广东顺欣海洋渔业集团有限公司，主要从事捕捞和水产品深加工，公司采取村企合作模式，即通过公司出资支持渔民买船，实行公司与渔民的利益共享和风险共担，带动了村民的生产积极性和公司的持续发展壮大，鸡乸塱村也成为广东有名的富村。2017 年以来，广东顺欣海洋渔业集团抓住了乡村振兴的机遇，加大新农村建设投资，推动实现一二三产业的融合，利用与阳西县城距离较近的区位优势，以村企合作的模式积极发展渔家风情旅游业，截止到 2020 年 11 月，已经初步建成农业观光体验园、户外拓展基地、主体花海等基础设施，预计整个项目建成后将为周边农民提供 300 多个就业岗位，辐射带动近 500 户农民。

由远洋捕捞到水产品深加工再到休闲乡村旅游，以林织为代表的乡贤每次都抓住了产业发展机遇，实现了自身的不断壮大，同时乡贤返乡投资也始终引领着鸡乸塱村的建设发展，成为鸡乸塱村实现乡村振兴的主要力量。类似的，粤东的汕头潮阳乡贤、揭阳东岗寮村乡贤、潮州文里村乡贤等都对当地民生做出了突出贡献。

（三）北部生态发展区

1. "工商资本 + 合作社 + 合资公司"模式

梅县区南口镇侨乡村抓住建设美丽乡村的新机遇，利用客侨资源、文化底蕴和本地优美的自然风光打造侨乡村，发展文化旅游。2017 年以来积极改造村容村貌，搞好基础设施建设、古民居修缮和卫生环境整治等基础工作建设，以慢行系统将村庄沿线的溪流、山林等特色资源有机串联起来。为打响侨乡村的乡村特色旅游品牌，2018 年 8 月，520 户村民自愿出资，筹集资金 104 万元，成立了以开发经营休闲农业和乡村旅游资源为主的乡村旅游专业合作社——自在侨乡乡村旅游专业合作社，参与的村民占到全村的 63%。考虑到合作社和村民在旅游开发、宣传、运营等方面尚不具备足够的运营和管理能力，2018 年 9 月，合作社与丁丁旅游共同注资成立南口侨乡文旅公司，二者按照比例获取分红，侨乡村的整体运营打造则由文旅公司负责。截至 2018 年 10 月，该文旅公司结合侨乡实际已经策划了十多个游乐项目，仅 2018 年十一黄金周期间就吸引了近万人前来观光休闲。

该模式首先由村民组建合作社，通过合作社与工商资本共同注资成立公司。公司的运营模式是工商资本主导、合作社协作，相关农业资源由合作社提供，人才资源由工商资本提供，从而充分发挥工商资本和农民各自的优势，收益则由合作社（村民）和工商资本按注资比例分红。

还有一种常见的类似模式是“工商资本 + 合作社”，如珠海市斗门区白蕉镇新环村于 2014 年成立新济水产合作社，由合作社统一与水产企业、生产资料厂商合作，从而有效降低了小农经营的生产成本，提升了市场竞争力。但“工商资本 + 合作社”模式本质上是借助合作社提升小农户经营的议价权，由于不涉及工商资本和合作社合资成立公司这一环节，合作的密切程度不如“工商资本 + 合作社 + 公司”模式。

2. “财政资金 + 工商资本 + 产业园 + 合作社”模式

梅州以种植柚果为主，但产业集群化程度较低，品牌打不出去。2013 年以来，梅县区充分发挥财政资金撬动作用，采取奖补形式，投入 800 多万元，撬动社会资金近 1 亿元参与梅县金柚产业园建设，2015 年位于梅县区松口镇大黄村的金柚产业园正式落成启用。园区内集聚了金柚上下游产业，集仓储、加工、物流于一体。2018 年 6 月 28 日，广东省第一批 15 个省级现代农业产业园建设名单发布，梅县金柚产业园也在其中。依托获得的 5000 万元财政补助资金，产业园积极引导园区内企业和合作社投产金柚相关配套产业，如套袋生产厂、自动化分选输送设备等，大大提升了产业规模效益。还有些企业如广东李金柚农业科技有限公司则利用获得的 500 万元省现代农业产业园项目扶持资金，开展柚果深加工项目，将金柚产业链条不断向后延伸。2018 年梅县金柚产业园实现年产值2亿多元，使得大黄村从金柚“大村”转变为梅县区柚果流转“重镇”。

与此同时，党组织带动村民组建合作社也是园区核心区大黄村成为金柚产业“亿元村”的另一个关键。自2013年规划金柚产业园以来，大黄村的党组织就开始有计划地引入和培育一批带富能力强的村干部人才。该村党员带头成立金柚专业合作社36家、党员金柚示范园6个，形成了“党组织+专业合作社+公司+农户”模式，示范带动200多户种植户加入合作社，并辐射全村98%的村民种植5000多亩柚果。

这一模式的特点是由政府资本撬动社会资本建设产业园，为产业集聚创造平台，进而借助奖补资金引导园区内企业不断完善全产业链条。同时发挥党组织的带头作用，引领周围村民组建专业合作社、抱团发展，进驻产业园，实现产业园、企业和村民的多方共赢。简而言之，财政资本为引资主体，工商资本为投资主体，产业园为平台，合作社为农户与资本合作的中介。

我们发现，相比于珠三角核心区的高科技农业和种子农业，粤东西北更多地发展规模化农业、特色农业，依据自身禀赋发展林地经济或海洋经济。值得关注的是，在“一区”“一带”的工商资本融入农业生产过程中，党组织和集体经济起到了更为关键的作用，在市场对资本的吸引力不足的情况下，由政府出面补足相关农业基础设施、对先入企业的外部性进行补偿、有序引导和强化宣传是吸引工商资本下乡的有效策略。典型的案例包括2020年11月清远市首次在广州召开乡村旅游（民宿）招商推介会，现场签约金额近32亿元，成为一次吸引工商资本下乡的有效尝试。

五　启示与展望

（一）三点启示

基于广东工商资本下乡的现有案例，我们得出以下启示。

1. 应该充分发挥国家资本对工商资本下乡的引导作用

《关于促进乡村产业振兴的指导意见》（国发〔2019〕12号）、《关于防止耕地“非粮化”稳定粮食生产的意见》（国办发〔2020〕44 号）等文件均明确指出有序地引导工商资本下乡。对于水利、电力等基本农田建设，国家资本必定要提前介入，但其主要作用是为工商资本下乡铺路以及引导社会工商资本下乡的投资方向。此外，国家针对农业生产和农产品流通的税收优惠政策，如从事农林牧渔业项目减免企业所得税、蔬菜流通环节免征增值税，也对城市工商资本下乡有一定吸引力。各市可综合利用多重财政补贴、税收优惠叠加手段，吸引、引导社会工商资本下乡。

2. 资本下乡要聚焦因地制宜发展特色农业

资本下乡不是搞房地产，要聚焦发展特色农业，要基于当地资源禀赋和市场行情，与当地资源禀赋相一致的产业才可能形成比较优势，从而实现在市场竞争中盈利并发展壮大；农业品种或业务种类的选择需要企业家懂农业并清楚相关政策红线，这一环节需要咨询和大量引进相关农业科技人才。

3. 搭建工商企业、政府、农民之间的长效沟通机制

工商资本下乡过程中强调确保各方利益，尤其是农户的利益。工商资本下乡失败的主因包括：企业意在套取国家农业补贴或挂着农业产业名义大搞非农建设，违背相关政策、损害农户利益；企业家对农业生产特征和市场特征不够了解，资本逐利性导致企业家急功近利，结果反而容易失败。工商资本和农民之间存在信息不对称，政府可充当中介搭建长效沟通机制，既为工商资本做担保，也为农民打强心剂，更可及时地对资本下乡过程中不合理不合法的现象进行识别和纠偏。

（二）展望

鉴于农村相关产业尚存在巨大的利润空间，加持国家和省市层面的政策支持以及广东区域发展失衡衍生出的迫切需求，广东工商资本下乡前景极为可观。鉴于工商企业家更懂市场，资本的逐利性使得企业家更注重成本收益的权衡，“一核一带一区”的下乡资本会基于当地资源禀赋比较优势进行特色化投资。投向“一核”的工商资本倾向于搭建购产销全产业链，追求产品标准化和生产过程规范化，立足于供应珠三角核心区，服务于广州、深圳等大都市，以种业、智慧农业、都市农业、休闲观光为主；对于“一带”，下乡资本重在

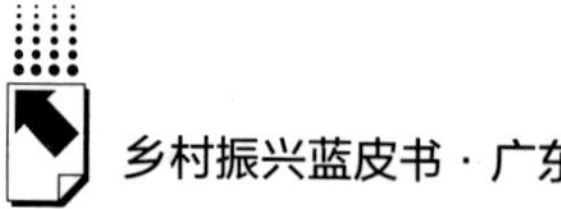

借助土地流转模式创新、村企合作等方式进行农业资源整合以实现规模效应，以种植业、渔业为主；对于“一区”，工商企业家基于当地自然资源延伸农产品价值链条以及开发文旅资源发展观光休闲业，下乡资本多属于资源开发型，以种植业、园林、文旅为主。

B.5

2020 年广东大力推动科技资源下乡报告

杨睿博　李 宏*

摘　要：　城乡融合发展是广东实现农业农村现代化的必由之路。科技资源有效配置成为城乡融合的强大驱动力，为农业农村现代化发展提供强大的动能。通过大力推动科技资源下乡，农业农村新业态不断涌现，5G 智慧网络农业、科技生态旅游产业园等产业平台不断搭建完善，科技金融促进城乡融合发展效果显著，推动农业现代化高质量发展，农村现代化呈现新发展格局。广东科技资源平台建设成为湾区科技文明互鉴的范式，为广东农业农村现代化创造了广泛的发展空间，更是广东发挥区位资源优势、率先全面实现农业农村现代化的战略选择。

关键词：　科技下乡　城乡融合　广东

2020 年是决战脱贫攻坚、决胜全面建成小康社会和“十三五”收官交验之年，是第二个一百年的伟大梦想扬帆启航之年，广东省乡村振兴“3 年取得重大进展，5 年见到显著成效”的承前启后之年，同时也面临新冠肺炎疫情影响等新的风险挑战。2021 年广东开启全面建设社会主义现代化新征程，要坚定走中国特色社会主义乡村振兴之路，充分发挥区位优势、资源禀赋优势、多元文化优势，率先实现农业农村现代化，不断推进城镇化建设，强化以工业返哺农业、以城镇发展带动乡村振兴，推动工业农业相互促进，城镇与乡村互相

* 杨睿博，澳门科技大学商学院博士生，广东金融学院金融与投资学院教师，主要从事科技金融、绿色金融、文化金融教学研究；李宏，华南理工大学博士生，主要研究方向为社会保障、乡村振兴。

补充，城乡融合实现高质量协调发展。广东充分发挥科技创新引领作用，助力决胜脱贫攻坚，支撑乡村振兴战略实施，科技创新取得骄人成绩，区域创新能力连续三年排名全国第一，为广东城乡融合注入强大的科技动力。

一　广东科技资源下乡平台建设态势与成效

广东省强化科技创新引领作用，助力决胜脱贫攻坚，全力推进乡村振兴战略实施，重点开展乡村建设行动。在广东城乡融合基础性建设中，科技资源成为城乡融合发展的短板，需要不断破解阻碍农业农村发展的关键技术，不断在农业农村促进科技成果的应用转化，在广东城乡地区培养一大批帮助服务农业农村发展的科技人才，创新具有广东特色的城乡融合绿色发展样板，不断提升农业科技创新综合实力，不断创新科技资源下乡的新模式，不断提升城乡融合科技驱动的内生动力。

（一）广东构建科技资源下乡平台

城乡融合需要建立完善多层次、立体性科技支撑平台，根据国家科技支持城乡融合发展要求，广东省全面实施城乡融合科技发展计划，强化科技创新在城乡融合过程中的驱动作用，实施数字农业创新行动，促进新一代信息技术与现代农业深度融合，为新征程城乡融合提供科技支撑。

1. 构建完善科技资源下乡的体制政策

广东省贯彻落实2020年1月中共中央、国务院《关于抓好“三农”领域重点工作确保如期实现全面小康的意见》精神，强化科技创新支撑引领作用，推动科技特派员、科技人才下乡，使更多科技成果应用到田间地头。2020年6月广东省出台《广东省乡村振兴科技计划》，统筹整合多方科技力量、着力解决农村建设实际问题，明确与方面18项科技创新工作措施，助力决胜脱贫攻坚，支撑乡村振兴战略实施。这些政策包括：整合多方科技力量，支撑决胜脱贫攻坚；突破关键核心技术，引领农业产业发展；加强科技创新治理，加速成果入乡转化；开展“科技暖村”行动，推动人才资源下乡；注入科技创新动力，促进乡村绿色发展。通过科技支农体制政策创新，广东科技资源不断涌入乡村，科技支农机制不断完善，政策支撑力度不断加强，城乡融合水平不断提升，农业农村科技创新成果不断显现。

2. 开展科技支农的重大创新项目平台建设

为加强农业产业科技创新，打造农业科技国家级创新平台，2018 年 8 月经过国家农业农村部审核批准，广东省正式建立“广州国家现代农业产业科技创新中心”。目前广东建成农业农村部重点实验室（实验站/科研基地）41 个，广东省农业类重点实验室 46 个，建成广东省农业类工程技术研发中心 259 个，形成强大的农业科技研发力量。通过科技院所、大型企业协同，形成广东特色的研究平台。

3. 推动农业科技园平台提质升级

广东已建成 8 家国家农业科技园区和 8 家省级农业科技园区。省财政自 2018 年起三年投入 75 亿元支持粤东、粤西、粤北开展省级现代农业产业园建设，引导农业科技园区、大学科技园、农村科技特派员工作站等各类主体参与广东省“星创天地”建设。激发农村创新创业活力，推动“星创天地”发展壮大，营造农村“大众创业、万众创新”的良好环境，引导和扶持科技特派员深入农村创新创业。经评审，通过广东省第一批“星创天地”59 家、第二批 47 家、第三批 43 家、第四批 49 家，切实加强“星创天地”的建设与营运管理，不断提高“星创天地”在成果转化、创业指导、运营服务、人才培训等方面的综合服务水平，助力广东精准扶贫精准脱贫，促进农业转型升级，加强前沿技术研发，构建智慧农业体系（见表 1）。

表 1　广东省各地市“星创天地”数量（截至 2020 年 10 月）

单位：个

地市	国家级	省级	地市	国家级	省级
广州	12	21	中山	2	2
深圳	0	1	江门	0	0
珠海	2	2	阳江	1	2
汕头	0	0	湛江	5	7
佛山	2	3	茂名	6	7
韶关	2	2	肇庆	3	5
河源	8	20	清远	1	3
梅州	8	17	潮州	0	0
惠州	0	0	揭阳	2	2
汕尾	3	4	云浮	4	5
东莞	2	2	合计	63	105

资料来源：根据广东省科技厅网站统计数据整理。

4. 推动农业龙头企业引领平台建设

广东省加快农业龙头企业建设。目前农业龙头企业达到4260家，其中省重点企业达到1009家（含国家重点68家）。加强龙头企业科技建设，引导龙头科技企业下乡，带头支撑协同扶贫。在广东全省开展“万企帮万村”行动，政府企业共同开展科技资源下乡支农扶农行动，城市乡村共同发力，形成多方力量有力聚合、多种举措互为支撑的大扶贫格局。鼓励大型企业集团探索实践党建扶贫、科技扶贫、产业扶贫、教育扶贫、就业扶贫等协同推进的扶贫模式，支持农业高新技术企业、农业龙头企业到贫困地区建设种植、养殖基地和繁育基地，打造“公司+基地+合作社+农户”的合作模式，助力脱贫攻坚，促进城乡融合。

5. 打造农业农村金融科技平台建设

广东加大科技投入力度，实现涉农企业量质提升。强化农业科技金融支持，综合运用贷款贴息、风险补偿等方式，引导和支持银行信贷投入，鼓励地市科技部门协调指导农业企业争取投、融资支持和金融服务。抓住国家城乡融合发展试验区广清接合片区建设的重要机遇，中国人民银行清远市中心支行、清远市金融工作局、中国银行保险监督管理委员会清远监管分局印发《金融支持清远城乡融合发展的实施意见》，以缩小城乡发展差距为目标，以协调推进新型城镇化战略和乡村振兴战略为抓手，把更多金融资源配置到破解城乡二元结构、乡村振兴等重点领域和薄弱环节，更好地满足城乡融合发展多样化、多层次的金融需求，助推实现习近平总书记提出的把短板变成“潜力板”的目标。清远农业银行全力助推“农业强、农村美、农民富”，建设具有内生动力农村金融体系，更好地服务乡村振兴战略、支持国家城乡融合发展试验区样板区建设。

6. 大力推广农业科技转化平台建设

广东依托广州国家农业科创中心（以下简称“科创中心”）高品位打造省级农技推广服务驿站，作为全省农技推广服务体系的示范指挥中心、资源媒介中心、要素匹配中心。该中心是国家在华南区布局的农业科技孵化与创新政府平台，是全国仅有的五大中心之一，立足广东、辐射南方10个省区市、互通全球。截至目前，该平台已汇聚起全球40多个国家及国内19个省区市（包括台湾、香港、澳门）的6.7万家企业、3.2万名专家、3000余个种质圃、4096

名律师、336亿元产业发展基金、50万平方米物业、12万名退役军人等要素资源，数字平台直通服务超30万家商脉终端。通过政府引导和社会广泛参与，健全区域性技术转移服务机构和省、市、县三级农业科技成果转化平台。

7. 全面建设农业科技人才下乡平台

广东实行覆盖全省科技特派员制度，科技特派员深入农村，扶持1300多个乡村产业，推广农业科技成果和新品种、新技术、新工艺2190项，推广先进农业和农村适用技术4615项，带动9.4万户农户增收，辐射带动824万人受益。广东省有组织地动员城市科研人员、工程师、规划师、建筑师、教师、医生下乡服务。为乡村振兴引进创新创业团队和高层次、高技能人才及科技领军人才，解决粤东西北人才问题，支撑乡村振兴战略实施。

（二）科技资源下乡平台发挥的作用

1. 科技创新引领城乡融合

广东实施乡村振兴科技计划，为城乡融合提供强有力的科技支持。2019年，广东省认定涉农高新技术企业456家，涉农领域近三年共获得国家科技进步二等奖11项、省科技进步一等奖14项，广东农业科技进步贡献率达69%，比六年前提高近10个百分点，居全国前列。在2019年全国农产品加工业百强企业名单中，广东占10%。广东在城乡融合过程中，科技在农村农业各类项目实施中发挥了重要作用，设置“现代种业”重大专项，累计投入研究经费超过2亿元，在国家50个现代农业产业技术体系中，广东参与专家和产业数量继续位居全国前列。广东支持城乡融合的科技创新，为农村农业高水平、高质量发展提供了强大动能（见表2）。

2. 科技助力乡村脱贫攻坚

2020年是决胜全面建成小康社会之年。广东的科技政策、技术成果、科技服务、财政资金等支持脱贫致富，决胜全面建成小康社会发挥积极有效的作用。广东省建档立卡2277个贫困村和革命老区、中央苏区以及少数民族地区，加强科技资源帮扶。不断加强对农业产业科技投入，创新农村产业科技服务方式，持续推动农业科技成果利用转化，发展科技对农村经济的促进作用，为脱贫致富提供科技支撑。与此同时，有效促进当地农民科技素质的提升，推动乡村产业经济快速发展，不断促进农民增收。2018年以来，广东省农业科学院

表 2　农业科研和技术开发机构基本情况

项目	单位	2000 年	2005 年	2010 年	2011 年	2012 年	2014 年	2015 年	2016 年	2017 年	2018 年
机构数	个	94	73	74	74	71	74	76	76	76	73
从事科技活动人员	人	3149	2731	3040	3026	3101	3438	3502	3611	3651	3432
政府拨款	万元	27640	36105	87151	83770	91091	114807	157170. 4	167166. 2	186377. 9	179283. 3
经费支出总额	万元	75919	52078	106554	104660	127249	149259	184867. 5	204384. 9	228659. 7	198783. 3
科研业务费	万元	21007	22399	56449	71917	82288	91489	117576. 2	136151. 5	150014. 8	133518. 3
生产性支出	万元	19865	7571	12406	11275	12186	14762	15114. 8	13671. 1	13758. 1	14092. 4
课题投入经费	万元	13033	12890	27494	31371	35841	37564	50350. 6	56237. 8	56224. 5	42623. 5
科学论文合计	篇	1043	973	1353	1183	1224	1505	1519	1680	1681	1383
其中:国外发表论文	篇	16	21	70	104	88	317	339	365	393	308
科技著作合计	部	53	50	29	28	19	38	41	49	44	43

资料来源：根据历年《广东省农村统计年鉴》数据整理。

积极实施精准扶贫政策，先后派出400多名科技特派员，根据实际需要，走进广东200多个省定贫困村，以“科研团队+个体”方式，深入田间地头，联系企业车间，通过相互结对、共同研发帮扶，促进农民增收致富、农村产业多样发展。广东省乡村建设科技行动计划，对广东省发展农产品加工业和休闲农业、加快农村一二三产融合发展、扶持一批特色农产品“走出去”、多渠道促进农民增收、尽快实施城乡融合发挥了重要作用。

3. 科技支撑乡村振兴战略

2020年，广东省运用科技力量，推动乡村振兴发展取得重大进展，科技支撑乡村振兴的制度框架和政策体系基本形成，农业科技进步贡献率达到70%以上。广东省正在积极推进科技成果入乡转化机制，推动高等院校和科研院所设立技术转移机构。广东省建设城乡融合科技体系，科技资源下乡支持保障体系针对性强，聚焦新时代乡村振兴，发挥科技创新引领和支撑作用，促进城乡融合农业农村先进适用成果转化应用，培养城乡融合助农服农科技人才，试点城乡融合绿色发展乡村样板。科技资源下乡支持保障体系创新性强，首次提出“农业强芯”“科技暖村”“农村科技特派员+电商”等新模式，结合粤港澳大湾区、深圳先行示范区“双区”建设和广州、深圳“双城联动”重大机遇，超前布局智慧农业、国际食品谷等新业态，推动工农互促、城乡互融。科技资源下乡支持保障体系可操作性强，相关措施具体细致，实施主体明确清晰，目标效果务实可行，便于掌握落实。

二　广东构建推动科技资源下乡平台存在的问题

广东城乡融合科技支撑水平不断提升，平台建设质量不断提高，农业农村科技创新成果不断显现。但是，广东省在城乡融合科技支撑的协调性、系统性、普惠性和完整性等方面仍然存在不少问题，需要不断创新科技资源配置。

一是城乡融合科技支持的协调性不强。广东一些乡村发展极不平衡，需要科技有计划、重点性倾向农业农村薄弱地区。一些农村新型农业经营体系没有发挥集中优势，较为分散，在科学技术运用，特别是信息化应用方面还处于初级阶段，广大农业农村市场具有极大的科技需求。城乡科技支农信息不对称，亟须加快农业农村科技应用的现代信息化建设，大力提升农业农村科技现代化经营水平。

二是城乡融合科技支持的系统性不够。广东一些农业科技领域基础研究薄弱，科技运用到农村农业的前沿学科和团队带头人偏少，农村农业高层次人才缺乏、老龄化加剧，导致高新技术在农业农村中发展较弱，农业农村现代科技产业化相对滞后，农业农村现代科技成果转化能力不强，成果偏少，农业农村现代科技成果推广机制体系不完善。

三是城乡融合科技金融支持普惠性不足。广东需要加强科技金融在城乡融合中的杠杆作用，推动信贷管理系统群组的整体优化升级，创新线上产品运营模式，快速响应、快速迭代。目前城乡融合存在科技金融、押品管理系统和基于大数据驱动的风险管理平台不完善，平台化多对多的合作模式、精准获取客户信息不对称等问题。需要利用数字化技术，打造智慧化电子流程，推动传统业务架构改造，提升农合机构乡村振兴信贷经营效率。

四是城乡融合科技支持机制完整性缺乏。广东科技政策落地、科技成果转化、科技人员积极主动深入农村农业开展乡村建设需要一个过程。专门针对农业科技资源配置、科技支持“三产融合”、优秀科技人员入乡、入户支持农村农民经济发展等方面的相关政策措施还需进一步配套健全，特别是在认定农业发展科技标准方面存在门槛过高、条件不匹配等问题，需要进一步完善修订。广东切实需要把握城乡融合战略机遇，持续实施乡村建设行动，贯彻落实党的十九届四中全会提出的“完善科技创新体制机制”的要求，不断增强广东城乡融合科技力量的支持。

三　广东推动科技资源下乡的对策前瞻

广东推动科技资源下乡，为城乡融合发挥巨大作用。能够统筹链接上下、内外、城乡、研发、产销、“三产”等多维资源，顶层设计“1 + 51 + 100 + 10000”（1 个省级农技推广服务驿站“天线”平台、51 个省级现代农业产业技术体系创新团队“中线”、100 个县级农技推广服务驿站“地线”驿站、培育 10000 名“乡土专家”农民）“四维一体”的金字塔式全省农业科技推广服务创新体系，力争 3 年重构打造起“输血 + 造血”一体化的湾区科技支撑城乡融合发展新模式。

（一）提升科技资源在城乡融合中的内生效能

广东科技创新拥有强大的资源优势，需要汇聚一大批现代农业的高端人才，着力攻克解决广东在现代种业、智慧农业、城乡一体等方面的关键核心技术，为广东城乡融合提升强大的科技动能。同时抓住粤港澳大湾区建设的战略机遇，利用广东毗邻港澳的区位优势，通过科技创新应用的辐射引领，促进广东城乡农业农村科学布局、分工合作、发展协调、利益共享，同时为“一带一路”乡村产业合作，内外经济大循环，提供优质、安全、有机、绿色的农产品。推进移动5G技术广泛应用，加快推进区块链技术在农业农村中运用，推动移动互联网、云计算和物联网技术等现代信息技术在农业农村领域的融合，不断提高数字农业产业的水平，提升数字经济对城乡融合的促进作用，促进农业农村专业化、智慧化和现代化发展。

（二）推动科技金融支持城乡融合的高质量发展

广东加强城乡金融基础设施和信用体系建设，不断提升普惠金融服务水平。充分发挥金融服务平台的融资对接作用。切实把“粤信融”平台的推广应用作为提升金融服务的重要基础工作抓实抓细，提升融资对接效率。继续加大应收账款融资服务平台应用力度，激活小微企业应收账款融资潜力，推动小微企业应收账款融资规模稳步增长，不断提高小微企业金融服务水平。有效提升城乡支付服务的覆盖率及可得性。全面推进农村移动支付推广应用“十百千示范工程”，对照标准加快推进移动支付示范镇建设，并增强示范镇辐射带动能力。全面发行乡村振兴主题卡，抓紧完成联网通用标准移动支付受理环境改造，并加大在农村地区布设ATM、POS、转账电话等金融基础设施。积极运用支持高技术制造业、现代农业和旅游业发展的企业信用贷款风险资金池等风险分担补偿机制。

（三）发挥科技资源下乡在城乡融合中的示范作用

广东科技支农行动，促进乡村振兴战略，加快城镇化建设，有益城乡融合发展。广东创新科技资源支农的新平台、新渠道、新样板，成为有力助推科技支持城乡融合的新动能。进一步发挥政府引导推动作用，建立有利于涉农科研成果转化推广的激励机制与利益分享机制。落实现行科技成果转化的良好政策，探索公益性科技支农、经营性农技助农，发挥科技人员、农技人员支持乡村建设行动的积极性和内在热情。充分发挥广东科技特派员制度优势，支持科技特派员深入城乡创新创业，探索科技特派员积极参与城乡融合发展的多种模式。

近年来，随着广东城乡融合进程加快，“一核一带一区”区域发展新格局的宏观定位，广东要切实提高科技资源在城乡融合中的优先站位。通过科技支农的一系列机制政策，“放管服”环境进一步改善，科技项目管理权限大幅下放，“大专项 + 任务清单”的自主管理方式，不断提高基层科技管理部门支农的积极性、主动性。实施广东数字农业创新行动，启动广东建设5G智慧农业产业园，推进广东“5G + 智慧农业”体系建设。充分提高科技运用到现代农业农村的效能，把国家实施乡村振兴战略落实到位，也为支持国家“一带一路”建设、惠及发展中国家和落后地区乡村，提供一个重要支点和发展示范。

参考文献

马兴瑞：《广东政府工作报告——2020年1月14日在广东省第十三届人民代表大会第三次会议》，2020。

王瑞军：《加强科技创新治理支撑广东农业发展》，《中国农村科技》2019年第12期。

B.6

2020年广东生态资源市场体系建设报告

谢许潭*

摘　要： 努力建构一个能平衡生态价值与经济价值的生态资源市场体系，是广东作为经济大省实现"十四五"规划生态文明目标的必经路径。近年来，广东的各类生态资源品类和总量均稳步增长，广东在探索高效能的生态资源管理机制与利用模式等方面也获得了丰富的经验，取得了长足的进展。立足于这些现实基础，广东生态资源市场体系不断完善，如市场参与主体日益多元化，政府与市场关系得到良性调适，以及新兴科学技术在生态市场中的作用日益凸显等。当然，面对来自多方面的挑战，广东还需要实现生态价值和经济价值的平衡、加大生态资源市场开发与改革力度，尤其要让完善生态市场体系与乡村振兴的战略实现"高能融合"，才能成功建立较为完备的生态资源市场体系。

关键词： 生态资源　生态价值　补偿机制　广东

习近平总书记多次强调，人与自然是生命共同体。党的十九大报告明确将生态文明建设列为重要工作议程之一，提出必须树立和践行"绿水青山就是金山银山"的理念，坚持节约资源和保护环境的基本国策。在"十四五"时期，要努力构建新发展格局，"生态文明这个旗帜必须高扬"。广东作为我国经

* 谢许潭，国际政治学博士，广东省社会科学院副研究员，主要研究方向为国际安全合作、粤港澳大湾区建设等。

济大省，其生态文明建设的推进也备受关注。广东能否成功推进生态文明建设，关键在于能否真正成功建立和不断完善生态资源市场体系。协调好生态资源的生态价值和经济价值之间的关系，建立起强有力的生态补偿和修复机制，不断拓展品牌种类，锻造更多的优质品牌，让市场交易机制在政府引导下发挥资源配置关键作用，是广东经济社会发展获得可持续发展动力的基本“生态”保证。

一 完善广东生态资源市场供给体系的现有基础

广东省位于中国大陆的最南端，既是我国第一经济大省，也是第一生态资源大省。无论是在生态市场供给体系的源头如产品资源开发，还是在市场供给体系的保障层面即法律法规与相关行政规定上，都率先进行了系列尝试，并获得了较为丰富的经验。

（一）各类生态资源的品类和总量均稳步增长

截至目前，广东省在主要生态资源如林业资源、湿地资源、水资源的储备，各项生态资源的保护、修复和治理工作，以及各种珍稀类野生动物和植物的品种占比都在全国位于前列。经过多年的努力，广东已具备了多层次、多样化生态资源市场空间格局。2020 年 10 月 23 日，中国科学院深圳先进院联合香港大学、国家超级计算深圳中心在《自然·通讯》杂志上发表的联合研究成果表明，在过去的 18 年中，我国向全球贡献了 32% 的大城市显著变绿区域。其中珠三角城市群的显著变绿面积达到了近 2400 平方公里，受益人口达到 1748 万，在全球 841 个大城市和城市群中居首位。显然，广东生态资源市场有着较为充裕的先天资源条件，相关资源的治理行动也在努力推进，这从表 1 数据信息中可略见一二。

表 1 广东省生态资源储备、保护修复与治理基本情况（2019～2020）

主要领域	统计截止日期	主要相关数据
湿地资源	2019 年底	建立了国际重要湿地 4 处，湿地自然保护区 110 处，湿地公园 254 个，49.24% 的湿地得到有效管护

续表

主要领域	统计截止日期	主要相关数据
造林和林业生态修复	2020 年 12 月 1 日	完成造林和生态修复 1911.05 万亩
森林资源储备	2019 年 12 月 30 日	全省森林面积 1.58 亿亩，覆盖率 58.61%，森林蓄积量 5.79 亿立方米，森林碳汇储备 3.1 亿吨，城市绿地面积 42.44 亿平方米；有各类自然保护地 1362 个，位列全国第一，森林生态效益总值高达 1.426 亿元
动物资源	2019 年 12 月 30 日	全省自然分布的陆生脊椎野生动物有 774 种，被列入国家重点保护野生动物名录的达到 114 种
植物资源	2019 年 12 月 30 日	有维管束植物 7700 多种，其中国家和省级重点保护野生植物 74 种；建成自然保护地 1362 个，各项指标均在全国位列前茅
水资源储备	2020 年 4 月 30 日	全省水能资源理论蕴藏量 1137.2 万千瓦，技术可开发量 859.45 千瓦；温泉 300 多处，日总流量 9 万吨；天然矿泉水 145 处，探明可采用储量全国第一；地表水资源量 1820 亿立方米，地下水资源量 450 亿立方米，地表水与地下水重复计算量 440 亿立方米；从邻省入境水量 2361 亿立方米
生态修复项目的开启情况	2020 年 4 月 30 日	2020 年要推出 10 个生态修复大样板工程，包括广州海珠国家湿地公园、珠海淇澳－担杆省级自然保护区和汕头南澳大桥入口景观等
城市空气质量治理	2020 年 12 月 30 日	2020 年全年广州市空气质量优良天数为 329 天，AQI 达标率为 90.4%，PM2.5 平均浓度为 23 微克/立方米，继续在 9 个国家中心城市保持最优；现已在广州塔上建造了全国最高大气监测点

资料来源：本表格数据来自各大相关机构的官网或者权威媒体报道最后检索时间《广东推出生态修复十大样板工程》，《中国绿色时报》2020 年 4 月 30 日；《水资源概况》，广东省水利厅官网，2020 年 4 月 30 日，http://slt.gd.gov.cn/szy8924/content/post_888844.html，最后检索时间：2020 年 12 月 2 日；《〈广东省湿地保护条例〉将于 2021 年 1 月 1 日起施行》，广东省湿地保护协会，2020 年 12 月 10 日；《全面达标！“小蛮腰”亮出广州空气治理成绩单》，《人民日报》2020 年 12 月 31 日；《广东近 10 年森林资源稳步增长》，国家林业和草原局政府网，2020 年 7 月 10 日，http://www.forestry.gov.cn/xdly/5197/20200710/082157356449720.html，最后检索日期：2020 年 11 月 12 日。

（二）高效的生态资源管理机制

多年来，广东致力于建构一个以“减量化、再利用、资源化”为原则，具有“低消耗、低排放、高效率”特点的循环经济体系，不断优化生态资源的管理和利用模式。具体举措主要包括以下几点。

一是建立对各类生态资源的大数据信息平台，用多种科学方法进行分级，并不断细化。及时获取各类生态资源的详细数据，是完善市场体系的信息基础。以林业生态资源为例，2018 年 11 月，广东省林业厅印发了《广东省森林公园质量等级评定管理办法》。[①] 此外，广东学界和政界也在不断探索，试图获得拓展林业数据库和科学测定森林资源的新途径。在林业质量评价标准方面，国家林业和草原局中南调查规划设计院的梅浩和彭泰来等研究人员，曾探讨如何利用宏熵值法和主成分分析法进行对比，得出各评价指标的权重，再运用模糊综合评价法来得出每一种森林资源的分级标准，[②] 为充实林业质量标准体系贡献了新思路。

二是大力扩展和丰富生态资源回收、再循环和再利用体系。早在 2010 年 12 月，广东省经济和信息化委员会就通过了《广东省再生资源回收行业发展规划（2010～2020 年）》；2018 年 4 月，广东省环保厅印发了《广东省固体废物污染防治三年行动计划（2018～2020 年）》，提出到 2020 年基本成功建立面向全省的固体废物资源化和无害化处理的工作体系；到 2020 年，广东基本实现全省工业危险废物安全处置率 99% 以上，工业固体废物综合利用率达到 80% 以上。[③] 2020 年 12 月，广东省人民代表大会常务委员会发布公告，宣布《广东省湿地保护条例》（以下简称《条例》）获得修订通过，并从 2021 年 1 月 1 日起施行。该文件为广东省湿地保护提供了明确的法律依据，旨在遏制破坏湿地的违法行为，更好地保护湿地资源。[④]

（三）建立起了比较完备的生态资源法律法规体系

广东作为第一经济大省和第一生态资源大省，在相关的生态立法工作

---

① 《广东省林业局关于印发〈广东省森林公园质量等级评定管理办法〉的通知》，2018 年 11 月 19 日，广东省林业局网站，http：//lyj. gd. gov. cn/government/document/standard/content/post_ 2184821. html，最后检索时间：2020 年 12 月 20 日。

② 梅浩、彭泰来、桂来庭：《广东省国家级公益林质量评价》，《林业资源管理》2019 年第 2 期，第 15～19 页。

③ 《2019～2020 中国再生资源行业重点区域发展现状分析——广东省》，艾媒网，2020 年 5 月 28 日，参见 https：//www. iimedia. cn/c1020/71690. html，最后检索时间：2020 年 12 月 20 日。

④ 《〈广东省湿地保护条例〉将于 2021 年 1 月 1 日起施行》，广东省湿地保护协会，2020 年 12 月 10 日。

上，一方面严格执行国家层面的相关法律法规，另一方面立足自身发展特点进行了探索。在执行国家级相关法规方面，广东公布并执行了《最高人民法院关于审理生态环境损害赔偿案件的若干规定（试行）》《最高人民法院、最高人民检察院关于办理环境污染刑事案件适用法律若干问题的解释》等法规，还在特色生态资源相关的立法工作上也取得了一系列的进展。在保护珍稀物种的立法工作上，广东省人民政府第十二届九次常务会议上讨论通过，并于 2013 年 12 月 1 日颁布了《广东省惠东海龟国家级自然保护区管理办法》。另外，对于生态修复和保护的立法工作也在不断推进，就惩处各类环境污染行为如噪声超标、企业废水排放、危险废物跨省转移等行为，推进了相关立法工作。①

二 广东生态资源市场供给体系建设成效

诺贝尔经济学奖获得者、美国当代著名经济学家库兹涅茨曾经提出过“经济增长的负效应”理论，即国家在经济社会飞速发展过程中，自然生态环境不断恶化，经济社会与自然环境之间的矛盾不断累积。他将这种环境污染与经济社会发展之间的关系，用一种“倒 U 曲线”来阐释。② 要有力打破这种“生态悖论”，就需要多方力量协作，建立起高效的生态资源市场供给体系。为了尽可能降低无序开发和低效使用带来的破坏效应，广东不断调适政府引导市场和市场配置资源之间的关系，探索对各种生态资源进行合理定价、加工、销售的新方法，不断探索各种新型生态环境修复技术，通过市场化手段进行更有效的生态补偿和治理。这些行动不仅缓和了生态环境保护与经济社会发展之间的矛盾，而且对我国其他地区完善生态资源市场体系的工作也起到了示范作用。

① 《生态环境保护立法及司法解释》，广东省生态环境厅，2020 年 11 月 1 日，参见 http://gdee.gd.gov.cn/lifa/index_3.html，最后检索时间，2020 年 11 月 1 日。

② 董振华：《自然生态环境资源的产权市场缺失与价值补偿》，《当代经济》2013 年第 6 期，第 113 页。

（一）政府各项规划不断完善和细化

生态资源市场体系的构建，既需要发挥市场在生态资源配置中的重要作用，也需要政府规划的有序指引。广东省委、省政府早在2016年8月就曾经发布《关于加快推进我省生态文明建设的实施意见》（以下简称《意见》）。《意见》提出，到2020年，广东资源节约型和环境友好型社会建设要取得重大进展，主体功能区布局和绿色低碳发展格局基本形成，生态文明制度体系基本形成，珠三角地区率先建成绿色生态城市群。① 2019年7月3日，广东省自然资源厅印发了《广东省国土空间生态修复规划（2020～2035年）编制工作方案》（以下简称《方案》）。《方案》提出，要按照“山水林田湖草是一个生命共同体”的理念，坚持节约优先、保护优先、以自然恢复为主的方针，要把生态保护修复工作视为广东“一核一带一区”发展新格局的重要阶段，执行《粤港澳大湾区发展规划纲要》的重要步骤之一。毫无疑问，政府有关方针政策和行动规划的不断完善，直接推动了广东省各项生态资源的高效利用和资源结构的不断优化。如从水资源的使用来看，根据广东省水利厅2019年的《广东省水资源公报》显示，按照2000年可比价计算，1997～2019年，万元GDP用水量从555立方米下降到了57立方米；三大重要指标，即广东人均综合用水量、万元GDP用水量和万元工业增加值用水量连续16年保持了下降的态势，水资源使用结构明显优化。②

（二）政府与市场的关系不断调适

生态资源市场供给体系的不断完善，需要不断调节政府与市场之间的关系，打破政府对生态资源市场的全面管控，充分发挥市场这只“看不见的手”的作用。与其他地区相比，广东进行各类生态资源的市场化运作起步较早，在

① 陈惠陆：《广东省推进生态文明建设 珠三角五年内建成绿色城市群》，中国发展门户网，2016年8月10日，http://cn.chinagate.cn/environment/2016-08/10/content_39060463.htm，最后检索时间：2020年10月31日。

② 《2019年广东省水资源公报新鲜出炉 全省用水效率提升明显》，金羊网，2020年7月28日，https://news.ycwb.com/2020-07/28/content_1014505.htm，最后检索时间：2020年11月12日。

很多生态资源交易运作上走在全国前列。早在2013年12月，广东省的排污权交易试点就开始正式启动，以政府定向出让的形式对二氧化硫等污染物的排放权指标进行交易；截至2020年12月，广东省碳排放配额累计成交量达到1.69亿吨，占全国碳交易试点总量的38%，累计成交金额34.89亿元，占全国碳交易试点总量的34%，各项指标均位居全国第一。[①] 广东碳排放交易的出色表现，是市场对碳排放和碳信用发生灵敏反应、市场与政府妥善管理之间相互产生良性循环的直接结果。这种关系的不断调适，已经成为政府推动未来生态文明规划的重要现实基础。在《方案》中可以看到，该《方案》的主要工作目标是贯彻指导思想、进行系统谋划、开展专题研究和形成全新机制。该《方案》强调要贯彻落实习近平生态文明思想，统筹山水林田湖海系统治理，系统部署和有效实施重要生态系统保护和修复工程，提升国土空间生态品质，以求实现人与自然的和谐共生。[②] 在此《方案》正式出台前，广东已经有大量的社会企业通过各项招标活动，成为政府引导与市场运作结合的成功案例（见表2）。

表2　广东国土空间生态修复规划中的政府与市场功能对比（2014～2020年）

规划项目名称	地区	政府职能	市场功能
大鳌镇全域综合整治与生态修复规划	江门	摸底基本情况，综合规划和引导修复工作	通过江门市公共资源交易网向社会进行招标，随后兴起了一批生态旅游公司
南雄市珠玑镇古田村垦造水田项目	韶关	对土壤气候等条件进行深入研究和综合规划	广东水电集团有限公司作为招标业主给予广东粤源水利水电工程咨询有限公司招标代理资格，采用施工总承包建设模式面向社会招标

① 陈亮：《累计成交达1.69亿吨！广东碳排放配额交易量和金额均居全国第一》，金羊网，2020年12月25日，http：//shoudian.bjx.com.cn/html/20201225/1125280.shtml，最后检索时间：2020年12月29日。

② 《〈广东省国土空间生态修复规划（2020～2035年）编制工作方案〉解读》，搜狐网，2020年3月12日，https：//www.sohu.com/a/379687103_275005，最后检索时间，2020年11月11日。

续表

规划项目名称	地区	政府职能	市场功能
南海区丹灶镇2014年高标准基本农田建设项目	佛山	对实现"桑基鱼塘"生态景观的已有生态基础进行深入研究和综合规划	广东元正招标采购有限公司在佛山市南海区丹灶镇国土城建和税务局的委托下,通过中国政府采购网公布招标信息,广东国地规划科技有限公司在这次招标中得分第一

资料来源:《江门市新会区大鳌镇全域综合整治与生态修复项目(一期)勘察、设计、施工总承包招标公告》,采招网,2020年7月22日,https://www.bidcenter.com.cn/newscontent-101380228-1.html,最后检索时间:2020年11月12日;《古田村垦造水田EPC招标公告》,采招网,2017年9月18日,https://www.bidcenter.com.cn/newscontent-42022936-1.html,最后检索时间:2020年11月1日;《佛山市南海区丹灶镇国土城建和水务局丹灶镇2014年高标准基本农田建设项目规划设计编制中标公告》,中国政府采购网,2014年11月14日,https://www.tianyancha.com/bid/1b2a91ae92fa11e7837d6c92bf3b6045,最后检索时间:2020年11月13日。

(三)参与主体日益多元

除了民营生态企业之外,各类主体如普通民众、专家学者、行业协会、联盟组织、研究机构等,纷纷为生态资源市场供给体系的完善贡献自己的力量。例如,在《中山市国土空间总体规划(2020~2035年)》编制工作全面展开后,中山市政府马上按照工作部署,在全市范围内号召公众出谋划策,将公众参与进程划分为前期、中期和后期三个阶段。中山市自然资源局还在2019年12月开展了"中山2035,听您说!"活动,公开召集"公众参与团"成员,鼓励中山市人大代表、政协委员、各企业单位、大学生、青少年群体和各类社会组织与协会参与其中,成功召集到了30~50名代表建言献策,为中山的环境治理和国土规划增加了新灵感。①

尤其引人注意的是,近年来各类专业性质的行业协会和研究机构的启动和运行,也是广东生态资源市场体系不断发育成熟的标志之一(见表3)。这些组织大多接受政府机构的监管监督,由社会各界专家学者、企业代表、青少年群体等自愿自发组织建立。它们在普及专业知识、推动技术合作、研发各种新型生态资源产品、促进生态资源市场流通等方面,均发挥了非常重要的作用。

① 《〈中山市国土空间总体规划(2020~2035年)〉编制工作全面开展》,《中山日报》2019年12月4日。

表3　广东生态资源市场上表现活跃的主要社会协会组织（2015～2020年）

所属行业	协会或组织名称	工作重点
低碳产业	广东省低碳产业技术协会	在粤港澳大湾区推动各类新兴技术对低碳产品的研发、交易和创新，组织各种技能培训，启动各类专业度较高的科研项目，为各类生态企业拉"朋友群"
农业食品产业	广东省食品流通协会	建立健全食品安全预警机制和食品流通链质量跟踪服务管理系统，提供技术交流合作平台等
海洋资源	广东海洋协会	研究专业性的海洋问题，普及海洋知识，开展交流合作等
林业资源	广东省林业产业协会	设置专家组，并设立家具与木制品、松香、森林公园、木材保护等11个专业委员会
湿地资源	广东省湿地保护协会	宣传生态文明理念和湿地保护知识，组织湿地有关知识技能的培训，出版相关书籍刊物、年度报告并举办信息交流会等

（四）新兴技术作用日益凸显

广东在完善生态资源市场供给体系的过程中，不断加大与各项新兴科学技术如物联网和区块链等的融合力度。以农业生态产品中的特色水果为例，广东的荔枝、龙眼、菠萝、香蕉等销售额占据全国总额的"半壁江山"，具备很高的经济附加值，而新兴数字技术则为实现特色水果的经济价值提供了支持。目前，广东数字技术产业在全国位居前列，数字经济规模达到了4万亿元以上。截至2019年11月1日，广东5G基站就有21473座；在全国4个国家级现代农业产业科技创新中心中，广东就有1个①；物联网和区块链数字技术已经成为协助广东农业生态产品进一步拓展市场的利器。

区块链和GIS技术的运用，还让更多的消费者能够对广东食品农产品建立更好的信任感。2020年1月，广东省农业农村厅下发了《关于试行食用农产品合格证制度的通知》（以下简称《通知》），要求在2020年12月1日前，确保全部试行主体和试行产品合格证使用率达到一半以上。该《通知》的正式

① 《广东：特色农业数字化发展之路》，吉林省政府发展研究中心，2019年11月22日，参见http：//fzzx. jl. gov. cn/tszs/201911/t20191122_ 6182179. html，最后检索时间：2020年11月13日。

实施，是建立在 GIS 和区块链的溯源技术在广东省广泛运用的基础上的。[①] 让这些技术无缝对接相关监管系统和国家溯源系统，就可以通过非常简易的操作程序，让消费者轻松完成对农业生态产品质量的验证。另外，广东还不断拓展新兴技术合作的地域和范畴。如广东省低碳产业技术协会就以"粤港澳湾区联盟"为全新框架，成立了能源互联网联盟和区块链产业联盟等子项目，[②] 旨在联合更多力量，促使新兴科学技术更好地融入低碳产品的研发、交易和创新中去。

（五）生态资源市场体系扩展速度加快

在努力扩充传统生态产品新内涵、延伸生态资源产业链的同时，广东针对独有的特色生态资源，通过灵活的市场调节手段使其同时发挥巨大经济效应和资源效应，使其成为全省经济社会发展的动力源，这也是广东生态资源市场供给体系发展的重要发力点。从表 4 可以看出，广东在拓展特色生态资源方面已经迈出了坚实的市场化步伐，取得了可观的市场效益。

表 4　广东特色生态资源市场化运作成功案例（2018～2020 年）

特色生态产业	项目名称	重要动态
茶叶	广东生态茶园	截至 2020 年 11 月 1 日，由广东茶产业联盟推动，清远（英德）、梅州、湛江、韶关、潮州、云浮、江门和阳江等地的 85 个企业获得了广东生态茶园认定，总面积达到 79430 亩。在广东已建设的 161 个省级现代农业产业园中，涉茶类产业园达到了 16 个
沉香	沉香种植产业化	（1）截止到 2020 年 7 月 1 日，阳江市阳西县程村镇的沉香种植面积达到 6000 亩，并具备了产品的粗加工能力；（2）茂名电白在 2018 年 8 月公布的"茂名十大文化名片"中，将沉香列入其中，进一步推广和提升了电白作为"中国沉香之乡"的生态文化价值

① 《关于试行食用农产品合格证制度的通知》，广东省农业农村厅，2020 年 1 月 8 日，参见 http://dara.gd.gov.cn/tzgg2272/content/post_2858501.html，最后检索时间：2020 年 11 月 1 日。

② 详情见广东省低碳产业技术协会官网，http://www.lcarbon.org/。

续表

特色生态产业	项目名称	重要动态
海岛	无居民海岛使用权市场化出让	广东省自然资源厅于2019年4月印发了《无居民海岛使用权市场化出让办法(试行)》并开始实施,为广东无居民海岛的经营性开发利用打开了市场化先例,落实了"放管服"精神
生态旅游	"森林+"旅游计划	广东省林业局与文化和旅游厅联合公布了100个森林旅游新兴品牌地和100条森林旅游线路,年度访客总数达到4310万人次。这些品牌地的推选指标为产品特色、森林旅游基础设施、年游客接待量和市场辐射力等

表格中数据材料分别来自:《第三届广东茶叶产业大会:广东生态茶园面积已近八万亩》,中国新闻网,2020年11月1日,http://www.chinanews.com/cj/2020/11-01/9327891.shtml,最后检索时间:2020年11月13日;《(阳江)沉香种植产业化发展 带动乡村振兴和脱贫攻坚》,阳江创森,2020年7月22日,http://lyj.gd.gov.cn/site/lyzl/content/post_3049902.html,最后检索时间:2020年11月2日;《电白沉香》,茂名人民政府官网,2020年8月4日,http://www.maoming.gov.cn/zlmm/mmwh/content/post_799176.html,最后检索时间:2020年11月4日;《关于〈广东省自然资源厅关于无居民海岛使用权市场化出让办法(试行)〉的政策解读》,广东省自然资源厅网站,2019年4月17日,http://nr.gd.gov.cn/zwgknew/zcjd/sn/content/post_2783399.html,最后检索时间:2020年11月13日;《广东100条森林旅游特色线路出炉》,广东省林业局网站,2020年8月6日,http://lyj.gd.gov.cn/news/special/tourism/content/post_3060195.html,最后检索时间:2020年11月12日。

三 广东完善生态资源市场供给体系所面临的挑战

广东近年来进行了一系列的探索和尝试,在取得不俗成就的同时,也着实面临着各种现实挑战,具体表现在以下几个方面。

(一)不同地区的生态资源供给与经济社会发展出现错位

广东省的经济社会发展不平衡问题,是完善生态资源市场体系过程中不可忽视的现实挑战。例如,从以"森林面积"和"耕地面积"为主要衡量指标的生态容量系数来看,以行政分区作为基本比较单元进行分析,全省呈现严重不均衡的状态。2004年的绿色负担系数调查结果显示,东莞、佛山、中山、珠海、广州、深圳、汕头等城市的二氧化硫排放的绿色负担系数要高于1,而经济欠发达城市如揭阳、清远、阳江、汕尾和河源等城市的绿色负担系数均小于1。显然，这种情况是资源环境的“排污权”分配差异过大导致的。[①] 因此，广东东部、西部和北部山区的“生态资源效益”，需要向经济发达地区进行“转移支付”。同时，单纯地根据GDP比重来分配“排污权”的做法，已经无法满足生态发展需求，需要进一步调整。

（二）对生态资源修复和补偿机制还缺乏操作经验

目前，广东生态资源产品的开发大多集中在实物交易等市场行为上，对后续环节如生态修复在定价、评估、交易等方面的实操经验比较匮乏。以森林生态资源为例，虽然目前的广东森林资源极为丰富，森林旅游新产品也不断被开发，但投入还是主要用于完善基础设施建设，对森林资源产品的生态文化价值的挖掘、宣传和营销力度还远远不够。生态文化的挖掘是实现森林生态附加值提升的有效路径，因为森林生态资源不仅富含健康理念的生态品质，所蕴含的中国传统哲学辩证思维，如“合抱之木，生于毫末”“万物草木之生也柔脆，其死也枯槁”“天人合一”等，都可以作为其文化附加价值。如能够使森林资源的美学价值、科学价值、文化价值和生态价值融为一体，则可以打造为净化游客身心的拳头产品。

另外，长期无序的市场行为造成的生态损耗，会成为未来生态资源供给市场体系发展的短板，需要大力修复和补偿。生态资源的补偿分为实物补偿和价值补偿两种形式。前者指的是将废弃物进行再资源化处理，也就是再循环处理，如将固体废物进行这种处理。但是在市场体系中，更多的是进行价值补偿，即通过价格机制的手段，通过“谁破坏、谁付费”的形式来进行生态资源的合理配置。[②] 当然，与普通的物品交易机制相比，生态资源市场体系中的资源补偿机制更为复杂，其难点在于对破坏环境和资源体系的代价要进行科学预估、定价、确定责权主体等，广东还需要进行更多的摸索和尝试。

---

① 钟晓青、张万明、李萌萌：《基于生态容量的广东省资源环境基尼系数计算与分析——与张音波等商榷》，《生态学报》2008年第9期，第4492页。

② 董振华：《生态资源环境的经济价值回归和市场价格补偿》，《中国商论》2013年第16期，第187页。

四 思考与对策

无论是努力实现将粤港澳大湾区建设成为宜居宜业宜游的优质生活圈目标，还是向着“一核一带一区”的发展新格局大力推进，都需要生态文明建设为其开拓全新思路。而生态资源市场供给体系的不断完善，则是实现该目标的必经之路。

（一）平衡生态资源体系的资源价值和经济价值

由于生态资源的经济价值在大多数情况下是需要通过对自然物的“消费”甚至“毁灭”实现的，而资源价值则是一种能给自然可持续性发展提供支撑的价值，需要通过对自然物的“保存”实现。这无疑使人类与自然陷入了“关系悖论”之中。鉴于以往的经济快速发展带来巨大生态损耗，目前的广东省生态资源市场建设还处于较为无序的状态，市场主体权责需要进一步明确，各项法律法规也需要充实和施行。尽管广东省经济总量连续 32 年位居全国第一，但是经济的长期高速发展也给生态资源体系带来了巨大负担，流域水污染和土壤污染严重，“黑臭水”整治任务极为艰巨，水环境质量的改善明显落后于浙江等地区。以环保产业体系为例，尽管广东省环境保护产业总量巨大，但仍然存在企业规模偏小、产业集聚度不高、区域发展不平衡和创新能力不足等问题；市场竞争、环境修复和补偿价格机制均处于无序状态，环保产业投融资机制也尚未建立等。以广东揭阳市为例，其纺织服装和金属生产制造业的漂染、酸洗和电镀等工序，长期造成了巨量排污，但迟迟未能得到有效治理。这在很大程度上是生态环保多渠道投融资机制不完善，单靠地方财政投入难以满足环保治理需求导致的。[①] 因此，妥善处理好发展经济与生态价值维护的平衡，是未来建设广东省生态资源市场体系要面临的首要问题。

① 《广东生态环境厅：预计未来三年全省环境产业市场将达 1 万亿》，第一财经官方账号，2018 年 12 月 2 日，https：//baijiahao. baidu. com/s? id = 1618698149218348819&wfr = spider&for = pc，最后检索时间：2020 年 12 月 1 日。

（二）与乡村振兴和城乡融合等战略实现“高能融合”

广东生态资源市场的建设，不能孤立地、单向地推进，而要与高质量发展战略目标，尤其是广东省的乡村振兴战略实现“高能融合”。首先，这种高能融合已经具备强有力的政策支撑。“十四五”时期将是我国开启全面建设社会主义现代化国家新征程的第一个五年。中共广东省委第十二届委员会第十二次会议在制定广东国民经济和社会发展第十四个五年规划时，明确提出要持续深化“一核一带一区”的区域发展格局，要实现供与需、内与外、城乡区域发展更趋平衡更加协调。要践行“十四五”规划期间“推动绿色发展，建设更高水平的美丽广东”的战略目标，为两者之间统筹起来归入同一政策框架提供了政治前提，两者在具体操作模式上具备强劲的相互引流能力。如生态文明与生态市场建设的最主要载体就是农业和农村，而农业和农村的振兴，也需要从完善生态环境、挖掘农村生态价值入手。要建构起多样化的生态资源市场体系，农业和农村是重要战略支点。一方面，完善生态资源市场体系，可通过推进乡村振兴大力发展生态友好型产业，将农村土地、劳动力、资产和自然风光等要素充分盘活，推动农村资源变成生态资产，从而为丰富市场体系提供大量的资源要素；另一方面，生态资源市场体系的不断完善，又会反过来确保农村地区牢牢把握生态环境红线，促使生产空间集约高效、生活空间宜居适度、生态空间山清水秀，有效遏制乡村产业水耗、能耗、地耗问题；同时还能确保在生态资源保护、修护和治理等市场化运作中，真正把生态环境成本等同于乡村产业发展效益。

其次，广东生态资源市场体系的完善与乡村振兴战略还能为对方解决结构性矛盾提供助力。例如，林业生态修复和补偿机制在建立过程中，可以通过生态公益林效益补偿制度来为当地农民实现脱贫目标。早在1999年，广东省就率先实施了生态公益林效益补偿制度。到2019年底，广东全省的国家级公益林达到了2112万亩。这种高效的生态效益补偿制度，与乡村振兴战略的“百姓富、生态美”原则保持了高度一致。另外，广东每年安排50个精准扶贫、精准脱贫行政村来实施乡村绿化美化省级示范点建设；省级财政每年专门开展送苗下乡活动；依托各种森林小镇和绿化示范点建设，在增加农民就业岗位的

同时，大幅为农户，尤其是贫困户增加年收入。[①] 而在城市大力推动社区主导型的市场化生态补偿机制，也可以成为未来广东生态资源市场体系发展的重要方向。生态保护外部性的市场化工具主要包括两类，一是生态系统服务市场，如排污权交易、水权交易等市场，二是生态系统服务付费系统（以下简称PES），即让生态资源受益者付费给受损者。据调查，在拉美地区实现较高水平生态补偿市场化机制的国家，高达60%的PES行为发生在社区层面，国家层面的案例仅为10%。[②] 因此，社区灵活多样和因地制宜的操作优势需要进一步得到挖掘，以期在社区发展的同时更好地完善生态资源市场供给体系。

总而言之，广东在完善生态资源市场供给体系方面虽然取得了卓越成就，但面临着各种不容小觑的挑战。只有进一步激发各类民营企业的参与积极性，大胆探索构建以社区为主导的生态补偿市场化机制，挖掘区块链、物网联和GIS等新兴科技对生态资源产品开发的强劲助力，建设更有效的生态资源市场交流平台等，才能真正打破生态资源市场上经济价值与资源价值之间的“生态悖论”，让广东生态资源市场供给体系走向成熟。

---

① 《广东：生态扶贫，让“百姓富、生态美”》，央广网，2020年6月28日。

② 张捷、王海燕：《社区主导型市场化生态补偿机制研究——基于“制度拼凑”与“资源拼凑”的视角》，《公共管理学报》2020年第3期，第126~130页。

产业升级篇

Industrial Upgrading

B.7
2020年广东科技助力农业产业提质增效报告

陈琴苓*

摘　要：农业科技是广东省落实构建国内大循环、国内国际双循环相互促进新发展格局战略的重要抓手，是推进粤港澳大湾区建设和实施乡村振兴的重要支撑力量。通过产业与乡村建设协调的科学规划引领城乡融合发展；以技术支撑推动农业新业态、新模式发展，形成完整的农业产业链，推动农业一二三产业融合发展；通过促进科技成果转化到乡村、科技人才下沉到一线来促进城乡要素与资源配置，通过研究并传承优秀岭南农业文化促进了城乡文化交流融合。必须加强规划的科学性与实操性推进产业提质和城乡融合，构建全产业链的农业技术体系支撑农业新业态新模式的发展；优化农业创新人才队伍结构、促进农业技术人才下乡、加速科技成果转化促进乡村振兴，构建产学研政企“五位一体”的农业创新创业

* 陈琴苓，广东省农业科学院科研处处长，研究员，主要研究方向为农业科研管理。

机制，加速推进农业科技创新将成为农业农村现代化和城乡融合的重要支撑。

关键词： 科技创新 农业产业 乡村振兴 广东省

习近平总书记强调，要给农业插上科技的翅膀。广东省作为全国经济强省和常住人口第一大省，农业用地资源十分匮乏，农业劳动力资源紧张，必须更多地依靠技术、信息、知识等创新要素，才能提高农业生产力，进一步促进农业高质量发展，加速城乡融合与社会主义新农村建设。经历了2020年新冠肺炎疫情的考验，在当前构建以国内大循环为主体、国内国际双循环相互促进的新形势下，农业压舱石作用尤为重要，根本出路在科技进步！广东发展的短板在农业，必须强化科技创新，通过产业与乡村建设协调的科学规划引领城乡融合发展，以技术支撑推进农业新业态、新模式发展，形成完整的农业产业链，推动农业一二三产业融合发展，通过科技成果转化到乡村、科技人才下沉到一线来促进城乡要素与资源配置，通过研究并传承优秀岭南农业文化促进城乡文化交流融合。

一　广东农业产业发展在科技推动下成效显著

广东省持续推进农业科技自主创新，加强原始创新、引进消化吸收再创新和集成创新，不断推进农业技术集成化、劳动过程机械化和生产经营信息化。近年来，广东省进一步深化科技体制改革，加快农业科技创新体系和现代农业产业技术体系建设，加强农业科技创新团队建设，培育农业科技人才。2018年，广东农业科技进步贡献率达68%，紧跟江苏，居全国第二位，以全国约2%的耕地面积创造出的农业总产值和农业增加值分别占到全国的6%、10%。同时，广东优质籼稻育种、分子育种、航天植物育种居国内前沿；畜禽集约化养殖（特别是生猪和白羽鸡养殖）技术水平全国领先，畜禽育种技术处于国内先进水平；另外海淡水养殖均衡发展、养殖品种多样化特色明显，水产养殖技术领跑全国。科技创新带动农业提质增效的成效喜人，尤其在水稻、水果、蔬菜、特色作物、畜牧、水产、茶叶、花卉产业和农产品加工、安全农产品品牌建设等方面有独特的经验，为广东建设现代化的农业强省、加速城乡融合起到了重要的推动作用。

（一）广东水稻技术创新为中国水稻高产优质化做出重大贡献

广东省属于东亚季风气候区，气候温暖，雨水充沛，光、热、水相当丰富。从粮食生产结构来说，广东地区稻谷产量占粮食总产量的80%以上，其中早稻产量占全国18%左右，是全国四大早稻核心产区之一。近年来广东省粮食供给侧结构性改革持续深入推进，全年优质稻种植面积继续增加，水稻优质率达75%。省监测体系数据显示，2019年全年杂交稻优质率提升0.9%，常规稻提升0.7%，打造了一批丝苗米区域公用品牌农产品。

1. 广东优质稻育种水平居世界前列，带动华南水稻优质化

广东选育出一批适合加工用的高档优质水稻品种，包括“丰优丝苗”“泰丰优208”“美香占2号”等，这些优质米品种成为“马坝油占”“增城丝苗”“水中鲤”“亚灿米”“聚龙米”等品牌大米的主要原料。同时，还培育出大批高产、抗病、品质达国标优质米等级的水稻新品种，如“黄华占”“合美占”等。其中“美香占2号”2015年开始成为广东省种植面积最大的常规稻品种，有力地带动了广东优质米产业的发展；“黄华占”在我国南方稻区9省（市）累计种植面积超亿亩，目前已成为南方稻区年种植面积最大的优质稻品种。

2. 抗病基因挖掘和抗病机理研究全国领先，一批抗性资源被广泛应用

广东省农科院植物保护研究所水稻病害研究团队主要从事水稻抗性基因资源的挖掘与应用研究，鉴定克隆了具有重大应用价值的新型稻瘟病广谱抗性基因Pi50，挖掘鉴定了新的白叶枯病抗性基因xa34和Xa46，建立了广谱抗性育种的基因应用技术，挖掘的抗性基因资源被省内外育种团队应用于抗病育种，选育出一大批抗病品种，在全国累计种植面积达7000多万亩。

3. 创新高产稳产栽培，推广“三控”施肥技术

建立了水稻高产稳产栽培技术规程、轻简化的水稻抛秧栽培技术；创立了节本增效、绿色安全的水稻“三控”（控肥、控苗、控病虫）施肥技术，被广泛用于粮食高产创建、超级稻示范、科技入户、科技扶贫、农业面源污染治理

等活动中。“三控”技术2008年以来已入选广东省农业主推技术和农业部“双增一百”技术，在广东省累计应用已超过1亿亩。

（二）优质、高产、抗病品种选育和栽培技术促进作物丰产增收

1. 优质、高产、抗病花生新品种选育居国内领先地位

广东省农科院作物研究所是国家花生研究的主要机构，培育出“粤油551”“粤油116”“粤油92”“粤油256”“珍珠红1号”“粤油9号”“粤油7号”“航花2号”等30多个通过国家和省级品种审定的系列高产、抗病和优质花生新品种。这些花生品种在广东和南方产区大面积推广应用，成为广东和南方各省的主栽品种，极大地提高了广东及南方花生产区的花生平均单产、总产和品质。

2. 鲜食玉米研究成果带动南方相关产业迅速发展

广东拥有国内最丰富的甜玉米种质资源，常年保存各类甜玉米种质资源2000余份，开展以甜、糯、甜加糯玉米为重点的鲜食玉米系统研究，先后育成了以“粤甜3号”“粤甜13号”“粤甜16号”“正甜68”“粤甜28号”“粤彩糯2号”“粤白糯6号”等为代表的在行业有重要影响力的优良甜糯玉米系列审定品种36个，年累计推广种植面积约100万亩，约占广东省玉米种植面积的1/3。

“粤甜16号”连续多年为国家东南、西南区对照种，在业界具有较大影响力。“正甜68”广泛应用于我国的华南及西南玉米区，累计推广面积已超过1000万亩，是国内单一品种推广面积最大的品种之一；“粤甜28号”是目前国内集优质、高产、抗倒伏于一身的突破性品种代表，成功实现成果转化和产业化开发，品种权转让价格达500万元，创造了国内鲜食玉米品种之最。

（三）育种技术创新推动广东各类蔬菜周年供应

2019年广东蔬菜（含菜用瓜）播种面积1980.7万亩，单产1781kg，总产量3527.96万吨。自2010年以来，共有163个高产、优质蔬菜新品种通过广东省农作物品种审定，许多品种陆续成为广东省或广州市主导品种，取得了显著的社会经济效益。

1. 选育系列优良菜心品种成为岭南代表性特色蔬菜

菜心是岭南地区最具影响力和代表性的特产蔬菜，在岭南蔬菜市场供应中居首要地位。新一代蔬菜科技工作者在前辈们研究的基础上，带领菜心团队率先在国内外开展菜心炭疽病、耐热性鉴定、花色遗传等研究工作，完成了菜心全基因组测序工作，为菜心品种选育的全面突破打下了坚实的技术基础。选育出“迟心 2 号”、“迟心 29 号”和“迟心 4 号”等耐抽薹品种，成为岭南冬种菜心的主要品种。选育出优质型的菜心品种“绿宝 70 天”在珠三角广泛种植，选育的“油绿 701”具有优良的品质、产量和抗性，成为华南地区优质菜心的主栽品种。

2. 南种北繁推进菜心规模化异地种植及保障稳定供应

广州农科院提出了增施有机肥、促进地温提升等配套的栽培措施，总结出冬季菜心播种掌握“冷尾暖头”来降低春化效应影响等经验措施。为解决夏季菜心产量不稳定问题，推广了遮阳网和小拱棚覆盖技术，确保了菜心产量的稳定。解决了种子在北方栽培生产、隔离、授粉、种子精选等一系列技术难题，开创了我国菜心的南种北繁事业，成功实现菜心全国范围内不同季节在不同区域进行异地生产。

（四）科技助力岭南佳果香飘四海

广东优质热带、亚热带水果品种资源丰富，栽培历史悠久，水果产业在广东省农业产业兴旺中促进作用逐步体现，是广东省农业增效、农民增收的重要来源。2019 年，广东省水果种植面积为 1007 千公顷，同比增长 0.5%，居全国第三位；水果产量为 1644.8 万吨、同比增长 6.1%，居全国第五位。大宗水果香蕉、荔枝、龙眼、菠萝产量居全国首位。

1. 香蕉种质资源的收集、保存、分类、评价与利用综合研究填补空白

2019 年香蕉年末实有面积 111.33 千公顷，总产量 464.83 万吨。全省建有“香蕉菠萝创新团队”，对整合省内香蕉优势科技资源、做大做强广东省香蕉产业发挥了积极作用。率先研究出香蕉、粉蕉、大蕉等不同类型香蕉种质组培快速繁殖技术，发明了利用体积小、重量轻、操作方便的聚丙烯塑料薄膜袋为包装容器的香蕉苗培养专利技术。阶段性地解决了香蕉枯萎病的重大国际难题，培育的抗枯萎病香蕉品种“中蕉 9 号”在我国广东、广西、云南、福建

较大规模地推广，并建立试验示范基地40多个。

2. 荔枝高效生产关键技术创新推动荔枝从“富贵果”成为“大众果”

2019年荔枝年末实有面积248.7千公顷，总产量109.22万吨。华南农业大学成果“荔枝高效生产关键技术创新与应用”获2014年度国家科技进步奖二等奖。该成果围绕荔枝高效安全生产中存在的成花、保果和保鲜三大关键问题，进行了二十余年的研究，从理论上深入系统地揭示了荔枝成花、果实发育和品质形成及采后品质劣变机理；从技术上研究、集成并建立了采前技术与采后技术配套的荔枝高效安全生产技术体系，较好地解决了荔枝生产中“成花难、保果难、保鲜难”三大难题。广东省农科院果树所荔枝研究团队在成花调控、保果防裂、品质促成、虫害综合防治等关键技术研发和集成上取得理论和技术上的创新与突破，使荔枝从以前的“富贵果”成为当今的“大众果”。

3. 龙眼早结丰产优质综合栽培技术助力主栽品种品质大幅提升

2019年龙眼年末实有面积114.51千公顷，总产量90.29万吨。由广东省农科院、华南农业大学共同研发完成的科技成果“龙眼果实品质形成与高效栽培控制关键技术研发与应用”，构建了龙眼果实采收品质判断的理化指标评价模型、龙眼果实在常温/低温下的储藏品质评价模型和指标库，制定了主栽品种“石硖”“储良”鲜果分级标准；研发出龙眼疏花疏果与树冠控制相结合技术，构建了龙眼鲜果质量的采前管理联控关键技术体系，显著提高了龙眼果实采收品质和储藏性能。在广东省茂名、阳江、惠州、潮州、江门等龙眼主产区推广应用面积共计80余万亩，约占全省龙眼种植总面积的40%。

（五）华南畜禽育种与集约化养殖技术居全国领先地位

广东省是我国禽肉消费大省，也是家禽生产大省。2019年广东省家禽出栏量、禽肉产量大幅增长。2019年广东省生猪年末存栏量1333.79万头，生猪出栏2940.17万头；家禽年末存栏4.01亿只，出售和自宰的家禽12.12亿只；猪肉产量221.93万吨，禽肉产量176.24万吨。

1. 畜禽品种选育改良促进广东生猪、家禽生产能力大幅提升

利用现有的优质原种猪资源及育种技术，系统选育出了一批瘦肉型猪专门化品系。其中以广东省优良地方品种大花白猪为基础，培育了广东花猪，其与外种汉普夏猪杂交，肉猪的胴体瘦肉率达53%以上，作为生产瘦肉型商品肉

猪的配套品系；选育的温氏 WS501 猪配套系，父母代种猪具有繁殖性能好，商品代猪生长速度更快、瘦肉率更高、饲料转化率更高等特点，得到大规模产业化应用。

成功培育了一批黄羽矮脚型肉鸡新品种（配套系），包括岭南黄鸡 3 号配套系、金钱麻鸡 1 号配套系、新广黄鸡 k996、新广铁脚鸡、弘香鸡、天露黄鸡等。其中岭南黄鸡 3 号配套系是以广东省著名地方品种——惠阳胡须鸡为育种素材，培育而成的慢速型特优质肉鸡三系配套系，肉质优，早熟性、早期生长速度和饲料报酬均优于惠阳胡须鸡，适合国内大多数地区对慢速型黄羽肉鸡的市场需求。

2. 畜禽营养技术突破保障广东饲料工业全国领先

以改善仔猪肠道健康为突破口，通过使用益生菌、功能性氨基酸等营养调控技术和教槽料、保育料精准配制技术，从营养饲料角度调节仔猪胃肠发育，有效缓解了仔猪断奶应激反应；针对商品猪养殖全程不同的生长阶段，研究建立了精准营养供给和优质高效安全营养的调控技术体系，大幅提升了生猪养殖效率和生产效益；围绕提高母猪生产效率，集成组装了以抗氧化剂和功能性氨基酸为核心的母猪营养供给和饲养管理关键技术体系，使我国母猪窝产活仔数增加了 1.1～1.5 头，母猪年产仔数增加了 2～3 头。开展我国瘦肉型猪、黄羽肉鸡、蛋鸭营养需要量以及产业化生产关键技术的研究，系统提出了我国瘦肉型猪、黄羽肉鸡和蛋鸭的主要营养需求参数等，建立了适合我国瘦肉型猪、黄羽肉鸡和蛋鸭营养需要标准，提出乳猪料、雏鸡料、产蛋期蛋鸭料等优化配方技术，为我国瘦肉型猪、黄羽肉鸡和蛋鸭饲养与饲料生产提供了重要的基础性数据支撑。

3. 动物疫病防控技术创新保障动物健康

水禽专用 H5N2 亚型禽流感疫苗获得了新兽药证书，解决了困扰我国禽流感疫苗对水禽免疫效果不佳的难题。ST 猪瘟活疫苗（传代细胞源）填补了国内传代细胞生产猪瘟活疫苗的空白。鸡球虫减毒活卵囊疫苗获得新兽药证书，改变了寄生虫病只能依靠使用药物的单一防控技术体系。研制出二类新兽药头孢洛宁、头孢喹肟和沃尼妙林等原料药及其制剂，有效地解决了畜禽感染性疾病的原料药物匮乏和兽药行业研发水平低下的现状。

（六）渔业全产业链技术构建渔业发展技术引擎

广东是全国渔业第一大省，2019 年广东水产养殖面积 478212 公顷，水产品年产量达到 866.4 万吨，草鱼、鲈鱼、对虾、金鲳鱼、石斑鱼等 26 个水产品产量均全国第一。广东是全国水产苗种第一大省，目前全省有水产苗种场 1970 个，其中国家级水产良种场 5 家，省级水产良种场 57 家，初步形成了“国家级良种场－省级良种场－地市苗种繁育场－县级培育场”苗种生产体系。淡水鱼苗、海水鱼苗、虾苗等多个品种苗种的研发、产量、销售都居全国首位。

1. 选育系列优质抗病水产养殖品种丰富了养殖品类

目前已经选育出南美白对虾“中科 1 号”“中兴 1 号”“兴海 1 号”“海兴农 2 号”，斑节对虾“南海 1 号”和“南海 2 号”，大口黑鲈“优鲈 1 号”“优鲈 3 号”，石斑鱼“虎龙杂交斑”，罗非鱼“吉奥罗非鱼”，莫荷罗非鱼“广福 1 号”，马氏珠母贝“南珍 1 号”“南科 1 号”，牡蛎“华南 1 号”，翘嘴红鲌“华康 1 号”“长珠杂交鳜”等多个优良品种。储备了四大家鱼、广东鲂、斑鳢、乌鳢、南美白对虾、斑节对虾、石斑鱼、珍珠贝、罗非鱼、罗氏沼虾、鳜鱼、鲈鱼、龟、鳖等一批重要的水产种质资源。

2. 研发适合我国海况养殖的国产化抗风浪网箱养鱼技术

广东的科研机构构建了网箱数值模拟、物模试验、实物测试平台，为我国抗风浪网箱工程设计与制造奠定了理论基础；集成应用海洋工程、材料工艺、机电工程、计算机等技术，开发出抗风浪网箱制造的核心关键技术体系，创制出适合我国海况养殖的国产化抗风浪网箱。以新材料、新工艺、新技术为网箱主体，创新构建了抗风浪、大容量、高效率、外海深海设施养殖模式，极大地促进了外海深海人工养殖产业的发展。

3. 池塘底质调控和水质调控，促进养殖池塘环境生态修复

在现有养殖池塘的基础上，通过固定化微生物和底部微孔曝气技术对养殖池塘底质进行原位改良，改善养殖池塘底泥，从根本上改善池塘生态环境；通过构建中草药鱼腥草与养殖鱼类共生池塘养殖模式，调控池塘养殖水质，促进水体自净，调控水质。

（七）优异茶品种支撑茶产业品牌效益不断提升

2019 年，广东省茶叶种植面积 108.33 万亩，产量 11.08 万吨。广东茶叶产业发展呈现区域化、优势产品核心集聚的布局。“英红九号”在省内外总种植面积超 10 万亩，辐射至云南、西藏、贵州等近 10 个省份及斯里兰卡，累计创造经济效益 60 多亿元。

1. 广东茶产业实现区域化、品牌化发展态势

发展了以清远英德为核心的粤北创新红茶核心区，依托粤北地区的高山、优越生态资源，发展了浓郁、具有独特香味的系列红茶产品，辐射推广的广东英德红茶在国内、国际都具有独特的产品竞争力。以梅州、潮州为核心的粤东绿茶、乌龙茶核心区，则发展具备地区独特优势的客家绿茶、潮州单枞茶等从清淡至浓郁的多个品类。在粤东，茶叶产业发展以家庭经营为基础的家庭农场居多，公司、合作社发展品牌化产品。

2. “英红九号”以一个茶品种支撑壮大一个茶产业

“英红九号”系广东省农科院茶叶研究所选育的省级茶树良种，历经几代科学家坚持不懈的技术研究、工艺改进、品质提升和品牌建设，英德红茶品牌价值从 2013 年的 10.88 亿元增长至 2020 年的 27.88 亿元，在红茶类名列前茅。2014 年国家工商总局商标局公布“英德红茶”被列入首批“中欧地理标志互认保护清单”；2017 年英德红茶成为中国优秀茶叶区域公用品牌；2018 年由广东省农科院茶叶研究所牵头制定的清远市地方标准《地理标志产品英德红茶》和团体标准《英红九号种植技术规范》正式发布实施。

（八）农产品风险评估与监测保障食品安全

广东省常住人口超 1 亿，是农产品消费大省。消费者对安全农产品和品牌农产品的青睐程度明显提高。广东省坚守“农产品质量安全”的底线，用科技创新的理念开创特色发展之路。在污染物检测技术、农产品质量安全风险评估、农产品质量安全标准体系建设、农产品中重金属污染控制等方面取得一系列成果。

1. 成立广东省农业标准化协会，组织制定团体标准

广东省农科院农产品公共监测中心牵头成立了广东省农业标准化协会，帮助相关单位制定和修订团体标准。制定和修订国家、行业、地方标准 65 项，

发布标准48项。注重发挥标准的价值，相关技术标准在全国范围内推广应用，产生了良好的经济、社会和生态效益。

2. “三品一标”与名特优新农产品认证服务打造广东农业精品

广东省农科院农产品公共监测中心建有“全国名特优新农产品营养品质评价鉴定机构”“全国名特优新农产品全程质量控制技术广州中心”“中绿华夏有机食品认证中心广东工作站”等多个平台，开展绿色食品、有机食品及地理标志产品认证，为千余家企业提供绿色食品、有机食品、地理标志产品、名特优新农产品等认证的检测、咨询及认证服务相关技术，协助企业打造绿色优质农产品。为政府和社会出具公正检测数据100多万条，培训农产品质量安全检测和相关从业人员10305人次。广东省的农产品质量安全监测合格率为97.2%，略高于全国平均水平（97.1%）。

2018年全省有效期内绿色食品企业367家，绿色农产品745个；有机食品企业26家，有机农产品87个；绿色食品和有机农产品生产总量近216万吨，监测面积16.3万公顷。2018年，全省共评出广东省名牌产品（农业类）567个，有效期内（2016～2018年）的广东省名牌产品（农业类）达到1400个。2019年广东共计已获得国家农产品地理标志证书产品34个（见表1）。

表1　广东省绿色、有机、名牌农产品（农业类）统计（2018年末）

	绿色食品	有机食品	名牌产品(农业类)1400个					
企业数量	367家	26家	种植类	畜禽类	海洋渔业类	林业类	加工品	投入品
农产品数量	745个	87个	521个	115个	176个	32个	238个	318个

资料来源：《2019广东农村统计年鉴》。

二　农业产业提质增效有力推进了城乡融合

广东是我国农业科技研究与成果转化大省，科技综合实力多年来位居全国前列。在大力实施乡村振兴战略促进城乡融合发展中，广东利用科技资源密集和优秀人才集中的优势，不断完善农业科技创新体系、提升服务产业能力，科技创新支撑农业产业提质增效，努力打造农业科技强省，实现城乡一体化。

（一）产业与乡村建设协调的科学规划引领城乡融合发展

为强化广东省城乡融合发展的规划引领，广东省各地市、县相继出台了乡村振兴规划、美丽乡村建设规划、产业发展规划、城乡融合实施方案等，强化城乡一体设计，开展复垦指标流转，让科技要素、建设用地指标等在全省城乡之间合理流动，形成工农互促、城乡互补、全面融合、共同繁荣的新型城乡关系。统筹安排农田保护、生态涵养、城镇建设、村落分布等空间布局，统筹推进产业发展和基础设施、公共服务等建设。按照“多规合一”的要求编制市县空间规划，实现土地利用规划、城乡规划等多类别规划的有机融合。目前，广东省各级乡村振兴规划达100余项，村庄规划覆盖率达到95%以上，以产业园为核心的产业发展规划近200项，对广东省实施乡村振兴战略、农村生态环境建设、统筹城乡发展做出阶段性谋划。

（二）农业关键技术攻关集成与新业态培育助推城乡一体化

现代农业产业体系是农业产业横向拓展和纵向延伸的结果，核心是实现农业与产品加工、观光休闲、研学教育、健康养老等业态的融合发展，打造新型融合产业业态，推动农业一二三产业融合发展，促进农业的多功能开发。广东各大高校、科研院所与企业围绕水稻、生猪、岭南水果等优势农产品的科技创新，增强了科技服务有效供给，促进了现代农业产业体系的建设。

结合广东现代农业的发展政策，省级涉农高校和科研院所开展了系列区域性产业关键技术和共性技术集成推广应用，在现代农业产业园和建设美丽乡村中推广了一批有优势和特色的应用基础与高新技术研究成果，依托“互联网+”“双创”转变农业生产经营模式，培养休闲农业、健康养老等新业态，加大对农村电子商务的支持，探索农产品个性化定制服务、会展农业等新模式，实现城乡生产与消费多层次对接。特别是在新冠肺炎疫情期间，涌现出多样的电商消费形态，为城乡发展提供了新思路。

（三）农村科技特派员、农村乡土专家成为城乡融合的重要力量

农村科技特派员、农村乡土专家深入农村基层、农业一线，将技术、资金、成果带到乡村，推动农业科技成果转化，并围绕乡村产业和科技需求开展

服务和创业。农村科技特派员、农村乡土专家常驻农村和企业，指导带动各类人才返乡入乡创业，是城乡人才合作交流的一种重要机制。

省农业农村厅创建农技推广服务驿站，构建基层新型农业技术推广服务体系，整合“专家工作站”“牛哥驿站”“农科小院”“院地合作基地”等农技推广服务平台。省科技厅建立“三库一平台”（农村科技特派员库、科技支撑成果库、贫困村科技需求库以及农村科技特派员管理平台）开展“农业科特派”工作。20多年来，全省累计选派的农村科技特派员和农村科技特派员团队个数达到了1.4万余名、1000多个，覆盖了1300多个乡村产业，实现了对2277个省定贫困村的全覆盖；示范推广农业新品种和新技术个数达到6805个（项），促进劳动力就业，带动农户增收，极大地促进了当地农民科技素质的提升。

（四）优秀岭南农业文化研究与传承促进城乡文化交流融合

岭南文化源远流长，科技创新促进优秀农耕文化遗产保护与合理适度利用，推动乡村建筑文化传承和自然生态环境保护。佛山900多年历史的桑园围成功入选2020年度世界灌溉工程遗产名录，成为岭南水乡经济社会发展的重要基础和广东城乡融合的文化符号。南药是中药产业的重要组成部分，也是药食同源的“佼佼者”。科技支撑药材种植、加工提取、养生保健等，建立地方特色资源挖掘利用机制，发展地方特色产品和品牌，开出了城乡一体化发展的良方。现代科技推动岭南传统蔬菜瓜果产业创造性转化、创新性发展，新业态推动搭建销区市场与农村产业的桥梁，促进特色产业发展。化肥农药的减量增效行动，解决了一系列重大环境污染问题，农村生态环境持续好转，与乡村建筑文化、岭南村庄建筑风貌相互映衬，形成岭南特色乡土特色景观，促进城乡文化交流融合。

三　存在的问题

虽然广东农业科技进步贡献率明显高于全国平均水平，创新驱动发展稳步推进、成效显著，但在农业科技创新领域仍存在以下薄弱环节，亟待解决。

一是农业新业态模式的培育有待加强。乡村旅游、共享经济、数字农业、数字乡村等相关农业农村产业新业态的技术支撑能力处于起步阶段，尤其是成熟应用技术需进一步提升和拓展。从业人员团队建设和核心关键技术急需提升。

二是农业基层推广服务体系有待继续完善。基层农技推广体系、动物防疫体系、农产品质量安全监管体系的人员配置不当、经费不足、设施落后、服务供给不足、效率不高等问题长期没有得到理想的解决。

三是农村从业人员培养方式有待改进。2017 年广东农业劳动力中初中及以上文化程度的仅为 55.6%，低于全国整体水平 11.4 个百分点。农村实用人员以培训代培养，培养工作缺乏系统性；存在不求所有但求所用、只用不养的思维模式；短期的集中培训代替农村实用科技人才的培养，人才年龄布局和知识结构不适应现代农业发展。

四是规划引领农业产业和城乡融合发展的作用发挥不够。同为经济发达地区，浙江省村庄规划接近全覆盖，但截至 2019 年上半年，广东省村庄规划覆盖率为 71.36%。加上广东部分地区对农业科技的长期性、战略性、公益性和基础性地位认识不足，与当前地位不匹配；深化农业科技体制、成果转化等一系列重要任务和顶层设计未实质推进，体制机制创新配套政策缺位，未对全省的农业科研、示范、推广应用进行整体规划布局。

四　启示与对策

广东农业科技发展实践给人最大的启示之一，即全产业链、新业态农业技术体系是未来农业高质量发展的核心。全省新一轮科技革命将助推农业产业变革深入发展。广东创新能力综合排名稳居全国第二，以 5G、人工智能、物联网、大数据、区块链等为代表的新一代信息技术快速应用，新经济增加值占地区生产总值的比重达到 25%，高质量发展的新动能、新空间、新布局加快形成，为农业农村现代化提供新机遇、新前景。

启示之二，加强规划的科学性与实操性是未来农业科技推进产业提质和城乡融合的前提。科学编制农业科技中长期发展规划，加强顶层设计全面布局，建立科技工作协调推进机制，研究解决规划实施过程中的重大问题。科技管理部门要明确做好规划的统筹协调工作，负责规划实施和政策落实；并做好指导和服务工作，及时总结、带头推广先进经验和做法。加强科技规划政策与财税、金融、贸易、投资、产业、教育、知识产权、社会保障、社会治理等相关规划政策的协同，形成目标一致、部门协作配合的农业科技创新合力，提高规划的系统性、可操作性。

启示之三，农业农村绿色发展技术成为城乡融合持续推进的保障。城乡融合重点是城乡之间各类要素的自由流动和生产力的合理布局。加快推进农业农村实现绿色发展，将强化农业农村发展的内生动力，促进城乡要素双向流动，助力形成城乡融合发展新格局。推广农业农村绿色发展技术，加速科技成果转化促进乡村振兴，使得农业科技创新与农业农村绿色发展目标互相促进，成为农业农村现代化和城乡融合的重要支撑，共同促进城乡融合新风貌全面高质量发展。

未来针对广东以及华南地区农业产业发展和农村发展存在的重大科技问题，结合广东省优势和特色，补短板，强弱项，加强前沿基础与应用基础研究，提升技术集成、成果熟化与示范应用能力。有以下三点对策建议。

一是瞄准关键领域核心技术进行突破。在种质资源保护鉴评、现代生物育种、农业智慧化、生态循环农业、农产品精深高值加工、动植物疫病防控及防灾减灾等科技攻关方面取得重大突破。重点支持农业新品种新技术、山地适用型农业机械、农产品精深加工等紧缺农业科技成果研发应用和本地推广，稳步提高区域农业机械化水平。探索发展乡村共享经济，试点扶持农机装备、冷链仓储等共享经济建设，培育共享农机、共享仓储等新业态。通过创办大湾区数字农业合作峰会，搭建数字农业交流合作发布峰会平台，策划开展主题分享、产品展示、项目路演等数字农业成果展示与交流，推动以农业区块链、大数据、物联网、遥感、人工智能等为核心的智慧农业在农业生产、加工、储运、销售、消费等领域中的应用与创新，促进广东数字乡村可持续发展。

二是重点支持粤东西北地区引进创新创业团队和紧缺拔尖人才，培养高层次人才和高技能人才。加大对青年科技人才的支持，完善后备人才培养机制，为青年人才参与重大战略任务、加快成长创造更多机会。支持各类青年科技人才在产业基地和科技园区创新创业，推广“创业导师 + 服务平台 + 专业孵化”的培育模式，扶持基层科技人员、留学归国人员、企业科技人员等青年创业者开展创新创业活动。完善人才评价考核机制，健全同行评审制度，建立健全以创新能力、质量、贡献、绩效为导向的科技人才评价体系。

三是完善产学研政企“五位一体”的农业创新创业机制。农业科技创新工程需要高校、企业、农技推广部门、新型经营主体充分参与，构建分工协作、高效协同的创新体系，集中力量、有序推进具有广东特色的基础性、公益性科技创新，攻关岭南特色机械化等重大技术瓶颈，与中央及省外科研机构协作打造广东现代农业创新联盟，建设公共性科技平台开展全产业链技术集成示范。同时，在健全原有的农技推广体系基础上，探索适应现代农业发展的农业科技推广服务模式，有效解决“最后一公里”的问题，为广东现代农业发展提供强有力的科技支撑。

参考文献

广东省农业科学院、南方农村报社编《农科耀南粤——广东省农业科学院服务“三农”纪实》，广东人民出版社，2020。

吴燕妮：《广东省蔬菜出口竞争力问题研究》，华南农业大学硕士学位论文，2017。

李丹霞、甘阳英、洪建军：《2016～2019 年广东茶叶产业发展形势与对策建议》，《广东茶业》2020 年第 5 期。

王丰：《杂交水稻育种成就与展望——广东省农业科学院杂交水稻研究 50 年回顾》，《广东农业科学》2020 年第 12 期。

胡玲玉、黄秉智、杨兴玉等：《香蕉种质资源的安全保存与有效利用》，《广东农业科学》2020 年第 12 期。

向旭：《广东荔枝产业发展瓶颈与产业技术研发进展》，《广东农业科学》2020 年第 12 期。

黄立飞、陈景益、皱宏达等：《广东甘薯遗传育种研究进展与展望》，《广东农业科学》2020 年第 12 期。

何秀英、周少川、刘志霞等：《广东省农业科学院常规水稻育种 60 年：成就与展望》，《广东农业科学》2020 年第 11 期。

谢大森、江彪、刘文睿等：《优质、抗病冬瓜多样化育种研究进展》，《广东农业科学》2020 年第 11 期。

李少雄、洪彦彬、陈小平等：《广东花生生产、育种和种业现状与发展对策》，《广东农业科学》2020 年第 11 期。

王丽、叶翔杨、温晓鹿等：《猪营养调控技术研究进展》，《广东农业科学》2020 年第 11 期。

邹宇晓、王思远、廖森泰：《广东省农业科学院蚕桑资源多元化利用研究进展》，《广东农业科学》2020 年第 11 期。

陈慧英、操君喜、孙世利等：《科技支撑英德红茶产业发展 60 年：成就与对策》，《广东农业科学》2020 年第 11 期。

朱根发、杨凤玺、吕复兵等：《兰花育种及产业化技术研究进展》，《广东农业科学》2020 年第 11 期。

B.8
2020年广东现代农业产业园建设报告

朱前鸿*

摘　要： 现代农业产业园建设事关乡村振兴战略的实施、城乡融合发展的实现。广东作为我国改革开放的前沿阵地和经济第一大省，建设现代农业产业园优势突出，特色明显，已经形成了一套广东做法。以现代农业产业园建设为突破口，将加快把制约广东农村发展的最大短板，变成广东乡村振兴、城乡融合发展的“潜力板”，率先实现农业农村现代化，对落实总书记赋予广东的总定位、总目标，引领带动我国乡村全面振兴、城乡深度融合发展，具有重要的战略意义。

关键词： 现代产业园　农业农村现代化　城乡融合发展　广东

党的十九届五中全会强调，优先发展农业农村，全面实施乡村振兴战略，促进城乡融合发展。“坚持农业农村优先发展”，是我国改革开放40多年来的经验总结和理论概括。推进农业农村现代化，是国家现代化的重要内容，更是深化农业农村改革的出发点和落脚点。而现代农业产业园建设，是促进城乡融合发展的重要举措，更是推进实现农业农村现代化的突破口。广东省作为我国改革开放的前沿阵地和经济第一大省，推进现代农业产业园稳步发展、总结现代农业产业园建设的广东做法，对于加快推进我国农业农村现代化进程、促进城乡融合发展、破解城乡发展不平衡和农村发展不充分难题，具有重要的现实意义和深远的战略意义。

* 朱前鸿，博士，法学博士后，广东省机场管理集团有限公司党委委员、副总经理，主要研究方向为企业管理与产业经济。

一　广东现代农业产业园建设的态势与成效

2016年底，中央农村工作会议明确提出，要加快推进农业现代化。2018年3月，广东省以现代农业产业园区建设为抓手，加快启动广东农业现代化工作。3年来，广东省通过大力发展现代农业来缩小城乡区域发展差距，推动城乡融合向纵深发展，真金白银地投入，实现了“一县一园”全面覆盖，走出了一条具有广东特点的发展道路。

广东省持续以丝苗米、优质蔬菜、岭南水果、花卉、南药、茶叶、优质旱粮、蚕桑、食用菌、生猪、家禽、水产、油茶、天然橡胶、剑麻等特色农业产业为主导，以现代农业产业园建设为载体，以实现产值突破千亿元为阶段目标，以“百园强县、千亿兴农”为总体目标，引领带动全省现代农业加速提质增效，为广东率先实现农业现代化提供了良好的基础支撑。2018~2020年，省财政安排75亿元，扶持建立160个省级现代农业产业园。政府投资带动激发了民间资本热情，投资撬动比例约为1∶5，强化了现代农业产业园的投入保障。根据广东省农业农村厅统计数据，截至2020年9月，广东省已创建229个现代农业产业园，其中国家级14个、省级160个、市级55个，基本形成了“一县一园”全面覆盖、“国家-省-市”三级现代农业产业园梯次发展的产业规划布局。数据显示，截至2020年10月27日，“全国已经建立国家级现代农业产业园151个，带动各省和市县建立现代农业产业园3000多个”①。可见，广东省现代农业产业园建设已经走在全国前列。

（一）现代农业产业园的广东做法

广东省现代农业产业园建设主要在五个方面发力。

全局谋划，齐抓共管。广东省始终把“三农”工作放在经济社会发展全局中统筹谋划，将农业农村现代化作为广东在全国率先实现现代化的优先发

---

① 张梦凡：《农业农村部：全国已建成国家级现代农业产业园151个》，光明网，2020年10月27日，https://kepu.gmw.cn/agri/2020-10/27/content_34312129.htm，最后检索时间：2020年11月11日。

展战略来抓，努力将广东农业农村现代化的短板变为“潜力板”，逐步改变广东“大农村、小农业”的发展格局，着力提升广东农业农村发展质量和现代化水平，全面促进城乡深度融合发展。广东省启动现代农业产业园建设以来，省委、省政府高度重视，加强顶层设计，强化顶层推动，建设现代农业产业园已经成为推进全省现代化的战略性、全局性任务。农业农村厅把建设现代农业产业园当成全厅中心工作，成立工作专班，固定专职人员专门负责产业园工作。全省上下一盘棋，各市县政府按照省的统一部署，因地制宜制定实施方案，狠抓责任落实，建立县长担任产业园“园长”的园长制。重点负责统筹落实产业园开发的财政资金、基本建设投资资金等问题，以及提供产业园发展必需的用地、人才、配套公共设施、金融等方面的政策支持。扣住融合这个主题，着重找短板补产业链，注重发挥企业作为实施主体在产业园建设中的作用。为了发挥各方面的优势，广东省作为统筹管理主体主要负责顶层设计、规划指导和绩效评价，实施清单管理实现简政放权，按照制定的“鼓励”、“允许”和“负面”三个清单进行管理；市县作为建设责任主体主要负责项目审批和资金使用监督；企业作为市场主体，负责项目科研报批和组织实施，形成了省市县三级各司其职、各负其责、齐抓共管的政府管理机制和企业作为实施主体负责推进落实的市场运作体系。

政策引领，服务上门。为了引导促进现代农业产业园建设，加快推进广东农业农村现代化，广东省委、省政府先后制定出台了一系列健全城乡融合发展的体制机制和政策体系（见表1）。

表1　广东省现代农业产业园建设主要支持政策一览

时间	文件名称	印发机构
2018年10月18日	《广东省现代农业产业园建设指引(试行)》	广东省农业农村厅
2018年10月18日	《广东省现代农业产业园财政资金管理规定(试行)》	广东省农业农村厅
2019年7月	《广东省实施乡村振兴战略规划(2018～2022年)》	广东省委、省政府
2019年8月30日	《关于支持省级现代农业产业园建设政策措施的通知》	广东省人民政府办公厅
2020年5月	《广东省建立健全城乡融合发展体制机制和政策体系的若干措施》	广东省委、省政府

资料来源：政府公开信息。

从表1可以看出，一系列的政策“组合拳”整合了各方资源，将惠农利农服务送上了门，从根本上打通了广东现代农业产业园建设的“任督二脉”。

一是对省重点建设项目给予“双优先”支持。享受省重点建设项目待遇，优先落实产业园用地指标保障产业园用地，优先将产业园主干道建成“农村四好路”。二是在技术支撑方面提供支持。为省内农业科研院所与产业园结对帮扶牵线搭桥，强化产学研结合，推动科技特派员下乡，推动农业科技下到田间地头，夯实产业园科技支撑，提高科技成果转化比和应用率。三是在资金融通方面提供支持。及时落实财政资金安排和信贷支持，用财政资金发起设立产业园发展基金，带动社会资本投入农业产业园，政府牵头与金融机构签署金融服务产业园发展战略合作协议，畅通融资渠道，解决产业园实施主体融资难、融资贵问题，支持产业园实施主体上市融资。四是提供持续服务支持。建立政府农业和科技等部门服务产业园发展联络机制和督导机制，及时发现问题、解决问题、总结推广经验，加快推进城乡融合发展。

科技支撑，工农互补。区别于日出而作、日落而息的传统农业耕种模式，发挥科技创新对现代农业产业园的支撑作用，是促进广东现代农业产业园健康发展的关键一招。广东省努力推动农业科技对接乡村振兴战略，将科创中心作为统筹全省农业科技资源的指挥中枢来打造，集中力量办大事。根据广东省农业农村厅数据，目前，该中心已汇聚财政资金、农业基金、社会资金等160亿元，用于支持农业科技创新、成果转化和产业化发展。在合作机制上，各园区与省、市农业科研机构深化创新合作机制，建立农业科技创新联盟，实施“互联网+智慧农业”行动，凸显了科技要素对园区发展的核心驱动作用，引领广东传统农业向现代农业迈进。另据广东省科技厅统计，在科技部的支持下，广东已经建成8家国家级和8家省级农业科技园区，吸引了373家农业科技企业入驻，包括35家农业高新技术企业、11家上市公司。比如，科技化、产业化给新会的“小陈皮”插上了腾飞的翅膀，做成了近“百亿元”的大产业。

尊重市场，信任企业。为了充分发挥企业的市场主体作用，让市场在资源配置中起决定性作用，做到有为政府和有效市场相结合，广东省的做法主要有三条。

一是改变省财政拨付方式。改革拨付方式，省级财政资金由省财政直接拨付给园区实施主体，打破了以往层层下拨的传统做法。二是明晰政府和市场的边界。实现“鼓励”、“允许”和“负面”三项清单管理，真正落实市场在资源配置中的决定性作用，充分发挥园区企业市场主体作用，省市县各负其责，做到有为政府和有效市场的结合。三是充分发挥企业投资带动作用。制定园区投资和科技创新等激励机制，产业园的资金投入由企业负责按市场原则确定，吸引了一大批企业和源源不断的社会资本投入广东现代农业园项目。根据广东省农业农村厅数据，2018 年分三批建设的 50 个省级现代农业产业园，财政投入 25 亿元，拉动各类投资 91.88 亿元，省财政资金撬动比例为 1∶4.7。

（二）取得的重大建设成效

产业扩展成效显著。依托岭南特色产品，广东现代农业产业园建设着力走产业化、专业化、规模化、品牌化道路，已培育出翁源兰花、梅州金柚、新会陈皮、德庆贡柑、陆丰甘薯、吴川对虾、英德红茶和徐闻菠萝等一批具有较强市场竞争力的产业和品牌。根据农村农业厅数据，截至 2019 年 6 月，全省建设省级农产品加工示范园区 3 个，建成雷州东西洋、汕尾海丰、云浮罗定等 3 个现代粮食产业示范区，规模以上农产品加工业主营业务收入达 13288 亿元。扶持建设了园艺产业、畜牧业、渔业等一大批现代农业示范基地、重要农产品和特色产业基地，包括创建园艺作物标准园 250 个、渔业标准化健康养殖基地 16 个、省级标准化无公害水产品产地 609 个，现代农业产业园带动产业发展获得了巨大成功。

乡村振兴人才回乡。广东现代农业产业园的快速发展，使得农村就业机会多了，城乡就业收入差距小了。在家门口就能就业，让外出务工的农民看到了回乡发展的希望，陆陆续续已经有不少外出务工人员回村就业，“返乡潮”开始出现，乡村振兴初见成效。根据广东省农业农村厅统计数据，2018 年分三批建设的 50 个省级现代农业产业园吸引了 6930 名农村外出务工人员返乡创业，同时辐射带动了 123 万农民就业，园区内就业的农民收入也显著提高，与产业园所在县农民全年平均收入相比，高出了 24.6%。

创新打开农民财源。通过发展合作制、股份制、订单农业等方式，创新联农带农惠农机制，提供了农民参与并分享产业园发展成果的渠道和机会，拓展了增收空间，稳定了收入预期，降低了从事农业的市场风险，增强了幸福感、获得感和安全感。特别是在农业产业园引入加工业后，对原产业提质增效起到了“点石成金”的功效，直接促进了农民增收。比如，在梅州金柚产业园，4

月份是对幼小果进行优选的时节，为了保障产品品质，一般差一点的幼小果都要摘除，过去摘下来的幼小果都是当废物处理。2018 年产业园通过科技创新引入的柚苷提取生产线实现了将幼小果“变废为宝”，现在农民可以将摘下来的幼小果卖掉，每亩增收约 1000 元，在保障金柚品质的同时，将劳动价值直接变现。

二　广东现代农业产业园发展亟须解决的问题

广东现代农业产业园建设虽然走在全国前列，但是长期以来对“三农”投入不足，使得广东还有不少“三农”历史欠账，农业基础还比较薄弱，城乡发展不平衡问题突出，与广东作为全国经济第一大省的地位不相匹配，与广东率先实现农业农村现代化的目标更是差距甚远。

从人口统计数据来看，截至 2019 年，广东常住人口 11521.00 万人，是全国第一人口大省，乡村人口 3295.01 万人，占常住人口比重为 28.60%，农村人口规模依然较大；从一二三产业增加值来看，在 107671.07 亿元的地区生产总值中，第一产业为 4351.26 亿元，第二产业为 43546.43 亿元，第三产业为 59773.38 亿元，第一产业贡献率只有微弱的 2.6%；从产业结构来看，一、二、三产业结构为 4.0∶40.5∶55.5，三次产业发展呈现严重的不平衡、不充分特点；从地区分布来看，珠三角核心地区生产总值依然占绝对优势，比重高达全省的 80.88%，而东西两翼和粤北山区加起来不到 20%，分别只有 6.4%、7.1%、5.8%，区域发展不平衡、不协调的矛盾十分突出；从人均 GDP 来看，广东人均 GDP 为 86412 元，比全国人均高 2 万多元，但“三农”问题突出的大部分地市则在全国人均线 64644 元之下，连粤西地区中心城市湛江和粤东地区中心城市汕头的人均 GDP 也不到 5 万元。

综合人口比重与国民经济和社会发展的对比分析可以看出，广东省“大农村、小农业”特点仍然突出。广东现代农业产业园建设作为促进城乡融合发展的平台，是实现乡村振兴的“牛鼻子”，肩负全国乡村战略先行先试的重任。当务之急，就是要坚持问题导向，尽快补短板强弱项，为我国实现乡村振兴战略、促进城乡融合发展提供可复制、可推广的广东经验。广东现代产业园建设存在的短板主要有以下几个方面。

一是发展质量不高。广东是我国人口第一大省，粮食播种面积稳定在 3200

万亩，人多地少、土地碎片化问题突出，主导产业选择“非粮化”倾向明显，同质化比较严重。土地碎片化经营，客观上决定了难以进行规模化、集约化生产，致使农业生产要素无法进行合理有效配置。综合广东省农业农村厅先后公布的2018年、2019年、2020年各批次共160个省级现代农业产业园的主导产业情况（见表2），可以看出产业园生产结构高度雷同、低端产品多的特点突出。

表2　2018～2020年广东省级现代农业产业园主导产业一览

单位：个

城市	产业园数量	主导产业
广州	16	丝苗米(华南农业大学);渔业;迟菜心;田园蔬菜;荔枝;花卉;荔枝;壹号蛋鸡;名优渔业;渔业;花世界;农产品;供应链;柑橘;生猪;丝苗米;特色水果
深圳	0	—
珠海	3	黄鳍鲷;特色水果园艺作物;白蕉海鲈
佛山	6	花卉园艺;花卉;花卉;渔业;鱼花;草鲩
东莞	3	生态农业;农产品冷链物流;现代农业
中山	2	脆肉鲩;花木
惠州	8	丝苗米;蔬菜;丝苗米;南药;蔬菜;深海网箱养殖;马铃薯;胡须鸡
江门	7	鳗鱼;水产;丝苗米;家禽;农产品;冷链物流;丝苗米
湛江	14	菠萝;红橙;花卉;火龙果;土猪;剑麻;生猪;莲藕;对虾;良姜;深海网箱养殖;茶叶;生猪;菠萝
茂名	8	龙眼;三华李;荔枝;化州橘红;罗非鱼;沉香;对虾;荔枝
汕头	4	蔬菜;丝苗米;生猪;狮头鹅
揭阳	4	南药;青梅;茶叶;竹笋
阳江	7	绿萝;春砂仁;花生;对虾;荔枝;深海网箱养殖;蚝
肇庆	10	南药;贡柑;丝苗米;油茶;砂糖橘;蔬菜;杏花鸡;南药;生猪;肉鸽
清远	12	清远鸡;英德红茶;菜心;稻鱼茶;蔬菜;麻鸡;丝苗米;果菜茶;桂花鱼;红茶;水果;丝苗米
韶关	13	兰花;茶叶;香芋;蔬菜;丝苗米;食用菌;蚕桑;油茶;柑橘;杨梅;食用菌;生猪;岭南落叶水果
河源	9	茶叶;猕猴桃;油茶;生猪;鹰嘴蜜桃;板栗;蔬菜;茶叶;腐竹
梅州	14	金柚;蜜柚;茶叶;丝苗米;脐橙;茶叶;丝苗米;茶叶;丝苗米;蔬菜;南药;茶叶;丝苗米;梅州柚
汕尾	6	萝卜;水产;甘薯;青梅;蔬菜;丝苗米
云浮	9	肉桂;优质鸡;南药;无核黄皮;肉牛;丝苗米;生猪;花卉苗木;丝苗米
潮州	5	凤凰单枞茶;佛手果;茶叶;凉果;水产

从表2可以看出，2018～2020年创建的160个省级现代农业产业园，涉及粮食、油料等重要农产品的只有21个，以粮食为单一主导产业的18个，“非粮化”倾向比较严重。在产业选择上，部分产业园还存在突出的同质化现象，如丝苗米产业园有18个、茶叶有8个（不含红茶、稻鱼茶、凤凰单枞、果菜茶）、荔枝5个。此外，清远的稻鱼茶、果菜茶产业园没有聚焦主导产业，三个主导产业之间的互补作用不强，不利于产业园专业化、规模化和高质量发展。还有，产业园产品竞争力不强。例如，菠萝香蕉、龙眼、荔枝等水果种植面积和产量占据全国“半壁江山”，但缺乏响当当的全国知名品牌。

二是政府支持力度亟须加强。不少地方虽然积极推进农业产业园工作，但建设用地不足、公共服务配套设施不齐全、分享发展红利的机制不健全等问题仍然存在，使得农民参与产业园开发的积极性不高。以补助为主的财政投入方式，不利于发挥财政资金“四两拨千斤”的撬动效应。联农带农惠农机制落实不到位，政策调整滞后，让农民获利的新办法不多，农民受益不稳定、不充分，增收不明显、不确定，体现不出在家门口就业的优越感，尚不能充分激发农民返乡创业的热情。

三是农业生产科技水平有待提高。长期以来，由于农村农民收入远远低于城市务工收入，加上城镇化、工业化快速发展对劳动力需求旺盛，因此越来越多的农村精英阶层和青壮年劳动力外出务工，以获得更高的收入和更好的发展机会，致使有些地方出现了“空心化”现象。留守妇女、儿童、老年人以及残疾人，成了农村从事农业生产的主要劳动力。这类人员受教育平均水平较低，对先进科学技术的掌握和理解能力相对有限，不可避免地造成了农村本土技术人员缺乏、先进农业技术推广难度大、农业生产科技含量不足等问题。

四是产业发展不平衡。从产业布局看，产业规划的指导性不够强，导致部分产业园同质化。从产业链延伸看，一二三产业脱节，产业链不完整，价值链挖掘深度不够，与地方优势资源的结合不够紧密，初级产品多，深加工不足，存在有产品无产业现象。比如，2018年加工转化率只有60%，低于全国平均水平①。有的产业园虽然重视二三产业，加工能力较强，但是第一产业发展能

① 唐园结、江娜、李飞、周鹏飞、李纯、付伟：《重塑农业价值的南粤大手笔——看广东如何建设现代农业产业园》，《农民日报》2019年7月8日，第001版。

力不足，种养规模难以支撑二三产业的可持续发展，二三产业有能力却“吃不饱”，加工业本身利润微薄，却还要增加成本从其他地区获取原材料，不利于一二三产业的良性循环健康发展。有的产业园种养能力虽强，规模也大，但是不重视利用种养优势拓展文旅休闲生态产业，实现不了园区开发价值最大化。有的产业园“以我为主”，只顾自身规模效益，难以避免项目的低效重复，无法真正实现融合发展、互补发展。

五是农产品质量安全缺乏保障。农产品生产进入门槛较低，受传统意识影响，追求安全质量和规模效益之间存在一定矛盾。受高产量、高效益驱使，还存在使用高毒、高农残化学肥料，不按规定收藏农产品，滥用药量、添加剂、防腐剂等现象，影响了农产品质量。同时，受工业废水、废气、废渣的排放倾倒以及化肥农药残留、污水灌溉、汽车尾气等因素的影响，农产品赖以健康生产的土壤、水源、空气等受到污染，生态环境遭到破坏，耕地退化加剧，影响了农产品质量安全和供给保障。再加上科技支撑体系尚未完全建立，农产品质量可追溯体系不健全，农产品质量安全监测手段不先进、监管不到位等问题的存在使得农产品质量安全难以保障。

三　以现代农业产业园为抓手，推进城乡融合发展的对策

广东乡村振兴战略的首要任务就是要缩小城乡差距，促进城乡融合实现高质量发展。加快现代农业产业园建设，是广东补齐发展短板、促进城乡融合、实现高质量发展的突破口。必须坚持辩证思维，以创新促进乡村振兴，以绿色打造生态品牌，以共享促进城乡融合，努力把最大短板变成“潜力板”，走出一条具有广东特色的农业农村现代化道路，为我国乡村振兴战略的实施和城乡融合发展提供广东经验。

（一）充分认识广东以现代农业产业园为抓手，实现乡村振兴、城乡融合发展的优势

广东以现代农业产业园为抓手，实施乡村振兴战略、实现城乡融合高质量发展、促进农业农村现代化走在全国前列具有突出优势，必须顺势而为，将优势转化为可复制、可推广的实践经验，引领全国现代农业产业园的建设。

一是农业资源优势突出。从农业发展潜力看，广东具有资源和市场双重叠加优势。广东属于亚热带季风气候，一年四季均可种植，特色农业资源丰富，如荔枝、龙眼、菠萝、香蕉等种植占全国一半以上，农林牧渔总产值居全国前列。特别是珠江三角洲地区，拥有7000万常住人口，地区经济实力雄厚，产业园发展支撑牢靠，本土消费能力强，加上毗邻港澳的优势，发展优质特色农产品，产销条件优越、加工优势突出，具有稳定向好的广阔市场前景。

二是农村产业潜力巨大。现代农业产业扩容增产增收，必然会盘活农村宅基地、农村集体资产等静默资产，成为促进农民增收致富新源泉，为扩大内需、拉动投资、促进内循环打下坚实基础。据有关方面测算，全省3295万农民收入提高到当前城市居民平均水平，可为广东创造出8000亿元以上的扩大内需空间，加上未来1600亿元的农村基础设施投入①，又会形成上万亿的投资拉动。可见，加快推进现代农业产业园建设，促进经济内循环，广东大有可为。

三是科技创新优势突出。广东凭借占全国3%左右的耕地产出了占全国10%左右的农业增加值，依托的是强大的科技创新能力。多年来，广东持续实施乡村振兴科技创新行动，促进专业技术创新引领发展，精准发力农业科技创新产业园建设，奋力打造农业科技创新平台，陆续选派农业科技特派员深入农村，积累了发展现代农业、精准农业、智慧农业的丰富经验，创设了8个国家级、8个省级现代科技产业园，1个国家现代农业科创中心，农业科技贡献率达到了68%。尤其是近年来依托华为、腾讯等数字企业，大疆无人机、极飞科技等通航制造企业，以及农业基因龙头——华大基因等，广东现代农业产业园的数字化、产业化、智慧化发展已经走在全国前列。比如，广州市增城区实现了全国首个“5G+智慧农业”应用项目落地②。

（二）以现代农业产业园为抓手，促进城乡融合发展的对策

乡村振兴首先要重塑城乡关系，走城乡融合发展之路。建设现代农业产业

① 彭瑶：《广东计划10年投入1600亿元补齐农村基础设施及公共服务短板》，中国网，2019年6月3日，news.china.com.cn/txt/2019-06/03/content_74849282.htm，最后检索时间：2020年11月11日。

② 叶贞琴：《走出广东特色农业数字化发展之路》，中国农村网中国农民丰收节视频，2019年11月15日。

园，是广东发挥既有优势，破解城乡二元结构难题，实现城乡融合发展，把最大的短板变为最大的“潜力板”，在全国率先实现农业农村现代化的突破口。

一是规划引领，在空间规划上实现城乡融合。习近平总书记强调，乡村振兴是一盘大棋，要沿着正确方向把这盘大棋走好，必须规划先行。加强顶层设计，在空间规划布局上立足全省，统筹城乡国土空间，科学把握城乡差异和特点，统筹制定现代农业产业园发展规划，突出农业产业园岭南农业农村特色，防止乡村景观城市化，与城市形成互补发展格局，凸显“一园一品牌、千园千特色”的差异布局特点，打造各具特色的现代版“富春山居图”。在产业布局上，坚持产业园姓“农”，与城市进行产业分工协作，以“米袋子”“菜篮子”“果盘子”“茶罐子”为主导，一个现代农业产业园以一个主导产业为导向，对既有产业园布局进行集聚提升，做大做强做优主导产业，促进城乡产业优势互补融合发展。在公共基础设施上，推动城乡统一市场建设，统筹产业园路网、电网、通信管网、互联网、5G 基站等设施建设，实现基础设施一体高效、公共服务共建共享、生态环境共保共治，解决好城乡公共服务均等化等问题。在现代流通体系上，打通产业园与城市融合发展的堵点、痛点，促进生产要素集聚和流通，畅通生产链、供应链，提高产业园在现代流通体系中的功能和效率，促进城乡深度融合发展。在资金投入上，发挥财政资金引导投资和撬动社会资本的杠杆作用，放大财政资金“四两拨千斤”功能；吸引城市资金、鼓励社会资本、民间资本以合法方式参与园区建设和投入，为园区建设提供稳定的资金保障。

二是创新引领，以科技为纽带促进城乡融合。发挥城市科技研发总部优势、现代农业产业园科技创新成果转化平台优势，推动现代农业产业园创新发展，实现以农业科技为纽带的城乡融合发展。大力推进农业机械化、智能化，为产业园插上科技翅膀，增强产业园产品质量安全保障，走内涵式发展道路。充分利用城市互联网、物联网、区块链等信息技术优势，推动农业生产要素向现代农业产业园区集中，优势产业向园区集聚，推进农业产业化、数字化经营，用数字化赋能城乡一体化。拓展“5G + 智慧”农业产业园项目，促进互联网与现代农业融合发展，推广生产过程监测预警和可溯源研究应用，提高现代农业产业园精细化、智能化种养水平和生产流通效率。发展农业产业园电子商务，做实“互联网 +”农业产业园，提高农业农村产业链、供应链和价值

链水平，打造国家农业科技服务广东云平台，建设乡村振兴样板区。

三是绿色引领，将产业园变成城市“后花园”。坚持“以农为本，生态优先”，以农业循环经济为理念，种养紧密结合，及时防治环境污染，形成绿色、低碳、循环发展的产品链、供应链，建立种养专业化、生产标准化、经营品牌化生产模式，构筑质量可溯源、品质有保障的长效机制，促进农业品质全面提升，将现代农业产业园打造成为城市“后花园”。以绿色种植、循环种养、生态修复、精准农业、智能作业等绿色化、生态化、数字化技术的研发和集成应用为重点和抓手，提高资源利用价值和循环利用效率。走“集约、高效、安全、持续”的现代农业产业园建设发展道路，用钉钉子的精神推进农业面源污染防治等农村生态文明建设，推进现代农业产业园清洁生产、有机生产，实现农药、化肥使用量负增长，促进产业园生产废弃物无害化处理、资源化利用，提高农产品的质量安全和可持续发展。坚持生态环境设施与产业发展同步规划、同步建设、同步投入使用，构建种养有机结合，集生产、加工、研发、流通、贸易、旅游、文化等环节于一体的农业全产业链，将产业园打造成为一二三产业相互渗透、深度融合的抱团发展区，城乡融合发展的先行示范区。利用农业景观、农业生态、农耕文化资源禀赋，深度挖掘现代农业产业园上下游产业价值，拓展“农业产业园＋产业”，延伸发展生态农业与乡村文化旅游事业，实现向深度体验和高品质转变，提升城乡融合发展水平和层次。

四是党建引领，为城乡融合发展提供组织保障。乡村振兴是民族复兴的“压舱石”，现代农业产业园是实现乡村振兴促进城乡融合发展的“牛鼻子”，必须加强党对现代农业产业园的全面领导，健全产业园发展的组织体系、制度体系、工作机制，彰显新时代党全面领导产业园发展的独特优势。发挥城市党建工作经验优势，选派政治过硬、本领过硬、作风过硬的优秀人才到产业园建设一线岗位，建立健全以城带乡党建机制，突出抓基层、强基础、固基本的工作导向，把组织体系建设作为产业园发展的基础工程，为产业园实现高质量发展提供组织保障。创新园区党建工作机制，把服务园区实施主体的发展作为园区党建工作重点，实现党建与产业园建设融合，切实增强党组织领导产业园发展的能力，通过产业园的发展成果展现基层党建成就。发挥党员先锋带动作用，把党的组织优势、密切联系群众优势转化为产业园发展的强大政治优势。坚持以人民为中心的产业园发展理念，弘扬社会主义核心价值观，增强农民幸

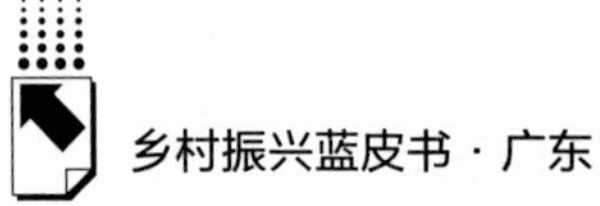

福感、获得感、安全感。及时总结推广产业园党建工作经验，不断提升党建引领水平，促进城乡深度融合发展，带动乡村全面振兴。

参考文献

卢志灵、黄小丹、王三军：《广东省现代农业产业园高质量建设的思考》，农产品市场-中国农村网，2020 年 9 月 16 日。

肖琴、罗其友：《国家现代农业产业园建设现状、问题与对策》，《中国农业资源与区划》2019 年第 11 期。

江娜、王岩：《背靠五大优势，广东数字农业未来可期——广东省委常委叶贞琴谈建设数字农业农村》，《农民日报》2019 年 11 月 16 日，第 2 版。

车晓蕙、吴涛：《为农业产业“补链”“强链”——广东探索建设现代农业产业园全面推动乡村振兴》，新华网客户端，2019 年 11 月 15 日。

车晓蕙、吴涛：《现代农业产业园，岭南农业补短板》，《半月谈》2019 年第 24 期。

B.9

2020年广东乡村文旅融合发展报告

刘 伟　方永钦*

摘　要：乡村文旅融合发展是广东农村产业转型升级的重要内容，也是新发展格局形成过程中巨大的发展新空间。广东乡村文旅融合发展，拓展了城乡融合新路径，将有效促进广东农村一二三产业融合发展。2020年虽受新冠肺炎疫情影响，乡村文化和旅游市场发展受一定影响，但广东各地政府全力以赴，共克时艰，乡村旅游及时恢复生机。当前，广东乡村文化和旅游发展水平处于初级阶段，存在一些制约因素，要以务实创新为引领，通过优化农村文化和旅游供给侧改革，科学布局，探索产业融合发展新路子，补齐短板，优化治理，有效促进城市文化和旅游资源进入农村大市场，也可以更好地促进城乡交流与城乡联动，将有利于产业延伸，推动广东乡村文旅融合发展走向深入。

关键词：广东　乡村　文旅融合　产业发展

习近平总书记曾多次视察广东并深入乡村一线，指出广东要继续走在全国前列，最艰巨最繁重的任务在农村，最大的潜力和后劲也在农村，要把短板变成“潜力板”。广东省委、省政府抓住时机谋篇布局，及时修订乡村振兴战略规划，促进农村一二三产业发展，乡村旅游步入快车道。广东省农业农村厅、

---

* 刘伟，博士，广东省社会科学院国际问题研究所所长，研究员，主要研究方向为“三农”问题、区域经济、文化和旅游融合发展；方永钦，广州市文化广电旅游局二级调研员，主要研究方向为旅游经济。

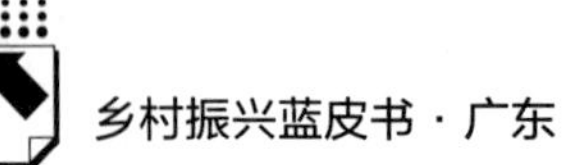

广东文化和旅游厅等政府部门协同行动，以打造粤港澳大湾区世界级旅游目的地为导向，共同推动乡村文化旅游融合发展。

一 广东乡村文化旅游发展态势

（一）各地全力推进乡村文化旅游融合发展

乡村文旅融合发展是广东农村产业转型升级的重要路径，既满足了省内外城市居民贴近农村、体验自然与传统民俗生活方式的心理需求，又为各地农民带来更多经济效益，有效拉动了广东各地，特别是粤东、粤西和粤北山区的经济增长，对解决“三农”问题意义重大。

2020 年 7 月，广东省召开全省旅游工作会议，强调“把乡村旅游作为发展全球旅游业的优先事项”，把“粤美农村”作为全省六大全球旅游品牌之一，推进乡村文旅融合，持续提升乡村产业的文化内涵，让农村文化得以继承，助力“三农”转型发展，更好地服务美丽乡村建设。广东省农业农村厅联合广东省文化旅游厅、清远市连州市人民政府，于 2020 年 7 月 15 日举办了“2020 广东休闲农业与乡村旅游精品推介活动”，复苏全省休闲农业与乡村旅游，推出 50 条休闲农业与乡村旅游精品线路，优美乡村旅游精品路线正发挥积极示范效应。

2020 年 7 月 30 日，广东省人民政府颁布了《农业农村部、广东省人民政府共同推进广东乡村振兴战略实施 2020 年度工作要点》，从 10 个方面推动广东农业农村高质量发展、实施全面对外开放和农村综合改革，实现广东在农业农村现代化进程中走在全国的前列，发挥乡村振兴示范引领作用。各项举措加快实施，对广东乡村文化旅游市场复苏发挥了巨大的推动作用。

2020 年 9 月 22 日和 24 日，广州、清远、韶关等市联合在长沙、郑州举办“2020 广清韶旅游联盟文旅专场推介会”，全景化、全方位、多角度地宣传展现广清韶文旅魅力，清远更是着力推介“激情漂流、亲情温泉、闲情山水、奇情溶洞、热情民族、浓情美食”六大旅游品牌，展现清远秀美生态环境、美丽田园风光、奇特地质地貌和浓郁民族风情，不断深化与长沙、郑州等高铁沿线城市的旅游合作与文化交流。广东绝大部分乡村山清水秀，四季花果飘香，综合性休闲农业与乡村旅游度假项目吸引了大量都市人群前往体验，特色美食、民宿、娱乐、休闲观光、赏绿摘果等，游客乐在其中，听潺潺水声释放压力，度轻松假期愉悦身心。乡村体验类、生态类、户外活动类、乡村文化类、健康养生类、红色旅游类等乡村游均备受游客热捧，乡村旅游经济综合带动效应显著，休闲农业与乡村旅游逐步从最初单一观花、摘果、赏叶向综合性方向发展。2020 年国庆、中秋、春节期间，广东特色乡村文化游成为旅游大热门，人流如织，全域旅游多点发力，引客如潮。

实施“四变工程”促乡村旅游发展。近年来，广东省大力实施乡村振兴战略，相继出台《中共广东省委、广东省人民政府关于推进乡村振兴战略的实施意见》、《广东省实施乡村振兴战略规划（2018～2022 年）》、《广东省民宿管理暂行办法》（粤府令第 260 号）、《广东省旅游民宿建设指引》。实施乡村旅游“四变工程”，大力发展农村休闲旅游产业，依托农村绿水青山、田园风光、历史文物古迹、红色革命遗址、南粤古驿道、岭南特色乡土文化等优势旅游资源，推动产区变景区、田园变公园、劳作变体验、农房变客房；依托南粤古驿道串联沿线乡村，策划不同主题特色旅游线路。2019～2020 年，在广东省农业农村厅、广东省文化和旅游厅合力推动下，广东省乡村文化旅游融合发展呈现良好势头（见表 1）。

表 1　2019～2020 年广东省乡村旅游发展部分亮点

单位：个

类别	中国美丽休闲乡村（2019）	全国休闲农业和乡村旅游示范县（区）（2019）	全国休闲农业和乡村旅游示范点（2019）	省级休闲农业与乡村旅游示范镇（2019）	省级休闲农业与乡村旅游示范点（2019）	首批“广东省乡村旅游精品线路”（2019）	第二批“广东省乡村旅游精品线路”（2020）
数量	24	10	19	137	347	100	50

资料来源：根据广东省农业农村厅、广东省文化和旅游厅公开发布数据统计整理。

在全省乡村旅游融合发展过程中，广州市走在全省前列，不仅类型多，而且发展快（见表 2）。

表 2　2020 年广州市乡村旅游发展状况

单位：个

类别	数量
全国休闲农业和乡村旅游示范县	2
中国乡村旅游模范村	3
广东省旅游风情小镇	2
广东省农业旅游示范基地	3
广东省文化和旅游特色村	18
广东省乡村旅游精品线路	11
广州 A 级旅游景区(乡村旅游部分)	13
广州市旅游文化特色村	17
广州市星级民宿	9

资料来源：根据广州市文化广电旅游局公开发布数据统计整理。

新冠肺炎疫情影响短暂，乡村旅游恢复快。2020 年 1 ~3 月，广东省受新冠肺炎疫情影响，乡村旅游按下“暂停键”，行业受到较大冲击，乡村旅游经营一度停摆。3 ~4 月，各地政府全力以赴应对疫情，设立乡村旅游产业专项资金，发挥导向和杠杆作用，纷纷出台“以奖代补”等扶持激励机制支持文旅企业，鼓励乡村旅游大胆创新发展模式，加速文旅融合步伐，打造乡村文旅融合精品样本。以江门市为例，采取五大行动 30 项具体工作措施，实施“引客入门”扶持、奖励推出优惠的旅游景区、对符合条件的民宿给予资金扶持、对拥有导游资格证的在岗导游人员发放稳岗补贴，推进省文化和旅游特色村建设、“醉美江门 100 村”建设、精心规划设计侨乡文化特色乡村精品旅游线路，开展“粤书吧”试点；加快推进赤坎古镇项目、古劳水乡项目、台山下川岛顺峰文旅项目、台山北陡海豚湾滨海旅游项目、恩平佳源帝都温泉山庄项目等五大重点景区建设，推动蓬江侨乡记忆、侨镇、台山融创等签约项目加快落地和立项建设等。惠州市通过实施“金融 +”专项服务，助力文旅体产业重振，新增 300 亿元专项信贷规模保障中小微企业融资需求，支持受疫情影响较大的住宿餐饮、文化旅游等行业企业。广东省人民政府安排 4 亿元专项资金力助文旅企业，广东省文化和旅游厅积极化“危”为“机”，主动作为，采取措施，营造环境、拓展服务，大力发展文化、旅游和体育健康消费，支持文旅企业增加乡村旅游、康养旅游、体育旅游、户外营地等产品供给，为乡村旅游注入复工复产的“强心剂”，乡村旅游业务得以迅速恢复。

广东大力发展“农业＋”乡村休闲新业态，推动乡村文化、乡村旅游、乡村休闲体育事业融合发展，打造精品线路和产品，高质量发展文旅产业集群，促进全域旅游高质量发展。乡村休闲旅游业加快恢复发展。2020年“五一”小长假后，广东省内乡村旅游迅速得到恢复，各地客流明显增长，渔家乐、茶家乐、农家乐，“赏花”“踏青”等季节性特点的乡村旅游精品线路备受欢迎，各种乡村文化特色旅游线路深受游客青睐，假日期间，城里人纷纷到山水田园赏绿摘果，临水登山踏青采茶，走进文化特色小镇与宁静乡村放松身心。潮州市挖掘乡土文化和自然生态资源，串联历史文化街区、红色文化遗迹、古村落和田园风光、丰富美食体验、康养体验、民俗体验，推出“湘桥区一江两岸休闲游”“潮安清新休闲之旅”“潮安生态与文化体验之旅”“饶平红色文化教育之旅”等乡村旅游线路，以“美丽乡村”催生“美丽经济”，加快乡村文化旅游市场复苏回暖。

（二）乡村文旅融合发展成效显著

乡村文旅融合促进产业发展。广东省内各地政府和企业加大乡村文化旅游宣传力度，制定优惠激励政策招商引资，深度挖掘乡村文化资源，有效提升乡村旅游品位，更多街镇开放公共文化空间，如博物馆、美术馆、图书馆等公共文化设施，既服务当地居民，又吸引更多外地游客，同时借此培育当地的旅游文化，全力提升乡村旅游服务水平，围绕“吃、住、行、游、购、娱”六大旅游基本要素，加快推进乡村餐饮住宿设施建设，开发具有地方特色的民宿、农家乐和土特产品。乡村旅游已成为广东省全域旅游的重点，丰收节、乡村音乐节、登山节、农业公园、农家乐、渔家乐等各种乡村旅游形式在省内各地蓬勃发展，对促进城乡融合发展、加强城乡基础设施互联互通、推动改善农村人居环境、加快建设乡村公共文化设施，作用巨大。广东乡村文旅的快速成长，顺应了广东产业升级的大趋势，是生产生活方式现代化的必然要求，也是广东乡风文明建设与农民现代化的重要表现。

广东文旅小镇建设快速发展。广东省文化和旅游厅大力推动文旅小镇建设，促进城乡文旅融合发展，省内各地根据地方特色建设文旅小镇，成效显著。乡村文旅产业升级和电商模式融合，移动互联模式极大地便利了从城市游客到乡村旅游的订票，让说走就走的旅行成为可能；现场演出的全息影像技术在农村演出中的应用，可以大幅提高城市游客在农村的停留时间，密切了城乡间文化交流。文旅小镇建设对于广东“一带一区”尤为重要，这是让生态资源、文化资源、历史资源转化为经济资源的重要方式，既保护了生态环境，又加快了经济发展。同时，运用科技手段、网络经济、电商模式提升了传统农村文旅产业的发展。科技进步、政策鼓励、城乡发展模式变化，已成为广东乡村文旅融合发展的最主要外生动力。旅游业与文化产业、农业产业的融合发展为城乡融合提供了新路径，集中体现在文旅小镇的发展中。通过景区提升公共交通服务设施的优化建设，极大地吸引了城市游客，促进了广东乡村游的发展，在农村发展出产业兴旺、生态宜居、乡风文明、治理有效、生活富裕的集聚区。文旅小镇崛起，代表旅游产业的发展，还意味着社会文明程度的提升和文化的传承创新。

广东文旅小镇的发展前景有望成为比肩国际一流旅游目的地的展示区，可以成为向全世界展示中国现代化与世界游客了解中国的窗口，并有望成为中国与世界文明对话的新平台。佛山市西樵镇在探索文旅小镇建设上成绩斐然，其“文化＋旅游＋体育＋会展＋演艺＋乡村振兴＋生态公园”融合发展模式，值得各地政府在推动城乡文旅融合发展上借鉴。西樵山享有“珠江文明灯塔”、“南粤理学名山”和“南狮发源地、黄飞鸿故里”之美誉，是国家风景名胜区、5A 级旅游景区、国家森林公园和国家地质公园。西樵镇充分利用南粤名山和黄飞鸿的品牌，以“体育＋旅游”的西樵山模式，以狮艺邀请赛节庆活动为吸引物，着力打造“体育＋旅游＋文化”岭南文旅特色小镇，建设集乡村旅游、生态观光、历史文化、演艺观赏等多元体验于一体的旅游目的地。2001 年 5 月，西樵镇得到国家体育总局和中国龙狮运动协会的支持，在西樵山举办首届狮艺邀请赛。现在西樵山每年举办“全国南北狮王争霸赛暨水上双狮挑战赛”，有来自世界各地的强队参赛，水上飞狮与高桩醒狮最夺人耳目，武术套路与武林绝技也引人入胜。西樵镇在赛事组织策划中，着力提升精品旅游休闲体验项目、不断注入文化创新内容，文化旅游与体育演艺高度融合，历经十多年塑造，已打造成为一项影响力巨大的体育盛事，以山上看比赛、山下享服务的模式让游客享受优质旅游体验，实现山上山下旅游联动发展。西樵镇依托珠三角万亿级城市群与香港、澳门特别行政区，不断引入顶级

文旅品牌，以重大项目落地带动乡村振兴，并通过整治人居环境、优化提升沿线交通路网和硬件配套，以内容创新驱动完成文旅产品的创新和聚合，全面推动文旅产业发展，拉动地区旅游经济增长。西樵镇不仅引入宋城·佛山千古情、国艺影视城等项目，2020 年 11 月 27 日，南海区人民政府与乡伴文旅集团签约，在西樵镇西岸片区打造约 1000 亩的“中国文艺青年小镇与自然教育营地”，预计带动投资逾 50 亿元。项目建成后将成为粤港澳大湾区多元高品质乡村文旅小镇，有力推动广佛都市圈建设休闲湾区、人文湾区。潮安区凤凰镇则围绕“种好茶、优环境、旺旅游”，实施古村落与茶文化传承相结合、旅游业与茶产业融合发展等经营模式，合力打造茶旅特色小镇，是广东省内通过乡村文旅融合实现乡村振兴的另一个样板。凤凰镇地处潮州市潮安区北部山区，以凤凰单枞茶闻名。全镇林地面积 23.9 万多亩，其中茶园 7 万多亩，绿化率达 98.79%，森林覆盖率 85.6%。近年来茶叶产业发展迅猛，但部分农户过度毁林开垦影响茶叶良性发展和整体品质。为此，凤凰镇狠抓生态环境优化，对 3000 多亩茶园进行生态修复，减少水土流失，加快茶叶检测中心建设，把“旺旅游”作为重点，重点突出特色文化引领，合理开发利用好凤凰山的自然资源，依托潮文化、茶文化、红色文化、华侨文化、畲族文化和保存较为完整的省级古村落，活化古建筑古民居，做好旅游开发和招商引资，引进有实力有投资经验的社会资本，通过打造茶艺体验、茶事活动、茶文化演绎、观光茶园等特色项目，打造茶旅特色小镇主体功能区，凤凰镇成为首批 20 个“广东省旅游风情小镇”之一，茶农茶商靠种茶售茶过上好日子，目前茶叶年产值超 10 亿元，实现美丽与发展共赢，圆了“一片叶子富了一方百姓”的梦想。

全域旅游幸福产业推动城乡融合发展。粤港澳大湾区万亿级旅游消费能力的人群和可无限挖掘的市场，是广东城乡融合发展最大的内生动力。广东省农业农村厅、广东省文化和旅游厅根据广东城乡特点和实际情况，大胆实践与创新，推动地方优化农业产业结构，构建“区域协同、梯次发展”的城乡空间布局，充分挖掘岭南民风民俗、风土人情特色，结合广东自然资源禀赋和文化旅游产业链长、从业面宽、就业门槛低的特点，通过优化乡村生态环境，发展特色产业，大力发展“观光农业”“文创农业”“智能农业”“数字农业”“高科技农业”等新型农业，大力促进文旅产业和农业产业融合发展，推动城市文明在乡村普及，促进城乡融合发展，构建孕育新的经济形态和新的业态。全省各地大力开发乡村休闲康养游、运动健身游、红色旅游、农业科普研学游、乡村亲子游、民宿体验游、农副产品购物游，在广东各地乡村形成不同的文旅融合新功能和新消费场景，创造城乡融合高质量发展的现代化模式，促进农业农村和文化旅游深度融合，推动城乡全域旅游发展，不断为产城一体、城乡一体、城乡融合赋能，全省涌现出大量旅游风情小镇和美丽圩镇，首批有 20 个，第二批共有 30 个，推动乡村振兴和新型城镇化互相促进，打造城乡融合全域旅游幸福产业，推动一二三产业融合发展，大幅度加快广东省内城乡一体化的进程。

二　广东乡村文化旅游融合发展总体特征

当前，广东乡村文化旅游融合处于起步阶段，乡村旅游普遍属初级产品，以旅游景区类产品为主，全省各地数量供给不均衡。广州 A 级旅游景区（乡村旅游部分）有 13 个，位居全省第一。深圳、佛山、江门、湛江、东莞、惠州、珠海等地乡村旅游景区点也迅速发展，大多依托大型景区周边与城市近郊客流密集处。广东乡村旅游相对于都市旅游、出境旅游，低端产品过剩，中高端产品少，整体消费仍偏低，乡村旅游“短时短距”特征明显，人均消费与人均旅游时长呈正相关状态。近年来，广东各地政府加大对乡村旅游的扶持力度，各类企业积极参与并支持农村建设，广东乡村旅游发展基础不断提升，文化旅游产业融合发展后劲足。乡村旅游游客消费潜力大，消费频次高，高消费人群占比逐步提高，消费占全部旅游收入约三成，乡村文化旅游已成为市民休闲度假的新潮流。

以本地游客和家庭为主体多为短途出游。根据抽样调查统计分析，广东省内乡村旅游客源地以广州市为最多，其次为深圳、东莞和惠州。乡村旅游绝大多数是一日游、市内游，占比 70% 以上；交通方式以自驾游为主，以 30 ~ 40 岁家长家庭亲子游出行为主，55 ~ 65 岁的游客主要是老年夫妇双方以及老年退休游客结伴出行，大多乘坐公共交通出行或集体出游。出游游客年龄段分布相对均衡，其中 30 ~ 40 岁占比最高。乡村旅游直线距离主要集中在 10 ~ 50 公里，大部分是城郊景区点和乡村旅游点，占比在 50% 左右，

200公里以内占比近80%。乡村旅游出游时长在12小时以内的游客占比过半，出游时长12~24小时占比近20%，人均过夜天数不足1晚。本市乡村旅游占比超过50%，本省跨市乡村旅游人数占比超过30%。跨省乡村旅游占比16%，客源地主要来自广西、湖南、湖北、江苏、浙江、江西、福建、四川、河南、山东等地。

文旅资源丰富潜力大但发展不平衡。广东休闲农业和乡村旅游资源丰富，粤港澳大湾区人口众多，珠三角城市化水平高，客源潜力大，乡村游、周边游发展迅速。2019年，广东旅游收入达到15157.96亿元，仅广州1市，就达到4454.58亿元。广州、深圳、佛山、江门、湛江、东莞6市旅游收入总和占广东旅游收入的55%以上，接待人次、产品数量、消费收入三项指标均居全省前列。目前，广东各市乡村旅游的发展水平基本与旅游收入水平呈正相关，广州、深圳、佛山、江门、湛江、东莞等6市居前，粤东、粤西、粤北部地区乡村旅游发展仍较慢。

三　乡村文化旅游融合发展中存在的主要问题

一是认识不足导致公共产品和旅游环境供给不完善。广东拥有独特的地理环境和气候资源，因区位条件不同，地区经济发展与城乡差距较大。沿海发达地区与珠三角都市圈城市基础设施完备，人居环境、自然环境、公共产品供给优越，乡村地区的旅游基础设施也基本完备，治安、交通、通信服务便利。粤东、粤西、粤北广大乡村地区与珠三角核心区以及乡村地区相比，旅游基础设施相对落后，经济水平、文明程度、乡村风貌、乡村生产生活方式差距大，广大乡村地区文旅融合仍处于摸索发展前期，以粗放式融合为主，向休闲型、度假型、乡居型发展进程仍较缓慢。

二是需求开发不足，亟须产品供给侧改革。广东乡村旅游资源开发远不充分，总体仍处于零散、粗放、小规模发展阶段，由此带来乡村旅游产品市场供应严重分化。游客旅游需求层次也停留在低水平，大部分地区乡村旅游产品端形态单一，特别是乡居产品、深度体验类产品极少，造成游客无意深度乡居体验，平均旅游时长较短，游客数量虽大但过夜旅客少。为此，亟须进行产品供给侧改革，开发更多体验性、文化性、复合型优质旅游产品。

四 加快广东乡村文化旅游融合发展的对策建议

广东乡村旅游资源丰富，分布范围广，文化资源繁荣且独具特色，疫情结束后，广东乡村文旅融合发展必将迎来快速发展。当前，针对存在的问题，查漏补缺，主动进行产品供给侧和游客需求侧的变革，将有利于产业延伸，助力乡村文旅融合发展行稳致远。

一是以务实创新为引领，找准乡村文化旅游着力点。培育乡村文化旅游发展智库，以务实创新为引领，强化宏观指导，科学布局，全域推进农村人居环境整治，充分利用各地优越地理条件、丰富资源、深厚的历史文化底蕴，补齐短板，大力发展“农业+文化+旅游+科技”，打造乡村旅游精品项目，建设生态宜居美丽乡村，推动产业延伸。开展保护古建筑、古村落、古驿道活动，保护性挖掘和开发乡村旅游景点，凸显“农业+旅游”“农业+文化”“农业+科技”等元素。在产业延伸方面加大力度，推动建成文化旅游融合发展项目，促进乡村旅游发展。加强基础设施建设，提升乡村环境品质和乡村旅游服务能力。建设好覆盖各主要乡村旅游景区及通往乡村旅游景区景点等重要节点的旅游厕所，旅游集散中心、旅游驿站、问询中心，加快建成集交通、气象、治安等信息为一体的旅游大数据中心及综合信息服务平台，为全域旅游发展提供强有力支撑。

二是坚持特色化建设，拓展农文旅融合发展产业链。当前，宏观社会需求已发生了根本变化，人民对幸福生活的向往已经超越物质需求，中观上农业产业与文化旅游产业融合发展的趋势越来越明显，微观上农业企业与文化旅游企业发展上均要求有所突破，这三个层面的变化正是当前农文旅融合发展的最主要内生动力。为此，坚持乡村文化旅游特色化发展，要综合考虑乡村历史文化人文特色、休闲农业产业特色、自然生态环境特色、民俗乡风、家训祖训等乡村振兴的多元因素，区别传统旅游业态，凸显乡村文化旅游“三农”本色，重点规划打造样板村，防止低水平同质化建设，推进组织化运营，延长和拓展乡村文化旅游产业链，实现文化旅游业与农村“三产”融合发展。以点带面，在扎实做好人居环境整治、美丽乡村建设、规范农村建房、文物保护利用等工作前提下，不断实践乡村旅游发展新路子，带动生态宜居美丽乡村建设。随着我国中产阶层的不断扩大，城市居民精神与文化层面的需求旺盛，带来乡村旅游需求的剧增，推进乡村旅游从观光型向休闲型、度假型、乡居型纵深发展。从需求侧入手，应重点开发层次与内容丰富、各具特色的乡村观光、乡居民宿、康养运动、旅游演艺、休闲度假、美食产品、文创产品，不断提升产品和旅游环境质量。当前，粤东、粤西、粤北乡村地区有许多具备良好自然生态与文化条件的区域，但文化旅游产业发展缓慢，主要是因为核心城市的经济辐射与带动作用因距离较远而减弱，因此，要推动广东粤东、粤西、粤北地区乡村文化旅游产业融合发展与转型升级，重点要放在聚合城市资金、人才与运营能力上，尽快打造不同层级、满足都市居民不同需求的乡村休闲度假旅游区，建设不同类型、各具地方风情特色的文旅小镇，释放乡村旅游经济活力。

三是多维度宣传讲好文化故事，增强乡村文化旅游品牌效应。依托镇村特色美食、手信、农产品等元素，保持乡村文化独特性和生命力，用丰富的文化内涵吸引游客。通过维护乡村旅游生态基础，进一步活化乡村红色资源、名人故居和自然资源，将其作为发展乡村旅游的重要载体，因地制宜发展红色旅游，使革命老区、美丽乡村释放出发展新动能。

四是创新监管机制，强化乡村文化和旅游管理。推动镇（街）成立乡村旅游发展工作办公室，将全域旅游列入有关单位的绩效考核内容。创新旅游综合执法模式，提升乡村旅游监管水平。建立起乡村文化旅游志愿者服务网络，引导游客文明旅游。完善乡村文化旅游发展标准体系，鼓励各地成立乡村旅游协会，推动农民实施自我管理、自我约束，加快实现乡村旅游高质量发展。

参考文献

叶贞琴：《关于广东“发展最大的潜力和后劲在农村”的几点思考》，《农村工作通讯》2019 年第 10 期。

广东省委、省政府：《广东省实施乡村振兴战略规划（2018 ~ 2022 年）》，http：//www. gd. gov. cn/attachment/0/369/369879/2536169. pdf? ref = spec。

《〈农业农村部广东省人民政府共同推进广东乡村振兴战略实施 2020 年度工作要点〉解读》，http：//www. gd. gov. cn/zwgk/zcjd/bmjd/content/post_ 3063328. html。

空间发展篇

Spatial Development

B.10
2020年广东加快构建"一核一带一区"城乡融合大格局

黄孟欣　杨海深*

摘　要：广东迫切需要建立基于"一核一带一区"区域发展格局的差异化城乡融合体制机制和发展路径，形成具有广东特色的城乡融合发展大格局，为全国实施乡村振兴战略做出示范引领。2020年，广东区域发展新格局经受住新冠肺炎疫情冲击，珠三角核心区主引擎作用持续发挥，北部生态发展区呈现出较强韧性，初步实现了以区域协调发展带动城乡融合的目标。但区域经济差距、资源要素差距和收入差距所产生的不平衡成为城乡融合发展的主要障碍。广州精品工程模式、深汕合作区"飞地"管理模式和韶关绿色赋能模式为"一核一带一区"城乡融合大格局的形成提供了切实可行的样板。未来，广东需进一步统筹"一核一带一区"下的城乡规划管理，优化城乡空间布局，优化对口

* 黄孟欣，广东省农业农村厅处长，主要研究方向为农村经济改革；杨海深，博士，广东省社会科学院助理研究员，主要研究方向为产业与区域经济。

帮扶机制，完善支撑城乡融合大格局的动力传导机制，完善城乡金融发展布局，为城乡融合大格局提供支撑。

关键词：“一核一带一区” 城乡融合 区域协调 广东

改革开放以来，广东省委、省政府高度重视区域发展不平衡问题，区域协调发展理念与战略贯穿广东改革开放的始终，但发展不平衡不充分问题依然没有得到完全解决。习近平总书记在 2018 年 10 月考察广东时专门指出，广东要提高发展的平衡性和协调性。因此，加快区域协调发展，仍然是广东经济社会发展面临的重大而紧迫任务。党的十八大以来，广东大力实施粤东西北地区振兴发展战略，在一定程度上缓解了区域发展差距扩大的趋势，但发展差距仍然偏大的格局尚未根本转变。[①] 党的十九大以来，广东以《关于构建“一核一带一区”区域发展新格局促进全省区域协调发展的意见》政策文件精神为统领，全面实施以主体功能区为引领的区域发展新战略，提升珠三角核心区发展能级和牵引带动能力，强化沿海经济带产业支撑作用，激发北部生态发展区内生发展动力，推动区域经济社会协调发展。“一核一带一区”区域发展格局为广东城乡融合提供了崭新的模式和路径。2020 年 5 月，省委和省政府发布《广东省建立健全城乡融合发展体制机制和政策体系的若干措施》，其中首要的措施就是推动形成落实“一核一带一区”区域发展新格局的差异化城乡融合发展机制。这是一条立足广东实际、考虑不同地区城乡融合发展阶段和乡村差异性、推动构建差异化城乡融合发展之路，有利于形成基于“一核一带一区”区域协调发展战略下的城乡融合大格局。

一 广东加快推动形成“一核一带一区”区域发展新格局

2019 年以来，广东把构建“一核一带一区”区域发展新格局纳入“1 +

---

① 广东省委、省政府：《关于构建“一核一带一区”区域发展新格局促进全省区域协调发展的意见》，《南方日报》2019 年 7 月 19 日，http：//www. gd. gov. cn/gdywdt/gdyw/content/post_ 2540205. html，最后检索时间：2021 年 1 月 10 日。

1+9”工作部署，全力推进实施，不断加大政策、资金、项目等方面支持力度，努力推动“一核一带一区”区域发展格局渐次成形①，在新起点上不断开拓广东区域协调和乡村振兴的新局面。珠三角核心区发展能级不断提升，区域主引擎作用进一步显现；在沿海经济带，世界级临海产业集群和产业带正加速崛起；北部生态发展区绿色发展优势不断凸显。

（一）“一核一带一区”区域协调发展战略经受住新冠肺炎疫情冲击

珠三角核心区继续发挥经济增长的主引擎作用，北部生态发展区在疫情冲击下表现出较强韧性。如表 1 所示，2020 年前三季度，珠三角核心区实现地区生产总值 63304.9 亿元，占全省比重（80.7%）比上年提高 0.04 个百分点，比 2010 年提高 0.79 个百分点。深圳在新冠肺炎疫情冲击下表现出较强的经济增长韧性。2020 年前三季度，深圳生产总值同比增长 2.6%，比全省平均水平高 1.9 个百分点，在珠三角核心区 9 市中增长最快。东翼、西翼、北部生态发展区分别实现地区生产总值 5070.8 亿元、5473.1 亿元和 4548.3 亿元，占全省比重（6.5%、7.0%和 5.8%）分别比上年提高 0.01 个百分点、降低 0.09 个百分点和提高 0.04 个百分点，分别比 2010 年降低 0.07 个、0.35 个和 0.37 个百分点。其中，汕尾和阳江表现出较强经济增长韧性，2020 年前三季度，汕尾和阳江生产总值分别同比增长 4.6% 和 3.3%，分别比全省平均水平高 3.9 个和 2.6 个百分点，其中汕尾增长最快。

表 1　2020 年前三季度广东区域经济发展情况

单位：%

区域	GDP 占全省比重	GDP 增速	进出口额比重
珠三角核心区	80.7	0.8	95.6
粤东地区	6.5	-0.2	1.9
粤西地区	7.0	0.1	1.0
粤北部生态发展区	5.8	1.0	1.5

资料来源：广东省统计局和各市统计局网站。

① 徐林等：《中共广东省委十二届十次全会在广州召开 把握重点精准发力 打牢基础增强动力 高质量加快构建“一核一带一区”区域发展格局 李希代表省委常委会作报告》，《广州日报》2020 年 8 月 26 日，第 A07 版，http://sztqb.sznews.com/PC/content/202008/26/content_909517.html，最后检索时间：2021 年 1 月 10 日。

（二）以大湾区建设为契机加快构建"一核一带一区"新格局

广东以粤港澳大湾区和深圳先行示范区"双区"建设为重大驱动引擎，不断发挥深圳和广州的"双核联动、比翼双飞"作用，辐射带动"一核一带一区"在各自主体功能赛道上赛龙夺锦，形成高效协同、优势互补的区域发展新格局。首先，在基础设施方面，加强交通投资，推动"一核一带一区"基础设施互联互通。截至2020年12月28日，广东高速公路通车里程突破1万公里，居全国首位；铁路运营里程达4869公里，初步形成以广州为中心枢纽、连通珠三角和粤东西北，辐射华东、华中、华南以及西南地区的放射型路网格局①；广东在全国率先实现了"村村通客运"（建制村）的目标，为加快构建"一核一带一区"区域发展新格局提供强有力的交通保障。其次，在科技创新方面，粤港澳大湾区国际科技创新中心建设加快推进，广深港澳科技创新走廊有序推进，东莞散裂中子源、江门中微子实验站等重大科学装置加快布局，光明科学城、松山湖科学城、南沙科学城等重点项目扎实推进，对"一核一带一区"知识创造体系形成重要科技支撑，也有利于提升粤东西北地区科技水平。最后，以产业高端化为引领，全面增强"一核一带一区"产业集群发展能级。珠三角核心区重点围绕打造20个战略性产业集群，坚定不移地推动制造业高质量发展；沿海经济带发展着力加快重大产业项目布局，高水平推进临海产业集群建设；北部生态发展区发挥生态产业优势，加快对接湾区大市场。

（三）深圳核心引擎作用不断增强

深圳抢抓粤港澳大湾区和先行示范区建设的重大机遇，不断在更高起点、更高层次、更高目标上推进改革开放，精准发力，深度融入"一核一带一区"区域发展格局，着力打造开放"大平台"、交通"大体系"、经贸"大网络"、

---

① 成小珍：《广东"十三五"交通运输成绩单出炉》，《信息时报》2021年1月15日，http://www.xxsb.com/content/2021-01/15/content_134430.html，最后检索时间：2021年1月29日。

湾区“大市场”，全面强化“一核一带一区”主引擎作用。① 一是“核”引擎功能不断强化。深圳加快推进产业高端化，打造具有国际竞争力的世界级电子信息制造业集群，大力发展高端专业服务业；同时携手广州发挥“双城联动”效应，携手香港建设深港科创园。世界知识产权组织发布的《全球创新指数2020》报告显示，深圳－香港－广州科学技术集群居全球第二位。二是促进“带”的能级不断提升。加快推动珠江口东西两岸协同发展，推进深圳与汕头深度协作发展，完善深汕特别合作区“飞地”管理模式，持续做好对口帮扶汕尾任务。三是促使“区”的内涵不断丰富。支持北部生态发展区打造生态经济发展新标杆，支持一批特色优势农产品纳入“圳品”工程，加大对口帮扶河源力度，加快乡村振兴步伐。②

二　区域发展不平衡是广东城乡融合发展的主要障碍

广东在改革开放以来，采取“以点带面”的非均衡发展战略，导致各种生产要素资源被密集投入珠三角地区和广州、深圳等重点城市。非均衡发展战略的正效应是形成了多个拉动区域经济迅速发展的“核心增长极”，但由此也带来广东区域发展不平衡问题，突出表现在区域经济发展水平还有差距，基本公共服务均等化和基础设施建设还存在短板，区域资源要素禀赋还存在落差，区域政策体系与协同发展机制还有待健全，具有广东特色的区域协调发展新格局尚未形成。因此，缩小粤东、粤西、粤北地区与珠三角地区的差距，是广东以区域协调发展带动城乡融合的重大任务。③

① 綦伟：《深圳全面强化“一核一带一区”主引擎作用》，《深圳特区报》2020 年 10 月 10 日，http：//sz. people. com. cn/gb/n2/2020/1010/c202846 –34339265. html，最后检索时间：2021 年 1 月 29 日。

② 綦伟：《深圳全面强化“一核一带一区”主引擎作用》，《深圳特区报》2020 年 10 月 10 日，http：//sz. people. com. cn/gb/n2/2020/1010/c202846 –34339265. html，最后检索时间：2021 年 1 月 29 日。

③ 广东省委、省政府：《关于构建“一核一带一区”区域发展新格局促进全省区域协调发展的意见》，《南方日报》2019 年 7 月 19 日，http：//www. gd. gov. cn/gdywdt/gdyw/content/post _ 2540205. html，最后检索时间：2021 年 1 月 10 日。

（一）广东区域经济发展不平衡是造成城乡差距问题的根源

广东区域发展差距程度高于全国平均水平，并且珠三角地区与粤东西北地区的经济发展差距持续加大。就全国而言，东部沿海地区与西部地区经济发展水平比为2.5∶1，而广东省内发达地区与贫困山区的差距却高达5∶1。2019年，珠三角地区GDP是8.7万亿元，粤东西北是2.1万亿元，依旧是“八二格局”。过去10年广东经济增长主要集中在珠三角地区，珠三角地区GDP增量占到了全省的81.3%，深圳和广州的GDP增量和增速居广东第一和第二位，而粤东西北地区经济增长相对乏力，珠三角与粤东西北的GDP比值从2010年的3.96倍扩大到2019年的4.18倍。2019年，广东区域发展差异系数为0.6766，高于江苏（0.3415），广东省内GDP最大的深圳是最小的云浮的29倍，而浙江省的杭州是丽水的10倍，江苏省的苏州是宿迁的仅6倍。从地区生产总值占比来看，在江苏三大经济区域中苏南、苏中、苏北地区生产总值所占比重分别为56.7%、20.4%和22.9%①，占比最大与最小地区相差36.3个百分点，地方一般公共预算收入、社会消费品零售总额、进出口总额占比差距分别为51.3个、40.2个、77.2个百分点，而同期广东相同指标差距分别为85.2个、71.6个和94.5个百分点，均高于江苏。

近些年，“一核一带一区”产业发展差距仍然较大。尽管东西两翼着重打造现代石化和生物医药等高端产业集群，北部生态发展区加快传统产业优化升级，但它们与珠三角核心区产业发展相比仍然处于大幅落后的地位。2019年，东西两翼和北部生态发展区先进制造业增加值合计占规模以上工业比重为38.1%，比珠三角核心区低21.1个百分点②；其中，北部生态发展区（33.6%）比重与珠三角核心区差距最大，达25.6个百分点；高技术制造业合计占规模以上工业比重为9.0%，比珠三角核心区低27.2%，其中，西翼比重最低，仅有1.3%，与珠三角核心区的差距高达34.9个百分点。从区域绝对差距看，2019年，东西两翼和北部生态发展区高技术制造业和先进制造业增加

① 《全国最富和最穷的城市都在这里！同一个省地方经济差距能有多大?》，《第一财经》，https：//xw.qq.com/cmsid/20200817A0RH6D00，最后检索时间：2021年1月29日。

② 林小昭：《东南4省均衡度比较：广东2/3地市人均GDP低于全国》，《第一财经日报》2020年8月18日。

值分别占全省的4.1%和10.0%，与上年相比，占比分别下降0.5个百分点和0.1个百分点，与珠三角核心区的绝对差距仍在继续扩大。

（二）中心城市带动功能的差距造成城乡发展不均衡

从增长极理论看，中心城市是区域内经济社会中心的城市，可以利用有利条件和发展机遇，快速优先实现经济实力崛起，同时对资金、技术、人才等要素产生虹吸效应，对产业经济产生辐射带动作用，因此在区域内发挥着主导作用，占据核心地位①。在珠三角地区，广州、深圳等中心城市的核心地位十分突出。粤东西北共12个地市，粤东、粤西、粤北各自区域内的中心城市带动作用不突出，对区域生产总值增长贡献比较有限。如汕头作为粤东地区的中心城市的优势和带动作用不显著；湛江和茂名在粤西地区经济总量、工业增加值、固定资产投资和全社会零售总额等指标上比较接近；韶关和清远经济总量同样接近，均无法形成龙头城市，进而辐射带动周边地区发展。② 因此，如果中心城市的聚集、辐射、带动功能弱化，就会加剧城乡关系矛盾，影响整体经济的协调程度。

（三）居民收入差距是城乡差距最直观的表现

农村经济发展相对落后、农村居民收入水平较低，也是广东区域发展不平衡的重要表征。从表2可以看出，2015年以来，按区域划分的居民可支配收入增量和增速，珠三角明显高于粤东西北地区，珠三角与粤东西北居民可支配收入的比值由2015年的2.17扩大到2019年的2.23。特别是东西两翼收入增长均落后于全省平均水平，它们的人均可支配收入增长额仅为珠三角地区的41%，增速也落后于北部生态发展区。广州和深圳居民人均可支配收入累积增长是云浮、揭阳等地市的1.5倍。由于存在较大收入差距，目前，广东省城镇居民可支配收入绝对值比浙江和江苏要低10%～15%。

---

① 郭震洪、李云娥：《从增长极理论探讨中心经济城市在区域经济中的作用》，《山东社会科学》2006年第8期。

② 王晓蓓：《广东区域协调发展面临的问题及对策建议》，《现代营销（信息版）》2019年第4期。

表 2　2015、2019 年区域居民可支配收入增长情况

单位：元，%

区域	2015 年	2019 年	累积增加	平均增速
珠三角地区	36662	52214	15552	8.5
粤东西北	16844	23384	6540	7.8
东西两翼	17113	23513	6400	7.5
北部生态区	16345	23120	6775	8.3
全省平均	27859	39014	11155	8.0

资料来源：《广东统计年鉴（2020）》。

（四）区域资源要素差距是城乡差距的内在原因

从城市土地集约利用评价指标看，粤东西两翼单位土地面积产出（3027 万元/平方公里）仅为珠三角核心区（15866 万元/平方公里）的 19.1%，单位土地面积固定资产投资（1494 万元/平方公里）是珠三角核心区的 28.5%，可见，区域土地利用集约程度差距非常大。从金融发展来看，区域差距也非常明显。目前，广东存贷款、上市公司和保费收入等主要金融指标，珠三角与粤东西北之比都是 9∶1，粤东西北的金融资源长期流向珠三角地区。特别是粤东地区自 20 世纪末以来，金融生态环境一直未有效恢复，存贷比长期处于不合理的低水平，最低的潮州仅有 30% 左右，揭阳的贷款增速全省最低，仅有 6%（广东为 17%）。此外，河源和汕尾依旧没有境内上市公司，茂名和湛江已有 20 年没有新增境内上市公司。部分地区金融生态环境恶化与经济发展缓慢形成“负向循环”并不断强化，未来必须采取有力措施打破这种“负向循环”，把金融资源引导投向粤东西北地区。

三　在“一核一带一区”建设中构建城乡融合大格局

广东全面实施以功能区为引领的区域发展新战略，推动珠三角核心区、东翼、西翼和北部生态发展区协调发展，在新起点上不断开拓广东区域协调和乡村振兴的新局面。一要强化“一核”的引领带动作用，突出重点、攻坚克难，促进经济运行总体平稳，发展质量稳步提升，重点在转型升级、创新驱动上下功夫，打造引领广东发展的核心区；二要强化“一带”的产业发展主战场地位，在高质量打造产业集群上下功夫；三要强化“一区”的生态屏障作用，在绿色发展上下功夫，推动产业生态化、生态产业化发展。因此，要通过“一核一带一区”区域发展战略的实施，探索广东不同发展阶段、不同资源禀赋和不同动力机制的差异化城乡融合新模式，进而构建城乡融合发展的大格局。

（一）打造精品工程：广州探索具有超大城市特色的城乡融合之路

广州抓住中央赋予的实现老城市新活力、“四个出新出彩”建设的重要机遇，以“绣花功夫”提高城市精细化管理服务水平，把打造精品工程、推动城乡建设高质量发展作为强化省会城市产业发展、宜居环境功能的突出抓手，进一步树立精品意识、建设精品工程、打造精品品牌，坚持城乡整体规划和精细化治理，大力推动城乡建设高质量发展，取得了阶段性成效。2020 年，广州城市规划层次得到明显提升，形成全国市级国土空间总体规划的“广州样本”；基础设施能级不断提升，综合交通枢纽功能全面增强；城市环境品质持续提升，以“三旧”改造、“三园”转型、“三乱”整治为主要内容的城市更新扎实推进。

1. 高度重视城与乡的融合关系

习近平总书记强调：“要建立城乡融合的体制机制，把工业和农业、城市和乡村作为一个整体统筹谋划，促进城乡在规划布局、要素配置、产业发展、公共服务、生态保护等方面相互融合、共同发展。”① 广州将乡村建设置于城市整体发展、大湾区发展的大格局下来思考，在城乡融合上走出一条体现时代特征、具有广州特色的发展之路，突出补短、补差、补弱、补缺，持续推动基础设施建设和公共资源配置向郊区倾斜，搭建城乡产业协同发展平台，建立有利于乡村经济多元化发展的体制机制，让城市全体居民共享城乡一体化发展成果。

2. 坚持系统思维，推动形成“规建管”全链条城乡融合体系

城乡融合发展是规划、建设、管理“三位一体”的有机统一。广州是建城历史超过 2200 年的老城市，也是实际管理人口超过 2200 万的超大城市，基

① 习近平：《在十八届中央政治局第二十二次集体学习时的讲话（2015 年 4 月 30 日）》，《人民日报》2015 年 5 月 2 日。

础设施欠账多、城市更新任务重。推进城乡建设高质量发展，要求把握科学系统的思维方法，在规划、建设和管理上下功夫。从规划上，提供精品工程安全及可持续的自然资源保障，强化土地节约集约利用水平。从建设上，将精品意识贯穿于工程建设项目全生命周期，运用信息技术，提高管理标准化、精细化水平，从工序上创建精品品牌。把新型城镇化与脱贫攻坚有机统一起来，鼓励因地制宜建设和发展特色小镇、美丽乡村，推动建立城乡一体化的基础设施体系，大力提升城乡基本公共服务均等化水平。从管理上，着力打造更高水平的智慧城市，提升城市现代化管理服务水平。

3. 深化制度改革，建设岭南特色生态宜居美丽乡村

广州制定集体经营性建设用地入市配套制度。稳步推进农村集体产权制度改革。建立城市人才、工商资本进村激励机制。制定扶持现代农业产业园建设办法，积极创建省级现代农业产业园，谋划共建粤港澳大湾区“菜篮子”，大力培育发展新型农业经营主体。① 在从化区等地探索“建立生态产品价值实现机制”改革，打造从化生态经济总部集聚区。支持增城、花都、从化区开展国家城乡融合发展试验区广清接合片区建设，高起点打造粤港澳大湾区生态文化旅游示范区。② 突出抓好“五大美丽”行动、乡村治污行动、全面提升公共服务水平行动，形成岭南特色鲜明的美丽乡村群。

（二）探索“飞地”治理模式：深汕共创精准帮扶、共赢发展全国范例

作为深圳第“10 + 1”区，深汕特别合作区是深圳唯一拥有农村的区，共有 34 个行政村、187 个自然村，其中广东省定相对贫困村 5 个，是推进脱贫攻坚和乡村振兴的主阵地。深圳抢抓“双区驱动”重大历史机遇，发挥先行示范区的带动作用，争做“中国飞地经济发展模式首创者、飞地治理模式首

---

① 朱伟良：《乡村振兴实绩考核广州位列珠三角第一》，《南方日报》2019 年 8 月 13 日，第 GC01 版。

② 《广州市人民政府关于印发 2020 年市政府工作报告部署工作责任分工的通知》，广州市人民政府网站，2020 年 7 月 20 日。

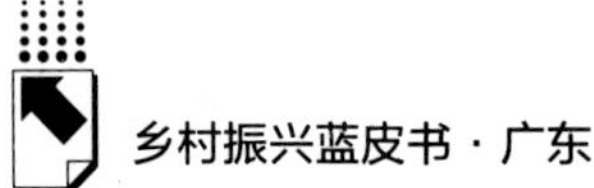

创者、飞地农村城市化实践首创者”,[①] 将深汕特别合作区加快建成现代化国际性滨海智慧新城。

1. 注重顶层设计与基层探索相结合，扎实推进飞地模式实践

2019 年，《中共中央国务院关于支持深圳建设中国特色社会主义先行示范区的意见》中明确指出，“创新完善、探索推广深汕合作区管理体制机制”，标志着深汕合作区的飞地治理模式得到国家认可。2020 年，《深圳建设中国特色社会主义先行示范区综合改革试点实施方案（2020～2025 年）》中特别指出，“支持在土地管理制度上深化探索，深化深汕合作区等区域农村土地制度改革”。这为深圳拓展发展空间，推动“沿海经济带”合作，以及探索城乡融合发展新模式提供了先例。与传统飞地不同的是，深汕合作区要实现“特区带老区”“先富帮后富”目标，并将为深圳的产业外溢带来更大更广的发展空间。[②]

2. 创新区域合作帮扶体制，探索有广东特色的扶贫模式

深汕合作区大胆突破原有体制的束缚，将合作区的经济建设与社会事务管理权全部交由深圳来管理，合作区组织架构和管委会书记均由深圳指任，合作区的利益分成机制遵循“发展第一、尊重历史、权责对等、互利共赢”的原则，最大限度地激发各方积极性，这是在体制机制上对区域合作帮扶进行的试验与创新，是建立中国城乡融合治理试验基地的新尝试。[③]

3. 深汕合作区朝着城乡一体化发展目标迈进

在基础设施方面，深汕合作区将构建起“三港四站”“四铁五高”“五横六纵”的交通路网，无缝对接深圳主城区。如深汕高铁将在 2025 年建成通车，时速可达 350 公里，全程仅 30 分钟，将大大缩短两地的时空距离。在教育层面，深汕西中心学校将秉持“幼有善育、学有优教”的理念，在合作区开展教学工作；深圳高中园中的 3 所公办普通高中正在规划选址建设；此外，还引进了两所

① 傅静怡、张馨怡：《深汕特别合作区提出打造三个飞地建设“首创者”的背后》，《南方都市报》2018 年 12 月 17 日。

② 石义胜、林捷兴等：《深汕特别合作区党工委书记产耀东：先行示范飞地治理模式，打造区域协调发展样板》，《深圳特区报》2020 年 11 月 17 日，第 A04 版。

③ 周礼红：《深汕特别合作区的扶贫新模式探索》，《深圳特区报》2020 年 6 月 16 日，第 B02 版。

“十二年一贯制”的学校，打造从幼儿园到大学的全链条完备的教育体系。在住房配套方面，创业村、开元大厦等上千套人才住房正投入使用，目前正加快建设大型人才住宅区，确保人才住房阶段性供给充足。计划到2022年，人才保障性住房将提供3.86万套；2025年，预计提供超过14万套。①

（三）坚持绿色赋能：韶关探索生态型城乡融合高质量发展之路

2020年，韶关认真落实中央和广东省委的决策部署，积极探索绿色生态型城乡融合高质量发展之路，为广东构建区域发展新格局提供重要生态支撑，为广东高质量发展构建牢固的生态屏障。② 通过提升城乡基础设施一体化水平、城乡公共服务均等化水平和高质量稳定脱贫水平，奋力走出一条具有韶关特色、体现绿色生态的城乡融合高质量发展之路。

1. 建立健全守护“绿水青山”的体制机制，切实做到守土有责

习近平总书记指出：“保护生态环境必须依靠制度、依靠法治”“让制度成为刚性的约束和不可触碰的高压线”。③ 韶关不断建立健全生态环境保护体制机制，特别是在加强责任意识和考核方面建章立制，筑牢北部生态发展区生态屏障。韶关已经建立起生态文明建设的问责制度和考核评价体系，强化党政领导干部生态文明建设的政治责任担当和工作任务的“绿色”发展目标导向，切实促使各级党政领导干部守土有责、守土担责、守土尽责。

2. 以发展生态农业为支撑，积极探索“三农”发展新模式

韶关正把零污染产业发展作为重要抓手，构建以生态农业、绿色工业、生态旅游为主体的产业体系，积极探索生态发展区的产业发展新路，把生态优势转化为产业优势和竞争优势。在农业和农产品方面，韶关坚持精细农业、精美农村、精勤农民的发展思路，“三农”发展不断取得成效；在生态旅游方面，韶关依托优良的生态环境和深厚的文化底蕴，大力发展新兴旅游业态，涌现出

---

① 石义胜、林捷兴：《深汕合作区加快完善保障性住房体系“四里”项目万套住房稳步推进》，《深圳特区报》2020年7月11日，第A04版。

② 李方静：《奏响生态保护主旋律全力筑牢粤北生态屏障》，《韶关日报》2020年10月29日，第A02版。

③ 《习近平在全国生态环境保护大会上强调坚决打好污染防治攻坚战 推动生态文明建设迈上新台阶》，新华社，2018年5月19日，http：//www.gov.cn/xinwen/2018－05/19/content_5292116.htm，最后检索时间：2021年1月20日。

一大批乡村旅游精品线路、文化和旅游特色村，乡村文化旅游特色品牌逐步建立。

四　广东构建“一核一带一区”城乡融合大格局展望

国家“十四五”规划指出，要“走中国特色社会主义乡村振兴道路”。广东要准确把握“十四五”时期发展的新形势新目标新要求，深入研究促进城乡融合发展的体制机制和政策体系，优化提升“一核一带一区”区域发展新格局下的城乡融合大格局，探索具有广东特色的乡村振兴道路。

（一）统筹城乡规划建设管理，优化城乡空间布局结构

一是统筹城乡基础设施规划建设。鼓励珠三角地区参与东西两翼地区和北部生态发展区基础设施建设。强化城乡基础设施连接，推动水电路气等城乡联网、共建共享。加强推进新型城镇化建设，提升县域公共设施和综合服务能力，充分发挥县城上接城市、下引乡村的综合功能，加强城乡交通、水利等重大工程建设，加大支持农村地区的“两新一重”建设。①

二是完善城乡市场要素资源对接。促进工商资本、城市资本下乡投资农业农村，逐步推进农业规模化运营，建立现代农业发展治理体系。建立城乡人力资源和建设用地市场一体化机制，形成农村宅基地复耕的指标交易市场，改善城乡金融支撑和农业科技成果下乡转化机制。要加快城乡户籍制度改革，增强城乡基本公共服务保障能力，实现社会保障自由转移，形成城乡一体化的劳动力市场，进一步缩小城乡基本公共服务差距。②

三是推动农业全面升级，实现乡村产业、人才、文化、生态和组织振兴。大力实施“头雁”工程，重点打造基层党组织书记后备队伍，加强农村基层

① 《“两新一重”助推“三农”高质量 发展提升全面小康成色》，人民网－美丽乡村频道，http：//m2. people. cn/r/MV8xXzMxNzY5MjEzXzQxOTg0Ml8xNTkzNjkxODY3？_ _ from = lenovo，最后检索时间：2021 年 1 月 14 日。

② 广东省、委省政府：《关于构建“一核一带一区”区域发展新格局 促进全省区域协调发展的意见》，《南方日报》2019 年 7 月 19 日，http：//www. gd. gov. cn/gdywdt/gdyw/content/post _ 2540205. html，最后检索时间：2021 年 1 月 15 日。

党建与基层治理相结合，全面建强农村基层组织。立足各地资源禀赋，因地制宜打造“一村一品、一镇一业”特色农业村镇，深入开展“万企帮万村”活动，引导企业盘活农村闲置资源，推动农村集体经济多元化发展。持续深化“千村示范、万村整治”工程，打造较高水平的农村人居环境，积极探索美丽乡村特色化、差异化发展道路，加快建设符合“一核一带一区”区域发展新格局下的美丽乡村模式。

（二）优化对口帮扶机制，完善支撑城乡融合大格局的动力传导机制

一是健全对口帮扶长效机制建设。搭建帮扶市和被帮扶市“双主体”责任分担机制，优化帮扶双方党政领导和工作组织机制，促进共管共建的帮扶协作格局。支持帮扶两地产业共建、股份合作和托管建设等新的产业合作模式，完善共建产业园区生产总值核算和财政收入分成机制，促进形成责任共担、成果共享的帮扶长效机制。

二是突出产业帮扶，培育粤东西北地区经济发展内生动力。统筹“一核一带一区”区域发展，发挥珠三角核心区的“输血”功能，推动欠发达地区自主“造血”，借鉴推广深汕特别合作区产业转移和共建的发展经验，提高广东可持续发展能力。大力优化落实产业共建政策体系，突出产业共建主攻方向，发挥科技在产业帮扶中的重要作用，探索支持珠三角地区企业将部分生产环节向东西两翼地区和北部生态发展区转移的优惠政策和财政资金奖补政策。做好产业链和产业集群整体规划，推动产业在广东省内有序梯次转移，促进欠发达地区产业升级。

三是加强社会力量帮扶。有效动员珠三角核心区全社会力量开展帮扶工作，尤其是省属国企、大型民企、重点高校和医院、公益组织等参与帮扶，鼓励珠三角核心区教育、医疗组织向东西两翼地区和北部生态发展区拓展延伸服务。

四是加强基本民生帮扶。全方位加强东西两翼地区和北部生态发展区公共就业服务，有组织开展职业技能培训，加强困难就业群体的就业帮扶。健全社会救助体系，稳步提升城乡居民基本养老保险基础养老金标准，不断扩大社会保险的覆盖面，强化自然灾害应急救助能力。

（三）完善区域金融发展布局，优化金融生态环境

一是增强粤港澳大湾区的金融辐射带动作用。要以落实“金融支持大湾区建设30条”为契机，提升广州、深圳的金融中心城市功能，加快筹建粤港澳大湾区国际商业银行，支持农商行等地方法人金融机构通过改制上市和并购重组做大做强，积极发展符合国家监管要求的省级金融控股平台，增强统筹调动全省金融资源能力。进一步发挥深交所、广东股权交易中心的综合平台功能，加快广东股权交易中心在各地市分支机构建设，培育符合粤东西北产业特点的特色板块。用好上市公司资源，组织珠三角上市公司与粤东西北地区进行产业对接，通过项目投资、收购资产等方式将珠三角的技术、资本与粤东西北的土地、劳动力要素结合起来，以新的“前店后厂”模式实现产业链在区域上的合理分工布局。

二是创建粤东西北普惠金融试验区，提升服务产业和“三农”发展水平。以汕头、湛江两个省域副中心为节点，复制推广大湾区金融开放创新政策，开展海洋金融等特色金融创新，提升服务“沿海经济带”产业发展能力。以“绿色金融”改革创新为抓手，支持北部生态区与珠三角地区之间开展碳排放权、水权、排污权等环境权益交易，促进金融要素流动反哺生态经济发展。大力发展移动支付、互联网银行，鼓励开展金融产品和业务创新，推动“中小融”平台功能向县域和“三农”延伸，满足县域和“三农”领域“小额、高频、快速”的金融需求。推动政策性农业保险“扩面、增品、提标”，推广巨灾保险，探索再保险，构建由财政补贴基本险、商业险和附加险组成的农业保险产品体系，推动农业保险与信贷、担保、期货（权）等金融工具联动，提升农业保险综合保障服务能力。

三是建立健全“一核一带一区”生态补偿机制。优化完善生态保护补偿转移支付机制，加大对北部生态发展区的反哺机制，完善多元化横向生态补偿机制，鼓励生态受益地区与生态保护地区建立横向补偿关系，支持建立“一核一带一区”下的生态保护补偿机制。

参考文献

谢子平：《促进城乡融合发展》，《学习与研究》2020 年第 1 期。

李国英：《构建都市圈时代“核心城市 + 特色小镇”的发展新格局》，《区域经济评论》2019 年第 6 期。

邹培勇：《关于“一核一带一区”格局中粤北山区发展路径的思考》，《广东经济》2020 年第 8 期。

龚蔚霞、周剑云：《新时代城乡融合发展下的广东省乡村地区空间管治探索》，《小城镇建设》2020 年第 2 期。

武文霞、庄伟光、邹开敏：《珠三角地区美丽乡村建设、城乡融合发展路径和对策研究》，《广东经济》2020 年第 9 期。

曲延春：《从“二元”到“一体”：乡村振兴战略下城乡融合发展路径研究》，《理论学刊》2020 年第 1 期。

B.11
2020年广东都市圈与核心城市加速城乡融合发展

邓智平　郭　楚*

摘　要：加快推进城乡融合是中国实现社会主义现代化的题中应有之义。都市圈的人口密度高、经济实力强，核心城市与周边乡村资源要素双向流动频繁，核心城市对周边城乡具有很强的辐射带动能力，应当率先实现城乡融合发展。广东拥有广州、深圳两个超大城市，正加快建设完善广州都市圈、深圳都市圈、珠江口西岸都市圈、汕潮揭都市圈和湛茂都市圈。2020年，广东以都市圈与核心城市为引领，加速形成与“一核一带一区”区域发展新格局相适应的差异化城乡融合发展新机制，城乡融合广度和深度显著提升，工农互促、城乡互补、全面融合、共同繁荣的新型工农城乡关系加快形成。

关键词：城乡融合　都市圈　核心城市　广东

党的十九大报告提出，“建立健全城乡融合发展体制机制和政策体系，加快推进农业农村现代化”。《中共中央关于制定国民经济和社会发展第十四个五年规划和二〇三五年远景目标的建议》进一步要求，“健全城乡融合发展机制，推动城乡要素平等交换、双向流动，增强农业农村发展活力”。国家发展改革委《关于培育发展现代化都市圈的指导意见》（发改规划〔2019〕328

* 邓智平，博士，广东省社会科学院改革开放与现代化研究所所长、研究员，主要研究方向为城镇化、现代化；郭楚，广东省社会科学院研究员，主要研究方向为港澳经济与区域经济。

号）提出“在都市圈率先实现城乡融合发展”。都市圈的人口、产业密度高，核心城市与周边城乡资源要素双向流动频繁，核心城市对周边城乡辐射带动能力强。都市圈形成一个有机系统，对城乡融合发展具有先导作用。根据《广东省人口发展规划（2017～2030年）》，广东拥有2个超大城市、2个特大城市、11个大城市。目前广州都市圈和深圳都市圈初步形成，珠江口西岸都市圈、汕潮揭都市圈和湛茂都市圈加速形成。2020年，广东按照“一核一带一区”区域发展新格局的要求，建立健全差异化城乡融合发展机制，以都市圈与核心城市赋能城乡融合加速发展。

一　现代化都市圈率先引领城乡融合发展的内在机理

都市圈是城市群内部以超大特大城市或辐射带动功能强的大城市为中心、以1小时通勤圈为基本范围的城镇化空间形态。① 根据地理学第一定律，任何事物都是普遍联系的，只不过空间相近的事物联系更加紧密。处在都市圈范围内的乡村，与城市之间的联系是最紧密的，也是最有条件和可能实现城乡融合发展的。具体来说：一是空间距离相对较短。都市圈内中心城市的辐射带动作用受距离影响较小，能够较好地通过产业分工、通勤等多种方式与乡村产生联系，带动乡村发展；二是能够顺应经济规律，有效打破行政边界，促进要素在城乡之间合理高效流动。相比传统的都市圈，现代化都市圈内部的交通通达性更好，产业分工协作水平更高，城乡之间要素流动更为便捷和频繁，中心城市对于都市圈范围内的广大乡村带动能力更强。

从形式上来看，都市圈带动城乡融合发展一般存在三种模式：一是产业分工协作。企业保留总部和研发等功能在城市中心，将生产部分配置到成本更低的乡村。如近年来，随着广州、深圳等大城市地价不断攀升，不少企业已经将生产部门甚至研发部门转移到村级工业园中。二是城乡通勤联系带动乡村服务业发展。由于中心城市房价高昂，不少居民选择居住在乡村，通过快速交通工具到中心城市上班。大量居民居住的大城市周边的乡村地区，可以有效带动乡

① 国家发展改革委：《关于培育发展现代化都市圈的指导意见》（发改规划〔2019〕328号）。

村服务业的发展。三是游憩消费带动乡村旅游业发展。随着城市居民收入的不断提升，中心城市的旅游消费需求也不断增加，周末游等旅游形式的兴起可以有效带动大城市周边乡村旅游业的发展。

新发展阶段广东都市圈的建设将有效促进都市圈内中心城市与周边城乡同城化发展。2020 年 5 月，广东省委、省政府印发《广东省建立健全城乡融合发展体制机制和政策体系的若干措施》，明确提出“健全都市圈率先实现城乡融合发展的机制”，试图从都市圈内部的基础设施、区域市场、产业分工、公共服务、生态环境等一体化建设和不同都市圈之间的协同合作两个方面实现都市圈带动城乡融合发展。

二　2020年广东省都市圈带动城乡融合发展的现状分析

2020 年广东省坚持新型城镇化与乡村振兴协同推进，加快中心城市和都市圈建设，从制度政策设计、基础设施建设、产业分工协作、公共服务共建共享等方面加速建立健全都市圈率先实现城乡融合发展的体制机制。

（一）加强顶层设计，建立健全全省国土空间规划与城乡融合发展政策体系

推动都市圈带动城乡融合发展的关键之一，是树立“大规划区”理念，把都市圈看成一个整体，打破不同城市的行政区壁垒，建立圈内各城市共同遵守的空间规划管控机制，加强不同城市间城乡规划的有机衔接，实现跨区域城乡统一规划，着力形成城乡空间有序交错、功能互补、生态宜居的空间结构形态。2020 年，《广东省国土空间规划（2020～2035 年）》出台，该规划落实省委“1+1+9”工作部署，支撑“一核一带一区”区域发展新格局的构建，划定城市扩张边界，增强乡村生态隔离效应，推进省域山水林田湖海全要素的资源配置和空间治理。同年，《广东省建立健全城乡融合发展体制机制和政策体系的若干措施》印发，《广东省开发区总体发展规划（2020～2035 年）》出台，前者要求都市圈率先实现城乡融合发展，加快建立工农互促、城乡互补、全面融合、共同繁荣的新型工农城乡关系，实现乡村振兴和农业农村现代化；

后者提出制定广州都市圈、深圳都市圈、珠江口西岸都市圈①、汕潮揭都市圈、湛茂都市圈等五大都市圈发展规划。可见，全省已经对都市圈建设进行了崭新谋划，并从规划层面描绘了以都市圈带动城乡融合的蓝图，以更大力度统筹区域协调发展，打造大都市圈成为广东加快推进新型城镇化、加快区域协调和城乡融合发展的重要途径。

（二）提升都市圈核心城市能级，对城乡融合发展的带动能力显著增强

2020 年，珠三角核心区城镇化率达到 86.28%，已经比肩京沪这两个强一线城市，媲美发达国家和地区的水平。2020 年，在珠三角核心区当中，作为珠三角都市圈核心城市，深圳和广州两城经济规模接近广东全省 50% 左右，佛山经济总量超万亿元、东莞经济总量接近万亿元。广州、深圳、珠江口西岸三个都市圈经济活力、开放程度、创新能力、吸纳外来人口数量走在全国前列，对周边乡村地区的带动发展能力日益增强，共同为广东加快高质量发展和城乡融合发展提供强劲动力。

其中，广州都市圈以广佛全域同城化、广清一体化为示范，加快推进珠三角地区与环珠三角地区深度一体化融合发展。目前广佛同城已基本实现，2018 年 7 月广佛肇清四市跨城职住人数高达 74.41 万，其中广佛跨城占四市跨城总规模的 60.6%。2019 年 12 月，广清接合片区被国家确定为 11 个城乡融合发展试验区之一。广清接合片区试验范围面积 9978 平方公里，相当于两市面积之和的 1/3，建成后将产生极大的示范引领带动作用。

深圳都市圈统筹做好“对内”“对外”两篇文章。深汕合作区是深圳第“10+1”区，深圳助力深汕合作区“飞地”农村城市化和农业农村现代化，一方面，深圳通过开展交通基础设施建设、产业帮扶、人居综合环境整治、公共服务设施建设等，着力补齐汕尾农村短板，让乡村尽快跟上城市发展步伐；另一方面，深圳充分发挥科技创新和农业产业化优势，创新城市化地区耕地和

① 广州都市圈包括“广佛肇+韶清云”（广州、佛山、肇庆+韶关+清远+云浮）、深圳都市圈包括“深莞惠+汕尾、河源”（深圳、东莞、惠州+汕尾+河源）、珠江口西岸都市圈包括“珠中江+阳江”（珠海、中山、江门+阳江）。

永久基本农田保护利用模式，帮助汕尾大力发展休闲观光、农耕体验等现代农业新业态。在扶贫工作上，深圳稳步推进帮扶河源、汕尾工作，狠抓产业帮扶和就业帮扶，助推帮扶地区贫困群众走上致富路。

（三）优化产业分工协作，现代化都市圈建设带动城乡产业融合水平日益提升

2020年，广东省深入实施区域协调发展战略，统筹推进产业跨区域布局共建，延伸细化产业分工，多个都市圈内逐步形成城乡区域一体的产业链条。广州都市圈内产业发展分工较明晰、高端服务集聚共享。广州拥有汽车、电子产品和石油化工制造三大支柱产业，形成“服务中心+大型园区”的结构；佛山主攻家电、食品、纺织等传统工业，形成“专业镇+园区”的结构，传统制造业形成众多专业镇集群，先进制造业也向园区集中，两市产业体系内部关联性强，广州的钢铁、石化等重型工业为佛山的家电家具、机械装备制造、塑料制品等轻型工业提供原材料；而佛山则通过对原材料的加工制造，向广州输送中间产品及提供最终消费品。肇庆以承接广佛产业转移为主导，依托肇庆高新区、广佛肇经济合作区和外围村镇等平台积极承接广佛的产业外溢，其中肇庆高新区目前引进的50多家企业中，有40%来自佛山。广佛肇呈现三市共享广州市高端服务的空间特征。

深圳都市圈形成重点平台和企业的协作型产业发展格局。深莞惠三市逐步形成深圳高端服务+东莞制造+惠州生活服务的产业体系。其中，通过跨界地区重点平台和大型企业的建立，成功整合了都市圈内的城乡创新资源。东莞松山湖、惠州环大亚湾石化区等紧邻深圳的跨界地区重点平台以及华为、比亚迪、华大基因等龙头企业周边地区已经成为城乡区域融合的重要支点。

珠江口西岸都市圈立足特色分工形成跨界产业发展格局。珠海城市的能级和量级进一步提升，核心城市功能有所增强，都市圈产业布局呈现在跨界地区集聚的趋势。中山与珠海、佛山、广州交界地区，形成了基于小榄、古镇、坦洲等边界地区工业镇自身的扩张产业空间集聚，但都市圈层面城市间通勤、居住、服务共享等互动尚不深入。

北部生态发展区不断探索绿色发展新路径，以现代产业园区为抓手，大力发展韶关高新区、河源高新区、梅州高新区（广梅产业园）、清远高新区、佛

山（云浮）产业转移工业园等开发区。截至2020年，全省共创建14个国家级、161个省级现代农业产业园，家庭农场等各类新型农业经营主体蓬勃发展，形成67家国家级农业龙头企业。

（四）大幅提升都市圈基础设施一体化水平，城乡空间结构逐渐优化

实现城乡基础设施互联互通是促进城乡融合发展的重要抓手。2020年，在传统基建方面，继港珠澳大桥、广深港高铁等标志性工程建成通车后，穗莞深城际、广清城际一期、珠西综合交通枢纽江门站、潮汕环线高速公路正式通车等项目相继建成，深茂铁路深江段开工建设，粤东城际铁路三个项目同时启动招标，各地努力实现都市圈主要城市间1小时通勤圈。水电气讯等市政基础设施提质增效，北部湾广东水资源配置工程试验段启动建设，雨污分流顺利推进，新增污水管网3.3万公里，污水日处理能力814万吨。加速新型信息基础设施建设布局，新建5G基站8.7万座、总量突破12万座，率先实现20户以上自然村全部通百兆光纤。加速现代基础设施向农村覆盖，着力打通各类基础设施到乡村的“最后一公里”，城乡时空距离大大缩减，区域空间结构逐渐优化。大力开展“千村示范、万村整治”，农村垃圾收运处理体系、无害化户厕改造、集中供水等实现全覆盖，农村人居环境和村容村貌显著改善。加快发展农村电商，淘宝村数量达到1025个，2020年增速居全国首位。

（五）消除制度障碍，都市圈范围内城乡要素合理流动机制进一步完善

促进城乡要素合理流动制度主要包括户籍制度、人口人才制度、财政金融制度、土地制度等。在户籍和人才制度方面，2020年，广东全面取消城区常住人口300万以下的大中小城市和小城镇落户限制，加快推进以居住证为载体的全部常住人口基本公共服务均等化享受机制实施，农业转移人口市民化程度显著提升；同时从物质、精神等多方面建立健全城市人才回乡、返乡、入乡的激励机制，鼓励城市人口服务乡村、建设乡村，城乡人才流动的障碍逐步破除。在财政金融制度上，加强各类涉农资金统筹整合，探索建立租赁农地风险

保障金制度，把现代农业产业园、农旅综合体等打造成为工商资本入乡的重要载体和平台。在土地制度上，基本完成农村承包地、宅基地确权登记颁证，鼓励探索农村承包地“三权分置”具体实现形式，健全土地增值收益分享机制。例如，佛山南海区作为广东省城乡融合发展改革创新实验区，积极探索并形成8种可复制推广的改造模式。当中包括以桂城天富科技城为代表的国有资产主导改造模式，以九江临港国际社区为代表的连片改造、混合开发模式，还有桂城夏北整村改造项目为典型的旧村居旧厂房混合改造模式。同时，南海还创新了微更新、微改造模式，挂账收储、收回出让模式，集体建设用地入市开发模式以及生态复垦复绿模式等。又如，顺德北滘对约16000亩村级工业园进行摸底，编制《村改产业发展规划》，高标准建设城市综合服务和都市型产业集聚区。通过政策创新，都市圈内土地增值收益分享机制得以健全，有效推动了城中（郊）村、村级工业园等开发区域土地依法合规整治入市，助力城乡土地资源流转和增效。

（六）加快基本公共服务向农村延伸，城乡基本公共服务普惠共享水平有效提升

一是建立健全城乡一体化的基础设施规划建设运维管护机制。把城乡公路等公益性基础设施的建设运维管护费用纳入财政公共预算，在县域内统筹布局城乡基础设施。截至2020年8月底，全省已经完成200人以上自然村道路硬化4353公里、20户以上200人以下自然村道路硬化1587公里，乡镇通客车率达到100%，建制村通客车率达到99.45%。贫困村行政村和自然村集中供水率分别达100%、96%以上，饮水安全保障率达100%。二是农村居民的就业、教育、医疗、社保等公共服务水平显著提高。深入实施“粤菜师傅”“广东技工”“南粤家政”三项工程，全面提升城乡居民的就业能力，推动农民收入增速高于经济增速；建立完善全学段的生均拨款制度和学生资助政策，职业院校在校生规模居全国首位；加强基层医疗卫生机构建设，2016~2020年投入500亿元全面提升县镇村医疗卫生水平，农村新冠肺炎疫情防控良好，医共体实现县域全覆盖；不断提高城乡居民的社会保障水平，居民基础养老金最低标准、居民医保最高支付限额等大幅提高，全面实现医疗保障异地就医“一站式”直接结算。

（七）高质量打好打赢脱贫攻坚战，扶贫脱贫工作取得突破性进展

广东把脱贫攻坚作为解决“三农”问题、促进城乡融合的底线工程，持之以恒地抓紧抓好。2016 年以来，先后动员全省 21 个地市、1.8 万个党政机关和企事业单位、近 6.5 万名驻村干部、累计投入 1600 多亿元，夺取脱贫攻坚战的决定性胜利。截至 2020 年底，全省 161.5 万相对贫困人口、2277 个相对贫困村全部达到出列标准，创造了解决贫困问题的“广东经验”。都市圈带动脱贫攻坚方面：一是对口帮扶，加强珠三角都市圈与粤东、粤西、粤北地区劳务和产业协作。“广东技工”“南粤家政”“粤菜师傅”三项工程的推进，帮助全省 40.14 万贫困劳动力转移就业，人均就业增收 1.8 万元。按照宜农则农、宜商则商、宜游则游原则，用好“跨县集群、一县一园、一镇一业、一村一品”发展平台，推广“企业（合作社）+基地+贫困户”模式，因地制宜发展地方特色优势扶贫产业，解决贫困劳动力就业问题。二是创建新农村示范村，建设美丽乡村。2016 年以来，广东省村均投入 1500 万元，全面实施贫困村创建新农村示范村工作。三是调动社会力量，构建专项扶贫、行业扶贫、社会扶贫“三位一体”精准扶贫格局。广泛调动社会各界力量参与脱贫攻坚，重点推进“万企帮万村”精准扶贫行动，9115 个企业累计投入帮扶资金 66.5 亿元，给农村产业扶贫注入了强大的动力。

三　广东都市圈带动城乡融合发展存在的主要问题

广东在都市圈内部率先实现城乡融合发展方面已经取得明显成效，但仍然存在珠三角城市群城乡融合质量不高、潮汕揭和湛茂都市圈带动能力较弱、生产要素城乡自由流动制度性障碍等问题。

（一）都市圈带动城乡融合发展的不平衡问题突出

以都市圈特别是大城市为载体推进城乡融合发展，既有利于打破行政壁垒，又有利于增强城乡之间的有机联系，是新发展阶段推进区域协调发展的客观要求。然而，这一战略的实施在广东却存在明显的区域不平衡问题。广州都市圈、深圳都市圈中心城市综合实力强，城市能级高，对周边乡村的辐射带动作用明显，城乡融合发展水平较高。但在珠江口西岸、潮汕揭和湛茂都市圈，中心城市的综合实力则相对较弱，都市圈尚未发育成型，对周边乡村的带动能力仍然不强，存在“小马拉大车”的问题，主要表现在以下三个方面。

一是作为珠江口西岸、潮汕揭、湛茂都市圈的核心城市的珠海、汕头和湛江，综合实力不强，经济规模小，尚无法有效带动周边乡村地区的发展。2020年，珠海、汕头和湛江的 GDP 分别为 3482 亿元、2731 亿元和 3100 亿元，与广州（25019 亿元）和深圳（27670 亿元）的经济规模和城市能级存在巨大差距，对于乡村地区的带动能力也存在显著差距。

二是中心城市产业结构层次较低，与周边乡村形成产业分工的规模和层次都相对较低。以潮汕揭都市圈为例，产业结构主要以纺织服装、玩具等劳动密集型产业为主，产业链短，能够延伸到乡村地区的产业环节和生产部门非常有限。以汕头市为例，2019 年仅纺织、服装、玩具三个产业的企业数量就占企业总数的 40% 以上，再加上家具、木材加工、橡胶制品加工等轻工业产业，整个汕头市的劳动密集型产业占比超过 60%。这样的产业结构，显然是难以与乡村地区形成较大规模和较高层次的产业分工体系的，对乡村的带动能力也就相对较弱。

三是由于“虹吸效应”的存在，潮汕揭、湛茂都市圈的大量劳动力特别是高素质劳动力、资金等要素都大规模流向珠三角地区。根据广东统计年鉴的数据，多年来粤西和粤北地区的人口迁移率一直保持在 15% 左右，粤东地区也达到了 7% 左右。劳动力、资金等要素的大量流出，对汕头、湛江等中心城市的经济发展产生了较大的负面影响，降低了其对乡村地区的带动和辐射能力。与此同时，本地的城镇化率却较低。2019 年，珠三角、东翼、西翼和北部生态区常住人口城镇化率分别达 86.3%、60.4%、45.8% 和 50.8%，粤东西北地区的城镇化率均低于全省平均水平（71.4%）和全国平均水平（60.6%）。

（二）城乡产业分工协作水平仍然较低

目前，广东各大都市圈范围内城乡产业分工协作以总部-生产型分工为主，乡村地区仍然主要承担技术含量较低、附加值较低的生产环节和部门，分工的内容单一，水平也较低，不仅降低了乡村地区的开发效益，也对当地的生态环境造成较大的影响。以佛山市顺德区为例，由于20世纪80年代的乡村工业化浪潮，顺德各个镇区形成了大量的村级产业园，这些产业园大部分以小规模加工厂、工业小作坊等为主，主要为顺德本地的家电企业做配套生产。另有一些地区如均安镇，大量的村级工业园成为牛仔生产厂、洗水厂、染料厂等中小企业的集聚地，对当地的生态环境产生了较大的破坏。导致广东省城乡产业分工协作水平低的原因是多方面的：一是全省高科技产业和现代服务业发展规模和水平仍有待提升，目前仍然没有大规模高科技产业和现代服务业外溢到都市圈范围内的乡村地区；二是乡村地区大量的劳动力、资金等要素外流，本地难以支撑高科技产业和现代服务业的发展；三是出于历史性的原因，大量村级工业园区被高污染、高耗能、低效益的生产企业占据，亟须进行改造，“腾笼换鸟”后才能引进高科技企业和现代服务企业。

（三）城乡要素流动仍然存在制度性障碍

近年来，随着广东各地城市落户条件的不断降低，由二元户籍制度造成的城乡人口流动障碍已经大大减少，但子女教育等问题仍然突出。更为严重的制度性障碍主要是土地要素的自由流动。由于我国农村集体建设用地上市流转相关的法律和制度尚不完善，农村集体建设用地仍然无法像国有建设用地一样作为一种生产要素在市场机制下实现自由流转和优化配置，也无法与国有建设用地同等地享有出让、贷款、抵押、租赁等权利。这些问题突出表现在两个方面：一是农村集体建设用地目前仍然无法自由上市交易。当前，农村集体建设用地流转上市前仍然必须先被征为国有用地，然后由政府统一进行招拍挂和开发。政府对于土地资源配置和一级土地市场的垄断，不仅使得农民的利益受到较大的侵害，也使集体建设用地的价值大打折扣。二是宅基地无法上市交易。目前我国仍然明令禁止农村宅基地交易上市，但宅基地是农民主要固定财产，其交易受限会严重限制社会资本进入乡村的广度，也客观上限制了城乡居民的自由流动。

（四）农村集体建设用地效率较为低下

由于城乡产业分工水平较低，加上农村集体建设用地上市流转较为困难，广东省大多数乡村土地的利用效率和效益都较为低下。以佛山市为例，2019

年佛山市南海区共有685个村级工业园，用地面积126平方公里，占全区工业用地总面积的44%，但工业产值仅占南海区工业总产值的10%。与南海相邻的顺德区，全区382个村级工业园，用地面积占工业用地的70%，聚集了超过1.9万家中小微型企业，但仅贡献27%的工业产值。低效已经成为农村集体建设用地的代名词。

与此同时，农村集体建设用地还存在分散破碎、难以规模利用的问题。20世纪80年代的乡村工业化浪潮中，珠三角各地涌现了大量的村级工业园。然而，由于缺乏规划指引，乡镇企业选址和建厂房呈现较大的随意性，镇级和村级工业园遍地开花，大多数村级工业园区的容积率都在0.4~0.8。以佛山市南海区大沥镇为例，大沥镇共有工业用地3.17万亩（超过80%属于农村集体经营性建设用地），这3.17万亩工业用地分布在大沥镇685个工业用地斑块中，平均每个斑块为46.36亩，在空间上呈现碎片化、花布状的分布格局。

（五）城乡基本公共服务均等化水平有待进一步提升

基于户籍身份的城乡二元基本公共服务供给的体制机制尚未完全打破，农民与市民之间基本公共服务的均等化水平仍有待提高。一是城乡收入和消费水平差距较大，农村居民恩格尔系数偏高。虽然近几年广东城乡差距正逐步缩小，但与苏浙沪等发达省市相比，仍存在较大差距。2019年，广东省城镇常住居民人均可支配收入（48118元）为农村常住居民人均可支配收入（18818元）的2.56倍，城镇居民人均消费支出（34424元）是农村居民人均消费支出（16949元）的2.03倍多，两项指标与部分沿海发达省市相比偏高（见图1），反映了省内城乡差距较大。2019年，广东省农村居民恩格尔系数为37.1%，高于全国平均水平（30%）。都市圈内仍有不少城市的城乡居民收入差距超过2倍，如2019年广州市内城乡居民收入差距高达2.25倍。二是部分经济欠发达地区农村基础设施落后。粤东西北地区农业农村发展滞后，全面脱贫攻坚战完成后解决相对贫困问题、推动乡村振兴任重道远。例如，2020年5月，汕尾市543个全域村村内道路硬化完成率仅为48.1%，尚有3531公里未完成，低于全省53.3%的平均值；全市137个省定贫困村村内道路（巷道）硬化完成率为87.7%，对标浙江、江苏等地，以及贵州“组组通”实现30户以上村民组100%通硬化路、山东农村道路基本实现户户通硬

化路等，差距明显[①]。此外，农村的教育、医疗、社会保障等基本公共服务水平仍然落后于城市。

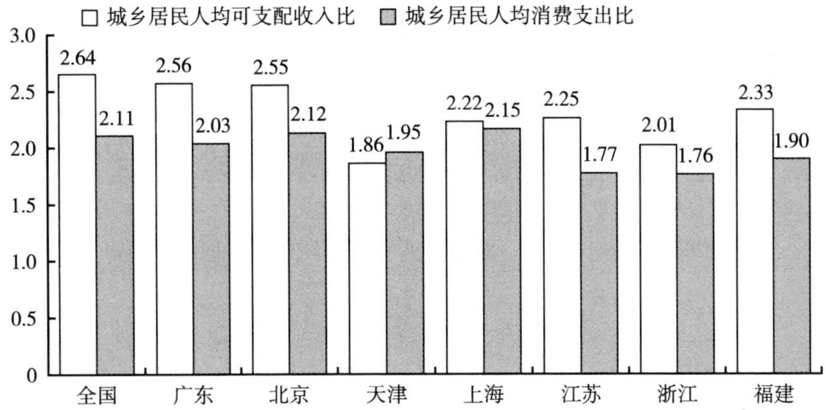

图 1　2019 年广东与其他省市城乡居民收入差距和消费差距比较

资料来源：《中国统计年鉴 2020》。

四　对策与展望

城乡融合是现代化都市圈建设的重要内容。在全面推进社会主义现代化国家建设的新征程中，要努力打造更多更高层次的城乡融合空间载体，以改革创新为动力，推动都市圈统一市场建设、产业专业化分工协作、基础设施和公共服务一体化，建立健全完善的城乡融合发展体制机制和政策体系，实现从以行政区划为单元的分散、闭环式的城乡融合向统一、开放式的城乡融合转变。

（一）更好地发挥广州、深圳两个超大城市的辐射带动作用

广州和深圳两个超大城市，具有强大的城市能级和综合实力，应当在带动全省城乡融合发展上发挥更大的作用。一方面，广州和深圳要加快与周边地区的一体化和同城化进程，推进更大范围的城乡融合发展。以广州都市圈为例，

① 广东省政协：《提案工作研究参考》2020 年第 2 期。

广州应以广佛同城化、广清一体化为示范，加速向周边地区辐射，为推进珠三角地区与环珠三角地区一体化发展提供经验、做出示范。另一方面，借鉴深汕合作区的经验，探讨广州、深圳带动“飞地型”城乡融合发展。要全面系统地总结深汕合作区“飞地”建设的经验，并积极借鉴国内外其他地区的先进做法，形成“飞地”建设的“广东标准”，并加速在全省推广，让广州、深圳以及其他有能力辐射带动欠发达地区发展的城市结对，帮助一批“飞地”高起点建设、高质量发展，探索形成“就近带动”与“异地跨区域带动”两种模式。

（二）加强珠海、汕头、湛江三个都市圈核心城市建设

目前珠江口西岸、潮汕揭、湛茂都市圈尚未成型，主要原因是珠海、汕头、湛江三个核心城市的综合实力不强，经济规模偏小。为了更好地带动都市圈范围内城乡融合发展，必须重点加强这三个城市的建设发展，将其做大做强，打造成为该区域经济的新增长极。

一方面，加快汕头、湛江省域副中心城市建设步伐。广东省要在重大交通基础设施建设、重大临港产业布局、城市赋权、用地用海、财政转移支付等方面给予两市大力支持，用政策支撑、项目布局、资金支持将汕头、湛江送上发展快车道，加快打造现代化沿海经济带东西两翼重要发展极。要围绕提高汕头和湛江的城镇化率，加快户籍制度改革，通过实现农民将集体资产所有权、土地承包经营权、宅基地及住房置换成股份合作社股权、社会保障和城镇住房（“三置换”），加速农村人口向城镇集聚。

另一方面，要提高珠海的城市能级和量级。要围绕把珠海建设成为珠江口西岸核心城市的目标任务，抓好四个方面工作：一是建设区域综合交通枢纽。推进海港和空港枢纽建设，建设联通粤西的新通道，积极融入国家高铁网络。二是全面提升珠海资源要素配置能力。以科技创新为动力，将单个企业优势汇聚成产业优势，重点培育一批千亿级产业集群，做强做优实体经济，做大城市经济总量。三是培育壮大城市人口规模。适当降低人才引进标准，坚持高层次人才与产业人口引进并重，加快实行投资纳税入户和合法稳定就业入户，吸纳港澳人士在珠海就业居住。四是优化城市发展格局，提升城市功能。全面拉开城市框架，推进城市发展重点南进西拓，进一步疏通与中山等周边城市的路网连接，建设北部科教新城。

（三）打造更多更高层次的城乡融合发展平台，提升城乡分工协作水平和土地利用效率

目前广东省都市圈范围内城乡分工协作水平不高，土地利用效率偏低，归根结底是由缺乏更高水平的城乡融合发展平台导致的。容积率低、污染重、配套差的村级工业园，显然是无法吸引高科技企业和现代服务企业进驻的。因此，对村级工业园进行全面改造，将其整合打造成为更高级的城乡融合发展平台就成为当务之急。

当前，广深等大城市地价房价一路上扬，已经对不少高科技企业形成了挤出效应，在广州、深圳都市圈地价相对便宜的城乡接合区打造创新小镇、高科技产业园区将很好地顺应和承接这一波高科技企业外溢的趋势。事实上，在欧美等许多发达国家，创新企业大多分布于大都市区城乡接合部的小镇和乡村工业园，这样既可以享受大城市优质公共服务和基础设施，又可以获得低地价的成本优势。因此，改造整合村级工业园，建设更高级的城乡融合发展平台将带动和引领下一波的城乡融合发展。在这一点上，顺德已经先行先试。近年来顺德开始大规模推进村级工业园区改造，尽管面临着规划不符、违法用地、违章建筑众多、土地权属复杂、涉及利益主体多等阻碍，但在当地党委、政府的强力推动下，仍取得了显著成效，大批村级工业园区被改造成为生态集约的现代化产业园区，预计到2021年顺德将全面完成村级工业园区的改造。随着“深中通道”的开工建设，珠江两岸的产业空间将发生重大重构，顺德目前已经在承接深圳高科技产业外溢的竞争中占据了先机。全省各地都应借鉴顺德的发展经验，打造更高级、更优质的城乡融合发展平台，全面提升城乡产业分工水平和土地利用效率。

（四）加快农业供给侧结构性改革，大力发展现代都市农业

各地农村应当依托资源禀赋，结合当地都市圈建设的需要，因地制宜发展现代都市农业，促进农业高质量发展。一是在都市圈打造农业现代化样板区。以保障农产品安全有效供给和带动农民增收为重点，着力推进现代农业生产体系、经营体系、服务体系、营销体系、流通体系建设，加快现代都市农业发展步伐，从产量效益型向质量效益型转变，利用先进理念、领先技术、标准化设施打造一批现代农业产业园区。大力发展农村合作经济，培育农民合作社等新

型经营主体，促进小农户与大市场发展有机衔接。二是发展特色优势农产品。按照“跨县集群、一县一园、一镇一业、一村一品”的要求，将本地的特色优势农产品打造成为特色品牌，并通过构建线上线下销售网络体系，扩大国际国内市场。三是重点开发观光休闲农业。以促进农业一、二、三产业融合为重要抓手，以特色小镇和美丽乡村建设为载体，开发建设美丽休闲乡村、农村公园等项目，大力推进本地乡村旅游和观光休闲农业发展。

（五）先行先试，打破城乡要素自由流动的制度性障碍

推进城乡人口、土地、资本要素在市场机制下自由流动仍然是接下来的工作重点。一方面，要进一步打破城乡人口流动的制度性障碍。坚持以人的城镇化为核心，坚持入户和基本公共服务常住人口全覆盖“两条腿”走路，通过降低落户门槛，把有能力在城镇稳定就业和生活的农业转移人口转为城镇居民；对已在城镇就业但就业不稳定、暂未满足落户条件或者不愿意落户的农业转移人口，要通过建立健全以居住证为载体、以积分制为办法的基本公共服务提供机制，持续提高农业转移人口市民化质量。

另一方面，农村集体建设用地和宅基地的上市流转已经成为制约城乡要素流动的核心问题。中央已经明确提出深化农村土地制度改革，建立城乡统一的建设用地市场。广东省作为全国拥有农村集体建设用地面积最大的省份，应通过先行先试，加速推进农村集体经营性建设用地和宅基地的入市改革工作。要充分借鉴推广佛山市南海区作为全国农村经营性建设用地改革试点的经验，加快完成农村集体建设用地使用权确权登记颁证，建立完善全省统一的农村集体经营性建设用地市场，重点推动城中村、城边村、村级工业园等可连片开发区域土地依法合规整治入市；同时，落实国务院下发的《关于建立健全城乡融合发展体制机制和政策体系的意见》，允许村集体在尊重农民愿意的前提下，依法把有偿收回的闲置宅基地、废弃的集体公益性建设用地转变为集体经营性建设用地入市。

参考文献

陈锡文、韩俊：《乡村振兴制度性供给研究》，中国发展出版社，2020。

高帆：《从割裂到融合：中国城乡经济关系演变的政治经济学》，复旦大学出版社，2019。

易赛键：《城乡融合发展之路：重塑城乡关系》，中原农民出版社、红旗出版社，2019。

张学良、陆铭、潘英丽：《空间的聚集：中国的城市群与都市圈发展》，格致出版社，2020。

周凯：《中国城乡融合制度研究》，中国社会科学出版社，2020。

B.12
2020年广东"双循环"背景下区域差异化推进城乡融合

任志宏　胡学冬*

摘　要：党的十九届五中全会明确提出"准确把握新发展阶段，深入贯彻新发展理念，加快构建新发展格局"是"十四五"时期各项工作的根本遵循，也是广东在全面建设社会主义现代化国家新征程中走在全国前列、创造新的辉煌的根本指导。当前，在以构建内循环为主、外循环赋能与更高水平双循环的大背景下，破解广东城乡融合发展的难题，更需要发现新着力点和寻找新突破口，要以更高站位、更大格局统筹推进城乡融合战略实施，实现乡村振兴与粤港澳大湾区建设融合发展。为此，广东需要不断提升区域合作层次和水平，以区域合作发展带动城乡融合发展；积极创新产业协同平台，为城乡高质量融合发展注入新动能；加快实施要素市场改革，推进城乡市场一体化建设；加快推进土地制度改革，不断提升农村土地利用效率；坚持农业农村优先，积极推进城乡基础设施一体化建设；激活生态要素价值转化新动能，建立生态产品价值实现机制。

关键词：双循环　城乡融合　广东

* 任志宏，博士，广东省社会科学院港澳台研究中心主任，研究员，主要研究方向为区域金融制度设计；胡学冬，广东省农业农村厅处长，主要研究方向为农村综合改革。

城乡融合发展是“十四五”时期发展的重要内容，也是新时代“三农”工作的方向目标，是“双循环”新发展格局下的内在要求。“十四五”期间，广东要在全面建设社会主义现代化国家新征程中全过程、全方位、高水平和高站位地走在全国前列，要乘势而上，在全面实现第二个百年奋斗目标过程中创造新的辉煌，必须以更宽视野、更大格局统筹推进实施城乡融合战略，要以更新机制、更强措施持续推进城乡高质量融合发展，从而强化广东在国内大循环和国内国际双循环中的比较优势和竞争优势，提升广东在践行新发展理念和推进协调发展中的地位和作用。

一　广东城乡融合面临新的挑战和发展要求

（一）推动城乡融合发展是广东形成新发展格局的新要求

秉持城乡共存共荣理念，推动城乡关系新调整是广东在“十四五”期间的重要战略任务。当前，广东已经进入中等发达水平行列，进一步调整新型工农城乡关系，是广东对“城乡统筹”“城乡一体化”“城乡融合”等发展理念的进一步深化，通过“工农互促”共建，推动“城乡互补”共享，形成“协调发展”格局，从而达到“共同繁荣”目标。粤港澳大湾区是我国开放程度最高、经济活力最强的区域之一，在国家发展大局中具有重要战略地位。建设国际一流大湾区和世界级城市群，将有利于引领我国城市化高质量发展，广东必将抓住这个重大机遇，扭住“双区”这个牛鼻子，重点破解当前城乡发展不平衡、农村发展不充分问题，为广东乡村振兴发展持续注入强大动力。因此，通过构建新发展格局破广东城乡融合发展难局，是落实习近平总书记对广东重要讲话和重要指示批示精神的实际行动，也是推动粤港澳大湾区和乡村振兴融合发展的重要举措。

（二）实现城乡区域均衡发展是广东乡村振兴和“双区建设”的着力点

城乡区域发展不平衡不协调是制约广东高质量发展的最大短板。当前，实施“一核一带一区”区域发展和乡村振兴战略已取得明显成效，但尚未根本解决这一难题。广东在贯彻落实《粤港澳大湾区发展规划纲要》的意见中，提出要发挥粤港澳大湾区的辐射引领作用，统筹珠三角九市与粤东西北地区生产力布局，带动周边地区加快发展，通过促进城乡融合发展和构建区域深度融合发展空间格局，来破解城乡区域发展失衡问题；在实施乡村振兴战略中，提出要建立健全城乡融合发展体制机制和政策体系，推进城乡区域一体化发展。通过“双区”驱动效应来提升区域发展的协同度和均衡性，不断推进区域协同发展，进而助推乡村振兴，同步实现区域城乡融合发展。

（三）加快推动城乡融合发展是广东高质量发展的突破口

广东要在全面建设社会主义现代化国家新征程中走在全国前列，创造新的辉煌，除了要建设现代化的城市群之外，还要注重推进乡村高质量发展，实现城乡融合发展。高水平的城乡融合可以提升广东农产品的有效供给能力，保障粤港澳大湾区优质农产品供应，提升人民生活质量；促进资源要素、生产要素在城乡之间自由流动和合理配置，扩大产业发展空间和提升竞争力；改善广东城乡基础设施和生态环境，为粤港澳大湾区提供宜居宜业宜游的优质生活圈；提升城乡基层治理体系和治理能力现代化水平，为建设平安富强的广东提供重要支撑；推动城乡基础设施互联互通、公共服务普惠共享等在更高水平上得以实现，从而构建一体化、均等化的城乡融合发展新格局。

二　广东因地制宜有效疏解城乡融合发展堵点的生动实践

适应新发展格局，践行新发展理念，广东各地在探索城乡融合发展的实践过程中涌现了很多典型，各地充分利用既有优势资源和发展基础，因地制宜探索出有效疏解城乡融合发展的堵点、痛点和难点的做法，创造出具有广东特色的城乡融合发展道路和模式。具体来看，发达地区农村善用市场优势，通过高效集约利用土地空间实现内生发展；欠发达地区农村善用资源区位优势，通过国土空间规划和资源整合利用实现创新发展。

（一）增城：激活土地资源的要素化功能，助推产业兴旺，带动乡村内生发展

增城区是广州市最大的农业生产基地，农业土地资源丰富，但零散细碎问题突出，规模化利用水平不高。以“集中、连片、规模”为目标，通过镇（街）交易平台引导农民将土地集中流转，推动土地资源高效利用，进而以规模化集中连片土地引进“三产融合”产业项目，打造具有增城特色的都市现代农业产业集群，促进农业增效、农民增收。

1. 创新政策，营造土地集中流转的良好氛围

全面配套落实广州市农村土地流转财政补助政策，加码扶持流转农户和新型农业经营主体，实行奖励农户和奖补优质企业，充分调动农民和农业企业积极性。一是在全市标准基础上，把流入方纳入区级奖补范畴，对符合流转条件的经营大户（单个经营主体流转面积达到300亩以上）或农业龙头企业，按照100元/亩的标准给予一次性补助。同时，不断根据政策执行效果，加大对经营大户的补贴扶持力度，尤其是加强对符合条件的流出土地农户、农村集体经济组织、经营大户、农业龙头企业等的奖励和补助，同时提升奖补标准。土地流转奖补政策的实施，充分调动了供需双方的积极性，取得了较好的政策效果。

2. 强化服务，打造规范有序的土地流转秩序

面向全区13个镇（街），打造规范、公开的农村集体资产交易平台，不断健全规范流转交易和补助申请流程，不断建章立制明确将签订规范的流转合同且通过农村集体资产交易平台交易作为申请奖补的必要条件。打造一体化的区、镇、村三级服务和管理网络，为流转双方提供信息发布、政策咨询、合同签订指引等服务，为流转双方建立纠纷处理、矛盾应对的协商机制，为流转双方维护合法权益、避免不必要的冲突提供法律服务和援助。通过不断健全土地流转市场建设，实行公开、公平、公正的招标、竞标等农村土地流转交易形式，既盘活了土地资源，又保障了合法权益，健全和完善了促进农企规模经营和农民增收双赢的流转秩序。

3. 集约经营，培育现代农业产业集群

土地有序流转和规模化使用经营，有助于保障农业产业项目用地需求，不断推进农业产业集约化、规模化经营。在做好产业规划方面，以镇街为主体，分

片区、分功能进行产业布局，如派潭镇紧紧依托优美的自然生态条件和现有的白水仙风景区资源打造生态旅游产业体系，探索出先承租后招商的引资新模式，先后择优引进禾牧田农业旅游综合体、四季田园生态旅游综合体等休闲农业项目。整合资源，以村为基础，鼓励农户抱团规模流转，镇街农办、村委会充分发挥桥梁纽带作用，协调引导农村土地集中流转和农业产业规模经营发展。石滩镇下围村采取“民主商议、一事一议”村民自治模式，引导农户集中整合流转1000亩土地，成功引入广东华茂丰有限责任公司建设花果小镇现代农业产业园；沙头村从玉基地流入整合土地10000亩，打造了涵盖沙头村、新山吓村、灯坣村片区的省级现代农业产业园——幸福田园蔬菜产业园。

（二）顺德：全域空间功能优化改造，推进城乡一体化融合发展

顺德充分利用建设广东省高质量发展体制机制改革创新实验区的政策机遇，从产业、收入、居住等方面着手，不断推进全域空间扩容提质，积极推进城乡一体化规划和建设，打造具有顺德特色的高质量城乡融合发展新路径。

1. 产业先导，培育城乡融合发展动力

顺德区坚持发展先行，将村改、工改、旧改等与乡村振兴、城乡融合发展相结合。通过村级工业园改造，实现存量收益归还村集体；通过乡村空间规划，一体化推进产业发展、环境整治、污水治理、生态建设和文化建设。通过村级工业园区升级改造，原有产业升级、土地升值，为城乡融合发展提供了强大的物质基础。同时，在“村改”土地开发建设中明确要求配建物业并由村集体持有，以物业的产权收入确保农民收入；基于村集体土地建设租赁住房，提升土地增值和村集体收入；以村集体经济参与工业园区改造，持有园区股份以共享长远收益。

2. 强化基础，着力建设美丽田园

围绕补短板、强弱项的发展思路，积极推进全域美丽田园改造，沿交通主干道沿线两侧推进环境改造，积极开展美丽田园片区建设，不断加大投入和引入国资参与，打造美丽田园连片示范区。美丽田园改造实现了农田环境的大变样，推动单一生产功能的农田，转变为生产生活功能兼具的农业公园；美丽田园建设通过对农田等生产资料的改造，实现农田资产收益大幅度提升，实现了农田生产价值、景观价值和资产价值的同步提升。

3. 村企结对，调动社会力量参与

积极引导企业力量参与城乡融合建设。近年来，顺德区积极引导村（社区）、企业开展结对共建，目前全区205个村（社区）已基本实现全覆盖。创新性建立全国首批“乡村振兴促进会”，本地知名企业，如美的、碧桂园等本土企业纷纷参加。积极吸引外部智慧力量，近年来，先后有北京大学、清华大学、华南农业大学、广东工业大学、省农科院等院校在顺德设立了乡村振兴研究实践基地，为顺德乡村振兴和城乡融合发展提供智力支持。

（三）德庆：发挥杠杆效应，整合涉农资源，撬动乡村振兴发展

德庆地处粤中西部、西江中游北岸，属于珠三角核心区的外围地区，经济发展水平相对落后，城乡融合发展能力较弱。因此，通过资源要素的整合聚集，充分盘活“农力、农机、农地、农房”四类农村最重要的资源，成为德庆推动乡村振兴和城乡融合发展的有力支撑。

1. “四农”聚集，打造乡村发展共同体

以镇为单位，通过镇党委和政府引导、农户自愿联合、民主管理的方式，把农村人力资源、农业生产机械、土地资源和农房进行集中联合、合作经营，分别建立农力、农机、农地、农房等“四农”合作社，进行统一管理规范运营。农力合作社主要对农村闲散劳动力进行动员组织，将闲散劳动力、富余妇女劳动力、职业农民、工匠农民进行组织化利用和标准化输出；农机合作社整合盘活全镇农村各家各户或小型农机合作社的各种农业机械，建立多样化农机租赁服务模式，推广和提供现代农业机械化耕作服务；农地合作社以村小组或村委会为主，联合组成农村土地股份合作社，实行内股外租、土地托管、合股合营或联合经营等模式，将零散闲置土地规模化利用；农房合作社以当地景点盘龙峡周边农户民宿为基础，组建农房民宿专业合作社，进行规范化建设和旅游休闲康养业态开发。

2. 镇村联动，创新融合发展新机制

在德庆县的官圩镇，以“四农”合作社为纽带，以官圩镇联农带农信息平台为支撑，整合镇域“四农”供需信息，打造数据库和管理平台，将镇域经营主体和分散的农户组织起来，向产业联合体靠拢，吸引村集体和村民充分参与到镇域发展大局中，推动镇村共建共治共享。发挥乡贤群体的信任担保功

能，不断开拓合作社业务和市场；建立农民专业合作社服务中心，将城市社会化的社务管理、财务代理、技能培训、宣传推广等服务带到农村，提升农村内生发展动力。

3. 党建引领，助力乡村发展治理

强化支部建设，将党支部建立在工作链上，把党员聚在工作链上，探索建立“四农”合作社党支部，以村（社区）退休党员干部为带头人，强化党组织的政治引领功能。发挥政府作用，由镇政府背书，在镇域供需对接、生产施工、权益保障等方面为“四农”合作社提供支持和服务，规范监督雇佣关系，依法保障和维护农民工合法权益，既保证“四农”合作社提供服务的质量，又确保合作社合法权益不被侵犯。积极参与社区治理，发挥合作社桥梁纽带作用，把党委、政府的决策落实到基层一线，把村民的意见反馈给政府，通过参与基层矛盾纠纷调解工作来提升基层治理效能。

（四）佛冈：借助“入珠融湾”区位优势，推动乡村整体跨越发展

佛冈地处粤北山区，与粤港澳大湾区核心城市广州接壤，具有较强的区位地理优势，通过承接大湾区产业转移和资源外溢，借助工业园区建设，推动全域城乡融合发展。

1. 凸显区位优势，强化资源配置能力

全县重点推进广佛（佛冈）产业园建设，借助产业园所在地佛冈县汤塘镇靠近广州的区位地理优势，大力推动交通基础设施建设，将园区主干道积极纳入高速、国省道主干网络。与广州开发区签订共同开发协议，采取“共商共建共享共赢”的合作开发模式，激活园区得天独厚的区位优势，围绕广州开发区生物岛、科学城、知识城等区域产业延伸发展需求，按照“广州研发、广佛制造”“广州孵化、广佛加速”的产业协同发展模式，前瞻布局生物医药产业，积极承接新一代信息技术、职能装备产业发展资源，加快提升现代服务业支撑能力，实现园区跨越式发展。

2. 抢抓“入珠融湾”，以开放引领高质量城乡融合发展

抢抓大湾区、先行示范区“双区驱动”机遇，围绕建设清远副中心和融入粤港澳大湾区东部先行区的战略目标，积极推进“入珠融湾”，强化与大湾区核心城市的合作交流，以广佛同城化、一体化融合发展推进佛冈城乡融合发

展。发挥本地温泉资源优势，以熹乐谷、森波拉、聚龙湾等康养性产业为载体，积极对接大湾区产业转移和市场资源；积极挖掘佛冈特色旅游资源，主动参与粤港澳大湾区北部生态文化旅游合作示范区建设；以本地特色农产品为媒介，打造面向广州、融入湾区的“米袋子”和“菜篮子”。

3. 搭建发展平台，以交易协作平台带动农民发家致富

发挥生态资源优势和农业产业产品优势，建立以佛冈作为生产基地、广州作为交易平台，佛冈农民作为产品供给方、广州和大湾区其他城市居民作为需求方的一体化关系，推动形成广州－佛冈、佛冈－粤港澳大湾区前店后厂模式的农产品众创空间。积极推进各种农业生态园建设，打造佛冈农业公共品牌，形成“佛冈生产、大湾区消费”互利合作关系，实现佛冈与大湾区城市群农产品供销对接，打造大湾区的绿色农副产品综合基地。农产品众创空间和农副产品综合基地，有效吸纳了本地农民就业，明显扩大了本地农产品的市场和销路，大大提升了本地农民的收入水平和生活质量。

三　加快推进广东城乡融合发展的对策

城乡融合发展的根本任务是构建良性协同的城乡关系，进一步发挥城市的辐射和带动作用，不断解放和发展农村生产力，构建城乡一体化联动发展的新格局。当前全球百年未有之大变局将深刻改变城乡融合发展的内外部形式，广东未来要积极适应各种风险和挑战，加快构建广东城乡融合发展的新动力和新优势。

（一）提升合作层次和水平，以区域融合发展带动城乡融合发展

立足国家区域发展总体战略，直面广东区域发展现实，积极推动区域合作再上新水平，以区域融合发展带动城乡融合发展。一是创新区域合作机制。建立以中心城市引领城市群发展、城市群带动区域发展新模式，推动珠三角城市群与粤东西北地区的融合互动发展，加快推进各类区域合作平台建设，借鉴深汕特别合作区发展模式，提升珠三角地区核心城市群对粤东西地区及农村的辐射带动作用。二是加快推进产城融合发展。当前要着力推动东西两翼地区和北部生态发展区新区提质增效，集中资源力量抓好核心区建设，完善基础设施和

公共服务配套，推动新区与老城区功能的融合对接。促进新区产城融合发展，结合当地实际突出主导产业，精心布局打造一批产业发展载体，大力推进人口和产业集聚。三是要促进特色小镇健康发展。城乡融合发展是推进广东经济高质量发展的重要战略部署，落实这一战略部署必须推动发展要素在城乡之间合理配置，把生产、生活和生态功能融为一体。坚持科学规划、完善基础设施、培育特色产业、创新体制机制、加强政府监管，助力特色小镇健康发展。按照集产业链、创新链、服务链、资金链、政策链于一体的新发展理念，构筑特色小镇创新创业生态系统，促进“产城人文旅”各项功能有机结合，建设宜创、宜业、宜居、宜游、宜享的新型发展空间。

（二）创新产业协同平台，为城乡高质量融合发展注入动能

一是发挥企业主体作用。探索建立“企业家＋科学家＋现代产业园”的科技创新成果转化应用模式，把城市高水平的创新团队和科学家，城市的资金、技术和企业，引入农村并落地转化。支持企业下乡，采用“走出去、引进来”的方式，推动城市的优质企业帮扶农村，建立具有农村资源、产业等优势的现代农业企业，发展创新型、都市型农业产业集群。二是打造高新区对口帮扶平台。建立珠三角高新区与东西两翼地区和北部生态发展区高新区的对口帮扶机制，开展园区对园区、孵化器对孵化器、平台对平台的精准帮扶和合作共建。支持珠三角地区与东西两翼地区和北部生态发展区专业镇精准对接合作，支持共建协同创新平台、产业技术创新联盟。三是构建支撑城乡融合发展的人才平台。实施高技能人才振兴、职业教育提升、南粤工匠培养等计划，打造支撑广东现代化产业体系建设的高素质技能型人才队伍。围绕实施乡村振兴战略、城乡融合发展战略、打赢脱贫攻坚战、构建“一核一带一区”区域发展新格局，支持东西两翼地区和北部生态发展区引进培养创新创业团队和紧缺拔尖人才，实施东西两翼地区和北部生态发展区人才知识技能提升工程，加大智力帮扶力度，促进创新人才向东西两翼地区和北部生态发展区集聚。四是建立农产品、旅游等溯源信息平台。建立电子化的产品质量追溯系统，结合“菜篮子”“米袋子”等工程建设，在农产品、旅游等领域构建产品和服务质量全程追溯系统，建立产品和服务质量安全信息可查询、过程可控制、责任可追究的追溯体系，营造良好的生产服务环境。

（三）推动要素市场改革，推进城乡市场一体化建设

一是加快推进要素自由流动。按照建设统一、开放、竞争、有序的市场体系要求，加快探索建立规划制度统一、发展模式共享、治理方式一致、区域市场联动的区域市场一体化发展新机制。着力破除行政区划壁垒，促进城乡区域要素自由流动。二是要营造良好的营商环境。围绕营造稳定公平透明、可预期的营商环境，建立竞争政策与产业、投资等政策的协调机制，防止地区间恶性竞争，严禁对外地企业、产品和服务设置歧视性准入条件以及补贴政策。在统一的区域市场体系下，鼓励各市在优化政务服务、营造亲商重商氛围方面，根据自身的资源禀赋和产业需求出台具有地方特色的惠企措施。三是不断健全完善制度规则。完善区域交易平台和制度，建立健全用水权、排污权、碳排放权、用能权初始分配与交易制度，培育发展各类产权交易平台，完善区域性碳排放权和股权交易市场。推进水电气、土地、融资、流通等重点领域改革，加大能源综合改革力度，破除各种形式的垄断和市场壁垒，放开竞争性环节价格，加快建设公平统一高效的市场环境。

（四）推进土地制度改革，不断提升农村土地利用效率

要积极适应新发展格局和新发展理念，加快推进土地市场化配置，不断释放农村土地要素活力。一是推进征地公益性改革，保障交易主体平等性。按照“公益性土地实行征用、经营性土地探索入市”的双轨并行原则，构建公益性征地与经营性开发动态平衡的城乡土地市场。积极探索征地主体改革，地方政府逐步退出征地一级市场，由城市土地储备中心与集体经济组织协商，并参照市场价格通过货币补偿、置换补偿、参股补偿等形式进行合理补偿。二是健全土地交易价格管理制度，充分发挥地价宏观调控作用。加快建立农用地、集体经营性建设用地流转基准地价制度，以基准地价管理作为规范土地市场交易行为、抑制土地投机、征收相关土地交易税费以及促进土地资源合理配置的政府宏观调控工具；建立与城市地价有效衔接的地价动态监测体系，及时、准确地了解各地区低价动态变化情况，提高土地资产管理水平。三是加快培育流转交易服务组织，构建现代化的治理体系。加快成立多种形式的中介服务机构，为交易主体提供信息咨询、委托代理、价格评估等中介服务，推进服务专业化、

社会化、企业化、规范化；鼓励加快建立集体土地交易合约的监督机构，对土地交易程序、交易各方的权利义务以及法律责任等做出明确规定和有效监督。四是撬动集体土地的保护功能，稳步提升农民经济收益。探索村集体的资产、土地等集中规模化开发利用模式，发展工业经济、商业经济、租赁经济，壮大集体经济力量和提升集体资产、集体土地的经济效益；建立健全股份化集体资产和集体经济收益机制，赋予农民相应的分配权利和利益份额，确保农民共享村集体经济发展成果。

（五）坚持农村优先，积极推进城乡基础设施一体化建设

不断推动城乡基础设施的一体化建设，为城乡高质量发展提供重要支撑。一是建立基础设施一体化规划建设机制。从基础设施规划研究到实施全过程共谋共建，推动城乡基础设施规划和建设。以农业农村优先发展和提高使用效率为导向，优先建设农村道路、供水、供电、通信、物流、垃圾、污水等基础设施，推动城市市政公用设施向农村延伸和衔接，不断提升城乡基础设施一体化水平。二是加大对农村地区基础设施的投入力度。健全城乡融合发展重大基础设施投入机制，加大对农村地区的投资倾斜力度，完善市、县（区）共同事权的基础设施项目投资分担机制。明确乡村基础设施的公共产品定位，探索建立设施建设、管护费用财政补贴、村集体补偿和农户缴费合理分摊机制。三是持续推进城乡基本公共服务均等化发展。完善教育医疗资源均衡配置机制。健全城乡公共文化服务体系。完善基层事务服务体系。全面建立和完善县、镇、村三级公共服务综合平台，实行公共社会事务“一个窗口受理，一条龙服务，一站式办结”，加大审批权限下放力度，提升村级综合服务信息化水平，推进政务服务一体机基层全覆盖，拓展“粤省事”平台农业农村特色服务事项，打通政务服务覆盖群众“最后一公里”。

（六）强化生态环境保护，建立生态产品价值实现机制

一是加大对生态环境的保护力度。严格实施能源、水资源、建设用地总量和强度“双控制度”及环境保护责任考核制度，按照“一核一带一区”功能区布局逐步调整完善相关指标分解考核机制。深化生态环境监管体制改革，实行领导干部自然资源资产离任审计；全面落实河长制、湖长制，探索实施湾长

制，强化环境保护督察执法，严格环境损害责任追究和惩戒。二是要建立生态产品价值核算体系。建立生态产品名录和生态产品价格核算机制，探索全省农用地、森林、湿地等生态资产类型价值核算标准和方法；探索跨区域建立横向生态补偿机制，形成依托生态产品质量和价值确定财政转移支付额度、横向生态补偿额度制度；推进水资源费改税工作，将地表水和地下水纳入征税范围，完善水权、林权碳汇交易等生态产品交易市场，培育专业化市场服务机构。三是建立生态产品保护责任机制。建立信用评价体系和奖惩制度，建立生态价值实现指标体系，设立 GEP 向 GDP 转化相关指标，并将其纳入经济社会发展指标体系和生态发展指标体系。

参考文献

《广东农村综合改革工作动态》第 20 期，2020 年 6 月 3 日。

《广东农村综合改革工作动态》第 27 期，2020 年 10 月 20 日。

《广东农村综合改革工作动态》第 29 期，2020 年 11 月 9 日。

《广东农村综合改革工作动态》第 31 期，2020 年 12 月 16 日。

公共基础篇

Public Foundation

B.13
2020年广东城乡基础设施一体化建设发展报告

符永寿　李斯霞*

摘　要：广东积极探索城乡基础设施一体化建设发展的体制机制，将城乡基础设施一体化建设纳入实施乡村振兴战略、建设美丽乡村工作中进行整体谋划、统筹推进，全面补齐农村各项基础设施短板，推动城乡基础设施互联互通、协同管护和运行，形成了城乡基础设施整体建设、共融互通、协同管护的建设发展态势。下一步，乡村建设将摆在我国现代化建设更加突出的位置上，广东要创新体制机制，压实基层责任，完善工作规范和标准，激发村民内生动力，引进社会力量，重视建立长效机制，推动城乡基础设施一体化规划、一体化建设、一体化管护，以全域城乡基础设施一体化建设、融通化

* 符永寿，广东省社会科学院港澳台研究中心副主任、副研究员，主要研究方向为中国特色社会主义理论与广东实践、"一国两制"与粤港澳大湾区建设、乡村建设与治理；李斯霞，广东金融学院公共管理学院副院长、副教授，主要研究方向为当代中国政治分析。

管护助力岭南特色乡村现代化建设，实现乡村振兴。

关键词：城乡基础设施　一体化规划　一体化建设　一体化管护　广东

要改变农村面貌，首先要解决基础设施落后问题，加快补齐全面建成小康社会、跨越高质量发展的短板，农村基础设施建设任重道远。建立健全有利于城乡基础设施一体化发展的体制机制，实现城乡基础设施统一规划、统一建设、统一管护，是纠正长期以来城乡基础设施建设“重城轻乡”“二元”分割偏差，解决农村基础设施建设成效总是不如人意的必然选择。广东积极探索城乡基础设施一体化发展的体制机制，多措并举，提档升级水路电网等农村基础设施，道路交通、污水处理、饮水安全等得到全面保障，形成了城乡基础设施整体谋划、统一管护、互联互通的良好发展态势。

一　整体谋划推进城乡基础设施建设

基础设施是农村人居环境的基础构成，与城乡空间结构、产业发展、社会公平和生态环境有着密切关系。广东探索采取系统论的方法谋划、推进城乡基础设施建设，将其纳入经济社会发展的相关系统中加以统一规划、有序建设。

（一）纳入全域农村人居环境整治建设

广东坚持高位推动、示范带动、全民发动，将补齐农村基础设施短板作为实现乡村振兴的“一场硬仗”来看待，将厕所、垃圾、污水、村道、村貌视为建设美丽乡村的最重要元素，从全省全域、农村生产生活的层面全面谋划推进农村基础设施建设。全域开展农村人居环境整治，推进“千村示范、万村整治”行动。2018 年以来，省级财政资金累计投入上千亿元开展农村人居环境整治、基础设施建设等，市、县、镇、村自筹配套资金也达 1000 亿余元。以“三清三拆三整治”为切入点，强力推进“千村示范、万村整治”工程和农村“厕所革命”，全力推进农村人居环境整治和美丽宜居乡村建设，突出抓好示范点建设，在珠三角部分地区高标准提出精品村建设，在“四沿”地带（沿交通线、沿省级边界、沿旅游景区、沿城市郊区）建设大批基础设施水平较高的示范村镇，建成一大批达到精品村标准的示范村、样板村，连村成带、连片成景，以完善的基础设施支撑起生态优美、生活富裕的社会主义新农村的新面貌。

在全省更多的乡村，广东倡导全域农村人居环境干净整洁，按照“干净整洁村”标准大力进行基础设施建设。全省各地对照相关标准，开展农村垃圾分类、雨污分流、厕所革命、田间窝棚整治、河湖截污清淤、村级工业园改造等建设，带动基础设施建设水平大幅提升。截至2019年底，全省自然村接近七成达到干净整洁村标准，总数达到106467个。其中，全省21个示范县共有30649个自然村基本达到干净整洁村标准，占示范县自然村总数的83.81%；粤东西北地区有90552个自然村基本达到干净整洁村标准，占粤东西北地区自然村总数的70.4%；珠三角地区有15915个自然村基本达到干净整洁村标准，占珠三角地区自然村总数的62.14%。珠三角地区充分发挥财力优势，持续加大干净整洁村建设力度，截至2020年底，珠三角地区100%村庄达到干净整洁村标准，城乡全域基础设施发展迅速。

（二）统筹县域社会建设事业整体推进

县域是乡村社会建设与公共服务的场域和重要依靠。广东不少地区将县（区）、镇（乡）全域进行整体规划，一体化布局、整体化推进建设城乡基础设施，道路、供水、供电、信息、广播电视、防洪和垃圾污水处理等基础设施实现区域统筹布局、城乡共建共享。村庄规划为城乡基础设施统筹布局和整体建设提供保障和指引。截至2019年底，全省完成自然村规划编制154059个，编制覆盖率99.88%，比2018年底增加32.03个百分点。5个示范带的提升规划及风貌提升设计指引已基本编制完成，明确各重要节点功能布局，强化特色镇村规划引领作用，促进交通、产业、村庄建设和土地利用“多规合一”，做到“有起点有终点、村口有标识、驿站、宣传牌、乡村休闲道和美化绿化等节点设施”。截至2019年底，全省完成“三清三拆三整治”自然村154167个，完成率99.95%，基本完成民居风貌管控。

珠海市斗门区的农村厕所革命工作被国家农业农村部评选为“全国农村

‘厕所革命’10大典型范例”之一。其成功经验关键是统筹规划，将村公厕与市公厕规划、村整体规划相结合，将厕所革命与开展旧村整治、绿化美化、治污排污等工程相结合，整体“打包”组织实施。将农村厕所革命所需资金纳入区财政预算管理，2013～2018年，全区投入农村公厕改造的资金约4000万元。

（三）连片规划建设破除区划阻隔

珠三角地区出现不少通过连片规划建设实现城乡基础设施一体化的成功做法。通过打破固有的城、乡划分以及村镇界限，合理划分片区，并构建全乡镇甚至全区（县）内不同片区的有机联动机制，有力地解决了乡村发展中的规划意识欠缺、内生动力不足，土地、资本等城乡融合要素流通欠缺载体的问题，将乡村打造成有机整体，建设跨区域、城乡一体的基础设施。例如，佛山市三水区统筹分析全区七个镇街的资源禀赋和区位特点，以贯通南北的三水大道为主轴，将七个镇街划分为三大乡村振兴示范片区。强化区级在规划、政策、资金等方面的统筹作用，推动城乡融合发展。三个片区分别成立了联合党委，均由区委常委担任书记，每季度至少召开一次联合党委会议，强化全区统筹、片区联动、镇村落实的工作机制。强化镇村的项目落实工作，建立示范片区项目资金竞争分配机制，发挥资金分配导向作用，建立定期“比武”比学赶帮超机制，营造乡村振兴热火朝天干事氛围，推动各项工作落地见效。该区乐平镇聚焦连片工业园改造与连片乡村振兴，规划布局“一轴两片四段24节点”，以礼运路为轴，串联起建设面积达9.6平方公里的大同湖生态示范区和广府创意文化示范区两大乡村振兴示范片区。白坭镇立足“南部岭南水乡”定位，围绕“提质、扩面、增内涵”的工作思路，重点建设“一环两廊十片”精品工程，利用西江和樵北涌两大水轴，规划一条30公里环形乡村振兴绿道。珠三角地区不少乡村积极打破片区之间的阻隔，持续深入开展高速公路、铁路和区内主干道、景点沿线和高速公路出入口沿途环境卫生整治，提升沿线绿化及林相设计水平，高水平建设城乡交通连接路网，实现片区连片联动、连成一体。沿主干道的村庄建成与粤港澳大湾区和世界一流城市群建设相匹配的高水平美丽宜居村。

（四）全面补齐各项基础设施短板

“十三五”后期，广东启动农村基础设施和基本公共服务补短板“十年计划”，用10年时间分阶段投入1600亿元，着力补齐农村基础设施短板，加快改变农村面貌。截至2019年底，全省路、水、电、网等主要基础设施短板基本补齐。

自然村道路硬化率显著提高。完成151321个自然村村道路面硬化，完成率为98.11%；完成138734个自然村的村内道路硬化，完成率为89.95%。实现集中供水147841个自然村，集中供水覆盖率达95.85%。其中，全省2277个省定贫困村中，累计2191个实现行政村通自来水，占96.2%。1.89万个20户以上自然村中，有1.75万个实现集中供水，占91.9%。农村生活垃圾处理体系基本建立。建成生活垃圾收运处理体系自然村154019个，覆盖率为99.86%。已配备保洁员自然村153807个，覆盖率为99.72%。自然村无害化卫生户厕普及率达99.7%。农村无害化卫生户厕改造和标准化公厕改建达标。全省农村共完成无害化卫生户厕改造建设1337.3万户，无害化卫生户厕普及率为99.7%；累计完成标准化公厕改建56086座，占应改建公厕的81.3%。自然村雨污分流及生活污水处理设施持续完善。完成雨污分流管网建设自然村110824个，完成率为71.85%；建有生活污水处理设施（含纳入城镇污水系统统一处理）自然村80306个，覆盖率为52.07%①（见表1）。

除了水路电等传统的基础设施外，信息网络新型基础设施在广东广大农村也得到一定程度的建设和发展。广东出台《广东省信息基础设施建设三年行动计划（2018～2020年）》，加大财政资金投入，发挥引导作用，支持各地普及电信服务网点，推动社会资本参与实施乡村信息基础设施振兴工程。提升农村带宽水平，大幅度增加100M以上光纤接入用户数量，100M以上光纤接入用户达3200万户，光网覆盖的农村普遍提速到100Mbps以上，全省百兆用户占比达60%；推行新数字家庭计划，鼓励支持建设和加快普及交互式网络电视（IPTV）、4K电视，光纤入村和4K电视普及应用程度领先全国。

① 资料来源：《广东农村统计年鉴2020》，中国统计出版社，2020；《2019年度省级乡村振兴战略专项资金（农村人居环境整治类）绩效自评报告》，广东省农业农村厅网站，dara.gd.gov.cn/cwgsjc/content/post_ 3057489.html，2020年8月3日，最后检索时间：2020年11月14日。

表1　主要基础设施短板补齐情况

建设内容	自然村数量	全省占比(%)
道路硬化	151321 个	98. 11
集中供水	147841 个	95. 85
生活垃圾收运处理体系	154019 个	99. 86
无害化卫生户厕改造建设	1337. 3 万户	99. 7
标准化公厕改建	56086 座	81. 3
雨污分流管网建设	110824 个	71. 85
建有生活污水处理设施	80306 个	52. 07

资料来源：《广东农村统计年鉴 2020》，中国统计出版社，2020。

二　推动城乡基础设施协同管护和运行

广东从资金统筹、机制联动、责任上提等方面，针对不同的基础设施，合理确定城乡基础设施统一管护、运行模式，探索健全有利于农村基础设施长期发挥效益的体制机制。

（一）建管同步保障农村基础设施可持续

广东各地在农村基础设施建设中坚持边建边管、系统治理，探索建立县（区）、镇（街道）、村（居）、自然村四级协同的基础设施建设、管理、运行联动机制。将坚持长效管护、持续发展作为推进农村基础设施建设工作的基本原则。同步研究制定农村基础设施建设和长效管理考核政策文件，将长效管理纳入创建考核指标中，并将长效管理考核结果纳入镇（街道）乡村振兴绩效考核范围、村干部的年终绩效考核，以有力的激励约束措施为全面推动农村基础设施建设提供保障。

（二）强化省级财政对农村公路养护的补助

农村公路不但要建好，还要管好、护好、运营好。广东坚持有路必养、有路必管，将城乡道路等公益性设施的管护和运行纳入一般公共财政预算，压实县级政府对农村公路管理的主体责任，加大资金统筹支持力度，全力推进

“四好农村路”建设攻坚工作。与此同时，加大省级财政对农村公路建设、管护、运营的支持力度。2017 年以来，省级财政对“四好农村路”建设的支持额度连续增长，2017 年为 19 亿元，2019 年达到 39 亿元①。

（三）建立从户收集到县处理的垃圾协同处理体系

针对农村发展短板，加大财政资金投入和社会参与力度，全面推进粤东西北新一轮生活垃圾处理基础设施建设和管护，各地基本建立起资金保障和协同工作机制。通过采取“三个一点”［县（区）财政投入一点、村民收取一点、乡贤捐助一点］的办法，多方面筹集农村生活垃圾处理的硬件基础设施和保洁员工资补助的经费。通过建立起“户收集、村集中、镇转运、县处理”或“户分类投放、村分拣收集、镇回收清运、县集中处理”的体系，农村垃圾基本实现全过程收集处理。云浮市新兴县率先完善“一县一场、一镇一站、一村一点”硬件设施建设及收运设备配置，建成新兴县生活垃圾无害化处理场，镇级垃圾中转站 12 座，垃圾分类点 2206 个，并按照每 50 户一名的标准，配置村级保洁员 1263 名，实现所有自然村保洁全覆盖。新兴县率先探索“三个一点”落实农村生活垃圾处理基础设施建设与垃圾处理相关工作资金保障。“三个一点”，除了不断增加县财政专项资金投入外，还探索建立了由镇、村共同分担的农村保洁、垃圾分类资金筹措机制，鼓励借助集体经济扶持、村企支持、乡贤反哺、村民集资等形式发动群众自筹，培养群众垃圾付费、分类减量的习惯。新兴县财政投入 3000 多万元用于农村生活垃圾分类收运基础设施建设和保洁清运服务，各村积极探索多元的筹资方式，使垃圾分类处理经费能够充分得到落实。比如，天堂镇东震村委拿出集体经济资金 5000 元购买了 8 辆垃圾清运斗车，扫把、铁铲、口罩以及保洁员工作服一批；稔村镇投入 5 万元购置移动封闭式垃圾收集箱 10 个；簕竹镇红光居委会采取一事一议形式，向群众每户每月收取 5 元的保洁费用；太平镇悦塘村成立环境整治基金会，由乡贤捐资及向村民每人每月收取 1 元作为垃圾治理基金等。

① 《广东“四好农村路”建设跃升全国前列》，《中国财经报》2020 年 9 月 1 日。

（四）推动将城镇周边农村污水纳入城镇处理系统

出台《广东省农业农村污染治理攻坚战行动计划》，以县为单位，统筹规划、连片建设城乡生活污水处理设施。推动将城镇周边的村庄、渔村、渔港生活污水纳入城镇污水系统统一处理。以珠海市斗门区斗门镇为例，55 座公厕中有 15 座的粪污接入市政污水处理管道，8 座排入村分散式污水处理设施，32 座采用储粪池、三格式粪池、沼气池等初步处理后抽吸的办法排污。该区公共厕所的后期管护统一由属地镇人民政府负责。广州市南沙区从建设粤港澳全面合作示范区的高度看待农村生活污水处理，加快推动城乡一体化建设，全面系统开展农村生活污水治理，成效显著，入选住房和城乡建设部“2020 年全国农村生活污水治理示范县（市、区）”名单。南沙区的主要做法，一是加大区级财政建设运维资金的投入，调动镇级筹资的积极性，以区级筹集为主、镇级自筹为辅设立设施运维管理经常性专项经费。二是精准施策。全区 128 个行政村结合各类村庄发展规划，分类确定改造、发展和保护目标，一村一策，选取适宜的污水处理模式，分类施策，确保污水有效处理。三是科学考核。突出考核污水接驳完成率，运用“广州农污巡检” App，实现管网设施全流程数据信息化管理，借助大数据和信息技术手段提高日常监督管理水平。

三　推动城乡交通基础设施互联互通

道路是人流、物流联通的基础保障，城乡基础设施一体化最为显著的标志是道路交通的互联互通，建好城乡交通基础设施是农村基础设施补短板的先导性、基础性任务。正因如此，习近平总书记亲自总结提出“四好农村路”，并领导推动这一项重要民生工程、民心工程和德政工程。党的十八大以来，习近平总书记多次就农村公路发展做出重要指示，在充分肯定农村公路建设成绩的同时，要求农村公路建设要因地制宜、以人为本，与优化村镇布局、农村经济发展和广大农民安全便捷出行相适应，要进一步把农村公路建好、管好、护好、运营好（“四好农村路”），逐步消除制约农村发展的交通瓶颈，为广大农民脱贫致富奔小康提供更好的保障。广东将农村交通基础设施建设作为实施乡村振兴战略的支撑性工程，大力推进城乡路网一体规划设计、城乡交通运输的互联互通，大幅提升县乡村（户）道路联通、城乡道路客运一体化水平。

（一）构建通达城乡的骨干交通运输网络

着眼于实现“县县通高速”“市市通高铁”目标，广东大力推动城乡路网一体规划建设，以不断完善的骨干交通运输网络在南粤大地构建起四通八达、通达全省城乡的快速交通运输体系。多个高速公路推进建设，正在逐步向广东全域延伸。2020 年 12 月 28 日，广东共有 9 条高速公路同步通车，分别为潮汕环线高速、怀阳高速怀集至郁南段、怀阳高速海陵岛大桥、河惠莞高速紫金至惠阳段、大潮高速、广中江高速三期、汕湛高速汕头至揭西段二期、河惠莞高速平潭至潼湖段、广佛肇高速广佛段二期，新增高速公路通车里程预计超过 1000 公里，全省高速公路通车总里程超过一万公里。例如，紫惠高速全长 77.41 公里，途经河源市瓦溪、九和、蓝塘、凤安、好义和惠州市大岚、横沥 7 个乡镇，这些乡镇均可在 5 分钟内上高速。广佛肇高速公路实现肇庆市“县县通高速”，自此肇庆市的每个县都通上高速，为城乡道路联通打下扎实基础。另外一个典型例子是云茂高速，云茂高速在建设过程中，为地方增加永久道路 174 处，将近 80 公里；升级改路 300 多处，约 63 公里；改造加固桥涵 384 处，约 16.8 公里，极大限度地升级改造了沿线山区的路网、桥涵、水利等基础设施。随着骨干交通运输网络的建设、广东城乡交通的“主动脉”日渐通畅。截至 2020 年底，除河源市外，全省 20 个市都通高铁。

（二）形成县镇村城乡公路交通网络

广东将进一步推动“四好农村路”建设列入省“十件民生实事”，2020 年投资预算约 127 亿元，全面攻坚，推进农村公路建设。在 2020 年省政府工作报告中，印发《广东省“四好农村路”建设攻坚方案的通知》（粤府函〔2020〕70 号），明确站在加快构建“一核一带一区”区域发展新格局、全面建成小康社会的高度，根据珠三角核心区、沿海经济带、粤北生态发展区不同发展实际推进“四好农村路”建设发展，确保实现 2020 年底珠三角地区进入全国前列，粤东西北地区梯次赶上，形成以县城为中心、乡镇为节点、建制村为网点，遍布农村、连接城乡的农村公路交通网络，总体上实现“农村四好

公路”建设水平在全国位居前列。

一是投入力度大。过去三年（2018 年至 2020 年），农村公路建设累计投入超过 143 亿元。二是公路覆盖面广。2020 年全省建设通村组硬化路 3155 公里，约 14804 公里砂土路全部清零，100 人以上自然村全部实现道路硬化。三是确保公路建设质量和标准。在全省砂土路全部清零的基础上，农村路路面铺装率达到 100%，等级公路比重达 99.5%。珠三角地区核心六市广州、佛山、深圳、东莞、珠海、中山在“四好农村路”的标准上，所有建制村均至少通一条双车道公路。通过疏通堵点，打通产、城、乡的交通节点，现代农业产业园、旅游景区公路建设疏通，串联起村庄、景区、产业园区，制约农村发展的关键交通瓶颈被逐步消除，实现产品和产业“走出去”，促进“路通财通”。注重提升农村道路安全水平，由省级财政直接支持，开展沿海经济带、粤北生态发展区的农村道路拓宽改造，安装公路生命安全防护设施，改造危桥。

（三）推进城乡道路客运一体化

城乡交通的畅通，关键是客运班车的开通，实现城乡道路客运的一体化。2019 年 4 月底，全省 1134 个乡镇、469 个街道，已通客车乡镇 1134 个，全省乡镇通客车率达 100%①；同年年底，全省建制村（共 19412 个）全部通行客车，在全国率先实现了建制村 100% 通农村客运②，“出门硬化路，客车到家门”成为城乡群众出行的普遍形态。

四　愿景与对策

在长期“重城市、轻农村”的城乡二元社会治理结构下，农村建设历史欠账过多、基础薄弱，城乡发展不平衡的矛盾仍一定程度存在。城乡基础设施一体化建设发展普遍存在体制机制不适应、多元主体活力不足、资金投入保障不力、建设发展标准缺乏等问题。“十四五”时期，随着广东把乡村建设摆在

---

① 广东省交通运输厅：《广东省乡镇和建制村通硬化路通客车情况公示》，广东省人民政府网站，2019 年 5 月 31 日。

② 《广东“四好农村路”建设跃升全国前列》，《中国财经报》2020 年 9 月 1 日。

中国现代化建设的重要位置上，大力实施乡村建设行动，不断推进农村现代化，城乡基础设施一体化建设的举措将更加到位，城乡基础设施互联互通、融合发展的成效将更为显现。下一步，推进城乡基础设施一体化要统筹县域城镇和村庄规划建设，创新体制机制，加强资金保障，形成多元主体合力，推动城乡基础设施一体化规划、一体化建设、一体化管护，融通全域基础设施，以城乡基础设施的一体化助力乡村振兴。

（一）压实区（县）责任

加大投入是农村基础设施补短板和实现城乡一体化的重要保障。乡村基础设施建设以往一般以镇村为主、分级投入，普遍存在保障不足的问题。要研究总结并复制推广佛山三水等地“百里芳华”乡村振兴示范带建设、“六个协同”（城乡规划同一、发展同步、管理同化、服务同质、治理同效、政社同向）城乡一体化促进机制的经验做法，把城市产业体系、优质公共服务、基础设施建设等嫁接到农村，探索完善以区（县）为整体，以区（县）统筹、区（县）投入为主的城乡基础设施一体化发展的体制机制，加快破解城乡基础设施和公共服务“落差”的二元结构问题。一要推进城乡基础设施发展规划一体化。统筹推进城乡统一规划，构建以主城区、新城区为“城市核心”，以重点镇乡为副中心的核心驱动、以城带乡基础设施建设格局。二要推进城乡基础设施建设一体化。坚持资金下沉、责任上移，强化区（县）级工作责任主体，统一资金投入，全面全域推进农村厕所、道路、污水处理设施和垃圾收集点建设，加快缩小城乡基础设施建设差距。

（二）激发村民内生动力

村民主体地位无法体现，往往导致“干部做、村民看”现象的发生，在加重基层政府及村级组织工作负担的同时，政府的努力常常也得不到村民的认同，群众满意度不高。广东不少地区在推进农村基础设施建设工作中，充分尊重广大农民的主体地位，激发农民的内生动力，形成了新时代共谋共建农村基础设施的喜人局面。韶关市曲江区在吃透中央、省相关文件精神的基础上，探索采用农民参与的“小额工程建设模式”，取得显著的成效。要研究总结和推行韶关曲江等地关于农村小型公共基础设施“自选、自建、自管、自用”的

经验，坚持村民主体地位，激发村民参与的内生动力，根据农村居民的需求确定工作重点和优先次序，提高群众满意度和参与度，形成政社同向、官民同心协力，主动、积极、创造性地推进城乡基础设施一体化建设的局面。

（三）引进社会力量

城乡基础设施一体化建设包含方方面面的工作，是一项系统工程，需要完善相关机制，引导更多主体积极参与，形成合力、共同推进。引导多主体参与，一方面有助于提高工作成效，特别是引导私营部门参与农村基础设施建设，有助于解决政府建设效率不高的问题；另一方面，多元主体共同参与也有利于形成合力，共同为乡村振兴添砖加瓦。按照坚持农业农村优先发展的总要求，依托政府主导、部门联动、动员全社会共同参与的方式，全面加大各方面投入，使农村基础设施建设投入保障到位。要实施“瞄准机制”，注重资金投入的合理性，同时要加大对资金投入的监管力度，强化投入、效益、成果一体化监测。要进一步加大农村基础设施建设和管理投入，特别要通过探索财政支持、市场参与、社会共治的多元格局，为农村建设长效机制引来源头活水。

（四）完善工作规范和标准

重视解决涉及农村建设和服务领域的标准少，特别是在农村基础设施建设和维护、公共服务和社会管理等领域存在的标准缺失问题。着眼于城乡对接、融合，研究和推出乡村基础设施建设、管护的标准。将城乡基础设施建设、管理规范统一纳入城乡融合发展改革试点，将其作为其中一项创新探索的内容加以研究、实践，尽快形成成熟经验并加以复制推广。规划建设方面，应包括成立村组工作组、开展调查摸底、分类核实对象、编制规划、召开村民会议、党员干部带头、进行拍照存底、进行核实登记等环节，做到工作流程规范化，明确步骤，保障和提升村民的知情权、参与度。在考核评价方面，应增强考核的完整性、系统性和准确性，将评分项目、评分指标、分值、评分标准明晰化具体化，形成整套、可操作性强的评价体系。在长效管理方面，应通过长效管理考核办法和工作指引，明确各级长效管理工作内容和目标要求，指导镇街、村（居）、自然村落实长效管理工作。

（五）重视建立长效机制

城乡基础设施一体化是一项长期工程，建立和完善相关工作机制、财政投入机制和考核机制，对有序、持续、稳定推进相关工作有重要意义。完善基础设施固然重要，但要使其长期发挥作用，还需要建立和完善与之配套的长效机制。广东近年来城乡基础设施建设取得显著成效，关键在于建立了一套长效机制。下一步，推进城乡基础设施一体化既要做好短期规划，更要做好长期规划，建立长效机制。一是形成城乡基础设施建设“一把手”责任制，使其成为各级党委、政府工作的惯例；二是强化财政投入的制度性保障，明确各级政府财政投入办法，最大限度地化解资金后顾之忧；三是注重政策连贯性，“一张蓝图绘到底，一年接着一年干”，充分发挥规划在引领农村环境综合整治和基础设施建设发展等方面的作用，避免因短视行为而造成“前任政绩、后任包袱”的现象。

参考文献

《广东实施信息基础设施建设三年行动计划》，《政策瞭望》2018 年第 6 期。

盛广耀：《中国城乡基础设施与公共服务的差异和提升》，《区域经济评论》2020 年第 4 期。

聂高辉、宋璐：《城镇化、基础设施投资与城乡收入差距——基于省级面板数据的实证分析》，《华东经济管理》2020 年第 2 期。

杨茜、石大千：《交通基础设施、要素流动与城乡收入差距》，《南方经济》2019 年第 9 期。

B.14

2020年广东城乡融合公共服务均等化发展报告

邓利方　张贤基*

摘　要： 实现基本公共服务均等化为改善民生提供了有力保障。作为我国改革开放的桥头堡和经济第一大省，广东在积极实现经济区域协调发展的同时，积极地推动城乡基本公共服务均等化，在教育、医疗、文化等公共服务方面实现城乡共建共享。经过了多年探索，广东公共服务的城乡融合取得了可喜的成就，也形成了自身的独特经验。以“十四五”规划为纲领，多角度推动广东公共服务的均等化，加快将制约广东基本公共服务发展的最大短板，变成广东城乡融合发展的“潜力板”，对落实习近平总书记赋予广东的总定位、总目标，引领带动城乡融合深度发展，具有重要意义。

关键词： 公共服务　均等化　城乡融合发展　广东

步入“十四五”新征程，“以人民为核心”日益凸显，要让民生水平再提高，让社会保障的范围更宽广，让人民的生活更美好，需要扎实地推进基本公共服务均等化。要高质量地推动现代化进程，需要在工农关系、城乡关系上多下功夫。实现城乡高质量融合发展，要在改革中探索新机制，要在探索中完善新体制，城乡融合的新机制、新体制需要一系列可操作的政策来落实好。为了

---

* 邓利方，中共广东省委党校中国特色社会主义研究所研究员，主要研究方向为产业经济；张贤基，广东财贸职业学院副教授，主要研究方向为公共财政、乡村振兴。

补齐城乡发展不平衡的短板，广东下足功夫，在实践中形成了一系列可供推广的经验，在城乡协调发展的过程中推出更多经得起实践检验的新经验、新政策。党的十九大、习近平总书记的广东视察和《中共中央国务院关于建立健全城乡融合发展体制机制和政策体系的意见》，都传递出城乡融合的新信号，这些重要会议、重要视察、重要文件要求各地结合实际制定细化可操作的城乡融合发展体制机制和政策措施。进入新时代，广东要实现“四个走在全国前列”、当好“两个重要窗口”、实现经济高质量发展，就要牢记习近平总书记的嘱托，建立健全有利于城乡空间融合发展的体制机制，促进城乡区域协调、均等发展，努力把短板变成“潜力板”。2020 年 12 月，《中共广东省委关于制定广东省国民经济和社会发展第十四个五年规划和二〇三五年远景目标的建议》通过，其中提到广东在“十三五”时期基本公共服务均等化水平明显提高，在“十四五”时期应加快补齐公共卫生、人居环境、公共服务、市政设施、产业配套短板，以提高发展的协调性。

一　广东公共服务均等化发展的成就与做法

（一）广东公共服务均等化已基本实现城乡互补、工农互促

从 2009 年 12 月全国第一个基本公共服务均等化规划纲要《广东省基本公共服务均等化规划纲要（2009 ~ 2020 年）》正式出台以后，广东就积极地推动城乡基本公共服务均等化，把各项城乡融合的举措落到实处，实事求是地贯彻党中央的各项方针，在教育、医疗、文化等公共服务的城乡共建共享上花大功夫、下大力气。2020 年 5 月 8 日，《广东省建立健全城乡融合发展体制机制和政策体系的若干措施》颁布，其中提出了 19 条推动广东城乡融合的举措，这些措施有效地概括了要贯彻落实党中央、国务院关于城乡融合发展的要求广东需要进行的探索实践。目前，广东省已处在城镇化发展中后期，常住人口城镇化率达到 71.4%，位居全国各省份第一，以城带乡、以工促农的思想深入人心，全省形成了良好的城乡互补、工农互促的局面。现阶段推进城乡融合发展，既可以破解城乡发展不平衡、农村发展不充分的问题，又可以实现农业农村现代化，拓展城市发展空间，释放更多的要素活力。

2020年1～11月，广东的一般公共预算收入达到11700亿元，同比增长1.9%；一般公共预算支出达到15100亿元，增长了约1.4%。2020年前三季度，广东用于推动城乡融合发展的公共卫生等民生支出占比高达69.9%，高于一般公共预算支出增幅0.7个百分点。广东积极促进公共服务均等化，用于推动城乡教育发展的投资增长36.5%，用于推动城乡卫生和社会工作的投资增长30.4%，用于推动城乡文化体育和娱乐的投资增长33.8%。

1. 公共教育均等化取得较大成就

广东公共教育均等化的成效显著，惠及城乡居民的公共教育体系已经基本建立。2019年广东各级各类教育（不含非学历培训和技工学校）招生数725.24万人，在校生2483.94万人，毕业生608.95万人，分别比上年增长1.7%、4.4%和1.0%①。其中，特殊教育学校拥有在校生52869人，学前教育在园幼儿464.50万人②。广东主要的公共教育指标基本呈现快速高质量发展的态势（见表1），为城乡教育水平的提高奠定了重要基础。

表1　2018～2019年广东教育的主要指标变动情况

类别	2019年招生(万人)	2018年招生(万人)	招生增长(%)	2019年在校生(万人)	2018年在校生(万人)	在校生增长(%)
研究生教育	4.66	4.25	9.60	12.96	11.48	12.80
普通本专科	64.01	58.90	8.70	205.40	196.32	4.60
成人本专科	42.51	32.64	30.30	93.15	74.92	24.30
网络本专科	4.88	4.90	-0.50	12.92	12.05	7.30
各类中等职业技术教育(不含技工学校)	31.48	29.72	5.90	85.97	86.73	-0.90
普通高中	63.94	60.42	5.80	183.74	183.71	0.00
初中	138.03	132.03	4.60	389.03	372.47	4.50
小学	194.42	188.81	3.00	1033.43	988.37	4.60

资料来源：《2018年广东国民经济和社会发展统计公报》，《2019年广东国民经济和社会发展统计公报》。

① 广东省统计局：《2018年广东国民经济和社会发展统计公报》[EB/OL]，（2019-03-04）[2020-10-06]，http：//stats.gd.gov.cn/tjgb/content/post_2207563.html。

② 广东省统计局：《2019年广东国民经济和社会发展统计公报》[EB/OL]，（2020-03-07）[2020-10-06]，http：//stats.gd.gov.cn/tjgb/content/post_2923609.html。

2020 年，广东在公共教育均等化方面取得较大成就，比如广东现阶段已经基本实现覆盖城乡的义务教育和普及城乡的高中阶段教育，积极发展乡村的职业技术教育，积极出台措施使高等教育大众化，推动城乡教育国际化。此外，广东的现代国民教育体系和终身教育体系基本建立，结构优化、协调发展、城乡融合、生机勃勃的多层次学习型社会正在构建。2020 年，全省基本实现城市和乡村高等教育普及，25 周岁以上人口平均受教育年限达到 12 年。全省教育整体水平和综合实力居全国前列，达到中等发达国家水平。珠江三角洲地区逐步实现普及城乡的学前到高中阶段教育，率先免费实施农村中等职业教育，并建成 1 ~2 所国内一流、国际先进的高水平大学，高水平大学的资源供广大学习能力强的城乡学子共享。

2. 公共卫生均等化取得长足进展

2019 年末，全省共有各类医疗卫生机构 5. 39 万个（含村卫生室）。医院、卫生院和社区卫生服务机构的数量均超过千个，分别达到 1631 个、1186 个和 2625 个。妇幼保健机构、专科疾病防治机构、疾病预防控制中心、卫生监督机构的数量均超过百个，分别达到 130 个、130 个、123 个和 189 个。村卫生室更是多达 2. 6 万个。全省医疗卫生机构技术人员 79. 50 万人，比 2018 年增长 4. 9%。全省拥有医疗床位 54. 90 万张，比 2018 年增长 6. 2%。全省乡镇卫生院、疾病预防控制中心、卫生监督机构分别拥有卫生技术人员 8. 1 万人、0. 8 万人和 0. 3 万人。甲乙类传染病 35. 78 万例，死亡 1265 人，发病率约为 0. 3%，死亡率约为 0. 001%①。2018 年以来，广东的重要公共卫生指标不断向好（见图 1），为城乡医疗卫生水平的提高提供了重要保障。

2020 年，广东基本实现公共卫生服务在不同区域之间的均等化，城乡之间和不同人群之间的均等化取得长足进展。全省各地城乡卫生资源正在逐步融合发展，广东各地城乡之间的公共卫生服务提供、享有和效果趋于相同，各地城乡之间和人群之间的公共卫生指标和健康水平正在不断趋于一致，健康指标接近发达国家水平。

3. 公共文化均等化建设初见成效

到 2019 年末，全省的各类专业艺术表演团体（公有制）、群众艺术馆、

---

① 广东省统计局：《2019 年广东国民经济和社会发展统计公报》［EB/OL］，（2020 -03 -07）［2020 -10 -06］，http：//stats. gd. gov. cn/tjgb/content/post_ 2923609. html。

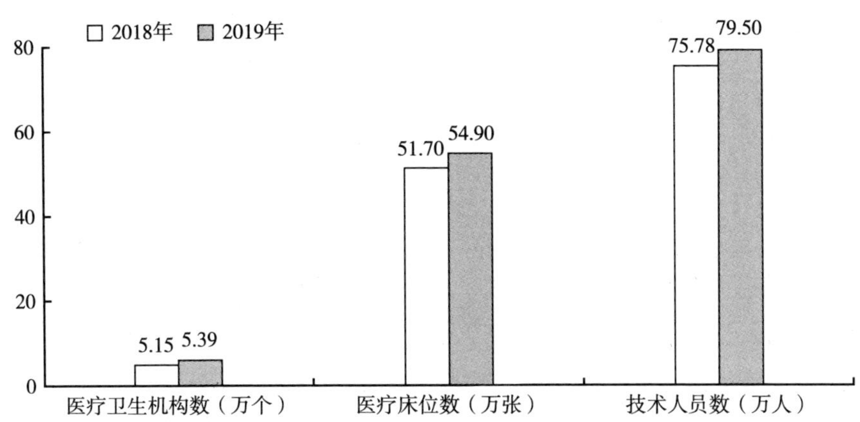

图1　2018～2019年广东的重要公共卫生指标

资料来源：《广东统计年鉴2019》、《2019年广东国民经济和社会发展统计公报》。

文化馆、县级以上公共图书馆、博物馆、广播电台、电视台、综合档案馆的数目基本与2018年持平，但2019年末有线广播电视用户达到1630万户，IPTV用户已达1823万户，OTT用户高达4807万户，分别比2018年末增长0.2%、17.6%和70.5%。"互联网+"的文化传播指标的不断发展，为城乡文化水平的提高提供了有力支撑（见图2）。2019年广东生产的电视剧比2018年多1部，出版的报纸比2018年多6.19亿份，各类期刊比2018年多约300万册，总共印刷的图书约比2018年增长4%，人均图书拥有量约比2018年增长2%。2018年，广东文化及相关产业增加值为5787.81亿元，比上年增长约20%，文化及相关产业增加值占国民生产总值的比例比上年多约0.42个百分点①。

2020年，广东公共文化均等化有了较大发展。普及城乡的重大公共文化服务工程建设和公共文化设施网络建设初见成效，公共文化服务运行机制进一步创新，公共文化服务方式的多元化、社会化水平进一步提高，全省形成服务优质、覆盖城乡的公共文化服务体系，城乡群众看电视、听广播、读书看报、进行公共文化欣赏、参与大众文化活动等基本文化权益得到有效保障。广东现阶段已经基本形成完善的覆盖城乡的现代化公共体育服务体系，城乡公共体育服务均等化已经总体实现。

---

① 广东省统计局：《2019年广东国民经济和社会发展统计公报》[EB/OL]，(2020-03-07)[2020-10-06]，http://stats.gd.gov.cn/tjgb/content/post_2923609.html。

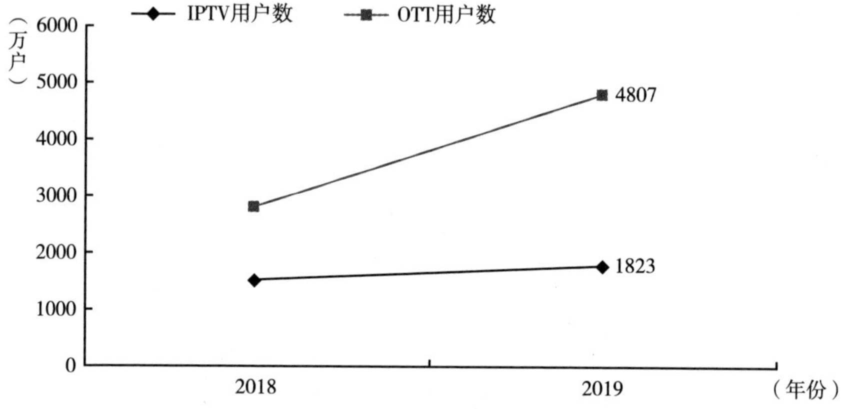

图2　2018～2019 年广东的 IPTV 和 OTT 用户数

资料来源：2019 年广东国民经济和社会发展统计公报。

（二）广东公共服务城乡融合的做法

1. 通过“微改造”来加快推进广东公共服务均等化

广东城乡各市县在城乡融合改造的过程中创新了改造模式，率先提出要建设“微改造”项目，使得项目建设又快又好。惠来县就主动开展了进村入户的小型改造工程建设，这样可以将平均工期缩短 3 个月，并减少 40% 的施工成本。南雄市设立“微改造”工程的相关数据库，优质的施工企业和监理中介被挑选出来录入数据库中，市政府对数据库实施动态管理并完善监督机制。

2. 在推动广东公共服务均等化的过程中引入动态调整机制

广东公共服务均等化在预算管理方面提倡“先谋划事，再安排钱”，在项目前期主动加大经费投入，强化管理。一些省份对竞争立项类项目实行全面“先建后补、以奖代补”，对“大专项 + 任务清单”项目由市行政主管部门和财政部门共同确定政策、支出和绩效目标，但缺乏广东这种别具特色的动态调整机制。南雄市的动态调整机制很有特色，首先，引导各部门分步推进前期工作，前期投入 2000 万元进行建设；其次，考察项目的成熟度并实施阶梯管理，对有能力做好的项目增加经费推进，对没有能力做好的项目实行升级转型。凭借这种新型机制，南雄市的城乡融合储备项目已接近 100 个，规模达到 10 亿元。

3. 对广东公共服务均等化的特色工程进行统筹推进

广东省各地城乡结合本地医疗、教育、文化等资源，对政策、资金、项目集中统筹决策，形成一批具有城乡融合特色的亮点工程。茂名市率先利用PPP模式建设了43公里的“锦江画廊”碧道，在建设过程中，茂名市政府统筹了财政资金2.4亿元，并带动了约4亿元社会资本参与。梅州市梅县区也积极利用PPP模式推动石窟河沿线的美丽城乡建设，政府仅统筹了财政资金6900万元，就吸引了大批康复养老旅游项目，这些项目的总价值高达50亿元。英德市积极调动城乡居民增收的积极性，将土地治理、城乡融合、农业发展、美丽乡村建设有机地统筹到一起，共计投入财政资金2.2亿元来建设西牛镇乡村振兴样板区，成效颇丰。

4. 对广东公共服务均等化的重点工程进行重点突破

广东省各地城乡紧紧围绕乡村振兴的重点部署及相关的考核清单和急需补齐的短板，统筹调配涉农资金，专项用于建设促进城乡融合发展的核心工程。为了整治当地的中小河流，云浮市统筹各级涉农资金1.4亿元，拆除9座防洪能力较弱的小水电站和大闸大坝。韶关市为了整治当地的泥砖房，总计统筹各级涉农资金3.3亿元，拆除破旧泥砖房71.6万间，完成应拆除房屋总数的96.7%。

5. 在抗击疫情时期坚持实施广东公共服务均等化

虽然新冠肺炎疫情对广东公共服务均等化的进程有一定影响，但各地区城乡在抗击疫情的同时，逐步复工复产，广东使用涉农资金11.2亿元来进行脱贫攻坚、农产品供应、工资发放等，确保城乡农产品供应充足。为了保证生猪供应，深入实施“菜篮子”工程，推动疫情期间的城乡产业合作项目发展，梅州市专项部署了3710万元财政资金，郁南县专项部署了350万元财政资金。

6. 高效利用涉农资金来实施广东公共服务均等化

广东城乡各市县将省级涉农资金、本级涉农资金、其他募集资金整合到一起，高效搭建城乡融合项目。为了推动新的城乡融合项目发展，新兴县将省级涉农资金2.1亿元、县级资金1.5亿元、新增债券资金1.1亿元有机整合到一起。

（三）具有广东特色的典型案例

1. 惠州市公共文化城乡融合特色

惠州市在推动公共文化均等化方面具有明显的特色。2020年，惠州市在场馆、人员、文化资源等各个方面均有了较大的发展，在广东省具有较强的示范作用。截止到2020年，每万人室内公共文化设施面积不少于1200平方米，乡镇综合文化站、城镇各社区至少有1名工作人员。县级以上公共图书馆的配备更加完善，人均藏书量和人均年新增藏书量都有一定幅度的提高，分别达到1.2册和0.06册的水平。直播卫星广播节目和无线模拟广播节目分别达到17套和6套的水平，并保证起码有25套直播卫星电视节目。数字音频广播节目不少于15套，每年为农村乡镇居民开展“送戏下乡”文艺演出活动200场以上，每年提供3000人次以上的公益文艺培训。对参观文物建筑和部分博物馆的门票减免方面也加大了覆盖范围，不仅对未成年人、老年人实施了门票减免，还对现役军人、残疾人和低收入人群实施门票减免。近年来，随着互联网的快速发展和财政的大量投入，惠州市县级及以上公共文化设施和农家书屋的信息资源配备方面已经有了大幅提高，免费无线上网服务、基础数字阅读资源库、公共文化数字阅读终端已经实施全覆盖。文化消费补贴的发放范围也在不断推广，重点优抚对象、低保户、五保户可以领到文化消费补贴，家庭经济困难的学生和部分外来工也可以领到文化消费补贴。同时，惠州市还根据各县区经济发展水平制定城乡公共文化场馆、城乡综合文化站、城乡文化室的建设标准和服务评价标准，引入奖惩机制来加快公共文化均等化进程。

2. 信宜市公共文化城乡融合特色

信宜市积极推动涉农资金整合，对涉农资金实施“大类打通、跨类使用”的新探索，高质量推进具有公共文化城乡融合特色的绿道项目建设。2019年10月，信宜市在整合上级涉农资金4308万元后建成“锦江画廊”碧道，该绿色文化走廊的总投资约为2.4亿元①。这条富有地域特色的生态走廊，定位标准高，规划起点高，建设质量高。走廊不仅绿意盎然，而且拥有浓郁的城乡文化特色，充分将水资源和人文资源的特色有机地融合到一起。“锦江画廊”碧道的建成，有利于打造信宜古驿道文化的旅游品牌，也有利于促进信宜城乡融合文化的展现，大大提升了该地的文化品位。“锦江画廊”碧道将地域的特色文化与中

① 茂名信宜市财政局：《信宜市发挥“锦江画廊”碧道建设示范作用提高涉农资金综合效益》[EB/OL]，（2020-07-02）[2020-10-06]，http://czt.gd.gov.cn/fwjdh/content/post_3030332.html。

小河流治理、乡村振兴、“四好农村公路”、旅游产业发展相结合，工作思路新，示范效应强，带动了区域文化的协调发展和区域经济的统筹发展，开辟了区域治理的新模式。此外，为了促进绿道的可持续发展，并充分利用社会资金来建设公共设施，引导社会资本下乡，政府开拓了 PPP 的新模式，即EPC + O 模式（设计、采购、施工总承包 + 现代化运营管理的一体化服务）来推动企业与政府合作，政府居于主导地位，但在运营和维护中引入市场化经营主体，城乡居民可以参与其中，在这样的模式下，政府可以节约相当一部分的财政资金，同时调动了市场经营主体的积极性，还可以增进民生福祉。

3. 广州市黄埔区的公共服务均等化特色

广州市黄埔区推行了有特色的公共服务均等化。在公共教育均等化方面，政府推动城乡教育优质均衡发展，为城乡学生创造了优质均衡的学习机会。创新探索城乡融合的教育机制，实施“区管校聘”制度，提高城乡教师薪酬待遇，实现教师培训机会均等化，利用城市名师资源优化乡村教育资源。积极引入名校品牌，发挥名校的引领作用，推动优质教育资源均等化，均衡配置城乡教育资源，加快建设广州实验中学、华师附属黄埔实验学校、铁英学校等学校。利用节假日等时间实施“校园微改造”工程，改善城乡校园环境。在公共医疗均等化方面，积极将“医养结合”概念传播到各养老机构，利用防控新冠肺炎疫情的机会向城乡居民普及防疫知识，支持城乡基层医疗卫生机构按标准建设，增加引进重点学科人才和全科医生到乡村，按照实际发展需求和卫生需求均衡配置城乡医护人员，充实城乡基层社区卫生服务中心的医疗队伍。在公共文化均等化方面，2020 年新增图书馆、文化馆 10 座，并对城乡全体居民主动开放图书馆、文化馆、博物馆，对重点文化建设项目广州海事博物馆、玉岩书院等加入现代化元素，建设有城乡地域特色的体育公园、球场及健身路径，开辟有黄埔城乡特色的“香雪文化节”“黄埔马拉松”“自行车骑行派”等文化体育节目。全区公共文化人均支出超过 280 元，城乡居民的文化体育生活需求得到了很好的满足，城乡文化体育资源实现均衡配置。

二　广东公共服务均等化发展存在的短板

广东公共服务均等化方面虽取得巨大进展，但仍然存在一些短板。

（一）城乡的基本公共教育供给不均衡

1. 城乡生源流失率、人才流失率不均衡

虽然近年来粤东西北的发展步伐不断加快，但与珠三角相比仍然存在明显的差距。揭阳的教育水平与珠三角相差特别大，本地生源严重流失。茂名交通不便、对外交流较少、基础教育设施配备不完善，导致城乡人才流失较为严重。近年茂名累计招聘特聘人才 95 人，但截至 2018 年 5 月，只剩下 48 人；累计招聘急需紧缺人才 70 人，但截至 2018 年 5 月，只留下了 59 人。

2. 城乡教育经费配套不均衡

广东省政协科教卫体委调研发现，个别地方财政经费不能足额供给职业学校，欠发达地区的职业院校经费更显紧张。2018 年云浮市、罗定市两级政府各向云浮罗定职业技术学院投入 500 万元专项资金，虽然学校已经将该笔资金全部用于改善基本办学条件，但仍然缺乏足够资金来推动城乡对接的校企合作。

3. 城乡教育资源分配不均衡

广东省的高等教育资源和职业教育资源分布不均的现象较为明显，经济较发达、城镇化水平高的珠三角地区占据了 154 所高校中的 128 所，占比高达 83.1%；粤东西北地区仅拥有 26 所高校，占 16.9%。珠三角地区拥有本科院校 57 所，是粤东西北本科院校的约 6 倍；珠三角地区拥有高职高专院校 71 所，是粤东西北高职高专院校数量的约 4 倍。

（二）城乡的基本公共医疗卫生供给不均衡

1. 城乡医疗卫生服务的价值不均衡

广东省卫生健康委曾先后深入韶关、梅州、惠州、东莞、中山、江门、清远等一线地市做调研。调研显示，广东多数乡村基层医生的收入偏低，年平均收入只有 6 万多元，这个收入仅是城市同职称医生的 3/4，甚至不到 3/4。

2. 城乡医疗卫生人才的分布不均衡

基层乡村医疗卫生部门待遇偏低，无法吸引和留住人才，进而导致城乡医护人员数目存在较大差异。据统计，在粤东西北的乡镇卫生院，新招聘的医务人员大量流失，流失率高达 39%。在这些流失人员中，大部分具有较高学历，

83%的流失人员具有本科以上学历。流失人员主要反映基层医疗卫生机构只有小部分的绩效工资，而且在基层医疗卫生机构中编制限制较多，缺乏灵活性。

3. 城乡医疗保险的待遇和征缴义务不同

珠三角地区城镇化程度高，在这些城市务工的人员主要参加城镇职工医疗保险，待遇和征缴义务均比较高。据统计，珠三角地区的城镇职工基本医疗保险基金征缴收入约占整个广东的87%。粤东、粤西和山区地区的居民主要参加城乡居民基本医疗保险，待遇和征缴义务均比较低。统计显示，粤东、粤西和山区地区的城乡居民基本医疗保险基金征缴收入约占整个广东的58%。城乡医疗保险的待遇不均衡，直接导致了城乡医疗供给的巨大差异。

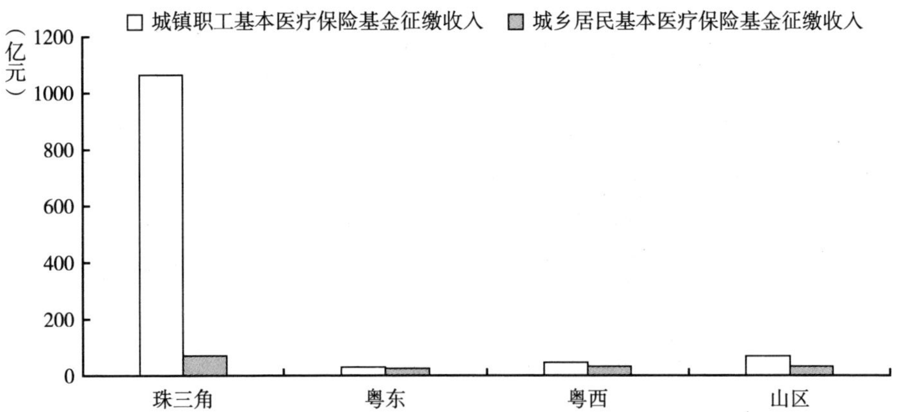

图3　广东各个区域的医疗保险基金征缴收入

资料来源：《广东统计年鉴2019》。

4. 城乡医疗卫生资源分配不均衡

2018年，珠三角的医疗卫生机构数约是粤东的3倍，约是粤西的2倍，约是山区的2倍。在床位数方面，珠三角的数量分别是粤东、粤西和山区的5倍、3倍和4倍。卫生工作人员数的差异更为明显，珠三角的卫生工作人员约为粤东地区的7倍，约为粤西地区的5倍，约为山区的5倍（见图4）。医疗卫生资源主要集中在城镇化水平高的珠三角地区，呈现城乡分配不均的态势。

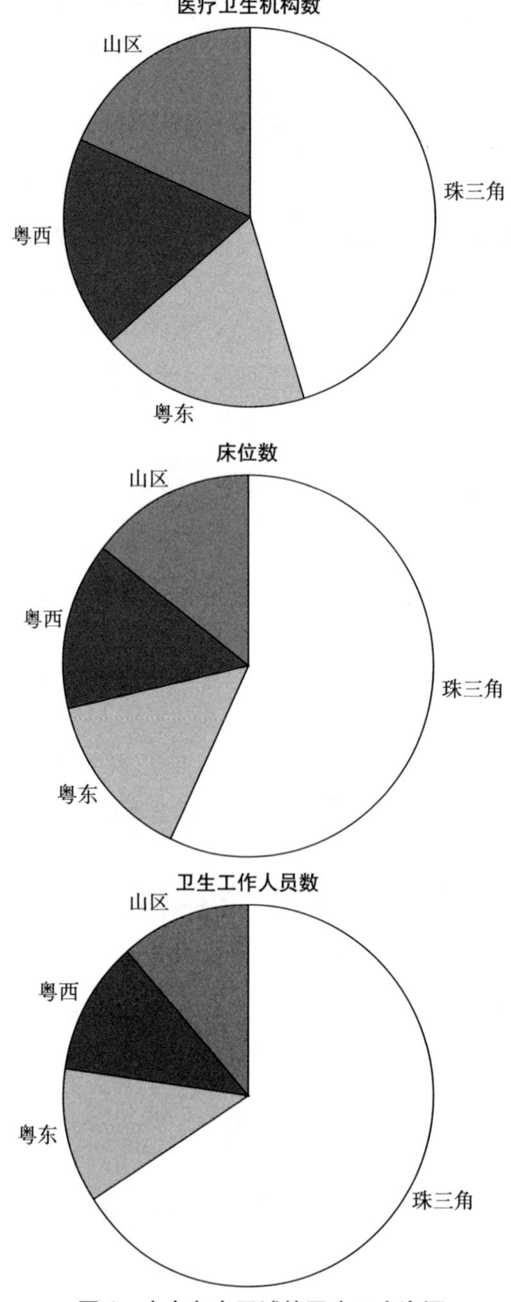

图4　广东各个区域的医疗卫生资源

资料来源：《广东统计年鉴2019》。

三 "十四五"时期推动广东公共服务均等化的措施

广东要以习近平新时代中国特色社会主义思想和习近平总书记关于民生工作的重要指示精神为指导，深入贯彻落实习近平总书记系列重要讲话精神，贯彻落实中央和省市关于公共服务工作的最新指导意见，牢固树立以人民为中心的发展思想，落实高质量发展要求，针对教育、医疗、文化、体育、社会保障等人民最关心的公共服务问题，补短板、强弱项、提质量，加快推动城乡融合，促进城乡要素流动，提高发展的平衡性和协调性，从教育、医疗、文化等多个角度推动广东公共服务的均等化。

（一）加快构建新的城乡发展格局，推动城乡融合发展

根据不同地区的实际情况，积极开拓城乡主体功能区，以都市圈、城市群、农产品主产区、重点生态功能区为主体开发覆盖城乡的空间系统；充分发挥都市圈对乡村的辐射带动作用和小城镇的联结城乡作用；提升城镇的教育、医疗、文化等配套设施的水平并积极引导农村人口到附近城镇居住；深化城乡公共产品供给制度改革，促进城乡教育、医疗和文化资源均衡配置；做好城乡规划，实现城乡一体设计、一体发展，从规划上设计好城乡一体的公共服务设施。

（二）合理配置城乡公共设施，实现城乡共建共享

在配置教育、医疗、文化等公共资源时充分考虑城乡人口分布和流动趋势；推进以中小学教师"县管校聘"改革为代表的新型公共教育均等化改革；提倡城市的优质医疗卫生资源流动到农村，整合城乡医疗资源，利用"互联网+"的手段建立城市三甲医院与县级医院、乡镇卫生院、村卫生站的对口帮扶和远程医疗机制；鼓励城乡居民参与具有城乡特色的文化建设，建立有效的城乡居民评价与反馈机制；完善统一的城乡居民基本医疗保险和大病保险，建立覆盖城乡的医疗保障体系；充分利用社会资本，共建共享城乡基础设施；统筹城乡力量开展农村人居环境整治；同步规划、同步落实、同步维护城乡教育、医疗、文化项目。

（三）全面取消小城镇的落户限制，实现公共服务全面共享

使当地城镇居民、居住证持有者、城中村居民都可以享受到均衡的教育、医疗、文化等公共服务；在妥善处理好产权问题并给予农户适当补偿后，依法收回农民自愿放弃的闲置宅基地和废弃的集体公益性建设用地使用权，按照城乡一体的空间布局设计，采用 PPP 等模式使这些土地重新入市；探索城镇社会资本与村集体合作共赢的新模式。

（四）重点改革均衡性转移支付制度，推动公共服务均等化

广东的均衡性转移支付制度是对各地基本公共服务的兜底和保障。广东财政资金要积极向财力不足、财政支出多、人口数量多的地区倾斜，确保这些地区的基本公共服务可以配套到位，增强各地城乡地区保障基本民生服务的能力。利用国民生产总值、人口、财政收支等指标从总量和人均两个角度评估地区的实际财政能力，均衡性转移支付，扩大政策的受益范围，使得困难地区在转型期内有充足的资金投入城乡教育、医疗、文化等公共服务中。在财政转移支付不断增加的同时，政府积极利用社会资本，将良好的生态环境和地域文化特色结合起来，实施多项民生工程，有力地推动公共文化服务的均等化，促进城乡融合。广东在 2019～2020 年对重点老区、苏区和民族地区新增超过 300 亿元的财政资金的基础上，继续对重点老区、苏区和民族地区进行专项补助、全额补助包括城乡居民基本医疗保险在内的 9 项基本公共服务。此外，免除广东省内重点老区、苏区和民族地区在建设统一部署的一系列基础设施项目上的出资责任，并设立老区、苏区产业发展专项补贴和民族工业园专项补助以吸引社会资本流入。

参考文献

严慧萍：《城乡融合发展进程中的基本公共服务均等化研究》，华东政法大学 2019 年硕士学位论文。

刘振伟：《乡村振兴中的公共服务均等化和法制保障》，《农村工作通讯》2019 年第 19 期。

张晖：《国家治理现代化视域下的城乡基本公共服务均等化》，《马克思主义理论学科研究》2018 年第 4 期。

B.15 2020年广东城乡社会保障发展报告

解韬　张晶*

摘　要：　2020年是中国“十三五”时期的最后一年，是“两个一百年”奋斗目标的历史交汇之年，这一时期正经历百年未有之大变局。广东省处于改革开放前沿，社会保障改革和发展也面临新形势和新背景。近年来，广东社会保障的改革与发展取得较大成效：社会保险覆盖面持续扩大，水平不断提升；社会保险基金平稳运行，结余持续增长；社会救助水平走在全国前列；社会保障与经济建设协调发展。

关键词：　广东省　社会保障　社会保险　社会救助

“十三五”时期，广东经济运行平稳，治理体系和治理能力现代化加快推进，人民生活水平显著提高，为“十四五”时期打下了坚实基础。十九届五中全会通过的《中共中央关于制定国民经济和社会发展第十四个五年规划和2035年远景目标的建议》，锚定2035年远景目标，明确提出增进民生福祉，实现更加充分更高质量就业，基本公共服务均等化水平明显提高，多层次社会保障体系更加健全；健全基本公共服务体系，完善共建共治共享的社会治理制度，强化就业优先政策，健全多层次社会保障体系。广东省作为改革开放的先行省份，经济发展水平高，流动人口规模庞大，对社会保障工作提出了更高要求。

---

* 解韬，博士，广东省社会科学院国际问题研究所研究员、硕士生导师，主要研究方向为人口学；张晶，广东省社会科学院硕士研究生，主要研究方向为人口学。

一　广东省城乡社会保障发展态势

（一）广东省城乡社会救助发展态势

2020 年，广东省受新冠肺炎疫情影响，城市最低生活保障人数有所波动。广东省人力资源和社会保障厅的数据显示，2020 年第二季度，全省城市最低生活保障人数 155954 人，环比增长 0.5%，城市最低生活保障户数 8.4 万户，环比增长 0.8%，其中当月新增城市低保人数 4228 人，当月退出城市低保人数 3453 人。同时，城市特困人员救助供养人数不断上升，城市特困人员救助供养人数 1.4 万人，环比增长 1.5%；而农村特困人员救助供养人数不断下降，农村特困人员救助供养人数 21.2 万人，环比下降 0.3%。疫情给特困人员带来巨大冲击，城市特困人员面临更大困难。

但整体来看，近年来广东省城乡最低生活保障人数整体稳步下降。2019 年城市居民最低生活保障人数为 15.7 万人，较 2017 年减少 7.1 万人，2019 年农村居民最低生活保障人数为 124.7 万人，较 2017 年减少 22.1 万人。城市社会保障人数减少幅度大于农村社会保障人数减少幅度。

在农村特困人员供养方面，农村特困人员集中供养人数和农村特困人员分散供养人数都逐年下降，其中集中供养人数减少的比例高于分散供养人数减少的比例。相比于 2017 年，2019 年农村特困人员集中供养人数减少了 0.6 万人，农村特困人员分散供养人数减少了 0.5 万人。广东省居民最低生活保障家庭户数也逐年下降，2019 年城市居民最低生活保障家庭数相比 2017 年下降了 3.46 万户，农村居民最低生活保障家庭数下降了 7.74 万户。

在最低生活保障平均水平方面，最低生活保障平均水平稳定上升。相比 2017 年，2018 年的城市和农村居民最低生活保障平均水平均有上升，城市上升比例低于农村上升比例，相比 2017 年，2018 年城市居民最低生活保障平均水平增长了 73.8 元/人·月，农村居民最低生活保障平均水平增长了 64.4 元/人·月（见表 1）。

表1　2017～2019年广东省城乡社会救助状况

社会救助	2017年	2018年	2019年	年均增长量	年均增长率(%)
社会救助人数(单位:万人)					
城市居民最低生活保障人数	22.8	17.3	15.7	-3.55	-17.02
农村居民最低生活保障人数	146.8	123.8	124.7	-11.05	-7.83
农村特困人员集中供养人数	2.1	1.6	1.5	-0.30	-15.48
农村特困人员分散供养人数	20.5	20.4	20.0	-0.25	-1.23
居民最低生活保障家庭(单位:万户)					
城市居民最低生活保障家庭数	11.91	9.27	8.45	-1.75	-15.80
农村居民最低生活保障家庭数	57.94	48.56	50.20	-3.85	-6.92
居民最低生活保障平均水平(单位:城市:元/人·月,农村:元/人·年)					
城市居民最低生活保障平均水平	674.8	748.6	—	—	—
农村居民最低生活保障平均水平	528.4	592.8	—	—	—

资料来源：2018～2020年《广东统计年鉴》。

（二）广东省城乡社会保险发展态势

在养老保险方面，广东省城乡居民基本养老保险参与人数逐年增加。相比于2017年，2019年参与人数增加了55.3万人。截至2019年末，城乡居民基本养老保险领取待遇人员870.86万人；2019年1月起全省基础养老金最低标准提高到170元/人·月，比上年增加22元，增长14.9%。在城镇职工基本养老保险方面，近年来，广东省职工养老金水平多次上调，参保人数呈逐年下降趋势。2019年1月1日起调整企业退休人员基本养老金，调整后企业退休人员月人均基本养老金增加151.72元①。在参保人数方面，与2017年相比，2019年广东省城镇职工基本养老保险参与人数下降了653.7万人。

在医疗保险方面，全省城乡医保覆盖面逐渐扩大，全省基本医保参保人数再创新高。2020年广东省职工基本医疗保险参保人数4547.5万人，同比增长171.8万人；城乡居民基本医疗保险参保人数6412.87万人，同比增长5.12万人。与往年数据比较，2019年广东省职工基本医疗保险和城乡居民基本医疗

---

① 资料来源：《2019年度广东省社会保险信息披露》，广东省人力资源和社会保障厅网站，http://hrss.gd.gov.cn/gkmlpt/content/212991/post_2991730.html。

保险的参与人数均比2017年有所上升，职工基本医疗保险参与人数上升了413.1万人，城乡居民基本医疗保险参与人数上升了5.3万人，在参保人数年均增长率方面，职工基本医疗保险的参保人数增长率高于城乡居民基本医疗保险参保人数增长率。

在失业保险、工伤保险和生育保险方面，失业保险、工伤保险和生育保险参与人数逐年上升。与2017年相比，2019年失业保险人数增长了337.1万人，工伤保险人数增长了413.8万人，生育保险人数增长了368.5万人。可以看到除了城镇职工基本养老保险外，其他社会保障参与人数均有所上升。2020年《中华人民共和国人力资源和社会保障部　财政部关于扩大失业保险保障范围的通知》进一步扩大失业保险保障范围。在工伤保险方面，2020年调整一级至四级伤残津贴，符合一级至四级伤残津贴调整条件的人员，一级至四级伤残职工每人每月分别加发445元、420元、395元、370元。社会保障水平进一步提高。

在社会保险基金征缴收入方面，全省基金运行整体平稳，保障水平稳中有升。全省城镇职工基本养老保险基金征缴收入逐年增加。相比2017年，2019年城镇职工基本养老保险基金征缴收入增长53.05%，2019年城乡居民基本养老保险基金征缴收入相比2017年减少2.12%，有所下降；2019年职工基本医疗保险基金征缴收入相比2017年增长17.61%，显著上升，城乡居民基本医疗保险基金征缴收入有所下降；2019年失业保险基金征缴收入和工伤保险基金征缴收入相比2017年有所下降（见表2），这与为应对经济下行压力、减轻企业负担和稳定就业形势而采取的阶段性降低保险费率政策密不可分。近年来，随着国家二孩政策以及广东省第五次修订的《广东省人口计划生育条例》的全面实施，生育保险基金征缴收入增长显著。

全省职工医保和居民医保政策范围内报销比例继续稳定在87%、76%左右。大病保险起付线降低到年度城乡居民人均可支配收入的50%，政策范围内支付比例提高至不低于60%，并向困难群体倾斜。减费降税成效明显，全省实施阶段性降费率政策以支持稳就业工作。实施后全省用人单位平均缴费费率从原来的5.71%下降到5.31%，全年全省减轻企业负担170.75亿元。

表 2　2017～2019 年广东省城乡社会保障状况

参保人数(万人)	2017 年	2018 年	2019 年	年均增长量	年均增长率(%)
城镇职工基本养老保险	5287.1	4919.7	4633.4	-326.85	-6.39
城乡居民基本养老保险	2587	2656	2642.3	27.65	1.06
职工基本医疗保险	3962.6	4171	4375.7	206.55	5.08
城乡居民基本医疗保险	6402.4	6445.1	6407.7	2.65	0.04
失业保险	3163.7	3361.8	3500.8	168.55	5.19
工伤保险	3402	3592.5	3815.8	206.9	5.91
生育保险	3300.9	3495.3	3669.4	184.25	5.43
基金征缴收入(单位:万元)					0.00
城镇职工基本养老保险基金征缴收入	31432847	36871967	48109116	8338134.5	23.71
城乡居民基本养老保险基金征缴收入	398325	356239	389890	-4217.5	-1.06
职工基本医疗保险基金征缴收入	11323654	12306460	13317362	996854	8.45
城乡居民基本医疗保险基金征缴收入	4049411	1725013	1699741	-1174835	-35.21
失业保险基金征缴收入	995465	1034278	958755	-18355	-1.86
工伤保险基金征缴收入	645154	622630	438923	-103115.5	-17.52
生育保险基金征缴收入	826427	993924	1211407	192490	21.07

资料来源：2018～2020 年《广东统计年鉴》。

二　广东省城乡社会保障发展成效

（一）社会保险覆盖面持续扩大，水平不断提升

广东省社会保障参保人数稳步增长，覆盖面持续扩大。2017～2019 年三年间，社会保险参保人数持续增长，其中工伤保险涨幅最大，增长率为 12.16%；其次为生育保险、失业保险，分别增长 11.16%、10.66%，涨幅较大。

社会保险水平不断提高。据统计，相比 2018 年，2019 年全省社会保障和就业支出 1709.48 亿元，增长 12.7%，卫生健康支出 1581.04 亿元，增长

12.3%，民生类支出12074.08亿元，占一般公共预算支出的比重为69.7%。社会保障支出持续增长，社会保险事业加速发展。全省社会保险水平不断提升，范围不断扩大，社会保险及社会救助标准不断调整，社会保险待遇水平稳步提高，对保证和维护社会成员生活稳定起到重要作用。

（二）社会保险基金平稳运行，结余持续增长

全国社会保障基金平稳运行，近三年来，受降费率等政策影响，失业保险基金结余呈现下降趋势，其余险种整体运行平稳，基金结余持续上升。其中基本养老保险由2017年的50202.2亿元上升到2019年的62872.6亿元，年均增长率达11.91%；基本医疗保险由2017年的19385.6亿元上升到2019年的27696.7亿元，年均增长率达19.53%（见表3）。两大险种基金结余上升明显。平稳运行的社会保障基金是社会保障持续向好发展的重要支撑，是完善各项社会保险制度、促进社保事业可持续发展的基础。

表3　全国社会保障基金结余情况

单位：亿元，%

年份	合计	基本养老保险	基本医疗保险	失业保险	工伤保险	生育保险
2017	77312.1	50202.2	19385.6	5552.4	1606.9	565
2018	89775.5	58151.6	23440	5817	1784.9	582
2019	96977.9	62872.6	27696.7	4625.4	1783.2	—
年均增长量	10115.4	6335.2	4155.55	-463.5	88.15	—
年均增长率	12.00	11.91	19.53	-8.73	5.34	—

资料来源：2018~2020年《中国统计年鉴》。

广东省社会保障基金总体结余呈增长趋势。2017~2019年，基本养老保险和基本医疗保险基金收支呈现高速增长态势，年均增长量及增长幅度较大。其中基本养老保险基金结余年均增长量达15.19%，高于全国平均水平。基本医疗保险基金结余年均增长量达15.98%，低于全国平均水平。受降费率、生育政策等政策影响，失业保险、工伤保险、生育保险基金结余存在下降情况，但整体运行较为平稳（见表4）。

表4　广东省社会保障基金收支情况

单位：亿元

年份	2017年	2018年	2019年	2017~2019年增长量
基本养老保险				
基金收入	3645.2	4787.1	5877.5	2232.3
基金支出	2068.6	2652.5	4011.6	1943.0
基金结余	9647.9	11545.5	12800.7	3152.8
基本医疗保险				
基金收入	1564.9	1798.4	2177.7	612.8
基金支出	1245.0	1440.7	1764.4	519.4
基金结余	2474.8	2832.6	3329.0	854.2
生育保险				
基金收入	87.1	103.7	124.27	37.17
基金支出	110.6	113.7	115.61	5.01
基金结余	93.1	83.1	—	-10.00
失业保险				
基金收入	116	124.98	158.02	42.02
基金支出	74	76.20	112.65	38.65
基金结余	683	732.05	631.01	-51.99
工伤保险				
基金收入	77	77.60	52.34	-24.66
基金支出	54	64.73	65.68	11.68
基金结余	275	288.14	274.80	-0.20

资料来源：2018~2020年《中国统计年鉴》。

（三）社会救助水平走在全国前列

广东省社会救助水平走在全国前列，社会救助标准高于全国平均水平。2018年全国城市居民最低生活保障平均标准为579.7元/人·月，农村居民最低社会保障平均标准为4833.4元/人·年，广东省城市居民最低生活保障平均标准为748.6元/人·月，农村居民平均社会保障平均标准为7114.5元/人·年，均远高于全国平均水平。相较于上一年度2018年全国城市、农村最低生活保障平均标准分别增长7.2%、12.4%（见表5、表6）。2018年广东省城市、农村最低生活保障平均标准相较于上一年度分别增长10.9%、12.2%，与全国社会救助水平相比，广东省社会救助水平提升迅速。近年来，城市、农村最低生活保障平均标准均得到大幅度提升，截至2019年，广东省全省月人均城乡低保补差排名提高到第六名；农村特困供养标准排名提高到第五名。相比于2010年，救助水平在全国排名上升位数实现翻番①。

表5　全国城市居民最低生活保障平均标准

单位：元/人·月

地区＼年份	2014	2015	2016	2017	2018
全国	410.5	451.1	494.6	540.6	579.7
北京	650.0	710.0	800.0	900.0	1000.0
辽宁	452.8	493.5	522.8	561.6	590.2
上海	710.0	790.0	880.0	970.0	1070.0
江苏	536.1	581.7	610.8	645.6	682.4
浙江	573.3	640.5	673.7	706.2	762.6
福建	404.4	478.1	514.8	589.8	605.6
山东	451.9	470.1	494.9	513.6	532.4
湖北	411.0	447.1	487.9	563.6	605.0
广东	454.5	513.8	576.2	674.8	748.6
四川	336.2	367.0	419.5	485.1	507.2

资料来源：2019年《中国社会统计年鉴》。

表6　全国农村居民最低社会保障平均标准

单位：元/人·年

地区＼年份	2014	2015	2016	2017	2018
全国	2776.6	3177.6	3744.0	4300.7	4833.4

① 《坚持“四个着力”实现“三个翻番”广东社会救助工作实现跨越式发展》，https://mp.weixin.qq.com/s/MjtPiWa_owDivuB47FEN2A，2019年11月14日。

续表

年份 地区	2014	2015	2016	2017	2018
北京	7587.7	8520.0	9600.0	10800.0	12000.0
辽宁	3195.7	3548.5	3914.9	4350.9	4629.7
上海	7560.0	9480.0	10440.0	11640.0	12840.0
江苏	5345.5	6029.8	6480.9	7147.1	7777.1
浙江	5686.0	6683.9	7292.4	8040.6	9083.3
福建	2732.2	3405.9	3841.4	5054.0	7127.3
山东	2936.7	3340.0	3777.8	4165.5	4482.0
湖北	2567.8	3235.2	3828.8	4706.4	5275.2
广东	3837.9	4489.9	5342.7	6340.8	7114.5
四川	2139.7	2409.1	3154.6	3767.8	4009.1

资料来源：《中国社会统计年鉴2019》。

（四）社会保障与经济水平协调发展

社会保障支出是维护每个社会成员的基本生存权利、促进社会稳定发展的重要财力支持，是对社会成员尤其是丧失劳动能力及生活困难的个人或家庭提供物质帮助的基础。随着社会发展，经济结构变迁、社会公共事务需求的增加等都会对社会保障带来巨大挑战。近年来，全国社会保障和就业支出稳定增长，社会保障和就业占一般公共预算支出比例持续增长（见表7）。在此宏观社会经济背景下，广东省社会保障水平发展迅速。

广东省社会保障基金收入稳步增长，社会保障支出的绝对规模呈现持续扩大趋势。全省地区生产总值从2017年的91648.73亿元上升到2019年的107671.07亿元；全省社会保障支出从2017年的1423.33亿元上升到2019年的1703.48亿元；全省人均社会保障支出从2017年的1274.36元上升到2019年的1478.59元（见表8）；地区生产总值增长率为17.48%，同期社会保障支出增长率为19.68%，人均社会保障支出增长率为16.03%。这些统计指标反映了广东省社会保障发展与经济水平的强劲增长密不可分，社会保障支出与地区生产总值的增长、受保人口增长之间协调发展。

表7　全国各省份社会保障和就业支出情况

单位：亿元，%

年份	2017			2018			2019		
地区	地方一般公共预算支出	社会保障和就业支出	占比	地方一般公共预算支出	社会保障和就业支出	占比	地方一般公共预算支出	社会保障和就业支出	占比
地方合计	173228.34	23610.57	13.63	188196.32	25827.54	13.72	203743.22	28147.55	13.82
北京	6824.53	795.38	11.65	7471.43	835.65	11.18	7408.19	972.98	13.13
辽宁	4879.42	1340.54	27.47	5337.72	1463.57	27.42	5745.09	1441.30	25.09
上海	7547.62	1061.03	14.06	8351.54	933.38	11.18	8179.28	999.77	12.22
江苏	10621.03	1043.40	9.82	11657.35	1316.55	11.29	12573.55	1416.00	11.26
浙江	7530.32	801.78	10.65	8629.53	914.93	10.60	10053.03	1073.94	10.68
福建	4684.15	394.56	8.42	4832.69	468.15	9.69	5077.93	507.89	10.00
山东	9258.40	1131.96	12.23	10100.96	1253.99	12.41	10739.76	1444.63	13.45
湖北	6801.26	1092.30	16.06	7258.27	1172.00	16.15	7970.21	1267.01	15.90
广东	15037.48	1423.33	9.47	15729.26	1508.02	9.59	17297.85	1703.48	9.85
四川	8694.76	1501.35	17.27	9707.50	1644.17	16.94	10348.17	1762.30	17.03

资料来源：2018～2020年《中国统计年鉴》。

表8　广东省社会保障水平

年份	GDP（亿元）	社会保障支出（亿元）	常住人口数（万人）	人均社会保障支出（元）	社会保障水平（%）
2017	91648.73	1423.33	11169	1274.36	1.55
2018	99945.22	1508.02	11346	1329.12	1.51
2019	107671.07	1703.48	11521	1478.59	1.58

资料来源：2018～2020年《广东省统计年鉴》。

三　广东省城乡社会保障中存在的问题

近年来，广东省社会保障事业加速发展，社会保险覆盖面扩大。但当前社保领域还存在不少问题，距离实现社会保障全覆盖仍有一定距离，距离实现人人共享共有的社会保障目标仍有差距。

一是社会保障发展不平衡。社会保障在调节收入分配、促进社会公平方面有重要作用，但当前调节作用有限，发展不平衡主要为群体间发展不平衡及地区间发展不平衡。群体间发展不平衡主要体现为城乡、流动人口与户籍人口、传统行业和新业态从业者、普通群体和特殊群体之间的不平衡。地区间发展不平衡主要体现为珠三角与东翼、西翼、山区间的不平衡。

二是社会养老负担加重。我国老龄化发展迅速，养老压力持续增大，养老机构数量严重不足。当前养老服务业仍面临居家养老服务覆盖面不广、服务质量有待提高、市场潜力未充分释放、政府购买养老服务仍处于起步阶段等问题①。老年人的养老服务需求持续扩大，对康养结合、医养结合等方面的需求越来越迫切，对扩大养老服务有效供给提出了更高标准和更多要求。

三是维持社保财务收支平衡压力加大。全年全省养老、失业、工伤保险基金总收入（不含上下级往来）6087.9 亿元，比上年增长 22.2%，年末累计结余 13706.4 亿元，比上年末增长 9.1%。全省全年基本医疗和生育保险基金总收入 2209.73 亿元，比上年增长 15.9%；年末累计结余 3330.02 亿元，比上年末增长 14.2%。2019 年基金收入增幅均大于基金结余增幅。与此同时，随着老龄人口比重不断上升，领取养老保险的人数不断增加，医疗保险支出不断上升，给维持社会保险收支平衡带来挑战。

四是社会保险尚待完善。社会保险迁移手续较复杂，影响流动人口的参保意愿。2019 年，全省办理企业职工基本养老保险转移接续 73.04 万人次，转移金额 144.51 亿元。大规模流动人口对社会保险异地迁移具有较大需求。企业缴费率过高，影响企业参保的积极性。我国社会保险缴费由政府、企业、个人三方面承担，其中养老保险由企业缴纳费用的最大部分，占工资总额的 20%。企业缴纳较高的社会保险费率影响企业用工成本和竞争力，导致部分企业选择以不实的缴纳基数缴纳社会保险费或不缴纳社会保险费。

五是社会救助标准偏低。2019 年全省人均消费支出 28994 元，其中深圳、广州两市的人均消费支出超过 4 万元；其余各市人均消费支出均大于 1 万元。

① 高兴民、郭芹：《中国经济特区社会保障发展报告》，《中国经济特区发展报告（2017）》，社会科学出版社，2018。

尽管全省城乡低保的标准不断提高，仍无法很好地覆盖困难群体的生活需求[①]。广东城乡低收入群体仍然面临较大的经济压力。

同时，目前广东省的贫困主体已经由绝对贫困变为相对贫困，贫困的归因从生存型贫困变为权利贫困、机会贫困。以经济救助为主要手段和以最低生活保障为目标的社会救助体系难以满足新形势下困难群体的需求。因此，需要进一步完善医疗救助、教育救助、住房救助、就业救助等社会救助项目，关注相对贫困人口的发展救助、机会救助。

四 政策建议

（一）构建多层次保障体系，实现社会保障的高质量发展

面对当前社会保障的新形势新要求，坚持以社会保险为主体，以社会救助保底，完善各项社会制度，持续扩大社会保险覆盖面，推动社会保险稳步可持续发展。以政府和市场双结合的方式，共同承担社会保障压力，以商业保险、企业年金等补充性保险，结合社会保险共同发展，打造构建多层次社会保障体系。持续扩大医疗保险保障范围，提高保障水平，并大力推进补充医疗保险、大病保障、贫困保险等险种发展，促进商业保险中老年保险、女性保险、儿童保险、特殊群体保险等多险种推行，以其作为社会保险中的补充性保障。在减轻社会保障压力的基础上，满足多群体的多方面、多样化需求。对出于各种原因而遭受风险侵害的群体给予一定的物质帮助及生活保障，推动社会稳定化运行，实现人人共享社会改革发展成果。

（二）推进制度衔接与整合，满足流动人口社保需求

广东是流动人口大省，流动人口或农民工工作的不确定或频繁变动决定了其在一个城市难以长期稳定地缴纳社会保险费用和享受社会保障权益。城镇化与户籍制度下，未入户的居民与户籍人口得到同等的合适的社会保障是推动共建共治共享社会成果的关键。

---

① 广东省民政厅制定的《2020 年全省城乡低保最低标准》提高了全省城乡低保的保障标准。

近年来，广东省开始进行养老保险省级统筹的探索。2017 年广东省政府印发《广东省完善企业职工基本养老保险省级统筹实施方案》，逐步建立健全省级企业养老保险制度体系，实行企业养老保险基金省级统收统支统管。但广东是人口流动大省，其流动人口来自全国各地，仅省级养老保险统筹无法满足流动人口的需求。在经济社会高速发展及人口快速流动的当代，建立和完善全国范围内的养老保险统筹刻不容缓。同时，中央和地方政府应充分协调沟通，分清权责，破除央地壁垒、城乡壁垒、部门壁垒、政策壁垒，推动养老保险统筹发展。

基本医疗保险方面，2019 年起广东省开始探讨基本医疗保险省级统筹，但目前仍在研究阶段。故需要继续推进基本医疗保险省级统筹的研究，尽快出台实施方案。完善相关城乡居民基本医疗保险制度，尤其是相关大病医疗保险制度，避免出现因病致贫、因病返贫现象。完善应急医疗救助机制，加强基本医疗保险、商业医疗保险和医疗救助之间的有效衔接。简化异地就医报销流程，实现异地就医直接结算，以满足省内大量流动人口就医的切实需求。

（三）建立综合社会救助体系，实现发展型救助转型

2020 年广东与全国一样进入脱贫攻坚战收官之年，贫困人口现状发生变化，贫困人口主体由绝对贫困转变为相对贫困，从物资贫困转变为发展型贫困，要求社会救助做出相应的调整以适应广东社会经济的发展。

提高救助标准。随着社会经济发展和物价水平的提高，城乡消费水平不断上升，受助者的经济压力增大。当前广东社会救助标准偏低，仅能维持基本生存，阻碍受助者自我发展能力的提升，影响社会救助的效果。因此，应当以各地生活水平为依据适当提高社会救助标准，使受助者在满足基本生活需要之外有所剩余，鼓励受助者参加技能培训，提升自身人力资本，有效地摆脱贫困。

扩大救助范围。广东贫困的主体由绝对贫困转变为相对贫困。但目前救助制度主要围绕绝对贫困人口，相对贫困人口处在救助制度之外，无法获得帮助。对于相对贫困人口而言，抵御风险的条件和能力有限，任何风险变为现实，都会加速其向绝对贫困方向发展。这是广东脱贫人口返贫的一个重要原因。因此扩大社会救助范围对巩固脱贫攻坚战成果、决胜全面建成小康社会具有重大意义。应当扩大救助范围，覆盖相对贫困人口，有针对性地精准帮扶。

扩充救助内容。进入新时代后，广东的社会经济发生巨大变化，社会救助的根本是要消除贫困，消除贫困的方式是有效地提高受助者抵御风险的条件及能力。当前主要以物质和货币救助的方式不足以全面有效地应对各种贫困问题。故应转向以能力救助、权利救助、机会救助和精神救助为主要内容的多元化救助。根据贫困原因有针对性地施以物质救助、教育救助、医疗救助及权益维护等，重点关注因病致贫、因病返贫、意外事件、特殊群体等社会救助，给予应急性、过渡性、重点支持等救助，发挥社会救助的兜底保障作用，从而帮助贫困群体有效地应对各种贫困问题。

（四）加快完善养老保障体系建设，与时代发展相适应

2019 年我国老龄人口达 1.76 亿人，占总人口的 12.6%，老年抚养比上升至 17.8%。与此同时，平均预期寿命也在不断增加，2019 年我国平均预期寿命达到 77.3 岁，并且还将继续增长①，我国人口老龄化压力不断增大。相比之下，广东省的人口老龄化发展不仅面临省内压力，也面临众多的老年流动人口养老压力，以及随着粤港澳大湾区的进一步合作发展，面临着更为严峻的粤港澳共同养老问题。因此建立一个适应省内实际社会经济发展水平、符合人口发展状况的养老保障体系尤为关键。

从当前人口老龄化、老年抚养比等状况来说，人口是变动的，同样人口老龄化、人口预期寿命、老年抚养比、经济发展水平均是动态变化的。在此背景下，政策要与经济社会背景发展相适应，建立符合当下社会发展背景的养老保障体系，适当调整退休年龄，设置弹性养老金，为社会养老需求及服务发展提供适应性保障。在适当调整养老保障政策的同时，推进居家养老体系建设、减轻医疗机构及家庭养老压力、加快适老性改造等措施同样必不可少。

（五）结合“互联网+”技术，加强社会保障信息化建设

广东省处于改革开放前沿，经济开放程度高，公民权利意识强，社会矛盾和问题较为突出，对社保工作提出了更高要求。结合互联网、大数据、人工智能技术发展，加强社会保障信息化建设，实现全方位的社会保障一体化管理尤

---

① 资料来源：《2019 年我国卫生健康事业发展统计公报》。

为必要。

在当前户籍制度改革不断推进、“互联网+社保”时代到来的背景下，随着广东省经济发展进入新常态，人口老龄化加快，广东省社保发展的新矛盾、新问题日益凸显，成为社会经济发展的制约因素。而突如其来的2020年新冠肺炎疫情，使“健康码”成为每个社会成员不可或缺的通行凭证，在后疫情时代，应加快电子社保卡的建设，实现人口信息、健康信息、养老信息一体化管理，发展集通行、医疗、养老、救助等功能于一卡的“电子社保”，打造真正便民利民的“一卡通”。

参考文献

邵继红：《建立完善城乡居民养老保险工作中存在的主要问题和对策》，《财经界》（学术版）2018年第14期。

郑功成：《多层次社会保障体系建设：现状评估与政策思路》，《社会保障评论》2019年第1期。

姚李亭、彭香：《改革开放以来我国社会保障理论与实证研究综述》，《现代管理科学》2019年第12期。

B.16
2020年珠江三角洲地区社会工作进乡村发展报告

陈杰英　朱哲桐*

摘　要： 社会治理是国家治理的根基。社会治理体系重心在城乡社区，乡村兴，则国家兴。社会工作进乡村，是固本强基、提升社会治理能力的重要环节，也是维护农村基层稳定、促进城乡深度融合、实现乡村振兴的战略抓手。珠江三角洲地区是广东经济社会发展水平最高的区域，近年来通过社会工作进乡村，创新社会治理模式，有效解决了乡村一系列民生问题，是化解乡村社会矛盾、维护基层和谐稳定、确保农民安居乐业的有效方式，也是广东提升社会治理能力现代化水平的成功尝试。广东社会工作进乡村是现代社会发展的产物，缩小了城乡差距，形成了一套特色鲜明的做法，对于促进我国乡村治理体系和治理能力现代化具有重要借鉴意义。

关键词： 珠江三角洲地区　农村社会工作　城乡融合　广东

习近平总书记强调，“社区是基层基础，只有基础坚固，国家大厦才能稳固，社会治理的重心必须落到城乡社区”。推进社会工作进乡村并与乡村治理进行有机结合，是促进基层稳定，提升乡村社会治理能力，从根本上破解“社会治理基础在基层，薄弱环节在乡村”难题，实现国家长治久安的根本大

---

* 陈杰英，广东金融学院高级经济师，主要研究方向为社会工作；朱哲桐，广州大学公共管理学院社会学系学生，主要研究方向为社会工作。

计。珠江三角洲地区（以下简称“珠江三角洲”）是广东经济社会发展水平最高的区域，其社会工作进乡村的实践走在前列，有利于打造现代社会治理新格局，对于广东率先实现农业农村现代化具有深远的意义。

一 珠江三角洲社会工作进乡村的成效与特征

乡村兴则国家兴。中共中央、国务院印发的《乡村振兴战略规划（2018～2022年）》指出，“大力培育服务性、公益性、互助性农村社会组织，积极发展农村社会工作和志愿服务”，“推动各地通过政府购买服务、设置基层公共管理和社会服务岗位、引入社会工作专业人才和志愿者等方式，为农村留守儿童和妇女、老年人以及困境儿童提供关爱服务”。社会工作进乡村是提升乡村社会治理水平的有效形式，是实现乡村振兴的重要领域。广东作为改革开放前沿阵地和经济大省，为率先落实国家乡村振兴战略，选择在省内经济最发达、物质基础最厚实的珠江三角洲推进社会工作进乡村实践，实现了由点到面、由城市到农村的快速发展，促进了乡村和谐稳定和城乡融合发展，摸索出了一套可复制、可推广的社会工作进乡村的广东做法。

（一）先行先试，打造乡村社会工作新模式

广东早在2006年就开始探索社会工作创新发展模式。2006年广东省民政厅设立了全国首个社工管理机构，探索社会治理建设。2007年，深圳率先探索出了“政府购买社工岗位”模式，广州则进一步探索出了“家庭综合服务中心”方式，这些探索[①]对广东及全国创新社会治理模式、提升社会治理水平，起到了较好的示范引领作用。历经十多年的探索，珠江三角洲不断创新社会工作机制，推动慈善进乡村与社会工作融合，志愿服务与社会工作服务相结合，建立了基本覆盖城乡社区的多样化服务工作系统，逐步探索出了一套“兜底民生、村民互助、乡村自治、志愿服务和社会工作联动”的乡村社会工

① 2006年广东省民政厅在全国设立了首个社工管理机构，探索社会治理建设。2007年，深圳率先探索“政府购买社工岗位”发展方式，广州则在“政府购买社会工作服务”方面探索了“家庭综合服务中心”方式。

作新模式。

一是聚焦农民需求推出社工“双百计划”。广东省民政厅2017年推出社工“双百计划”，吹响了社工服务进乡村的“号角”。为了确保“双百计划”落地，2020年11月广东省民政厅、广东省财政厅等五部门联合印发“广东兜底民生服务社会工作双百工程”文件，打通为民服务的“最后一米”。这一工程可媲美浙江持续16年推进的农村“千万工程”——该工程使得浙江农村面貌焕然一新，绝大多数村庄完成环境综合整治，建成了一批美丽乡村示范县、示范乡镇和美丽乡村特色精品村，这与浙江农村本身所具有的集体经济基础、地理位置、浙商文化等有一定关系，其发展思路值得学习。

二是社工服务多样化、程序化、高效化。通过提供多样化的购买方式满足个性化的购买需求，是广东社会工作进乡村的亮点。珠江三角洲各地基于自身具体情况，探索了多样化的政府购买社会工作服务方式。目前，面向服务对象提供综合性专业服务，已建成社会工作服务平台超过1000个。广州的专项购买方式发展得不错，根据服务对象、服务内容等进行综合预算，由政府向社会工作服务机构购买，为服务对象提供专项服务。深圳、东莞和佛山等地的岗位购买方式发展得较好，政府出资向社会工作服务机构购买社会工作岗位，将社会工作人才派驻到城乡社区、学校、医院、工厂等单位，为某一特定群体提供服务。购买服务程序规范化、制度化，给农民提供了方便，增强了农民对政府的信任感。各地不断完善购买流程，针对招投标文件、专家辅导等关键节点出台了指引办法，政府购买社会工作服务日益规范化。珠江三角洲各地社工服务的绩效评估普遍采取第三方评估，保证社工服务绩效。同时，珠江三角洲各地建立了政府购买社会工作服务信息的公开发布平台，形成了互相配合的内外监督、财政和审计监督与社会监督相结合的完整监督体系。

三是“社工+慈善”促进村民互助社区自治。推动慈善进乡村与社会工作进行融合，推进慈善力量参与社会治理，是广东省乡村基层治理的一大特色。《慈善法》刚颁布，广东省就着手推动慈善进乡村工作[①]。“慈善乡村”的创立，令慈善领域扩大到城乡脱贫攻坚、社区矫正、纠纷调解等多个领域，

① 2016年9月5日，广东省首个“慈善乡村”在广州市增城区增江街大埔围村揭牌。

推动了城乡多领域社会工作的均衡发展，走出了现代文明与乡村文化相融合、物质文明与精神文明同发展的道路。通过“爱心帮扶进乡村”“慈善养老进乡村”等具有乡村特色的慈善活动，引导多元乡村主体参与乡村治理，促进政社联动、社企协作、社群沟通、数据共享，营造共建共治共享乡村治理新格局。近年来，全省全面贯彻落实《慈善法》，大力探索具有岭南特色的慈善发展模式，2020年12月，在广东省民政厅的指导和广东省社会组织总会的支持下，“南粤慈善　公益同行”活动在广州举办，活动聚焦慈善倡导和公益传播，通过现场捐款、微信乐捐、线上+线下公益拍卖等各种方式汇聚爱心，通过发放榜单等方式彰显慈善价值观、荣誉感，营造全社会人人参与慈善的良好氛围，打造了广东慈善的又一品牌。

四是推动志愿服务者与社会工作者联动工作，共同助力乡村社会治理。近年来，尤其是《志愿服务条例》实施一年来，广东在实践中不断探索、总结并形成制度，出台了《关于支持和发展志愿服务组织的实施意见》《关于实施广东志愿者守信联合激励加快推进青年信用体系建设的行动计划的通知》《广东省志愿服务时间管理办法（试行）》《广东省志愿服务条例（修订稿草案）》《关于推进社会工作者和志愿者联动工作的实施意见》等一系列政策和激励措施，促进志愿服务组织和志愿者队伍健康发展，鼓励支持志愿者进入乡村社区，与社会工作者联动工作，共同促进乡村社会治理。广州市从化区通过“从化好乡村”项目，凝聚社会力量参与乡村振兴计划，打造参与式乡村治理项目示范点，从化民政局着力创新农村社工站试点，积极打造“金凤凰计划”，组织开展香囊义卖、直播助农系列活动等。在社区（村）两委的带领下，乡村主体积极参与乡村治理，社区志愿者力量与社区居民共同参与，社区志愿者与社会工作者联动工作，引导村民深度参与乡村治理，激发了乡村振兴新活力。

（二）从人才着手，抓住社会工作进乡村的核心要点

专业社会工作人才是推动社会工作发展的基础要素。培育乡村社会工作人才，建设乡村社会工作机构，是广东省促进社会工作进乡村的关键一招。

一是培养乡村社工专业人才，引导社会工作人才在村扎根。加强乡村社会工作专业人才队伍建设，促进乡村社会工作发展，是创新基层社会治理、激发

社会活力的内在要求。广东省多年来鼓励本土高等院校开办社会工作专业，增强人才储备，中山大学、华南农业大学、广东金融学院、广东工业大学、深圳大学、广东外语外贸大学、广东财经大学等一批高校开设了社会工作专业；打造省级和市级社会工作专业人才培训基地，培育了一大批高层次社工专业人才。

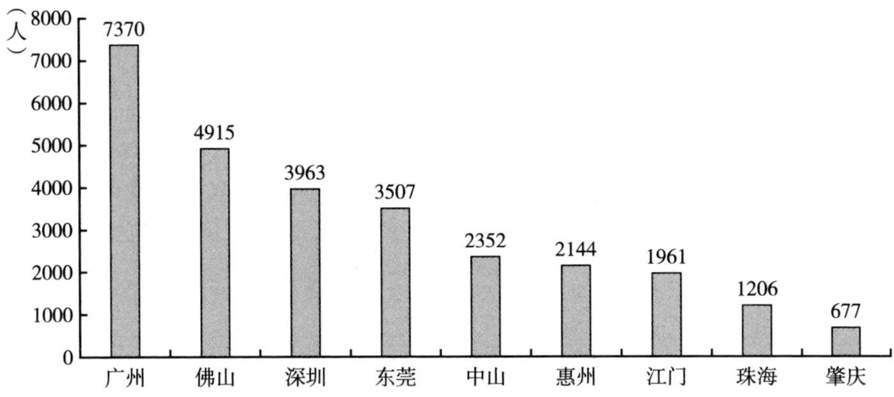

图1　2018年珠江三角洲城市社工登记人数

资料来源：广东省社会工作管理系统，https：//www.gdsgdj.gov.cn/。

为引导社工人才扎根乡村基层，珠江三角洲各地陆续出台社工薪酬指导标准，合理确定社工薪酬待遇，适时建立薪酬增长机制。例如，东莞纳入“是否按时足额发放社工工资”，确保社工的薪酬待遇；广州将社工人才纳入“高层次人才引进计划”和“紧缺工种目录”范围，社工人才可享受“积分入户优惠”；深圳市“人才安居工程”覆盖社工人才，使优秀社工人才可获得安居房补贴，推荐优秀社工人才参选劳动模范、人大代表、政协委员，多渠道提升社工人才的荣誉感。

二是打造专业社工机构，支持社工机构公益化发展、规范化运作。为了支持鼓励社会工作机构进乡村，各地普遍降低准入门槛、简化登记程序，目前珠江三角洲社会工作服务机构近1000家。珠江三角洲采取多种方法全力支持社会工作服务机构发展，广州市对符合条件的机构实施一次性资助，并对优秀社会工作服务项目给予项目经费奖励；深圳市推行“融益贷”公益金融创新项目，以帮助解决机构资金周转困难，有多家社会工作服务机构获得贷款资格。

同时，各地市积极开展社会组织评估工作，打造了一批一流的社工机构，有效推动了社会工作服务机构专业化、公益化、规范化发展。

（三）凸显效能，助推基层社会治理大转变

社工理念传播为社会治理注入了新思维，实现了社会服务提供从“政府包揽”到“政府与社会组织分工合作”的转变，从“政府主导”向“满足居民需求、居民参与”的转变。民办社会工作服务机构和社会工作者逐步成为公益创投等社会治理创新活动的主力军。例如，广州市从化区良口镇长流村、乐明村社会工作项目由广州市民政局和从化区民政局联合购买服务，社会工作者进驻至今已超过10年。社工跟村民同呼吸、共命运，通过培育村民组织、活化传统文化、推动产业兴旺、保育生态环境、推动邻里互助、积累社区公益金，实现了乡村的有效治理；珠海市金湾区红星村社会工作项目已经运作6年，社工通过“同工同劳”“群策群力”打造公共空间，推动成立了环卫、文化美食、舞蹈、恒常服务等小组，实现了外来务工人员、本地村民和谐相处；东莞市南城区雅园社区是“村改居”社区，不少居民至今依然保留着务农的技术和情怀，社工因地制宜，实施“雅园心田”社区公益农田项目，吸收社区居民、高校学生组建志愿者队伍，科学种植蔬菜，为社区弱势群体捐赠蔬菜。截至2019年底，数百名志愿者参与了该项目。中山市2019年4月以来全市民政兜底性社工服务对象逾17000人，平均建档率超过70%，基本达到“底数清，需求明”；2019年11月，古镇镇成立社会工作服务站，作为全镇兜底服务枢纽平台，全镇13个村居实现了“一村一社工”服务模式，进一步完善“1镇专业社工+1村社工+1民政人员”的村级服务团队体系。该模式对社工进行集中管理、定岗定责，社工每周下村（居）不少于3个工作日，主要负责走访调查、收集社情民意等，要求社工改变以往以活动、文书、数字任务等为主的服务方式，注重上门服务和个案辅导，为广大农村居民提供专业、优质的社会服务。

（四）政策托底，以“三位一体”政策做保障

政策托底，化解基层民生难题，让社工在基层扎根，成为乡村治理的黏合剂和助推器，是广东推进社会工作进乡村的又一亮点。

一是强化政策保障①。《广东省专业社会工作领军人才遴选办法》等一系列文件出台，致力于打造有实力、专业化、有情怀的社会工作服务人才队伍，推动社会工作稳步发展。为破解广东社会工作区域发展不平衡难题，2019 年 9 月，省民政厅等 13 个部门联合印发了《关于加强社会工作专业岗位开发与人才激励保障的实施意见》，落实社工薪酬体系和社会保障待遇。广东省总工会、省民政厅、省人社厅于 2020 年 1 月联合发布《关于加强工会社会工作专业人才队伍建设的实施意见》，旨在打造一支“离不开、信得过、留得住”的专业化、职业化工会工作者队伍。

二是强化经费保障。珠江三角洲各地大力引导社会资金参与社工事业发展，用于社会福利的福利彩票公益金投入逐年增长。深圳、东莞和中山等地举办“公益创投”，佛山通过筹集民间慈善资金来发展社工服务；深圳、东莞以政府和企业等量资金配套方式来推进企业社会工作试点。社工工资由省、市、县民政部门共同投入，省民政厅每年投入 500 万元专门用于社工培训和粤东项目资助，每年投入 1700 万元督导经费和 1200 多万元社工站活动经费。

三是强化思想保障。注重舆论引导，坚持常态化宣传推广，着力提高社会工作知名度和美誉度，普及社工服务理念，提高社会工作专业人才职业地位，引导老百姓从心里接受社工服务、认同社工服务、需要社工服务，促进社会工作深入乡村，助推城乡融合。2012～2020 年，广东省民政厅已连续九年成功举办“岭南社工宣传周”系列活动，利用融媒体，组织全省上下广泛开展社会工作宣传。深圳作为“社工宣传周”的发起者，至今已成功举办 13 届。2019 年累计组织 700 余场活动，近 200 家社工服务机构、700 家社区党群服务中心和 8000 余名社工人才进行“宣传总动员”，深入社区、学校、医院、企业园区等场所进行宣传，产生了良好的社会效应。

---

① 2012 年 5 月，广东省出台《政府向社会组织购买服务暂行办法》，这是我国首个省级层面出台的政府向社会组织购买服务的政策，详细规定了政府向社会组织购买服务的基本原则、购买范围、供方条件、资金安排等。2014 年 7 月，广东省委组织部、省民政厅下发《广东省社会工作专业人才中长期规划（2014～2020 年）》，明确各地围绕社工专业人才的培养、评价、选拔、使用、流动、激励保障等环节，形成综合政策引领、专项政策配套的制度框架；各地积极推进社工立法，2013 年珠海市出台了《珠海市社会工作促进办法》，2014 年东莞市出台了《东莞市政府购买社会工作服务实施办法》。

二　社会服务进乡村面临的主要问题

近年来，珠江三角洲乡村社会工作突飞猛进，但社会工作专业化职业化水平还不高，地区发展不平衡，对农村社会工作研究不足、体制机制不完善、村民参与不足、社工人才储备不够、薪酬待遇水平较低等问题依然突出，成为制约广东乡村治理现代化的短板。

（一）区域发展不平衡，体制机制不健全

珠江三角洲城乡地区在要素禀赋、人力资本等方面严重失衡，社会工作专业人才岗位比较少、不稳定，薪酬待遇水平偏低，社会工作者职业评价、岗位开发、激励保障等核心政策突破难度大。各级社工协调议事机制不完善，行政资源单一化、碎片化，尚未形成统一合力，相关部门推进力度不大、积极性不高，民政部门心有余而力不足。

（二）农村社会工作研究和实践滞后

理论是实践的先导。无论是从理论还是从现实来看，农村的综合发展远远落后于城市，城乡融合进程中农民多元化的社会需求有待社会工作予以满足。但现实中政府部门和社会工作机构的资源多数投向城市而不是农村。近年来，珠江三角洲社会工作已经在城市得到了快速发展，相对于城市社会工作而言，农村社会工作则还处于起步阶段，农村社会工作相对滞后。更为重要的是农村社会工作研究成果相对有限，现有研究都相对分散，缺乏长期的、系统的跟踪研究。

（三）村民与社会主体参与程度不高，社会组织活力不足

目前，珠江三角洲的乡村社会工作介入，自始至终大多是由政府主导，在经费投入、政策支持、资源整合、舆论宣传、社会各部门支持等方面都脱离不了政府的身影。行政主导模式的成效如何，在很大程度上取决于主政者对社会工作的重视程度，容易陷入政府动而民不动、上层动却基层不动的困局。单纯依靠政府而村民处于被动接受的地位，未能充分考虑村民

所需、所求，导致乡村社会工作的发展难以持续。基层整合的社工力量，大多分散在党政企事业单位中，行政色彩浓、市场意识淡，缺乏系统的技术跟进服务。

三　珠江三角洲社会服务进乡村对策前瞻

习近平总书记强调，“社区工作是一门学问，要积极探索创新，通过多种形式延伸管理链条，提高服务水平，让千家万户切身感受到党和政府的温暖”。广东必须坚持问题导向、坚持培育与规范并重，着力增强社会工作服务力量，搭建社会工作和乡村建设志愿服务平台，借此推动城乡社会工作融合发展，助力广东乡村治理现代化。

（一）强化党建引领，提升基层社会工作服务能力

坚持以习近平新时代中国特色社会主义思想为指导，坚持党的领导，立足镇街，深入村居，让千家万户切身感受到党和政府的温暖。丰富兜底性服务。加快建设乡镇（街道）社会工作服务站点，扩大社会工作覆盖范围，2022年底前全省村（居）建成社会工作服务点，实现困难群众和特殊群体社会工作服务100%覆盖①。准确、有效地回应村民需求，尤其是为弱势群体提供精准化、兜底性服务，使社会工作服务在民生保障中发挥更大的作用，让老百姓从内心认可和需要社会工作。提高专业性服务水平。提高社会工作的专业性和针对性，提升社会工作的效果。特别是在禁毒戒毒、应急处置等众多领域，要提供更加卓有成效的专业服务。拓展差异化服务。鼓励支持民间社工机构进入乡村，提供职业化、差异化社工服务。在技术环境和制度环境趋同的背景下，鼓励社会社工服务机构走特色化、差异化发展道路，在竞争中“求异”，实现互补发展。加快促进乡村基层组织振兴。厘清社会工作与乡村基层组织治理的边界，准确定位社会工作者在乡村振兴格局中的参与者角

① 广东省民政厅、广东省财政厅、广东省人力资源和社会保障厅、广东省妇女联合会、广东省残疾人联合会联合印发《关于实施“广东兜底民生服务社会工作双百工程”的通知》，http：//smzt. gd. gov. cn/gkmlpt/content/3/3124/post_ 3124013. html#1753。

色，发挥社会工作服务站（点）与村（社区）“两委”共同促进社会和谐的综合协调机制作用。

（二）优化顶层设计，补齐乡村社会工作体系短板

补齐法规制度短板。将乡镇（街道）社会工作人才队伍建设经费纳入财政预算，统筹社会救助专项经费，助推社会工作职业化发展，加大对高校社会工作教育的扶持力度。加大彩票公益金支持力度、鼓励慈善资金投入，为乡镇（街道）社会工作人才队伍建设提供多元化经费保障。实施社会工作从业人员登记备案，落实社会工作专业人才的专业培训、薪酬动态增长、创业优惠、住房保障等，探索全方位的职业发展路径和机制，吸纳优秀社会工作人才进党员队伍，支持有突出贡献的社会工作人才进入人大、政协参政议政。将“发展乡村社会工作”纳入乡村振兴战略行动计划，并明确路线图和责任清单。将乡村社区、农村留守人员、扶贫等社会工作服务纳入重点支持范围，落实财政经费保障。健全全省乡镇（街道）社会工作服务数据，实现服务信息与救助管理、最低生活保障、农村留守儿童和困境儿童等信息系统的数据对接和互联互通。聚焦社会救助、养老服务、儿童关爱等民政工作领域，把困难群众生活保障放在第一位，把乡镇（街道）社工站打造为落实民政基层服务的一线阵地。培育发展乡村社区社会组织，激活乡村社区公共活动空间，提高乡村社区自治水平。开展民办社工机构公信力建设示范创建活动，建立健全社会工作信用体系，建立健全社工机构淘汰退出机制，建立社会工作行业自律体系，强化公益性和专业性定位。加强监测评估，采取定期与不定期、定点与不定点相结合的方式，重点对服务过程、服务质量、服务成效等方面进行监测评估，不断提升社会工作服务能力。

（三）深化以城带乡，探索城乡社会工作联动机制

健全城乡社区治理机制，深入推广广州从化“三社联动”实践经验，构建城乡共建共治共享格局。创新城乡社区治理模式，整合社区治理资金、资源和项目，创设城乡社区治理公共服务平台，引导和支持社区居民、社会组织、市场主体、志愿机构、驻社区单位等多元主体参与社区治理。突破空间边界，兼顾城乡多样化社区类型、覆盖各类弱势群体。推进乡村社会工作研究者、实

务工作者的联动，实现城乡社会工作经验共享、优势互补，更好地满足跨越城乡的社工服务需求。坚持需求导向，整合城乡社工资源，形成城乡社会工作联动机制，定向联系、定点帮扶、定期开展活动。推进社会工作深入城乡接合部等城乡交叉地带，实现城乡社会工作联动全覆盖，做好人口密集而社会组织发育不足地带的社会工作，尤其是流动人口聚集交叉地带。以人才培养、基础设施建设、资金投入及管理为重点，建立“分工协作、城乡互补”管理协调机制，促进城乡资源有效融合。珠江三角洲乡村社会工作服务需要关照失地农民和农民工等特殊群体，尽力满足他们在城市安稳定居的各种服务需求。要与时俱进地创新社会工作模式，推进社会工作服务向专业化、职业化方向发展。既要立足解决现有的农村社会工作面临的问题，又要适应随着城乡融合而来的新需求，及时化解基层新出现的社会问题，促进社会和谐，提升乡村治理水平。

党的十九届五中全会强调，“十四五”期间，要加快农业农村现代化建设。展望未来，在珠江三角洲城乡融合深入发展进程中，社会工作进乡村工作必将取得新进展、新成就，成为促进广东乡村治理体系和治理能力现代化持续走在全国前列的重要支撑。

参考文献

习近平：《奋力开创新时代城乡社区治理新局面》，《求是》2018 年第 15 期。

国世平：《粤港澳大湾区规划和全球定位》，广东人民出版社，2018。

古学斌：《农村社会工作：理论与实践》，社会科学文献出版社，2018。

罗观翠、刘晓玲：《广东社会工作发展报告（2018）》，中国社会科学出版社，2018。

易赛键：《城乡融合发展之路：重塑城乡关系》，中原农民出版社，2019。

李伟：《农村社会工作参与乡村振兴：理念、模式与方法》，《河南社会科学》2019 年第 8 期。

袁小平：《农村社会工作对乡村振兴的因应研究》，《甘肃社会科学》2019 年第 4 期。

萧子扬、刘清斌、桑萌：《社会工作参与乡村振兴：何以可能和何以可为?》，《农林经济管理学报》2019 年第 2 期。

郭占锋、李卓：《发达国家农村社会工作研究及启示意义》，《中国农业大学学报》（社会科学版）2017 年第 4 期。

熊景维、钟涨宝：《新时期我国农村社会工作的典型实践、经验与挑战》，《华东理工大学学报》（社会科学版）2016 年第 5 期。

姜军、乔夏阳：《新中国成立初期城乡融合发展的实践及当代启示》，《西北农林科技大学学报》（社会科学版）2019 年第 1 期。

陈相云：《社会工作与乡村振兴：实践困境、价值亲和与专业突围》，《理论月刊》2018 年第 4 期。

黄小明：《收入差距、农村人力资本深化与城乡融合》，《经济学家》2014 年第 1 期。

卢丹梅：《城乡资源优化配置策略研究》，《城市发展研究》2013 年第 8 期。

宋劲松：《城乡统筹三阶段》，《城市规划》2012 年第 1 期。

徐勃：《珠江三角洲城乡一体化的路径研究》，《特区经济》2010 年第 8 期。

岳经纶、刘璐：《公众参与实践差异性研究——以珠江三角洲城市公共服务政策公众评议活动为例》，《武汉大学学报》（哲学社会科学版）2018 年第 2 期。

刘怡仙、汪陈晨：《广东“双百计划”实施一周年：千名社工打通农村“最后一米”》，《中国社会工作》2018 年第 19 期。

央视报道：《广东社工双百计划打通“最后一米”》，2020 年 8 月 9 日。

中国智库网：《李昌金：实施乡村振兴：来自广东的调查与思考》，2019 年 11 月 4 日。

城乡治理篇

Rural Governance

B.17
2020年广东完善农村集体经济运行机制报告

范斯义　王雪丹*

摘　要：广东农村集体经济发展呈现资产规模大、集体经济组织多、土地物业租赁收入占比高、集体经济经营运行稳等特点，经过多年的实践，探索了不少好的经验和做法。但广东农村集体经济仍面临不少亟待解决的问题，如集体经济组织运行管理缺乏法律支撑、农村集体承担公共负担仍然较重、协调集体利益与个人利益存在两难困境、农民财产性收入潜力尚待挖掘、基层干部和农民群众观望等待等，制约农村集体经济进一步发展壮大。广东需要进一步健全完善农村集体经济运行体制机制，靶向精准施策，加强立法支撑，强化政策支持，完善分配制度，深化改革探索，健全激励机制，多形式盘活利用农村集体资产、多路径发展壮大农村集体经济、多

* 范斯义，中山大学博士生，广东金融学院马克思主义学院讲师，主要研究方向为乡村治理与农村发展；王雪丹，广东财经大学副教授，主要研究方向为经济法。

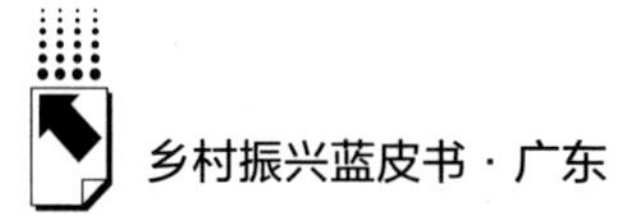

渠道增加农民收入，为推进乡村治理体系和治理能力现代化提供物质基础支撑。

关键词： 农村 集体经济 广东

农村集体经济是以家庭承包经营为基础、实行统分结合的双层经营体制与合作经济，是社会主义公有制经济的重要内容和实现形式，是做好“三农”工作、实现城乡融合发展和推进乡村治理的重要抓手。完善农村集体经济运行机制是有效激发农村经济主体活力、实施高质量城乡融合发展的重要内容。2020年，广东进一步健全完善农村集体经济运行体制机制，靶向精准施策，加强立法支撑，强化政策支持，完善分配制度，深化改革探索，健全激励机制，实现多形式盘活利用农村集体资产、多路径发展壮大农村集体经济、多渠道增加农民收入，为推进城乡高质量融合发展，促进乡村治理体系和治理能力现代化提供物质基础支撑。

一 广东省农村集体经济发展态势

2020年，广东着力破解制约农村集体经济高质量发展的体制机制障碍，加快建设更高标准的农村集体经济发展模式，充分激活蛰伏于农村的经济发展潜能。在充分实行家庭联产承包责任制的基础上，广东积极探索农村集体产权经营体制的高质量实现形式，不断完善农村基本经营制度，经过多年的发展，总体上看，广东省农村集体及农村集体经济运行情况主要呈现五个方面特点。

（一）村组两级农村集体经济组织数量多

截至2019年底，全省共有村组两级农村集体经济组织236271个，约占全国的1/12。其中经济联合社22934个，经济合作社213337个（见表1）。

（二）村组两级集体资产总量大

截至2019年底，全省村组两级集体资产9287.37亿元（加上深圳市的1951.07

表1　2019 年广东省农村集体经济基本情况

项目	数量	项目	数量
农村集体经济组织和生产要素情况			
1. 汇总镇级经济联合总社数(个)	—	其中:(1)从事家庭经营	1762
2. 汇总村级经济联合社数(个)	22934	其中:从事第一产业	1078
3. 汇总组级经济合作社数(个)	213337	(2)外出务工劳动力	1447
4. 汇总农户数(万户)	1545	其中:常年外出务工劳动	1135
(1)纯农户	928	①乡外县内	441
(2)农业兼业户	249	②县外省内	609
(3)非农业兼业户	123	③省外	85
(4)非农户	245	7. 村组集体资产总额(万元)	73362956
5. 汇总人口数(万人)	6419	(1)村级集体资产	24645733
6. 汇总劳动力(万个)	3584	(2)组级集体资产	48717223

资料来源:《广东省统计年鉴 2020》。

亿元，约占全国的 15%)，比 2017 年底增长 21%。从权属主体方面看，村级集体资产 2464.57 亿元、占 33.59%，组级集体资产 4871.72 亿元、占 66.41%；从资产类别方面看，经营性资产 5121.06 亿元、占 64.89%，非经营性资产 2770.33 亿元、占 35.11%；从地区分布看，珠三角地区集体资产 6457.43 亿元、占 81.83%，粤东西北地区 1433.96 亿元、占 18.17%。

(三)广东农村集体经济效益好

2019 年，广东农村集体经济总收入 1144.04 亿元，年度收益 688.48 亿元，分别比 2018 年增长 27.92%、25.75%；高达 92.28% 的年度收益集中在珠三角地区。当年用于农户分配 460.16 亿元。

(四)农村集体经营运行稳

2019 年底，广东省农村集体总负债 2942.31 亿元，资产负债率 37.29%，其中以货币资金形态存在的集体资产 2841.86 亿元，占集体资产总额的 36.07%，农村集体经济运行较为平稳，风险总体可控。

（五）农村集体经济能力强

广东农村集体经济组织在运行过程中承担了大量的农村公共服务和公益事业，如养老、治安、医疗、修桥补路等社会公共职能。据统计，2019 年全省农村集体承担的管理费用一项就高达 179.48 亿元，占当年集体经济总收入的 15.69%。

二　广东省农村集体经济发展的体制机制改革与成效

（一）实现高质量发展的体制机制改革

农村集体经济是社会主义公有制经济的重要形式，不断壮大集体经济，对于坚持新时代中国特色社会主义道路，完善并丰富农村基本经营制度，进一步增强集体经济发展活力，引导广大农民群众走上共同富裕之路，助推新时代城乡融合高质量发展具有重大意义。为深入贯彻落实习近平新时代中国特色社会主义思想及党的十九大和十九届二中、三中、四中、五中全会精神，巩固党在农村的执政基础，广东省 2020 年加快健全集体经济运行机制，多路径壮大集体经济，多渠道促进农民增产增收，奠定了农业农村现代化的坚实基础，实现广东省农村集体经济高质量发展。

1. 广东农村集体经济运行体制机制进一步完善

首先，健全农村基层党组织领导机制，有效发挥集体经济组织的功能作用。广东省坚持党管农村原则，不断加强农村基层党组织的领导地位，完善农村基层党组织领导下的乡村治理体系，进一步发挥农村基层党组织的组织优势、政治功能，充分动员党员、群众积极发展壮大农村集体经济。选准配强村集体经济发展带头人和经营管理人员。通过依法确立农村集体经济组织的特别法人地位，充分保障其依法代表集体行使管理权、成为农村集体资产管理主体，充分发挥其在农村集体经济运行中管理资产、拓展资源、发展经济和服务成员等方面的职责作用。2020 年广东省积极开展农村集体经济组织的登记赋码，按期完成已取得组织机构代码或自行编码发证的农村集体经济组织换证赋码工作。进一步完善了农村集体经济收益分配相关制度，根据有关法律法规和章程规定，明确公积金、公益金和村级组织管理费提取比例，落实集体成员股份收益分配权。完善农村集体经济财务管理内部控制机制，落实民主理财，规范财务公开。

其次，完善农村产权流转管理服务体系。2020 年，广东深入推进农村产权流转管理服务平台扩容提质，对农村集体资产实现流转交易全覆盖。县（市、区）要制定实施符合实际的农村产权分级交易标准、规则和流程。健全完善农村集体资产评估相关制度，支持并鼓励村集体委托具备相应法定资质的资产评估机构，对村集体相关的数额较大的资产置换、转让等权属变更进行资产价值评估。建立健全农村产权交易信用评价体系，加强交易合同的履约情况监管。广东省还积极探索农村集体资产股权确权、房屋财产权、宅基地使用权等抵押或流转登记制度，着力从以下六个方面推进改革试点工作：一是进一步加强股份社的组织管理，通过建章立制、强化监督，促使股份社有序运作。二是进一步清理核实农村集体资产，明晰集体产权关系，明确监管权责，建立完善资产台账，摸清摸准自身家底。三是进一步完善股份社成员身份确认，夯实前期农村股份合作制改革工作成果，努力实现改革政策步调的统一。四是进一步规范农村集体资产交易流转，提升农村集体资产收益率，切实保障农村集体及其成员的合法权益。五是进一步理顺股份社组织登记设置，规范股份社的设立、分立、合并、解散等登记管理，化解历史遗留问题。六是进一步发展壮大农村集体经济，建立健全长效保障机制，提升农民群众的获得感、幸福感，实现乡村的全面振兴。

最后，加快推进农村集体经济转型升级。2020 年广东省积极加快经济治理转型升级，在农村基础设施建设项目上，鼓励村集体探索利用民营企业资金以“BOT”（建设 - 经营 - 转让）方式，或以合作、入股、租赁等方式，发展优质物业型、稳健投资型、管理服务型经济。支持有条件的村集体加快现有物业设施升级改造，优化物业资产结构。鼓励村集体以投资入股形式，大力打造优质农产品生产基地、认养农业以及乡村品牌旅游等项目。支持城中村、城郊村和经济发达村集体组建或参股经营物业管理或劳务公司，开展物业、道路养护、园林绿化、环卫清洁、家政养老等服务。

2. 完善、落实支持农村集体经济发展政策

广东省委、省政府始终将大力扶持发展壮大集体经济作为一项中心任务来

抓。2020 年，广东省完善、落实支持农村集体经济发展政策主要包括以下几个方面。

（1）加大财政扶持力度。2020 年，广东省进一步完善财政引导、多元投入机制，共同扶持集体经济发展。对已经列入中央财政扶持的村级集体经济范围的行政村，在国家财政一次性补助 30 万元的基础上，广东省及所属市县财政再给予不低于 20 万元的一次性补助资金。建立健全城乡统筹的基本公共服务经费投入机制，逐步增加政府对农村的公共服务支出。支持市县统筹使用涉农财政项目资金，创新资金使用方式，探索采取资金整合、先建后补、以奖代补、政府与社会资本合作、政府引导基金等方式，支持发展壮大集体经济。鼓励有条件的村集体，在尊重农民意愿的基础上，整合普惠性涉农补助资金，由村集体统筹用于发展集体经济。

（2）落实税费减免优惠。广东省认真执行并用足用好涉及农村集体经济业务相关税费减免政策，既包括资产产权变更登记涉及的契税，以及签订产权转移书、涉及权利人名称变更登记及印花税时，对于符合契税、印花税优惠政策规定的，按相关政策享受税收优惠或减免；也包括农村集体产权制度改革所产生的土地、房屋等产权变更的不动产登记相关费用。对村集体从各级财政及其他部门取得的财政性资金收入，凡符合国家税收优惠或减免有关规定的，在计算应纳税所得额时从村集体收入总额中扣除，不作为征税收入。对通过政府拨款、减免税费等方式形成的产权划归村集体所有的资产，可量化成村集体成员持有的股份。

（3）强化金融服务支撑。鼓励各类金融机构推出适合集体经济的金融产品，提供便捷高效的金融服务。支持农村信用社、邮政储蓄银行和村镇银行等涉农银行业金融机构设立农村金融服务网点。开展信用村集体、信用户创建活动，对符合条件的村集体及其成员实行优先评估、优先授信、优先放贷，一次授信、随借随还、循环使用，合理确定贷款利率水平，适当给予利率优惠。支持开展村集体内部信用合作试点，加强农村担保体系建设，扩大有效担保物范围，允许村集体及其成员依法以集体林权、承包土地经营权等抵押贷款。

（4）加强用地政策支持。2020 年，广东省进一步完善并落实了农村集体土地征收留用相关政策，实现多渠道满足村集体经营项目建设、公共设施建设

等用地需求。确定了符合国家有关规定的农村设施占用农用的项目地按照农用地相关政策进行统一管理。在村集体所属辖区内开展全域乡村闲置厂房、校舍、遗废地等整治，支持山区丘陵地带村集体依法依规开展拆旧复垦，鼓励盘活建设用地用于支持乡村集体新产业、新业态和返乡下乡创业项目需求，对拆旧复垦腾退出的节余部分建设用地进行公开交易，将取得的收益扣除成本后按规定比例分配给土地所有权人或使用权人。

（二）农村集体经济发展取得的成效

2019 年以来，广东省委、省政府切实加强政策创新和统筹谋划，推动各地各有关部门因地制宜、分类施策，多形式盘活利用农村集体资产、多路径发展壮大农村集体经济，多渠道拓宽农民增收渠道取得了阶段性成绩。

1. 进一步完善农村土地流转制度，发展农业适度规模经营

在完善农村土地流转制度、发展农业适度规模经营方面，党中央提出："必须搞好农村两步改革，完善双层责任制，进一步促进土地的适度规模经营。"① 广东省在抓实农村土地承包经营权属登记工作的基础上，进一步充分落实广东农村土地的"三权分置"办法，积极探索土地流转有效形式，引导承包土地经营权向新型农业经营主体流转，促进创设多种形式的农业适度规模经营主体，不断提高村集体组织和农民个体收入。如江门市新会区大鳌镇各村集体统筹整合村集体鱼塘对外发包，每年租金收入合计 7100 多万元，占全镇农村集体年总收入 8455 万元的 83. 97%。又如云浮市新兴县洒落村依托高明区对口帮扶资金支持，建设了两座光伏发电站，并组建了斌华种植专业合作社，与广东景盈农业发展有限公司开展合作，采取"公司 + 基地 + 合作社 + 村集体 + 贫困户"模式，在村内建设 300 亩火龙果基地，使村集体每年收入由 2. 1 万元大幅增加到 25 万元左右。

2. 大力创新集体资产运营机制，提高农民财产性收入

根据中央关于深化农村集体产权制度改革、保障农民财产权益、壮大集体经济的精神，为促进集体资产适度规模集聚、优化集体资产结构、突破发展瓶

① 《中共中央国务院关于稳步推进农村集体产权制度改革的意见》，http：//www. gov. cn/zhengce/2016 - 12/29/content_ 5154592. htm。

颈、释放资源要素活力，广东省探索了盘活利用集体资产增加农民收入的有效形式，2019 年，全省农村集体总收入 1144.04 亿元、农户分红总额 460.16 亿元（见图 1）。

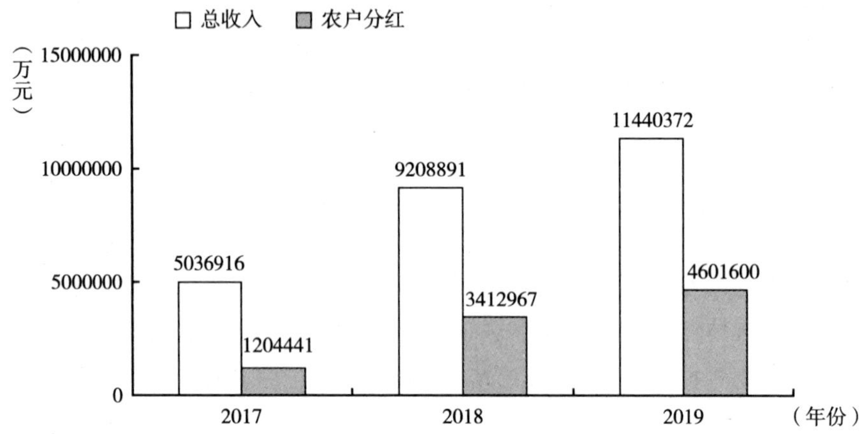

图 1　广东省农村集体收入及分红趋势

资料来源：2018 年、2019 年、2020 年广东省统计年鉴。

同时，广东还探索形成了一批可借鉴可推广的好经验好做法。江门市新会区石板沙村引入旅游公司盘活利用闲置物业包括校舍，大力发展民俗和乡村旅游。顺德区青田村、逢简村充分发掘自然生态和文化历史资源，响应省里关于发展社会主义新农村建设的号召，按照生产、生活、生态“三生”共融的发展理念，结合当地产业特色或资源优势，通过完善基础设施，发展具有岭南历史文化特色的乡村旅游业，增加或提升集体资产的附加值。佛山市禅城区紫南村围绕文化聚村、教育兴村、“三产”富村、社保稳村、环境美村、技防安村，加快村级工业园的整治提升，提高村集体土地利用效率，重点抓好项目引入和落地、招商引资、土地整合、商圈建设、村容村貌建设等，短短十年间彻底改变了“收入低、人心散”，环境卫生“脏、乱、差”，治安极其混乱的落后村、上访村面貌，发展成为名副其实的乡村振兴示范村。

3. 深入推进集体产权制度改革，有效释放发展红利

2019 年广东省部分地区开展先行先试，深入推进农村集体产权制度改革，建构起“归属清晰、流转顺畅、权能完整、保护严格”的广东农村集

体产权制度，持续增加农民财产净收入（见表2）。以佛山市为例，该市212个有经营性资产股份制改革任务的社（组）全部完成改革，158个其他类型的社（组）也同时开展了股份合作制改革，全市共计370个社（组）完成改革工作，量化资产总额730.05亿元，确认成员股东211.80万人，2018年佛山市农村集体经济实现总收入184亿元，农村股份分红总额达到99.7亿元，平均每人分红4740元，农村居民人均可支配收入28765元，相关指标位居全省前列。禅城区1994年开始推行农村股份制改革，并于2013年实现全部股权固化，其中石湾镇街道、张槎街道、祖庙街道推行股权“固化到人”模式，实行“生不增，死不减；迁入不增，迁出不减”，南庄镇推行股权“固化到户”模式，实行“股权配置长期不变、个人股权累加到户、按户管理、按股分红、家庭内部流转”，2019年，全区农村集体经济组织股东人数为158959人。

表2　2019年广东省农村居民收入增长情况

单位：元，%

指标名称	2019年	2018年	比2018年增加	增幅
可支配收入	18818.4	17167.7	1650.7	9.6
一、工资性收入	9698.7	8510.7	1188.0	14.0
二、经营性收入	4446.9	4432.7	14.2	0.3
三、财产净收入	541	448.9	92.1	20.5
四、转移净收入	4131.7	3775.5	356.3	9.4

资料来源：《广东省统计年鉴2020》。

4.积极推进“数字乡村”建设，激活农村集体经济高质量发展新动能

2020年11月，广东制定了《广东省建设国家数字经济创新发展试验区工作方案》，明确广东建设国家数字经济创新发展试验区的3年“路线图”，将把粤港澳大湾区建设成为引领全球数字经济发展前沿地带，确立了推动重点领域数字化转型、高质量推动“智慧广东”建设等六大重点建设任务。建设数字乡村、智慧农业是高质量推动“智慧广东”建设的重点内容。2020年，广东选取了10个县和20个乡镇实施数字乡村建设试点，重点推进农业数字化转型、数字乡村赋能集体经济高质量发展新动力。实施数字农业、数字赋能集体

经济将进一步推动广东城乡融合高质量发展，特别是在农村集体经济高质量开展方面，广东进一步提升5G基站、窄带物联网基站等在全省农村的覆盖率，实现信息进村入户、现代数字种业发展、农村集体发展数字化和智能化等提升工程，进一步夯实农业农村数字化基础。鼓励农村集体大力发展电商平台，健全并完善农产品网络销售供应链体系、运营服务体系以及支撑保障体系，有效推进“短视频+网红”“菜篮子”车尾箱工程等线上线下融合销售模式，促进农产品出村进城，有效实现城乡一体化发展，从而促进农村集体经济的高质量发展。

5. 多形式盘活农村集体资产资源

2020年，广东省积极采取多种形式盘活农村集体资产资源。首先，全力提升农村集体土地集约化利用水平。支持村集体与工商企业合作开发或通过公开招标等方式发展现代农业、休闲农业与乡村旅游项目。鼓励农户依法流转土地经营权，或者通过股份合作、土地托管、联耕联种等方式加快发展适度规模经营。鼓励村集体对村庄道路、沟渠两旁等未承包到户的闲散土地进行清理整治，并且合理利用开发。其次，提升农村房屋设施市场化经营水平。优先将城中村、城郊村纳入“三旧”改造范围，鼓励村集体通过“三旧”改造政策完善相关用地手续后，采用自行改造、与有关单位合作改造或由政府组织实施改造等方式，促进资本与项目高效对接。探索宅基地有偿使用和退出机制，在保障“户有所居”的前提下，支持农民以合法的宅基地使用权及农房财产权入股组建农民合作社，由村集体对原有宅基地及农房统筹整合利用，组织经营管理、提供公共服务等，获取合理收益和管理费用。再次，支持农村集体闲置资金资本化运营。鼓励村集体合法合规合理利用集体自有积累资金、各类帮扶资金等，通过入股或者参股经营优质公共服务项目或者牵头兴办农民合作社、参与扶贫开发等多种形式发展集体经济。鼓励和支持各类金融机构与村集体协商签订利率略高于同期银行存款利率的保底收益协议，托管村集体闲置资金。最后，培育发展农村集体经济示范村和特色专业村。对基础条件较好的村，着力完善体制机制，加强规范管理，加快集体经济转型升级；对有一定资产资源但缺少经营性资金的村，着力强化引导性支持，培育自主发展能力。选取有一定发展基础、村党组织战斗力强、村集体成员有意愿的村，扶持打造一批省级农村集体经济示范村。鼓励村集体与社会资本合作，依托当地民俗风情、历史文

化遗址、旅游景区、沿海岸线、重要交通干线等人文、历史或生态资源优势，培育打造一批特色旅游项目品牌，大力发展休闲农业和乡村旅游。支持村集体立足资源优势，有效对接农业经营主体，加快发展富民兴村产业，培育“一村一品”特色专业村。

6. 多手段振兴村集体经济

对经济相对不发达地区的空壳村、薄弱村，广东省积极给予资产性扶持，通过统筹整合各类经营性资金、资源投向村集体经济，发展农民合作社等项目，增强村集体经济“造血”功能。深入实施“万企帮万村”行动，引导和支持企业特别是涉农企业到“薄弱村”建基地、做品牌、办服务，发展设施农业、林下经济、农产品加工等，把产业链增值收益、就业岗位尽量留给农民。鼓励经济发达村与空壳村、薄弱村结对共建，通过建设产业项目、互派管理人员、劳务输入和投资入股等实现优势互补、互利共赢。

三　广东农村集体经济发展中存在的问题

实现农村集体经济的高质量发展是深化农村改革的重要抓手，其涉及面广、政策性强、工作量大。调研中发现，在政策法律支持、体制机制创新以及具体工作层面等，都面临不少困难和问题，主要体现在以下几个方面。

（一）农村集体经济组织运行管理缺乏法律支撑

就国家层面而言，目前没有针对集体经济组织运行管理的法律，缺乏顶层设计导致各地对产权制度改革定位混乱，改革情况各有不同，实践中随意性较大，标准不够统一。如佛山市禅城区等地存在资产量化到人、量化到户并存现象。珠三角核心区还存在社区股东与社会股东并存、资源性资产和经营性资产一并量化等情况；一些地方在处理代耕农、外嫁女、入赘男、入学参军等特殊群体股权诉求方面，不同程度地存在“一村一策”现象，有的甚至演变为村集体内部利益群体的博弈。此外，根据《中国共产党农村基层组织工作条例》《中国共产党农村工作条例》，村党组织书记应当通过法定程序担任集体经济负责人，具体操作层面涉及村“两委”任期与村级集体经济组织社委会或理事会任期一致性、个别村党组织书记不是村级集体经济组织成员，以及“一村多社”的地方如何更好地加强农村基层党组织对发展壮大农村集体经济全面领导等问题，亟须在法律法规方面予以明确。

（二）农村集体经济发展不平衡、不充分问题仍然突出

粤东西北地区农村集体经济发展不平衡、不充分问题突出，村集体经济总体较为薄弱。2018 年，粤东西北地区农村集体资产仅占全省的 16.19%，集体经济总收入仅占全省的 11.1%。全省大部分地区因集体土地等资源性资产所有权都在自然村或村民小组一级，行政村一级集体经济是空壳的，缺少发展的“第一桶金”。此外，根据国家的部署安排，广东省 2021 年启动开展新一轮扶持村级集体经济试点工作，省委组织部、省财政厅、省农业农村厅联合下发通知要求，纳入试点扶持的村集体经营性年收入需要达到 10 万～50 万元，对于粤东西北多数村集体而言，很难满足此条件，因而得不到相应项目资金的支持。

（三）农村集体承担的公共负担仍然较重，利益协调存在困难

由于农村集体经济能力尚难以担负公共服务的成本，农村自我服务能力尚需增强，需要进一步促进集体经济实力的高质量增长，有效地提高农村自我服务能力。同时，在“一带一核一区”建设中，广东实现城乡共同发展、普惠共享的基本公共服务体制机制亟待健全，社会公共服务向农村深度延伸的“最后一公里”还未彻底打通，农村社区基建、环卫、治安、教育等公共服务开支，大多需要由农村集体经济组织承担。

在利益协调方面存在的问题是：一些集体经济组织现任负责人存在“新官不管旧账”的情况。一方面，对长期债权追偿积极性不高，而集体经济组织成员对此抱有较高的期望，长期应收账款既收不回，也销不掉，导致不少村集体长达数十年的应收账款至今一直挂在账面上，成了名副其实的“影子资产”；另一方面，村集体经济组织部分历史遗留债务若以现有经营收益进行偿还，将直接减少集体分红，引起集体经济组织成员不满。此外，对于征地补偿等收入，理论上讲应该严格区分为集体土地所有权补偿、承包经营权补偿、地上附作物及青苗补偿三个部分，集体土地所有权补偿部分应该留在集体用于发

展集体经济等，但集体经济组织成员倾向于全部分完，短期看这会影响集体经济的进一步发展，长远看这会侵蚀农村集体所有制根基。

（四）农民财产性收入潜力尚待挖掘

当前广东省单纯以家庭为单位的生产方式的促农增收作用越来越弱，农民经营性收入面临天花板；进城务工收入增长与城市生活成本上升相互抵消，工资性收入增长乏力。与此同时，农村集体经济运行体制机制不够健全，2019 年，全省农村居民人均可支配收入与全国排名前五位的省份（上海 30375 元、浙江 27302 元、北京 26490 元、天津 23065 元、江苏 20845 元）之间的差距均超过千元。就收入来源构成看，财产净收入比重一直处于相对较低的水平，2019 年仅为2.6%（全省最高的市为13.8%，最低的市仅为0.3%），比全省居民人均可支配收入中财产净收入的比重低 8.3 个百分点，在全国各省份中排名第 13 位，低于北京、天津、内蒙古、上海、江苏、浙江、山东等地，这充分表明广东省农民手上掌握的大量财产还处于“沉睡”状态，亟须进一步盘活。

四　完善农村集体经济运行机制的展望

党的十九届五中全会明确了“十四五”时期将进一步推动形成工农互促、城乡融合、协调发展，实现共同繁荣的新型工农城乡关系，加快农业农村现代化。广东省将以此为契机，不断完善农村集体经济运行机制，有效推动广东农村高质量融入“一核一带一区”区域发展新格局。

（一）加强农村集体经济法制建设

广东应不断加强农村集体经济组织方面的法制建设研究，促进农村集体经济组织立法进程，条件成熟时出台《广东省农村集体经济组织管理条例》等法律法规，对集体经济组织治理机制、决策程序、成员身份确认、成员资格丧失以及集体经济组织股权设置与管理等做出明确规定，为农村基层改革和农村集体经济发展提供法律支撑。与此同时，配套研究制定村党组织书记担任村级集体经济组织负责人的操作指引，明确兼任条件、程序、任期等，并研究细化加强村党组织对组级或自然村一级集体经济组织领导的有效举措。

（二）健全经济新常态下支持农村集体经济发展的体制机制

进一步完善财政引导、税收优惠、金融支持等多元化投入，促进农村集体经济扶持发展机制的完善，助推农村集体经济转型升级。结合当前正在组织开展的扶持村级集体经济试点工作，研究完善扶持村级集体经济试点工作举措，制定实施消除集体经济薄弱村、空壳村行动计划，将集体经济空壳村纳入试点扶持范围，统筹整合涉农财政资金，切实加大对农村集体经济发展的投入支持力度，适当增加粤东西北地区试点村指标数量和中央、省级财政扶持资金，示范带动当地农村集体经济加快发展；认真落实财政部、国家税务总局《关于支持农村集体产权制度改革有关税收政策的通知》精神，免征由改革导致农村集体经济组织名称变更登记，以及集体土地所有权、宅基地和集体建设用地使用权和地上房屋确权登记涉及的契税，免征农村集体经济组织因收回集体资产产权而签订产权转移书据涉及的印花税。

（三）创新城乡利益联结模式和联农惠农机制

广东农村集体经济发展的重要方面之一是创新发展合作制、股份制、订单农业等多种利益联结方式，调整现代农业产业园经营主体与农民的关系，让农民真正成为农业的主人，更多分享产业增值收益，增强农民从事农业的获得感和幸福感。因地制宜、因园制宜，建立“一园一策”利益联结机制，鼓励发展农业合作社，推行“龙头企业 + 专业合作社 + 农户”等经营模式，拓宽农民增收渠道；推广“企业 + 农户”等产业发展模式，由企业兜底收购确保农民增收；试行“保低收益 + 按股分红”模式，让农民分享产业链增值收益；建立“股份 + 合作”的土地流转模式和“租金 + 分红 + 劳务收入”的新型分配方式，打造利益共享、风险共担的发展共同体；探索建立“折股联营、反租倒包、双线代销”等模式，建立农民增收长效机制，让农民长期享有持续稳定的收益，增强农村的吸引力和农民从事农业的安全感、责任感。

（四）探索多种类型的农村集体经济实现形式

向改革要效益，靠改革添活力。加快推进以土地为中心的股份合作制改革，支持农村集体经济组织及其成员加快发展多种形式的适度规模经营。引导和支持各地积极探索推进农村集体土地资源化利用、房屋设施市场化经营、闲置资金资本化运营以及历史人文生态资源活化的有效途径，采取投资经营、物业租赁、资源开发等多种形式壮大集体经济，增加农民财产性收入。总结推广佛山市禅城区“数字云图”经验，加快建立省、市、县、镇、村互联互通的农村产权流转管理服务平台，拓展服务功能，提升服务水平，确保农村集体资产管理公开透明和保值增值。大力探索将财政资金和社会帮扶资金投入形成的资产，量化出一定比例作为村集体尤其是集体经济空壳村、薄弱村集体持有的股份，不断健全消除空壳村、壮大薄弱村的长效机制。鼓励有条件的农村集体经济组织，在确保集体资产经营安全的前提下，加快引入现代企业制度，通过直接转制为公司、设立投资发展公司或引入混合所有制等，不断探索集体经济有效实现形式。

（五）构建激励和约束相容的奖惩机制

加快构建政府鼓励、财政奖补、农民主体、依法有偿的土地流转新机制，支持农村集体经济组织统筹集体土地或托管农户承包地，开展经营服务活动。加强考核问效，持续将发展壮大集体经济作为市县镇党委书记抓基层党建述职评议考核的重要内容，以及村党支部书记评优和选拔使用的重要依据。强化基层干部能力建设，分级分层对市、县、镇三级农村经营管理队伍实现全覆盖轮训，不断提升基层干部指导改革发展的业务能力。鼓励和支持各地细化落实措施，对发展壮大集体经济做出突出贡献的村“两委”干部，可从当年度村级集体收益增量中拿出一定比例予以奖励，并在选拔乡镇干部、招录乡镇事业单位人员时重点考虑。进一步完善落实改革容错纠错机制，最大限度地激发基层改革创新活力。

参考文献

赵昶、董翀：《民主增进与社会信任提升：对农民合作社“意外性”作用的实证分析》，《中国农村观察》2019 年第 6 期。

郁建兴、任杰：《社会治理共同体及其实现机制》，《政治学研究》2020 年第 1 期。

仝志辉、韦潇竹：《通过集体产权制度改革理解乡村治理：文献评述与研究建议》，《四川大学学报》（哲学社会科学版）2019 年第 1 期。

孙秀林：《当代中国的村庄治理与绩效分析》，广西师范大学出版社，2015。

黄祖辉、胡伟斌、徐梅缀：《农村集体经济“股社分离”改革——以杭州江干区为例的剖析》，《贵州大学学报》（社会科学版）2019 年第 6 期。

公丕祥：《新中国 70 年进程中的乡村治理与自治》，《社会科学战线》2019 年第 5 期。

B.18

2020年广东乡风文明赋能乡村治理报告

马炳涛　张少航*

摘　要：乡风文明是乡村振兴的灵魂和保障。焕发乡风文明新气象不仅是全面推进乡村振兴的重要内容，同时也是乡村振兴和城乡融合发展的重要推动力量，能够为创新乡村治理体系提供强大的精神力量和丰厚的道德滋养。近年来，广东乡风文明建设水平持续提升，逐渐蝶变出既具岭南文化特色，又有全国示范意义的“广东样本”，有效地促进了自治、法治、德治相结合的乡村善治：完善乡村公共文化服务体系，促进优质公共文化资源向基层延伸；传承创新岭南特色文化，赋能乡村德治体系；思想道德建设以新时代文明实践中心和修订完善村规民约为抓手，凸显乡村治理体系新风貌。乡风文明赋能乡村治理，推动广东城乡区域文明协调发展和社会文明水平总体跃升，从而加快广东城乡融合发展的步伐。

关键词：乡风文明　公共文化　思想道德　传统文化　广东

习近平总书记强调“乡村振兴，既要塑形，也要铸魂”。焕发乡风文明新气象，以乡风文明来滋润人心、德化人心、凝聚人心，提升乡村社会文明程度，推动乡风民风美起来、人居环境美起来、文化生活美起来，既是全面推进乡村振兴的重要内容，也是乡村振兴和城乡融合发展的重要推动力量，能够为

* 马炳涛，博士，广东金融学院讲师，主要研究方向为优秀传统文化的创造性转化和创新性发展；张少航，博士，广东金融学院讲师，主要研究方向为马克思主义政治哲学。

创新乡村治理体系提供强大的精神力量和丰厚的道德滋养。作为改革开放前沿阵地和经济第一大省，广东随着农民收入的持续稳定增长，乡风文明建设也进入新阶段：具有岭南文化特色的乡风文明赋能自治、法治、德治相结合的乡村善治之路，推动广东城乡区域文明协调发展和社会文明水平总体跃升，从而助推城乡融合快速发展。

一 广东乡风文明赋能乡村治理发展态势

乡村振兴，乡风文明是保障。近年来，广东农村居民文化方面的需求日益增长，对乡风文明建设提出更高的要求。根据国家乡村文化振兴需要，广东着力从加强农村公共文化建设、传承发展农村优秀传统文化和推进农村思想道德建设三个方面来提升乡村社会文明程度。

（一）构建现代乡村公共文化服务体系，繁荣乡村文化生活

完善乡村公共文化服务体系，促进优质公共文化资源有效地向基层延伸，才能更好地满足乡村群众多样化、多层次、多方面的精神文化需求。习近平总书记强调："要大力繁荣发展文化事业，以基层特别是农村为重点，深入实施重点文化惠民工程，进一步提高公共文化服务能力，促进基本公共文化服务标准化、均等化。"在《广东省实施乡村振兴战略规划（2018～2022年）》中，广东省委、省政府推出"农村公共服务提升行动""农村文化繁荣兴盛工程"等工程，通过系统规划来完善基层公共服务设施，推进城乡公共服务体系一体化建设，优化城乡文化资源配置，创新实施文化惠民工程，广泛开展群众性文化活动，确保乡村文化生活的繁荣兴盛。

一是坚持规划引领，科学合理部署目标任务。广东省通过系统规划设计有效地推动了乡村文化生活的丰富，促进了公共文化资源流通共享，并向镇村文化阵地延伸。特别值得关注的是，《广东省实施乡村振兴战略规划（2018～2022年）》将乡风文明建设中可以具体量化的几个方面作为考察实施整个规划的主要指标；同时，为保障规划设计具体有效地落地到一线的实践中，广东推出一系列具有实操性、指标性的工程和行动任务。明确责任分工，建立健全乡村振兴战略工作考核评价制度、乡村振兴战略实施情况述职报告制度、激励奖

惩制度和责任追究机制、容错纠错机制，并把“乡风文明”建设作为考核党政领导班子和领导干部绩效的主要内容之一。

表 1 《广东省实施乡村振兴战略规划（2018～2022 年）》“乡风文明”方面主要指标

单位：%

序号	主要指标	2017 年基期值	2020 年目标值	2022 年目标值	2022 年比 2017 年增加	属性
1	村综合性文化服务中心覆盖率	90	>95	>98	>8	预期性
2	县级及以上文明村和乡镇占比	—	95	>95	—	预期性
3	常住人口规模 4000 人以上的行政村举办规范化普惠性幼儿园比例	80	>83	>85	>5	预期性
4	农村居民教育文化娱乐支出占比	9.0	11.0	12.3	3.3	预期性
5	农村初中专任教师本科以上学历比例	83	>87	>90	>7	预期性

二是城乡一体化布局推动健全乡村文化公共服务设施。广东在实施“农村文化繁荣兴盛工程”中特别设立“乡村公共文化设施效能提升工程”和“广播电视户户通升级工程”两个子工程来推动健全乡村文化公共服务设施，为乡村文化生活服务的提供和队伍的建设打好坚实的基础。“乡村公共文化设施效能提升工程”着力于加快推进村级综合性文化服务中心的建设和效能提升，到 2019 年 3 月全省共建成 25671 个基层综合性文化服务中心，覆盖率为 99.48%，其中 2277 个省定贫困村中建成 2174 个，覆盖率为 95.48%。[①] 在此基础上，以图书馆文化馆总分馆制建设、基层综合性文化服务中心建设为着力点和突破口，充分发挥县级公共文化机构的辐射作用，推进“农家书屋”、新媒体的建设和公共文化设施设备提档升级，完善网格化布局。“广播电视户户

① 《广东省文化和旅游厅关于省政协十二届二次会议第 20190163 号提案答复的函》，广东省文化和旅游厅，2019 年 6 月 25 日，http://whly.gd.gov.cn/open/jytadf/content/post_2522782.html，最后检索时间：2020 年 11 月 14 日。

通升级工程”在2019年实现全省有线广播电视从模拟到数字、从标清到高清转换，进而推进有线电视网络向宽带化升级改造，提升有线网络多元业务承载能力，探索“广电+”生态链建设，推广智能终端应用。

三是创新实施文化惠民工程，推进城乡公共服务均等化。广东近年来逐步建立健全公共文化服务社会化运作机制，创新探索“企业供单、群众点单、政府买单”的运作模式，推进公共文化产品供给侧改革，引入社会力量，面向社会公开招标，挑选最优秀的服务供应单位来提高公共文化产品供需对接度，同时加强服务质量的监督以确保惠民文化活动做好做实，打造了公共文化服务“三百工程”等一批有特色的文化惠民品牌活动，为乡村提供更多更好的公共文化服务和产品。为有效实现乡村公共文化产品和服务供给对接，自2017年开始，广东省文化和旅游厅采取政府购买和按需点单的方式实施“三百工程”，向粤东西北地区县、镇、村免费配送演出、展览和讲座。2019年“三百工程”提供了114场展览、159场讲座、26场演出节目。其中，县（市、区）级展览、讲座、演出共106场，镇（街）级102场，村（社区、企业、厂矿）级86场，确保了服务的覆盖面和适应性；在演出节目的艺术性和观赏性方面，采购了省歌舞剧院革命题材舞剧《风雨红棉》、省话剧院《花好月圆》等12场精品大剧，为全省特别是乡村地区群众献上高层次高水准的文化大餐①。

四是重视乡村文化队伍建设，壮大乡村振兴文化力量。近年来，广东积极推进基层文化干部队伍、农村文体协管员队伍、文化志愿者队伍建设，发展壮大乡土文化人才。2018年共选派68个单位71名干部分别参加文化和旅游部33个项目的全国基层文化队伍示范性培训，并举办全省学习贯彻公共图书馆法、全国公共文化巡讲暨广东省文化站站长培训等培训班，覆盖培训710余人；督促各地市出台《文体协管员队伍建设实施办法》和签订《农村文体协管员目标责任书》，印发《文体协管员工作手册》，并为粤东西北相对贫困地区的文体协管员开展文化服务提供经费支持；充实壮大并优化文化志愿者队伍结构，充分发挥文化志愿者的作用，开展系列“送戏下乡”“文化下乡”等活

① 《2019年广东省公共文化服务“三百工程”全面铺开》，广东省文化和旅游厅，2019年11月12日，http://whly.gd.gov.cn/service_newwhgxgc/content/post_2843599.html，最后检索时间：2020年11月14日。

动，2018 年在贫困村演出 1278 场，截止到 2019 年 6 月，全省共组建文化志愿者队伍 1200 多支，注册文化志愿者超过 9 万人①。

（二）传承创新岭南特色文化，赋能乡村德治体系

治理时空有界，道德力量无穷。发挥优秀传统文化的滋养作用，深入挖掘德治资源，能够为乡村社会治理方式现代化提供源源不断的道德滋养和精神动力。习近平总书记指出："培育和弘扬社会主义核心价值观必须立足中华优秀传统文化。牢固的核心价值观，都有其固有的根本。抛弃传统、丢掉根本，就等于割断了自己的精神命脉。"这要求乡风文明建设要传承好乡村耕读传世、仁爱孝悌、敦亲睦邻、守望相助、克勤克俭、笃实诚信等人文精神和道德规范，深入挖掘传统文化内蕴，守护好中华文化之根。

广东省在实施乡村振兴战略具体的规划中，提出从传承创新优秀传统文化、重塑乡村文化生态和发展乡村特色文化产业等方面来推动优秀传统文化赋能乡村振兴。在"农村文化繁荣兴盛工程"的 9 项措施中，有中华传统节日振兴、"万村文化祠堂"建设、"戏曲进乡村"工程、岭南古村落古民居保护工程和岭南文化记忆工程等 5 项都与此相关。这些项目突出岭南文化特色的差异化发展之路，鼓励因地制宜地挖掘地方特色文化符号，盘活特色文化资源，强调优秀传统文化的创造性发展和创新性转化。

一是"文化宗祠"建构乡村文化供给与服务新载体。祠堂是岭南文化的重要符号。宗族、族群意识是岭南文化的一个重要元素，并由此发展出广府文化、潮汕文化、客家文化等各具特色的文化形式，都以宗祠、宗族组织、族产、族谱（包括族规、族法）"四轮驱动"为结构特征，具有世袭性强、稳定性高、凝聚力旺等特质，因此在当前广东社会仍具有非常强的生命力。随着前几年电视剧《破冰行动》的热播，一时间关于广东宗族势力、宗族文化弊端的讨论引起了多方面的关注，因此，这种宗族文化在文化内涵、社会功能等方面的新赋能，也是新时代广东乡风文明建设的一个非常突出的议题。

---

① 《广东省文化和旅游厅关于省政协十二届二次会议第 20190497 号提案答复的函》，广东省文化和旅游厅，2019 年 6 月 25 日，http：//whly. gd. gov. cn/open_newzxta/content/post_2797247. html，最后检索时间：2020 年 11 月 14 日。

广东深入解读祠堂文化蕴含的优秀人文精神、道德规范、乡贤文化，挖掘本土乡风民俗、祖训传承、建筑特色，赋予祠堂新的社会功能与文化内涵。在此基础上，积极探索“祠堂+文化”基层文化发展路径，以佛山三水区为例，三水区以保存有大量祠堂而闻名，依托乡村振兴的契机，三水开展“文化宗祠”等传统文化项目，从2019年开始，佛山市三水全区开始打造“一祠堂一品牌”，创建“祠堂+文化”示范点，建设新时代文明实践活动场所、村史馆、举办民俗文化活动、组建文艺队①，有效对接优质公共文化服务供给与群众需求。这种“祠堂+文化”的发展路径将古祠堂打造为新时代乡村优质文化服务供给的新载体，是基层善治、文化集散和新时代先进文化传播阵地的综合体，实现文化聚民、文化悦民、文化惠民，为乡村振兴赋能。

二是“南粤新乡贤”助力乡村善治体系。在我国几千年农耕文明史中，乡贤历来都是受社会民众普遍推崇与尊重的文化群体。广东积极探索如何调动乡贤能人，发挥精英人士在社会治理、公共服务中的带动作用。由社区、街道、村镇等德高望重的党员、干部，或者热心家乡建设的商界精英、文化能人，组建乡贤理事会、咨询会，发挥模范带头作用，秉承遇事共商共议共解的指导原则，通过弘扬优秀传统文化、组织慈善公益活动、了解村情民意、协调邻里纠纷等，让乡贤理事会凝聚各方共识，有效整合各类公共文化资源，开展各类文明创建和道德楷模评选活动，加强社会公德建设，切实弘扬真善美、贬斥假恶丑，引导群众崇德向善、见贤思齐。

广东省早在2012年就推出《关于促进乡贤反哺工作的意见》，引导新乡贤报效桑梓，投身乡村文化建设，丰富和发展乡村文化业态。随着扶贫攻坚力度的加大和返乡创业热情的高涨，“新乡贤”也被赋予了更多含义，围绕深入培育和弘扬新乡贤文化，发挥新乡贤在乡村振兴战略中的作用也在持续进行，广东乡村治理中“乡贤咨询委员会”的实践也在持续探索。2018年广东省推出“南粤新乡贤”的评选活动，经各地逐级推荐、严格审核，共评选出首批10位广东省“南粤新乡贤”，2019年12月又有11位乡贤从全省51名候选人中脱颖而出。这些新乡贤心系桑梓，聚焦乡村助学育才、产业建设、爱心慈善等方面的善举，创造性地传承传统，积极有为地诠释了社会主义核心价值观的深刻内涵。

---

① 谭志红：《“宗祠+文化”为乡村振兴赋能》，《中国文化报》2019年6月27日第2版。

（三）弘扬主流意识形态，引领乡村治理体系

党的十九届四中全会提出，要坚持和完善繁荣发展中国特色社会主义先进文化的制度，巩固全体人民团结奋斗的共同思想基础。广东立足于践行社会主义核心价值观，发挥思想教育的德治教化作用，加强农村思想文化阵地建设和倡导诚信道德规范以促进乡村思想道德水平提升，打造具有广东特色、彰显时代精神的乡风文明，将二十四字社会主义核心价值观内容融入广东乡村治理体系中，使乡村社会建立在较高的道德水平之上。在《农业农村部　广东省人民政府共同推进广东乡村振兴战略实施2020年度工作要点》中，提出重点以新时代文明实践中心建设和村规民约的修订完善等工程为抓手，推进基层善治体系建设，涵育广东特色的文明乡风。①

一是全面加强新时代文明实践中心建设。作为打通宣传、教育、关心、服务群众“最后一公里”的有力支撑，广东省把新时代文明实践中心建设作为一项重大政治任务来抓，严格按照中央试点工作的部署要求，积极探索行之有效的工作模式和具体的建设路径，通过打造出一批实践中心建设的先行点、示范点，推动文明实践网络在基层不断拓展和巩固。

广东省是全国首批12个建设新时代文明实践中心的试点省份之一，2018年11月，《广东省建设新时代文明实践中心试点工作实施方案》印发施行，主要面向农村开展试点工作。惠州市博罗县、韶关市乳源瑶族自治县被选为全国试点单位，东莞、中山各选取一个乡镇（街道），其他地级以上市各有一个县（市、区）进行试点。截止到2019年12月，广东省又有20个县（市、区）进入第二轮全国试点名单，全国试点县（市、区）总数达到22个，成立文明实践志愿服务队伍1.9万支，并在全省各地市建成新时代文明实践中心（所、站）10317个，开展文明实践活动近15万场次②，巩固拓展了基层宣传

① 《广东省人民政府办公厅关于印发〈农业农村部广东省人民政府共同推进广东乡村振兴战略实施2020年度工作要点〉的通知》，广东省人民政府，2020年8月10日，www.gd.gov.cn/xxts/content/post_3062291.html，最后检索时间：2020年10月20日。

② 《全力推进文明实践，广东建成新时代文明实践中心（所、站）10317个》，南方网，2019年12月7日，http://news.southcn.com/gd/content/2019-12/07/content_189733675.htm，最后检索时间：2020年10月20日。

文化阵地，使党的科学理论在基层更加深入人心，群众精神文化生活更加丰富多彩，进一步完善共建、共治、共享的基层社会治理格局，试点工作取得扎实成效。

二是文明实践工作引领广东乡村振兴、城乡融合事业全面发展，并探索可推广可复制的广东经验。较有代表性的是入选首批全国50个新时代文明实践中心建设试点县（市、区）之一的韶关市乳源瑶族自治县。作为“世界过山瑶之乡”，乳源把文明实践与民族文化传承结合起来，通过大众化、社会化、项目化、常态化和瑶汉互助、城乡互助、地区互助、邻里互助的特色志愿服务，建起纵向涵盖县镇村、横向辐射党政群的新时代文明实践网络，截止到2020年9月，乳源已经组建志愿服务队430支，志愿者2.8万多人，约占常住人口的15%，其中农民志愿者1.3万人，全县志愿者人数比试点前增加了5倍①。经过两年多的实践探索，乳源试点工作经验得到各级领导的肯定和其他省、市、县的认可，全国各地有60余个市、县，共1000多人先后到乳源学习交流。截止到2020年5月，该县有132条次经验和实践活动被《宣传工作》、《中国思政研究》、央视新闻联播和中国文明网等国家级媒体宣传报道。

“乳源样本”作为广东省新时代文明实践中心建设的成果之一，通过文明实践工作推动乳源“四城同创”（全国县级文明城市、国家卫生城市、国家森林城市、广东省园林县城）和“两区”（省级公共文化服务体系示范区、省级全域旅游示范区）创建等工作；并与全面小康、乡村振兴、脱贫攻坚和“乳桂经济走廊”建设等重点工作相结合，为推动乳源加快高质量发展提供强大合力，探索出可复制、可推广的试点经验。

三是新时代文明实践中心扎根广东，有效抗击疫情。2020年初，在新冠肺炎疫情防控的严峻斗争中，在省文明办的倡议下，各地新时代文明实践中心（所、站）在基层所发挥的作用尤为突出。各地新时代文明实践中心（所、站）充分发挥自身遍布城乡基层、密切联系群众的优势，依托农村地区广播电视、大喇叭、宣传栏、宣传车、滚动电子显示屏等载体平台，广泛而有效地

① 赖南坡：《乳源瑶族自治县多措并举推进新时代文明实践中心建设“十全”推动试点“十美”描绘瑶乡》，《韶关日报》2020年11月21日第A5版。

推动疫情防控公益宣传、疫情动态信息宣传、防控科普知识宣传和卫生行为习惯宣传，引导基层群众不造谣、不信谣、不传谣，科学理性对待疫情。比如梅州市丰顺县作为新时代文明实践中心建设的全国试点单位，通过县、镇、村三级文明实践的书记“宣讲员”体系和覆盖全县282个村（社区）的“文明实践员+综治网格员+百姓通讯员”体系，组织各文明实践所（站）的村医、卫生院人员、镇村干部等专业志愿者，加大力度宣传疫情防控知识，传播防控工作中的正能量，并对返乡、来访人员进行全面摸排、登记造册，引导他们居家或定点隔离，每天定时上门测量体温、疏导心理，全程动态跟进，这些志愿者的身影也成为疫情阴霾中的一抹亮色①。足见新文明实践中心已在广东落地生根，并取得显著的工作成效。

四是修订完善村规民约，助力乡村治理自治法治体系建设。村规民约是村民自我管理、自我教育、自我监督的行为规范，修订完善村规民约是“约”出现代基层乡村社会自治、法治、德治相结合治理体系的必要条件。党的十八届四中全会提出，要“发挥市民公约、乡规民约、行业规章、团体章程等社会规范在社会治理中的积极作用”。党的十九大以来，习近平总书记多次就发挥村规民约作用、教育和引导贫困群众改变陈规陋习、树立文明新风等做出重要指示。

近年来，广东省借鉴全国各地的先进经验，根据省情村情，因地制宜地推进村规民约的修订完善工作。2018年，广东省文明办面向全省开展村规民约征集工作，共征集到175篇，省文明办从中筛选出30篇质量相对高的村规民约汇编成《新村规民约选编》，供各地借鉴参考。在此基础上，2019年5月，省民政厅会同省委组织部、省委政法委、省文明办、省司法厅、省农业农村厅、省妇联等7部门联合印发《做好村规民约和居民公约工作行动方案》，部署全面修订村规民约和居民公约工作，并将这一工作作为乡村振兴、文明城市和全省民政工作重点任务之一，列入考核和督办内容。该行动方案包括规范村规民约、居民公约内容，规范村规民约、居民公约修订程序，落实村规民约、

① 《广东各地依托新时代文明实践中心强化疫情防控工作》，中国文明网，2020年1月31日，http://www.wenming.cn/specials/zyq2020/zyjxs/202001/t20200131_5403750.shtml，最后检索时间：2020年11月9日。

居民公约监督三大主要任务，提出要具有依法保障、自我约束和务实管用三个标准。在内容方面，省民政厅先后精心选编了三批省内外优秀村规民约和居民公约，以发挥典型示范作用，指导各地针对问题做好村规民约和居民公约修订工作。倡导宣扬爱党爱国，践行社会主义核心价值观，弘扬向上向善、孝老爱亲、勤俭节约的优良传统，健康文明绿色的生活方式和邻里守望、互帮互助的文明乡风。在时间节点上，明确提出2019年底全省60%的村（社区）修订完善村规民约和居民公约，2020年实现全省所有村（社区）全覆盖。截止到2020年6月，全省已有7个地市提前完成100%村规民约修订任务①。

二　广东乡风文明建设需要关注的问题

乡风文明建设归根结底是一种新的文化形态塑造，有三个问题需要关注。

（一）传统与现代两种文化如何协同

在思想道德建设层面，好的方面是“讲究排场”、“铺张浪费”和“赌博成风”等习俗随着新时代思想道德建设的加强和相关政策的推行而得到有效遏制，但还有一些问题需要进一步加强引导，比如，新乡贤的评选，一些地方还是停留在以传统“功德榜”上捐赠的数额来评定。因此需要加强社会主义核心价值观在基层的培育，但在这种新价值理念的输出过程中，内容同质化的问题还需格外注意。广东有句乡谚说“一处乡村一处例”，从中可见地域文化差异性之大，社会主义核心价值观的落地生根要与各地域优秀传统文化相融合。

这些问题在根本上都指向了乡风文明建设中传统与现代两种文化的张力。抛开诸多学术争议，不可否认的一点是，传统价值理念的背后是儒释道三教哲学的支撑，而这里的“教”，在乡村社会更多的是指教化，通过信仰、宗族、习俗、节日等体现在日常生活中，因而有很强的生命力。在新乡风文明的具体

① 《广东省民政厅办公室关于印发第三批优秀村规民约（居民公约）的通知》，广东省民政厅，2020年7月9日，http：//smzt. gd. gov. cn/zwgk/tzgg/content/post_ 3033471. html，最后检索时间：2020年11月11日。

实践中，不可避免的是有些地方还是新瓶装旧酒，新时代文明实践中心的功能较为形式化，村规民约与良好家风、淳朴民风的培育还停留在文字上，在基层社会发挥主要作用的还是传统的力量。这是具有全国普遍意义的一个问题，需要我们进一步深入基层，探索总结如何有效推动优秀传统文化的创造性转化和创新性发展来助力乡风文明。

（二）如何增强农民对乡风文明建设的“认同感”

中共中央、国务院《关于实施乡村振兴战略的意见》指出：要坚持农民主体地位，切实发挥农民的主体作用，充分尊重农民意愿，调动亿万农民的积极性、主动性和创造性。乡村振兴战略提出的“产业兴旺、生态宜居、乡风文明、治理有效、生活富裕”五个方面要求中，乡风文明建设与其他要求相比有几个最大的不同点，一是效果很难被量化，甚至可以说不能用具体指标来量化。二是不能强制，否则只能流于形式，政府只能引导。因此，乡风文明新风貌的蝶变是一个化学反应，催化剂则是来自村民这一主体的“认同”，只有村民对乡风文明建设产生认同感，才能自觉地践行，甚至创新出更好的发展思路。三是精神文明层面的建设难以在短时期内立竿见影，应遵循乡风文明建设的规律性，看到乡风文明建设从落地生根到枝繁叶茂在时间维度上的长期性，应更侧重中长期的培育，久久为功。唯有如此，乡风文明方能转化为老百姓积极性的内在动力，实现以乡风文明赋能乡村振兴。

因此，激活村民文化参与的内在自觉，探索如何提高村民建设乡村文化的自觉性、主动性，激发村民对乡村文化的认同和热爱，并形成切实有效的反馈机制，及时发现制约乡风文明提升的因素，总结各地在思想道德建设、传统文化传承和文化生活中的经验和教训，了解老百姓对政策实施等方面的满意度，才能实现村民和政府的良性互动。

（三）如何深化乡村文化产品供给侧改革，进一步满足乡村居民对美好生活的需求

广东乡村居民的文化需求日益提升，从 2018 年开始，广东农村居民恩格尔系数明显出现较大下降，并进入 40% 以内，2018 年和 2019 年分别为 36.6% 和 37.1%，已进入相对富裕等级（见表 2）。消费支出中，农村居民生活水平

的持续提升拉动了消费的优化升级，用于食品烟酒类支出的比重开始出现明显下降，而教育文化娱乐、交通通信和医疗保健三个方面的比重则明显增加，其中，2019 年用于教育文化娱乐方面的消费支出占到总支出的 9.5%（见表 3），呈现稳步上升的趋势，也表明乡村文化建设的重要性和迫切性。与此同时，广东乡村文化服务建设面临着诸多不容回避的问题，比如农村文化服务效能不高、公共文化供需不相符、农民参与热情不高等问题亟待进一步解决。

表 2　2015～2019 年广东省农村居民人均可支配收入及人均消费支出指数

年份	人均可支配收入指数		人均消费支出指数		恩格尔系数（%）
	名义增长（上年为 100）	实际增长（上年为 100）	名义增长（上年为 100）	实际增长（上年为 100）	
2015	109.1	107.7	110.6	109.2	40.6
2016	108.6	106.5	111.8	109.6	40.4
2017	108.7	107.8	106.3	105.5	40.2
2018	108.8	106.8	116.8	114.6	36.6
2019	109.6	104.8	110.0	105.2	37.1

资料来源：《广东统计年鉴 2020》。

表 3　2015～2019 年广东省农村居民消费支出构成

单位：%

项目＼年份	2015	2016	2017	2018	2019
食品烟酒	40.6	40.4	40.2	36.6	37.1
衣着	3.3	3.3	3.5	3.4	3.3
居住	22.5	22.2	22.0	21.8	21.9
生活用品及服务	5.9	5.8	5.5	5.3	4.8
交通通信	10.5	11.0	10.8	12.5	12.6
教育文化娱乐	8.6	8.5	9.0	9.6	9.5
医疗保健	6.5	6.5	6.9	8.9	9.0
其他用品和服务	2.2	2.3	2.1	2.0	1.9

资料来源：《广东统计年鉴 2020》。

三 广东乡风文明建设促进城乡融合的对策

2020 年 10 月，习近平总书记在广东考察时，寄望广东在全面建设社会主义现代化国家新征程中走在全国前列、创造新的辉煌，明确了全面建设社会主义现代化国家新征程中，广东在全国大局中的总定位、改革发展的总目标。在乡风文明新风貌的建设中，广东也应该奋力走在全国前列，构建充满活力、和谐有序的乡村社会，推动城乡区域文明协调发展，助力“一核一带一区”发展新格局构建，打造出既有岭南文化特色，又有全国示范意义的“广东样本”。

（一）优化顶层设计，进一步推动城乡居民公共文化服务一体化发展

从城乡空间结构的角度来看，要走好城乡融合发展之路，可通过建立健全城乡基本公共服务均等化、城市人才入乡激励等方面的机制和政策体系，进一步推动城乡公共文化资源流通共享，并向镇村文化阵地延伸。从广东“一核一带一区”发展格局的角度来看，更好的“融合”将以更好的“划分”为前提，随着粤港澳大湾区建设的推进，城乡融合发展将迎来新局面，应根据不同地区发展水平、风俗文化等差别，因地制宜地走特色化、差异化乡风文明建设之路，并总结经验，注重各地域示范样本的带动作用。

（二）讲好新时代广东乡村故事，鼓励“三农”题材文艺作品的创作

鼓励文艺工作者推出反映广东乡村振兴实践的优秀文艺作品，塑造新时代新乡村的新型精勤农民形象，展现广东精细农业、精美农村，展示新时代乡村建设的广东经验。引导农民更好地发挥主体积极性，提高全社会对乡村文化生活新风尚的关注度。

（三）推进乡村文化和乡村旅游融合发展

乡村文化是乡村旅游产业发展的灵魂，依托具有岭南文化特色的乡村人文

资源，加快完善乡村文化和旅游公共服务体系，培育“乡村文旅+”新业态、新模式，推动广东乡村文化旅游市场复苏和消费升级。

（四）多载体多渠道全方位协同推进乡村文化的创新发展

创新乡村网上思想文化阵地建设，健全乡村舆情引导机制，牢牢把握基层舆论导向。实施全媒体发展战略，加快乡村媒体数字化建设，利用新媒体等手段推动农村公共文化空间的升级，支持新媒体短视频等创意创作，传播正能量，鼓励乡村居民和城乡青年群体创作具有乡音、乡情、乡土气的短视频，展现新时代广东乡风文明新风貌。

参考文献

中共中央党史和文献研究院编《习近平关于“三农”工作论述摘编》，中央文献出版社，2019。

林如鹏、程京武主编《传承与创新：广东乡风文明建设研究》，南方日报出版社，2020。

祁述裕：《提升农村公共文化服务效能的五个着力点》，《行政管理改革》2019年第5期。

刘盛：《乡风文明与乡村振兴：重要意义、现实难点与关键举措》，《农林经济管理学报》2018年第5期。

夏锦文：《以乡风文明引领乡村振兴》，《经济日报》2018年12月28日。

周军：《中国现代化进程中乡村文化的变迁及其建构问题研究》，吉林大学2010年博士学位论文。

B.19

2020年广东建构市域善治体系报告

文　宏*

摘　要：　广东在社会治理方面不断创新工作举措，围绕社会治理体系建设，取得了众多成效，在城乡善治体系建设上积累了一大批优秀案例和经验，初步形成全社会共同参与的基层社会治理新格局。在城乡融合背景下推进市域善治体系建设，有助于兼顾基层社会治理的秩序和活力目标，有助于推动广东奋力实现“四个走在全国前列”，全面推动广东省社会治理体系和治理能力现代化。要抓住粤港澳大湾区、深圳先行示范区建设的机遇，推动治理资源重心下移，整合党组织功能，充分发挥自治、德治、法治作用，将大力建构市域善治体系作为广东省下一个阶段发展的重要任务，深入贯彻党中央关于城乡发展和社会治理的要求，始终坚持党的政治引领、提升社会治理水平、推进城乡有机融合，打造人民需要、人民参与、人民满意的市域善治体系，进一步提升人民群众的获得感、幸福感和安全感，强化城乡治理的科学化、精细化和智能化，努力实现社会治理体系和治理能力现代化。

关键词：　市域善治体系　社会治理　城乡融合　治理现代化

随着经济社会的不断发展，公共基础设施建设日趋完善，社会治理问题日

* 文宏，华南理工大学公共管理学院教授，主要研究方向为社会风险与政府治理、政府绩效与行政发展。

益复杂化。作为社会服务管理的直接执行者，如何加强基层基础建设、创新社会服务管理模式、满足人民群众日益增长的需求、提升社会服务管理能力，成为实现社会治理体系和治理能力现代化的重要问题。基于此，广东在社会治理方面不断创新工作举措，围绕社会治理体系建设，初步形成全社会共同参与的基层社会治理新格局。广东的实践新、经验新，总结和研究其实践经验，对推动广东落实营造共建共治共享的社会治理格局走在全国前列具有重要意义。

一　广东建立健全市域善治体系的成效

广东市域善治体系建设成效主要集中在以下四个方面。

（一）健全“多元预防调处化解”机制，社会矛盾治理能力明显提升

广东在对矛盾问题进行调处化解时，以理念转变为先导，坚决落实维稳第一责任，预防化解社会矛盾，维护国家安全和社会政治稳定。各级各部门主要领导亲自谋划、亲自部署、亲自落实、亲自协调处置重大敏感问题，确保本辖区、本系统（部门）稳定。2020 年 11 月，广东省深圳市盐田区通过加强源头治理，推动矛盾化解模式创新，致力于实现辖区“小事不出社区、大事不出街道、矛盾不上交”。2020 年 6 月，东莞召开“全面推进诉源治理，构建诉调对接‘1 + 2 + 3’工作机制”新闻发布会，发布会上指出“2019 年全市各类人民调解组织开展矛盾纠纷排查 1115 次，依法调处矛盾纠纷 63749 宗，成功调处 62442 宗，调解成功率 98%，涉及金额超 7 亿元，有效地预防和化解了大量社会矛盾纠纷，维护了社会和谐和稳定”。具体来说，广东坚持将问题在基层化解，引入第三方调解，缓解社会矛盾。

首先，畅通群众诉求表达渠道。建立健全决策听证和社会公示等制度，提高决策透明度和公众参与度。坚持实行领导干部定期接访和下访约访制度，完善“两代表一委员”（党代表、人大代表、政协委员）定期联系群众制度。探索引入社工、律师参与信访调解，建成网上信访大厅，率先实现视频信访系统覆盖到镇街一级。健全矛盾预防化解机制。建立健全村（社区）日排查、镇街周研判制度和社会稳定风险评估机制，开展不稳定问题排查和主动治理专项

工作。其次，在化解矛盾纠纷上，尤其重视劳工矛盾调解，逐步建立风险预警、问题处置、危机善后的全过程、全周期风险管理模式，通过重点查看企业的租金交付、社保费、税费缴付等指标，给企业进行风险评级，并做出风险提前预判和工作引导，一旦发现企业出现劳资矛盾纠纷，多部门联合处置，有效规范企业经营和用工行为。并通过经济补偿、法律援助、心理调节等手段，化解劳动者对企业、对社会的不公平心理甚至是极端个人主义行为。最后，以第三方调解，缓和社会矛盾。例如，通过采取政府购买服务的方式成立“医疗争议专业调解委员会”，从而建立医患纠纷第三方解决机制，对医患冲突进行调解。实践证明，建立第三方调解机制，有利于及时化解矛盾，维护社会和谐稳定，也有利于节约司法成本。

（二）围绕“乡村振兴”社会治理目标，农村基础管理模式逐步完善

乡村振兴是广东基层社会治理的基础。2020 年，广东省为全面提高乡村治理水平，重点围绕以下内容开展工作。一是以建立健全“归属清晰、权能完整、流转顺畅、保护严格”的农村集体经济组织产权制度为目标，全面巩固农村土地承包经营权确权成果，加快推进农村“房地一体”不动产登记发证工作，力争“十四五”期间基本完成“房地一体”农村不动产登记发证工作任务。二是探索土地、林地、鱼塘等乡村集体经营性资产的股份制改革，将集体经营性资产以股份或份额的形式，量化给本集体成员，确权到户，使“资源变资产、资金变股金、农民变股东”，原则上实行不随人口增减变动而调整的股权管理方式。三是实施工业与农业产业园综合提升工程。通过产业园综合整治提升，推动城乡基础设施和公共服务一体化，提升镇村经济现代化水平。针对工业产业园，开展园内企业现状摸查等工作，搭建工业园信息化平台，实现“一本台账一张图”管理。针对农业产业园，施行“一村（园）一策”，分类推进实施。探索建立“一镇一园”管理新体制，由镇（街）统筹园区基础设施配套、招商引资等工作。通过做好项目策划，提高项目准入标准，推动园区产业升级。加大对违法违建、环境污染的惩治力度，营造良好的生产环境和有序的市场经营环境。目前来看，广东省不断创新农村管理模式，城乡融合进程有明显加快迹象。

（三）深入推进“平安广东”建设各项工作，社会治理创新效果显著增强

改革开放40多年来，广东经济社会飞速发展，社会治理要素量大面广，社会服务管理压力繁重、任务艰巨。为加强基层社会治理，广东大力推进“平安广东”建设，市民安全感显著提高。相关成就和经验主要集中在三个方面。

首先，广东省建立了领导负责、各部门共同行动的社会治理体制机制。例如，东莞市成立了由市委书记任组长的建设“平安东莞”工作领导小组，明确全市77个成员单位负责人作为成员和各项工作的第一责任人，全市上下形成党政统领、部门牵头、齐抓共管、有序推进平安建设的格局。出台“平安东莞”建设工作行动计划和实施意见，将平安建设工作十大任务和42个具体项目细化到各责任单位组织实施。东莞市成功营造和谐稳定的社会环境，加大社会治安防控力度，连续8年把社会治安工作列为十件实事之首，蝉联“全国社会管理综合治理优秀市”称号。

其次，广东省推进“四化五警”建设，推动警力下沉，有效提升治安防控水平。推进治安防控小区化，全面推广封闭或半封闭式小区管理模式，加强小区出入口、出租屋等重点部位电子监控系统建设，实行警长进村（社区）班子，整合联防力量，完善巡防制度，构筑严密的社区防范网络。推进治安防控社会化，学习借鉴“枫桥经验”，深化群防群治工作，探索建设“平安使者”队伍，形成“依靠群众创平安，创造群众追求的平安”的工作格局。

最后，持续推进宣传教育工作。广东省在各主要报纸及时报道平安建设工作重要信息和动态，在电视、电台、网站开设“平安广东”专栏进行系列报道，对市域相关手机用户基本实现发送平安建设短信全覆盖。组织开展专家、教授访谈，“平安建设大家谈”有奖征文，“全民守法促平安”专题法制宣传教育，“双百”法治宣讲，“平安信使”进家庭，新闻发布会等系列活动，推进平安广东建设。

（四）扎实推进“数字政府”改革建设，不断健全公共服务供给体系

2016年，广东在全国率先推行“全程电子化+审批中心”登记改革，率

先出台全程电子化工商登记试行办法，优化申请和审批流程，提高网上办事易用性和审批效率，减少群众工商登记往返窗口次数。2020 年 2 月 14 日，广东省出台了《广东省数字政府改革建设 2020 年工作要点》，深入贯彻党中央关于数字政府建设的要求，切实提高政府公共供给能力和水平。其中，广东公安部门打破了警种业务受理的壁垒和局限，成为全国首个实现公安业务“一窗通办”的公安窗口。在实现了“马上办、就近办、一次办”的同时，还有大量的政务服务向网上迁移。例如，广东省里的市税务局创新推出“智慧云”纳税服务生态体系，优先选取五大类 128 项高频业务事项，引导纳税人更多地通过线上、自助等方式办税，超过 80% 的涉税业务可通过电子税务局办理，纳税人网上申报业务比例超过 98%。此外，以互联网思维推进政务服务，广东还着力打造政务服务产品矩阵，涵盖微信公众号、自助终端、App 以及“粤省事”、“粤商通”等一系列服务产品。针对制造业企业旺盛的融资需求，广东推进“互联网 + 不动产登记”“不动产登记 + 金融服务”等改革，实现了不动产业务便民化。

在便民利民之外，“数字政府”的建设也在持续推进中。广东推进治安防控信息化，实现主要公共场所社会治安视频监控率达 100%。加快政法信息网工程建设，推动政法信息网四级网建设、共享平台建设、二级网升级改造等主要项目建设工作开展，成立政法信息中心。数字政府建设在公共安全体制中引入信息化、科学化手段，提升政府工作效率，有利于社会稳定安全。

二　广东建立健全市域善治体系面临的问题

“郡县治，天下安”。市域善治体系建设，是社会治理的重要突破口，在促经济、保民生、稳社会等方面发挥着枢纽和协调作用。目前，广东在探索市域社会治理方面已初有成果，从城市间的产业项目合作到粤港澳大湾区城市群建设，广东以技术创新为基点，努力开创城市治理现代化新局面。进入新发展阶段，信息技术的发展和民生服务的需求，都要求市域社会治理提高治理效能。

（一）农村公共基础设施服务供给不足

在城乡一体化的过程中，广东城市总体基层自治水平较弱，对外来人口的管理不到位。在社会服务方面，较为突出的问题是农村公共产品供给缺乏，公共基础设施不足。民众期待获得更公平的资源分配和发展机会。然而，公共服务供给无法匹配需求端的高速增长。养老、教育、医疗等民生问题有待进一步解决，城乡治理水平差距仍需缩小。政府应从服务平台和服务流程设计上下功夫，探求公共服务治理之道，推进供给侧改革，让改革成果惠及全体人民，促进资源机会公平。广东省在充分释放粤港澳大湾区、先行示范区“双区驱动”效应，不断提升开放性和共享性的同时，要正视发展不平衡不充分的问题，例如，珠三角与粤东西北地区发展水平悬殊，经济总量最小的云浮市的 GDP 只有经济总量最大的深圳市的 3.6% 左右。广东应加大偏远地区公共基础设施服务供给。

（二）非户籍人口参与治理的动力不强

广东在群众参与上不断发挥党建引领、资源整合、多元互动的优势，努力打造便利的参与平台、制度化的参与保障和丰富的文化活动，群众社会治理的积极性和主动性持续增强。广东经济发展水平高、工作发展机会多，是全国常住人口和流动人口最多的省份。2018 年底，广东省流动人口已经超过 4000 万，占常住人口的 1/3。尤其是在粤港澳大湾区的政策红利之下，珠三角地区仍然是人口增幅最多、增速最快的城市群之一。大量的非户籍人口对广东社会治理的群众参与格局提出了更大的挑战。如何调动非户籍人口的社会治理参与积极性，是广东营造共建共治共享社会治理格局必须要考虑的核心议题。

（三）人口结构复杂使民生服务存在短板

广东始终坚持以人民为中心的服务理念，把保障和改善民生工作当作重要任务，持续加大民生财政投入，全省近七年投入超过 6 万亿元，初步建成了符合省情、涵盖全面、覆盖城乡、便捷高效、持续发展的基本公共服务体系，民生服务水平不断提升，人民群众获得感持续增强。然而，在医疗、住房、教育、养老、就业等基本民生服务上还存在短板，例如，进城务工人员子女仍然面临着上学难、上学贵的问题，医疗保障体系覆盖面不够广、保障度不够强，购房、租房价格仍然居高不下等问题。

（四）城市治理精细化程度有待提高

广东省严格贯彻习近平总书记“城市管理应该像绣花一样精细”的总体要求，转变城市治理理念，推进精细化管理。目前，广东省在城市河流、空气治理上成效显著，市民对生态环境的满意度提升。然而，广东省尤其是粤东西北地区经济薄弱、管理缺位、配套设施落后，生态环境建设上还存在很大的困难。不同部门协同效应发挥不够，很多基础设施还存在欠账情况，与精细化治理目标还存在距离，需要进一步做好城市精细化治理工作。

三　广东市域治理的发展机遇与前瞻

“十四五”开局之年，广东省致力于建构市域善治体系，坚持完善党委领导、政府负责、民主协商、社会协同、公众参与、法治保障、科技支撑的社会治理体系，建设人人有责、人人尽责、人人享有的社会治理共同体。

（一）发展机遇

1. 充分利用外来人口人才多的优势，加强社会治理体制机制创新

广东要进一步提升公共服务的有效性与针对性，明确树立下移重心、扩充资源、夯实基础的工作导向，实现公共服务的供需信息与供给主体之间的双向匹配，发挥政府和市场资源配置的各自优势，最大限度地为广东外来人才提供优质服务，吸引外地人才流入广东。广东要通过不断夯实政府的服务功能，加大公共服务供给的资源投入，优化市场竞争机制，引导市场主体积极参与基层公共服务供给体系，同时确保社会组织和非营利机构开展公益活动有足够空间，实现基本公共服务供给过程中政府、市场、社会之间的协同，实现公共服务体系的共建共享。

要深刻认识到，一方面，外来人口的大量集聚给广东社会治理带来了巨大挑战，为加快广东善治体系建设提出了更高要求。特别是有的本地人口与外来人口呈现“倒挂”特点的城市，外地人与本地人的“二元结构”日益固化，涉及利益分配差异扩大、基本公共服务非均等化等问题，由此加剧了不同社会群体间的利益冲突和社会矛盾。因此，如何充分利用外来人口，强化外来人口

融入和参与，完善社会治理体系，优化社会治理结构，为广东城市建设提供坚实的发展动力，是广东必须要考虑的重大议题。广东亟须推进城市管理体制改革，建立适应人口流动的城市管理体制。另一方面，外来人口的集聚为广东的经济发展和社会建设提供了充分的劳动力，为广东经济的长期可持续发展提供了持续的人力资源。广东要充分利用外来人口优势，集聚人才资源，为制造业发展提供源源不断的动力。

2. 把握粤港澳大湾区重大发展机遇，全面打造世界级城市群

在改革开放40余年的历程中，广东人靠着敢拼搏的精神，创造了敢为人先的“广东模式”，激发了社会活力，促进了广东经济社会的全面发展。在“十四五”时期，广东必须以打造珠三角世界级城市群核心为引领，重点抓好基础设施建设，推进粤港澳大湾区在交通、产业、科技、民生、环境治理等方面的合作，加强各个城市在技术、资本、人才等创新要素上的对接，建构粤港澳大湾区社会协同治理体系。广东社会建设需要以城市管理精细化来改善生产生活生态环境。整合各部门执法资源，提升城市间协同治理的法治化、智能化、标准化水平，积极参与粤港澳大湾区建设，打造宜居宜业宜创新的美好家园。此外，广东要坚持把供给侧结构性改革作为经济工作的主线，作为调整经济结构、转变经济发展方式的治本良方，加快建设具有全国影响力的制造业转型升级示范城市，勇当建设“制造强国”的先锋；坚持把创新驱动发展作为核心战略和总抓手，加快建设面向全球的国家制造业创新中心；坚定全方位开放引领，在“一带一路”、粤港澳大湾区等重大战略布局中找准广东坐标、发挥广东优势。

3. 抓住深圳先行示范区的建设机遇，推动城市群实现融合式发展

2019年8月，党中央、国务院印发《关于支持深圳建设中国特色社会主义先行示范区的意见》，对中国特色社会主义的伟大实践具有重要的历史意义、政治意义、现实意义。作为一份纲领性文献，该意见的出台不仅为深圳各项工作提供统领性的指导，也为建设中国特色社会主义先行示范区（以下简称“先行示范区”）锚定航向，更为实现中国治理能力和治理体系现代化提供了新的发展样式，具有全局性、战略性和前瞻性。先行示范区的建设彰显了中国特色社会主义的道路自信、理论自信、制度自信和文化自信，是创建社会主义现代化强国城市范例的重要探索，是人们追求美好生活和美好制度的有益尝

试。先行示范区的建设能够发挥重要的溢出效应和辐射带动作用，为其他城市的建设发展提供可复制可推广的成功经验。广东省委、省政府切实贯彻落实党中央、国务院的总体要求，加紧制定了行动方案，全力支持和对接深圳建设中国特色社会主义先行示范区。

（二）治理前瞻

广东正处于一个大有可为的历史机遇期，应有力推动广东社会建设在更高起点上实现更高质量、更有效率的发展。同时，广东改革发展也总体进入了爬坡越坎的关键阶段，需要攻坚克难，克服社会建设和发展的固有难点、堵点以及诸多瓶颈。将党的政治引领作用贯穿到广东市域善治体系建设的全过程和各方面。对标广东省“十四五”规划中关于城乡发展的目标和要求，提出以下对策建议。

1. 推动治理资源重心向基层下移，提供精准化、精细化、智能化服务

借鉴北京“街乡吹哨、部门报到”的经验做法，结合广东实际，以党建引领城市治理，以着力打造服务型政府为目标导向，搭建“民有所呼、我必有应”的基层治理综合调度平台。一是将基层治理中需要解决的问题与主要责任部门相联结，“点穴”式发力，增强发现问题的及时性、分析问题的针对性和解决问题的精准性。二是从线上线下两方面回应群众呼吁，解决群众困难，对基层和企业反映的各类问题及时回应、高效解决，切实增强群众对党和政府的信任，从小处回应群众，提升人民群众的获得感、幸福感和安全感。

以“精准化、精细化、智能化”原则为导向，以明确任务、明晰职责、精准范围为抓手，借改革之力缩减街道办和社区的层级，优化社会治理结构，加大力度进行职能整合，使社会治理机构设置更加合理、职能更加优化、权责更加协同。实行缩减层级、明晰职责、分级负责、上下贯通、运行高效的市域治理现代化指挥体系，提高广东综合承载和资源优化配置能力，实现“一体联管、一门共管、一网统管”“三个一”管理体系，提升市域治理科学化、精细化和智能化水平，为社会治理的自治化助力。

2. 真正发挥党组织的社会整合功能，通盘谋划、全面整合各方资源和力量

各级党组织要在广东善治体系建设进程中发挥资源整合的作用。一是整合广东省内资源，建构高速有效的协调发展机制。促进人流、物流、资金、信息

等要素自由流动，促进各产业优势互补、协同共进，实现产业升级和城市升级。使广东社会治理各项工作在开展前能够相互协商谋划，在实施中能够相互配合促进，在见成效后能够共分共享共用。二是实现广东与周边省份的资源流通，打造多区域融合一体、共同发展的经济格局。依托交通路线，加强与湖南、广西等周边区域的交流合作，打造强有力的经济共同体。化竞争比拼为合作共赢，加快区域间企业、产业等要素的自由流动，构筑协同发展新格局，形成开放合作新常态。

形成“一核多元”的社会治理共同体格局。弱化传统社区管理，拓展社区参与范围，强化社区服务功能和自我管理。健全社区管理和服务机制；发挥居民委员会的法定自治功能，健全以职工代表大会为基本形式的企事业单位民主管理制度，协同群团组织、行业协会、社会组织，联合业主委员会等新兴组织，建构多元主体互动合作联动机制。激发基层自治制度的活力，以政府负责、公众参与、社会协同、企业融入为抓手，形成政府治理、社会调节、居民自治的互动体系，夯实基层社会治理基础，建构人人有责、人人尽责、人人享有的社会治理共同体。

3. 全力打造“三治融合”先进样本，充分发挥自治德治法治的保障作用

健全党组织领导的自治、法治、德治相结合的城乡基层治理体系，是建构基层社会治理新格局的新路径。乡镇、街道、社区是市域社会治理的基本单元，在健全完善党的全面领导制度下，建构多元主体互动合作的治理体制。充分发挥基层群众组织、居民委员会等组织的自治基础作用，调动广东流动人口的积极性，消解城市治理现代化的困境。

要进一步规范完善村（居）民自治工作。积极推行非户籍人口参与村（社区）“两委”工作。加强村（居）民自治工作规范指引，确保重大项目实施合法有效。规范实施村（居）务监督机制，充分发挥村（居）务监督委员会对村级重大事项决策实施、“两委”干部履职、村（居）务公开落实、财务管理等方面的监督作用。推进广东善治体系建设，提高各地政府和社会的依法治理水平，推动全省法治建设发展，创建广东公平正义社会法治环境。加快完善信息化社会治安防控体系，全面落实各项防范管控措施，着力提升社会治安整体防控效能。以社会主义核心价值观引领广东社会治理，坚持法治和德治相结合，将社会主义核心价值观融入社会治理现代化进程中，

发挥传统文化、乡贤能人的滋养、带动作用，凸显广东善治体系进程中“德治”的先导作用。

4. 依托城乡自然文化的基础优势，凸显人文和生态并重的城乡特质

推进城市融合，打造宜居生活圈，构建现代化公共服务体系。突出便民公共服务设施建设，在重要城市构建“15 分钟社区服务圈”和“5 分钟便民服务圈”，形成以社区级设施为基础，市、区级设施衔接配套的公共服务设施网络。提升基本公共服务的可及性和便利性水平，以绿地景观串联公共图书馆、美术馆等公共设施，构建环境宜人、服务完善的城市公共空间，满足就近享受高质量基本公共服务的需求。优化城市空间，突出彰显城市文化特色。持续推进城市更新，挖掘和展现老城区历史文化内涵，促进建筑物、街道立面、天际线和周边环境更加协调优美。结合古村、祠堂、客家围屋、骑楼、古城风貌等，重视历史建筑的活化利用，打造一批主题功能鲜明、文化韵味浓厚的特色文化活动空间，提升城市整体风貌和文化品位。

严格保护生态空间，形成绿色生态空间结构。严守城市开发边界、耕地保护和生态保护三条红线，加强城市建设用地增量控制。严格保护山林、水体、湿地、人工防护林等生态资源，加强重要生态功能保护区的有机连接，构建层次化、网络化、生态化的绿色开阔空间结构。构建城市蓝绿网络，形成区域休闲生态廊道。围绕全省规划统筹安排，打造集观光、运动、休闲、商务等活动于一体的新城乡，串联沿线自然、人文资源，形成特色鲜明的休闲旅游生态廊道。结合不同城市自然生态水域和山体，促进绿道景观与慢行空间交相呼应，形成具有体验性、观赏性和趣味性的绿道骨干网络。坚持绿色发展理念，统筹推进山水林田湖草系统治理，促进生态系统修复与社会系统协调发展。严格落实“河长”制，强化长效管理，打造群众满意的清水廊道。

参考文献

严玉芹：《国家治理现代化视域下的法治与善治》，《法制与社会》2021 年第 4 期。

王浦劬：《国家治理、政府治理和社会治理的含义及其相互关系》，《国家行政学院

学报》2014 年第 3 期。

俞可平：《治理和善治：一种新的政治分析框架》，《南京社会科学》2001 年第 9 期。

王进：《中国农村新型治理体系转型与村社一体化融合发展研究》，《经济学家》2016 年第 10 期。

理论与案例篇

Theory and Case Studies

B.20

广东城乡融合发展的理论逻辑与拐点选择

邓宏图　万　军*

摘　要：　2020年全面建成小康社会之后，促进城乡融合发展成为乡村振兴新阶段的重要内容。通过城乡融合发展理论溯源，可以更深刻领会并贯彻习近平总书记关于推进城乡融合发展的指示精神，积极探索有中国特色的城乡融合发展之路，形成具有广东特色的城乡融合发展模式。本文基于广东发展实践，关注经济社会发展的阶段性和转折性拐点，从总体上认识和把握广东城乡融合发展趋势与具有自身特征的推进模式，促进乡村全面发展，走好中国特色社会主义乡村振兴之路。

关键词：　城乡融合　发展模式　广东

* 邓宏图，博士，广州大学博士生导师，新结构经济学研究中心主任，主要研究方向为农村经济；万军，博士，中国社会科学院国际政治与经济研究所副研究员，主要研究方向为产业经济。

党的十八大以来，广东省率先探索有中国特色的城乡融合发展之路，坚持以工业化和城市化推进粤东西北地区发展，从理论和实践上进行了多方面创新，形成了具有广东特色的城乡融合发展模式。本文基于广东城乡融合发展实践和中国城乡融合发展基本规律，从理论和实践角度展开分析，以期能够从总体上认识和把握广东城乡融合发展模式。

一 为何提出有广东特色城乡融合发展模式

习近平总书记强调，中国共产党领导的社会主义国家，应该有能力、有条件处理工农关系、城乡关系，顺利推进中国社会主义现代化进程，如何处理工农关系、城乡关系，在一定程度上决定着现代化的成败①。中国全面建成小康社会，最突出的短板在“三农”；到2035年基本实现现代化，大头、重头也在“三农”；到2050年全面建成社会主义现代化强国，基础更在“三农”。中国的现代化最终取决于农业和农村的现代化，只有走好中国特色社会主义乡村振兴道路，加快农业农村现代化和乡村全面发展②，才能最终实现“两个一百年”奋斗目标。

在新的历史阶段，农业农村发展的主要矛盾正在由过去的总量不足向结构性矛盾转变，而供给侧成为矛盾的主要方面。新形势下深化农村改革，主线仍然是处理好农民和土地的关系。全面实施乡村振兴战略，必须加快发展乡村产业、加强社会主义精神文明建设、加强农村生态文明建设、深化农村改革、实施乡村建设行动、推动城乡融合发展见实效、加强和改进乡村治理、加强顶层设计，以更有力的举措、汇聚更强大的力量来推进农业农村现代化，实现城乡融合发展。③ 2018年10月23日，习近平总书记在广东清远考察时指出，城乡区域发展不平衡是广东高质量发展的最大短板，并要求广东下功夫解决城乡二元结构问题，把短板变成“潜力板”，充分发挥粤东西北地区生态优

① 习近平：《把乡村振兴战略作为新时代“三农”工作总抓手》，《求是》2019年第11期。

② 人民日报评论员：《新时代“三农”工作总抓手——论学习习近平总书记关于实施乡村振兴战略重要讲话精神》，《人民日报》2018年9月29日。

③ 新华社：《习近平出席中央农村工作会议并发表重要讲话》，http：//www.gov.cn/xinwen/2020－12/29/content_5574955.htm，最后检索时间：2020年12月29日。

势，不断拓展发展空间、增强发展后劲①。这为广东省城乡融合发展道路指明了方向，增强了广东省补短板、强基础，发挥工业强省和区位优势，破除二元结构，推动城乡融合发展的决心和信心。

实施乡村振兴战略给农民带来了重大机遇。在健全体制机制、促进城乡要素合理流动的过程当中，关键是解决好“人、地、钱”三个问题。首先要培育、引进和留住乡村建设人才；其次要强化制度性供给，盘活土地等资源要素；最后强化投入支持，逐步加大面向农村基础设施和公共服务的公共财政投入②。按照习近平总书记的战略部署，2019 年广东省密集召开各类农业农村工作会议，明确思路，规划方略，落实方案，先行先试，有序推进城乡融合发展。4 月 19 日，全国现代农业产业园工作推进会在江门市召开，农业农村部与广东省委、省政府共同谋划以现代农业产业园建设推动城乡融合发展之路。4 月 20 日农业农村部与广东省政府在广州签署《部省共同推进广东乡村振兴战略实施合作框架协议》。根据协议，双方将共同推进农业供给侧结构性改革，在城乡融合发展、区域协调发展、农村基层有效治理等方面走在全国前列。7 月 4 日广东省委印发《关于深入学习贯彻习近平总书记视察广东重要讲话精神　奋力开创新时代广东改革开放新局面的决定》，提出发挥广东城市经济发达的优势，有效破除城乡二元结构。2019 年 7 月，广东省委和省政府印发《关于构建“一核一带一区”区域发展新格局促进全省区域协调发展的意见》，这是一份全面响应“习近平总书记关切”、事关广东省未来发展的纲领性文献，是广东省缩差共富、推动城乡融合和区域协调发展的政策思路、战略定位和发展框架。它要求改变传统思维，转变固有思路，突破行政区划局限，全面实施以功能区为引领的区域协调发展新战略，形成由珠三角核心区、沿海经济带、北部生态发展区构成的“一核一带一区”区域发展新格局，推动全省各区域优势互补、差异化协调发展。理论和实践表明，构建“一核一带一区”区域发展新格局，关键在于同步推进工业化、城镇化、农业现代化，实

① 新闻联播：《习近平在广东考察时强调　高举新时代改革开放旗帜　把改革开放不断推向深入》，http://www.xinhuanet.com/politics/2018-10/25/c_1123614520.htm，最后检索时间：2018 年 10 月 25 日。

② 韩长赋：《用习近平总书记“三农”思想指导乡村振兴》，《学习时报》2018 年 3 月 28 日，第 1 版。

现城乡融合发展。城乡融合发展的深度、广度和质量是检验“一核一带一区”政策实践成效的关键所在。

我们观察到，从2018年到2021年，广东省政府工作报告均强调，要坚持全省一盘棋思路，深入实施乡村振兴战略、区域协调发展战略，优化珠三角、东西两翼和粤北山区发展格局，健全城乡融合发展体制机制，推动以人为核心的新型城镇化，做强做优县域经济。2020年1月，广东省委召开农业农村工作会议，提出抓重点、补短板、强弱项，深化农村综合改革，健全城乡融合发展体制机制；5月8日，《广东省建立健全城乡融合发展体制机制和政策体系的若干措施》印发，要求建立健全城乡要素合理配置、基本公共服务均等化以及农民持续增收的体制机制，促进城乡融合发展。2020年5月，广东省出台《建立健全城乡融合发展体制机制和政策体系的若干措施》，正式开启了新一轮城乡融合发展的探索实践。推进城乡融合发展，既是破解城乡发展不平衡、农村发展不充分的关键抓手，也是实现农业农村现代化的重要推力，还是拓展城市发展空间、释放更多农村要素的强大动力。2020年6月5日，《广东省开发区总体发展规划（2020~2035年）》出台，明确了广州都市圈和深圳都市圈的范围，为建设大都市现代农业生态圈提供了政策依据。9月19日，广东省委全面深化改革委员会印发《佛山市南海区建设广东省城乡融合发展改革创新实验区实施方案》，允许南海直接复制省其他实验区已获批权限，以全域土地综合整治为突破口，促进城乡全面融合。9月23日，佛山顺德区印发《地券管理操作指引》，首次提出“地券”概念。建立地券管理制度，是广东省支持顺德率先建设高质量发展体制机制改革创新实验区的一个重要事项，将为广东推进城乡融合发展、推动土地集约利用提供重要示范。12月30日，广东省城镇化工作暨城乡融合发展工作领导小组办公室印发《广东省县城新型城镇化补短板强弱项实施方案》，提出提升广东县城综合承载与服务能力、治理水平的17项建设任务。12月13日中国共产党广东省第十二届委员会第十二次全体会议通过《中共广东省委关于制定广东省国民经济和社会发展第十四个五年规划和二〇三五年远景目标的建议》，提出全面实施乡村振兴战略，强化以工补农、以城带乡，推动城乡融合发展，发展精细农业、建设精美农村、培养精勤农民，加快农业农村现代化。广东省委常委会多次强调，要深化农村综合改革，加强和改进乡村治理，持续推进城乡基本公共服务均

等化，不断健全城乡融合发展体制机制，广东要走出有特色的城乡融合发展之路。

实施乡村振兴战略，是以习近平同志为核心的党中央做出的重大决策部署，是决胜全面建成小康社会、全面建设社会主义现代化国家的重大历史任务，是新时代做好“三农”工作的总抓手。广东一直坚持将实施乡村振兴战略作为解决发展不平衡、不充分问题的根本之策①。当前，广东省的城乡二元结构依然突出，发展不平衡不充分的矛盾仍然凸显，粤北、粤西地区的经济发展与珠三角的经济发展形成鲜明对照，经济规模不大、发展质量不高，中心城区辐射带动能力弱，各地区经济发展差距大，这些都不利于广东省实现城乡融合发展、积极融入大湾区建设。一个地区、一个国家的现代化程度主要不是由它的潜力决定的，而是由它的短板决定的，短板问题解决得越彻底，现代化的发展水平就越高。推动城乡融合发展对乡村融入大湾区建设具有重要意义，既要解决制约广东省城乡融合发展的瓶颈和矛盾，探索出便捷高效的城乡融合发展路径；也要推广城乡融合发展的成功经验和做法，切实加快粤港澳大湾区建设，实现各城市、各地区城乡融合的均衡和协调发展。注重区域特征，发挥各地综合比较优势，补短板，抓关键，培育和本地区禀赋结构相吻合的企业和产业，以城乡融合为抓手，以盘活土地产权、释放经营权为动力，以土地级差地租收益为支点，推动集体产权和集体经济组织改革，活化经营方式，创新体制机制，塑造龙头企业、合作社核心竞争能力，优化城乡结构，统筹城乡规划，落实城乡同地同价、同人同权，缩小区域差距，破除二元结构，全面实现农业现代化和城乡一体化，使广东率先成为全国社会主义城乡融合发展的示范和标杆。

二　理论逻辑——中国城乡融合发展再认识

马克思认为，从城乡对立走向城乡一体有赖于生产力的变革和生产关系的调整。城乡之间的相互关系首先取决于城与乡各自的社会生产力、分工和内部

① 徐林：《深入学习贯彻习近平总书记“三农”思想　举全省之力实施乡村振兴战略　切实解决广东发展不平衡不充分问题》，《南方日报》2018 年 4 月 27 日第 1 版。

交往的发展程度。任何地区的生产力发展水平，总是要表现于该地区分工的发展程度。城乡之间的生产力水平不同，导致生产力水平高的城市不断地吸附生产力水平低的乡村的要素或资源，两者处在对立关系。只有当城乡间的生产力水平一致时，城乡对立转化为城乡一体。城乡关系作为社会生产关系为生产力所决定。发展经济学家刘易斯指出①，在劳动力无限供给阶段，劳动力不断迁入城市，直到农业劳动力边际产出率为正，即达到刘易斯第一转折点，进一步，当农业边际产出率与城市工商部门边际产出率渐趋一致时，即达到刘易斯第二转折点，城乡社会生产力相等，城乡二元经济结构变成城乡一元经济结构，实现城乡均衡。作为发展经济学的创始人之一，张培刚先生在《农业与工业化》一书里正确指出②，工业化包括工业领域里的机械化与现代化，同时还包括农业领域里的机械化和现代化，工业化是一系列生产要素不断升级并重新组合的过程。20 世纪 40 年代，张培刚先生正确预见了农业对工业化的贡献及其在国民经济的基础性地位，与许多乡村建设派不同，张培刚先生认为农业生产方式的不断变革是农业现代化和工业化的关键。

事实上，刘易斯分析范式、张培刚的农业与工业化思想，均可在马克思历史唯物主义和政治经济学的分析框架之内得到深刻阐释和精准定位。马克思理论的洞察力在于，它超越了发展经济学只重生产力而不重生产关系的缺陷，不仅强调生产力的变化，更强调生产关系的调整与变革，当然生产力的作用是决定性的③。马克思的历史唯物主义分析方法对理解、把握城乡关系及其演变提供了深刻的理论参照。

大约 1 万年前，人类社会才出现了定居农业，这是人类历史上的第一次大分工，人类开始慢慢摆脱自然的绝对控制，通过稳定的、周期性起作用的生产方式去获得他们需要的生存资料。由于社会生产力水平极其低下，人类始终未能摆脱“马尔萨斯陷阱”（即“贫困陷阱”），无法超越普遍贫穷的命运。只是到了 1800 年前后，西欧的荷兰、英国、法国等少数国家进入以蒸汽动力为主要特征的第一次工业革命时期，世界人均收入才有了实质性增长。历史实践

① Lewis A., Economic Development with Unlimited Supplies of Labour. *The Manchester School of Economic and Social Studies*, 1954, 22 (2): 139 - 191.

② 张培刚：《农业与工业化》，中信出版社，2012。

③ 许涤新：《政治经济学辞典（上册）》，人民出版社，1980。

表明，工业化是摆脱贫困陷阱的必要条件①。19 世纪 60 年代，人类进入以电能、磁能、内燃机为主要特征的第二次工业革命时期，美国、德国、俄国，以及东亚的日本先后进入并完成工业化过程。第三次工业革命，主要以原子能、电子计算机、空间技术和生物工程的发明和应用为主要标志，从 20 世纪四五十年代就开始了。从 1949 年至今，经过 71 年的奋斗，我国不仅赶上了这次工业革命，而且使十几亿人口摆脱贫困，2020 年实现全面建成小康社会的目标，取得了令世界瞩目的历史性成就。但是，分地区看，从城乡二元结构角度看，仍然存在区域发展不协调、城乡发展不均衡、经济社会发展不充分的客观现实。我国珠三角、长三角等地走在国内前列，人均 GDP 直逼欧美等发达经济体，但城乡二元结构仍未彻底破除。习近平总书记总结人类历史演变规律，以及中国社会主义建设和改革开放历史经验，从国情和具体情况出发，创造性地提出了以人为本的城乡融合发展战略，丰富和发展了马克思历史唯物主义和政治经济学理论体系。

改革开放以来，我国城乡关系在不断调适与磨合的过程中经历了从“二元结构”到城乡统筹、城乡一体再到城乡融合的发展变迁，这是中国乃至全球经济、社会、文化发展的客观要求，也是不同时期社会结构演化的历史产物。如今，中国正面临百年未有之大变局，这是挑战，更是机遇。2020 年 1 月，中国遭受全球第一波新冠肺炎疫情的强烈冲击，亦被西方死抱冷战意识形态的政客污名化，意图打乱中国发展步伐。党中央和习近平总书记审时度势，提出加快形成以国内大循环为主体、国内国际双循环相互促进的新发展格局，这是根据我国发展阶段、环境、条件变化做出的重大战略决策，是事关全局的系统性深层次变革。构建内部大循环为主体、国际国内双循环双轮驱动、相互促进发展格局，核心在于激振内需，打通城乡之间的生产、分配、流通和消费四大环节，促进城乡要素合理流动，优化城乡产业分工，实现城乡协调发展。

从工业革命的历史经验来看，城镇化是大多数发达国家的必经历程。目前，我国城镇化率还远低于世界发达国家水平，城乡发展差距较大，存在大量农村劳动人口剩余，因此，当前的一大重要任务是推进新型城镇化。这一任务

① Rosenstein - Rodan P. N. , The Problems of Industrialization of Eastern and South - Eastern Europe. *The Economic Journal*, 1943, 53: 202 - 211.

强调要避免城镇的孤立发展和与乡村相抑制的对立发展。党的十九大报告提出，中国特色社会主义进入新时代，我国社会主要矛盾已经转化为人民日益增长的美好生活需要和不平衡不充分的发展之间的矛盾。从广东省经济社会发展客观现状看，不平衡不充分发展主要体现为城乡差异、区域差异。由于农业现代化发展速度慢于城市工业化速度，城乡要素回报率不相等，物质资本、人力资本向城市倾斜，城乡基础设施、文化建设、社会保障体制、发展机会等具有质的差异性，造成城乡发展不同步、不协调。城市与乡村空间相邻、文化同根、利益相连，本身就是一个有机整体，却因缺乏统一的城乡市场和相互洽合的体制机制而导致城乡二元分割。唯有破除城乡二元结构，形成城乡互补、工农互促、全面融合、共同繁荣的新局面，才能实现城乡要素高效配置、城乡产业合理分布，城乡经济高质量增长，城乡社会深度融合，短板就会变成“潜力板”，就能实现城乡经济可持续发展。

纵观世界城乡发展史，通过产业带动农村发展是实现城乡融合尤其是农村地区多元发展的重要模式①，美国、日本和欧洲三个发达地区均是如此。其中，美国通过新型产业部门落地乡镇带动当地经济发展；欧洲通过工业在乡镇的发展来优化农村产业结构，利用农业的工业化带动乡村经济发展；日本也是通过工业发展所形成的高劳动力需求带动农村剩余劳动力的大规模转移，从而推动农村发展。2018 年中央颁布的《粤港澳大湾区发展规划纲要》提出，建立健全城乡融合发展体制机制和政策体系，推动珠三角九市城乡一体化发展，全面提高城镇化发展质量和水平，建设具有岭南特色的宜居城乡。广东省区位优势明显，珠三角九市是国内经济最活跃的地区之一，是粤港澳大湾区的重要支点，珠江三角洲与内陆省区交通便捷，既是陆上丝绸之路的关键起点，又是海上丝绸之路的重要节点。

三　广东行动——实现农业现代化的历史拐点

习近平总书记城乡融合发展新理念，以马克思历史唯物主义和政治经济学

① 杨伟恒、杨子平、苏柱华：《大城市边缘区域乡村振兴路径分析——以广州市黄埔区九龙镇为例》，《南方农村》2020 年第 6 期，第 35 ~ 39 页。

原理为逻辑内核，深刻把握时代合理需要，响应社会重大关切，提出新时期城乡土地资源合理利用、空间有效配置，同步建设城乡基础设施等战略思路，打通城乡阻梗，共享土地级差收益，推动城乡教育、社会保障、公共医疗、社会服务融合发展，形成以工补农、以城带乡、优势互补、城乡一体化发展格局。从国家层面看，全面建设社会主义现代化国家，实现中华民族伟大复兴，最艰巨最繁重的任务依然在农村，最广泛最深厚的基础依然在农村，必须加快健全城乡融合发展体制机制，推动城乡融合发展见实效。2018 年 10 月，习近平总书记考察广东时指出，城乡区域发展不平衡、不协调是广东现代化发展的最大短板。具有前瞻性、战略性的“习近平总书记之问”，不仅具有极其深刻的思想启示性，更具有贯通现实和未来发展的战略指导性。

为了认真贯彻落实习近平总书记的重要讲话和指示批示精神，广东省以习近平新时代中国特色社会主义思想为指导，坚持以推动农业农村现代化和新型城镇化战略为抓手，以缩小城乡发展差距和居民生活水平差距为目标，以完善产权制度和要素市场化配置为重点，下大力气破除体制机制弊端，不断推动城乡要素自由流动、平等交换和公共资源合理配置。为了进一步加快形成工农互促、城乡互补、全面融合、共同繁荣的新型城乡关系，推进广东农业现代化，近年来全省启动了城乡融合的广东行动。2019 年 7 月，广东省委和省政府印发《关于构建“一核一带一区”区域发展新格局促进全省区域协调发展的意见》，这是一个真正推动广东农业农村现代化、破除二元经济结构、实现城乡融合发展的历史拐点。

城乡融合既是目标，也是渐进发展过程。城乡融合发展，既要立足乡村建设、新型城镇化建设，更要建构城乡之间开放融合的体制机制。城乡融合的目标就是缩小并消除城市与乡村的经济发展差距和生活水准差距，使二者的生产生活方式融为一体，城镇与乡村融为一体，城乡要素市场、产品市场合二为一，城乡基础设施、公共事业、社会保障趋于一致，均衡发展。城乡融合的重点就是完善产权制度和要素市场配置的体制机制，促进城乡之间要素自由流动，通过以工补农、以城带乡等多种方式，构造具有区位优势的城乡产业分工体系，推进乡村振兴和新型城镇化战略。城乡居民在生产方式、生活方式等方面只有形式上的不同，而无实质性差异，在发展机会、社会保障、权益分享方面高度同一。城乡融合过程中既有农村要素往城镇流动，形成产业集聚效应和分工效应，也有城市工商资本下乡与农村土地要素结合，形成与当地资源禀赋结构、空间区位结构相符合的一、二、三产业融合发展体系。城乡融合以城乡土地级差收益均衡分配为关键手段，以优化乡村社会治理结构为重要内容，以破除二元经济结构为核心环节，以构建国内循环为主、国内国际双循环相互促进的经济格局为战略定位，推进以人为本的城镇化和乡村振兴，实现城乡一体、融合发展。

2021 年是“两个一百年”的交汇之年，21 世纪中叶要把我国建设成社会主义现代化强国。破解广东省城乡二元结构和区域发展不协调的“发展难题”，回答习近平总书记的“广东关切”，既是广东省推进城乡融合发展的内在需要，也是在构建以国内循环为主、国内国际双循环互相促进的体制机制的宏伟格局中的应有担当。广东省以“一核一带一区”为发展战略，深入领会“习近平总书记关切”之要义，立足广东实际，积极探索既有广东特色又有普遍意义的城乡融合发展道路，提出了推进广东省城乡融合发展的可行的政策方略，一个有广东特色的城乡融合发展模式正在塑造。

B.21 基础设施先行助力城乡融合发展的南方电网模式

林志鹏　陶　磊*

摘　要： 在广东省“一核一带一区”战略框架和城乡融合发展格局下，中国南方（广东）电网有限责任公司大力支撑广东城乡融合发展，坚持发挥自身优势，重点服务“一区”地区，以智慧电网在基础设施建设、项目引进及产业建设、乡村振兴等方面精准发力，走出了智慧电网助力城乡融合发展的新路子，为乡村振兴积累了具有电力行业特色的宝贵经验。

关键词： 南方电网　智慧电网　城乡融合　广东

习近平总书记2018年在广东考察时指出，要下功夫解决广东城乡发展二元结构问题，力度要更大一些，措施要更精准一些，久久为功，把短板变成“潜力板”①。这既是决胜全面建成小康社会的一项重点工作，也是以基础设施建设支撑城乡融合发展的重要方法论。近年来，中国南方电网属下的广东电网有限责任公司积极探索助力广东城乡融合发展，坚持发挥自身优势，以智慧电网在基础设施建设、项目引进及产业建设、乡村振兴等方面精准发力，谱写了具有中国特色的国家资本助力城乡融合发展的新篇章。

---

* 林志鹏，博士，广东省社会科学院副研究员，主要研究方向为粤港澳大湾区文化产业与文化发展、“一国两制”与港澳问题；陶磊，广东雁讯管理咨询公司高级经济师，主要研究方向为企业管理。

① 习近平：《破解城乡二元结构，把短板变成“潜力板”》，新华网，http：//www. xinhuanet. com/politics/2018－10/24/c_ 1123604364. htm。

一 发挥智慧电网优势，为城乡融合加速发展赋能

我国要全面建成小康社会，短板短在“三农”，而“三农”问题之所以成为制约乡村振兴的重要问题，原因就在于基础设施、产业发展、项目建设和基本公共服务的不足。党的十九大报告提出“农业农村优先发展”，就要求把公共基础设施建设的重点放在农村，逐步建立健全全民覆盖、普惠共享、城乡一体的基本公共服务体系。同时，中国的现代化关键在于农业农村的现代化，这离不开农村产业建设与乡村振兴、新型城镇化①。正是基于这个认识，广东电网有限责任公司将工作重心投放在全省的广大农村地区及城乡接合带，聚焦农村电力基础设施、农村产业项目等方面，几年前投入了大量资源，致力于2020年底初步建成安全、可靠、绿色、高效的农村智能电网，为广东全省推进乡村振兴战略和构建“一核一带一区”区域发展格局增添新动能。

首先，推动城乡融合，必须坚持基础设施先行。为了实现以智慧电网助力城乡融合发展这个目标，公司上下集体探索、大胆创新，在规划思想、建设思路、技术论证及执行方式等方面均取得了令人瞩目的成绩。基于这一理念，按照南方电网公司统一规划，广东电网公司坚决落实广东省委、省政府关于乡村振兴和城乡融合加速发展的决策部署，加大了全省范围内的农网改造升级工作力度。以2019年为例，广东电网公司全年完成农网投资110亿元，见表1。

表1 2019年广东电网公司农网投资情况

新增	110千伏变电站（单位：座）	10	变电容量（单位：千伏安）	104万	110千伏线路（单位：千米）	359
	35千伏变电站（单位：座）	2	变电容量（单位：千伏安）	8万	35千伏线路（单位：千米）	100
新建及改造	10千伏配变（单位：台）	8615	容量（单位：千伏安）	352万	110千伏线路（单位：千米）	8720
	智能电表（单位：只）	57万	—	—	低压线路（单位：千米）	10万

资料来源：《国家电网有限公司2019社会责任报告》，广发证券发展研究中心。

① 康永征、薛珂凝：《从乡村振兴战略看农村现代化与新型城镇化的关系》，《山东农业大学学报》（社会科学版）2018年第20（01）期。

在基础设施工作方面采取了一些重点举措，比如：强化组织保障，政企合力形成良好局面；加强资金保障，重点推进贫困地区农网改造升级；建立机制，加强农网攻坚建设进度管控；推动建设标准化，确保工程按期安全优质投产；加强政企合作，推进地方电网供区农网改造升级；加强结对帮扶，促进技术和管理水平提升。在这些强力举措下，农村电网工作取得可喜成效：农网供电质量和供电能力得到全面提高，小城镇、中心村经济发展得到了有力促进，机井通电工程服务农业发展，全面实现自然村通动力电，全面提高贫困地区农网水平，推动农电体制改革①。同时，狠抓电力护航、区域联通与格局重塑。广东电网在基础设施建设领域深耕细耘，以电力为纽带推动城乡协调发展，助力全省形成城乡互补、深度融合的空间格局，落实“一核一带一区”建设，为广东全面建设社会主义现代化开局起步提供有力支撑，进而更好地服务全国发展大局。

其次，推动城乡融合，必须坚持产业项目发展。“全面建成小康社会一个都不能少”，这是习总书记在广东考察调研时强调的一条重要原则。乡村的电力基础设施建设，为脱贫攻坚奠定了扎实的基础，并为后续的乡村振兴发展进一步拓展了想象空间②。在扶贫工作方面，广东电网公司创新思路和工作方法，为全省乡村振兴工作更添亮点。行业扶贫有力地支撑了农村地区的经济社会发展，有力地保障了全省脱贫攻坚，并加速补齐农村地区的供电服务短板。

最后，推动城乡融合，必须坚持乡村振兴发力。中国的农村是大有可为的广阔天地，中国特色社会主义现代化关键在于农村和农业的现代化。最艰巨最繁重的任务在农村，最广泛最深厚的基础在农村，最大的潜力和后劲也在农村，电力对乡村振兴非常重要。对此，南方电网根据自身的优势条件，以乡村振兴为抓手，夯实“三农”基础，加快缩小城乡发展差距。近年来，南方电网紧密围绕如何进一步推动城乡融合以及全面助力地方经济统筹发展这一主题，积极加强与地方政府深度合作，谱写了广东特色的乡村振兴新篇章。

---

① 张晓萱、李睿、胡源、马莉：《新时代背景下电力精准扶贫模式研究及建议》，《中国能源》2020 年第 42（04）期。

② 罗明忠：《电力发展助力乡村振兴》，《农村电工》2019 年第 27（02）期。

二 用活智慧电网机制，为城乡融合基础建设赋能

通过大量探索和实践，广东电网公司在乡村地区创新智慧电网机制，成功走出了一条智能电网建设新路，为促进乡村振兴提供了坚强的用电保障。在2019年度广东省推进乡村振兴战略考核结果中，广东电网再次获评“优秀”。绿水青山就是金山银山，“智能绿色电”正随着电力基础设施建设的稳步推进而向广阔的乡村不断延伸。

在广东云浮市新兴县簕竹镇丹坑村内的西江林场大旺管护点，有一间白色的“蘑菇屋”，与葱郁的山林融为一体。这就是广东电网公司在丹坑村建设并投入使用的创新型光伏——储能离网型低压微电网，周围的地面还将继续美化，让工程看起来更有“绿意”。再如，2019年，广东电网公司在韶关乳源、云浮新兴等地成功运用智能电网建设模式，为乡村振兴拉紧了强劲“电引擎”。在南方电网要求大力推进数字电网建设的统一部署下，广东电网公司全力服务广东社会经济高质量发展，推动城乡电网基础设施持续提档升级，为广东推进乡村振兴战略增添新动能。在清远连樟村现代农业科技产业园里，电力的充足供应使得标准温室大棚得以正常运行，这些都离不开清远供电局投资1700万元建成投运的连樟村电网改造项目。通过储能式微电网，该项目就能把平时用不完的光能、水电储存起来，以便随时“接力”供电。如今，清远供电局还在连樟村建设了光伏发电系统、电磁厨房电能替代项目和双枪大功率直流充电桩，经测算每年就可减少碳排放137吨，相当于节约标准煤56吨，清洁用能对促进乡村绿色发展、守护绿水青山发挥了积极作用。在粤北的韶关乳源瑶族自治县，丰富的水资源被当地的智能自组微电网充分调动起来。韶关乳源供电局利用当地小水电发供混联的特点，选取有库容、装机和负荷基本相当的小水电作为主电源，建设智能自组微电网，提高了山区电网的供电可靠性。在乳源县北部的必背镇，自韶关乳源供电局对大村的水电站进行了智能自组微电网改造后，镇区电网如同装上了一个“智能大脑”。广东电网通过在乡村区域综合利用配网自动化、计量自动化、微电网等技术手段，逐步推进了农村智能电网建设。

智慧源于实践，又解决实际困难，推动实践发展。智慧电网赋能基础设施

建设。通过聚焦电力基础设施建设，广东电网公司为全省乡村振兴不断谋新篇，取得了积极务实的成果。

三　放大智慧电网功能，为城乡融合产业建设赋能

广东电网以农村电网建设为抓手，为脱贫攻坚打造坚强供电网；以保障用电为重点，为脱贫攻坚、产业建设提供优质供电服务。

一是因地制宜发展产业，增加群众收入。“看似寻常最奇崛，成如容易却艰辛”。如今，在五华县横陂镇与河东镇交界处，一排排太阳能光伏板覆盖了1300多亩荒山，将太阳能源源不断地转化为电能，不断为农民创造经济效益、夯实乡村振兴的产业基础。最早是在2016年4月，广东电网公司进驻五华县横陂镇的西湖村，开展脱贫攻坚工作。结合电力公司自身的特长，经过反复调研和论证，最终确定发展光伏电站项目，并具体通过成立五华县惠农新能源公司的形式，利用扶贫资金直接租用荒山开始建设光伏扶贫电站。西湖村在广东电网公司的支持下，投入200万元入股光伏电站项目及电网公司下属企业，现在每年可为村集体经济增收30万元左右，增收的结果进一步促进了西湖村的良性发展态势。这为西湖村成功吸引省农业龙头企业——广东侨微生物科技有限公司的进驻创造了条件，双方合作共建西湖村生态木耳立体循环农业项目。该项目由西湖村投入扶贫资金，侨微公司负责种植、管理和提供技术，广东电网公司则帮助销售产品，开展消费扶贫。项目建成后，每年又能为西湖村集体增收近10万元，并带来一批就业岗位。通过发展多元化的长期稳定产业，一方面巩固了山区群众的脱贫成果，另一方面带动了其他产业配套发展。引进灵芝种植产业，以带头人统筹种植、有劳动力贫困户入股的形式开展产业扶贫就是成功案例。此外在短期产业发展方面，驻村工作队还因地制宜地指导贫困户发展了肉兔、肉牛养殖等，“一户一策”带动贫困户通过劳动快速增收，实现产业造血脱贫。从扶贫到乡村振兴，再到产业发展，最终融入城乡经济一体化的良性发展格局中去，五华县横陂镇的试验堪称广东电网公司的一个创举。从基础设施建设做起，一步一个脚印，环环相扣，最终为五华县的城乡经济融合发展走出了一条特色鲜明的道路。在当地党委、政府和帮扶单位广东电网公司的共同努力下，西湖村焕发出蓬勃生机与无限活力。2019年，西湖村贫困发

生率降至0.54%，整村申请退出了“省定贫困村”行列。2020年，未退出的4户19人均已实现全部脱贫。

二是完善基础设施建设，脱贫攻坚“双管齐下”。近年来，广东电网公司筹资650多万元，帮助西湖村完善基础设施、提升人居环境，真正让群众得实惠。以前环境差，现在出门就像走进了公园，变化不仅体现在村庄变美了、农民钱包鼓了，还体现在党组织的凝聚力更强了、村民的思想观念更新了。公园健身设备一应俱全，新时代文明实践站内功能室配备齐全，配电线路和供电台区修葺一新，足球场建设如火如荼……“扶贫先扶志”。脱贫攻坚要“硬件”“软件”并举，也要“扶志”“扶智”并重。广东电网公司通过积极尝试和推进教育帮扶、就业帮扶等新方式，为脱贫奔小康注入了新鲜动能。在取得脱贫攻坚成果的基础上，在自身电力行业领域内选择“第一桶金创业项目”，通过项目化的企业运作模式创新，真正挖掘和发挥扶贫资金的价值，示范性地推动农村集体资金入股。让村民在共享新兴产业项目红利的同时，支持和保障村里各项事业的发展，而发展的结果又进一步促进整个村营商环境的升级，进而为吸引更多优质项目的进驻创造了条件，让整个乡村的经济发展活起来，之前布局好的电力基础设施和新型城乡融合发展的节奏也全面匹配。

三是狠抓项目建设，推进电力行业扶贫项目实施。连樟村位于清远英德市连江口镇东南部，辖区内有17个自然村，区域总面积31.83平方公里，全村共有530户2370人。连樟村电网供电线路及设备十分残旧，恶劣天气和高峰用电时，经常发生停电情况，无法满足连樟村长期发展需求。2016年被列入省级相对贫困村，也是连江口镇唯一的省定贫困村。在这一情况下，广东电网公司把“不断满足人民追求美好生活的电力需要”作为工作的出发点和落脚点，大力推进电力行业扶贫项目实施。清远供电局相应成立连樟村电网规划建设临时党支部，充分发挥基层党组织战斗堡垒的作用，并把提升连樟村用电质量、消除制约发展的电力卡脖子问题作为重中之重，着力完善连樟村主干网架建设和农网设备改造升级。共计投资约1700万元，仅仅历时106天，新增两座智能配电房，新建约21公里不同站双电源配网智能自愈线路，配置最新的多腔防雷技术，升级改造农村低压电网约10公里，创造送电工程“清远速度”，有效提升了电力供给能力。同时，通过在该村规划建设微电网、光伏发电系统、充电桩、自动化开关柜等智能化项目，多

重保障实现连樟村电网“零停电”，把连樟村打造成为与人居环境相协调的美丽乡村智能电网示范点。

四是狠抓产业规划，加速步入幸福生活新时代。智能绿色电网的建设助推了英德市连樟村经济稳步发展，及时满足区域内现代农业科技示范园等 15 个产业项目的用电需求，为促进村集体经济不断壮大提供了可靠的电力保障。2019 年全村用电量比 2016 年同期增长 3.74 倍，全村 54 户贫困户全部达到脱贫标准，有劳动能力贫困户人均可支配收入达到 2.2 万元，集体经济纯收入从原来近乎空壳状况到 2019 年收入达 68 万元。通过基础设施建设实现的脱贫工作成果，为下一步的产业规划奠定了良好基础。到 2020 年底，占地 74 亩、总投资 4153 万元的碧桂园现代农业科技示范园项目如期建成投产，“零停电”的高可靠性电网进一步助力园区发挥联农带农辐射作用及农业产业优化升级，促其成为广东省标杆性现代农业科技示范园。脱贫成功为乡村振兴奠定了基础，最终带来的是产业孵化和集聚效应，也进而加速了城乡融合发展步伐。

四　用好智慧电网平台，为城乡融合乡村振兴赋能

坚持用南方电网所能，满足城乡融合发展所需，突出做好乡村振兴这篇文章，为乡村振兴插上腾飞的翅膀。

一是打造综合能源示范。清远市清城区源潭镇新马南风溪谷乡村振兴样板区项目是清城区承担国家城乡融合发展试验任务项目之一，将打造从生产、加工到餐桌的全链条服务，加快民宿、美食街及观光区域等生态休闲旅游项目的建设，促进一、二、三产业进行有机融合。同时，新马村综合能源示范点规划将被纳入新马村乡村振兴样板区控制性详细规划，以电网智能化为基础，以各综合能源元素为核心，以可视化为支撑，打造安全、可靠、绿色、高效的综合能源体系。清远供电局积极拓展综合能源业务市场，在全市范围共同推进“全电村”建设，减少终端能源消耗和环境污染，推进绿色旅游和农业发展，建设城乡融合精品台区、全电景区、全电民宿、农业电气化、分布式能源、特色电气化产业等项目，助力“产业兴旺、生态宜居、有效治理、生活富裕”的乡村振兴发展。

二是优化电力营商环境。推动高质量发展离不开良好的电力营商环境。茂

名供电局通过基础设施建设，不断优化营商环境，以电力为纽带推动城乡融合发展，这是广东电网公司近年来探索出的一条新路。近年来，广东电网公司积极落实南方电网公司要求，在乡村建设的整体布局中，加快建设一流电网，为高质量发展蓄足源头活水、凝聚不竭动力。以茂名供电局为例，着力优化营商环境，通过“高效快捷专业，真诚用心服务”的品牌效应为地方经济的城乡统筹发展做出了突出贡献。茂名供电局的具体举措包括：主动服务，发挥电力增值效能；更加关注小微企业，打造茂名服务特色品牌；制定优质服务机制，促进就业扩项目“早送电，多用电”；提升供电能力，加强电力保障。通过真抓实干，茂名供电局一直认真贯彻国家、省委和省政府及南方电网公司、广东电网公司有关优化电力营商环境的工作部署，深入落实《优化营商环境条例》，从提升客户用电体验和电力获得感、提高供电能力等方面，采取了多项措施优化电力营商环境，不断加快茂名城乡融合建设步伐，推动茂名全市高质量发展①。

三是创建智能电网“标杆”。揭西实施农村智能电网“标杆项目”，围绕电网网架建设、智能化水平提升、农网数字化转型、配套管理水平提升等4个重点，系统提升农村电网水平，在电力行业扶贫试验工作的基础上，推动乡村振兴和城乡融合发展战略落地实施。这是广东电网公司在近年来通过基础设施建设促进地方经济发展过程中的又一个创新。以广东揭西农村智能电网促进乡村振兴项目为例，农村智能电网“标杆项目”因地制宜地开展建设，通过推广应用成熟的智能化设备，以较小投资解决农村电网的重点难点问题，形成了一套农村智能电网建设方案、配套管理制度和相关数字电网平台。这个标杆项目的实施，直接优化了城乡群众用户的用电体验，而且农网改造升级有力推动了农村电气化，改善了农村生产生活条件，促进了农村经济发展和农村消费升级，为揭西农村的城乡融合发展铺就能源快车道。

四是为城乡融合发展保驾护航。佛山市南海区在电力基础设施建设过程中对新技术的集成，更进一步地推动了更多新技术在城乡融合过程中的推

① 杨彬、李庭磊：《南方电网公司15条措施优化电力营商环境》，《农村电工》2020年第28（11）期。

广，以及在更多不同领域的应用。南海这座城市正在建设广东省城乡融合发展改革创新实验区，力争建成全国一流营商环境示范区。在各类营商要素中，“获得电力”是营商环境再升级的关键要素。为了实现这一目标，广东佛山南海供电局创新性地推广“互联网+办电”模式，探索线路“自愈”攻坚道路，通过优质、便捷的服务为南海大大小小企业的生产和发展保驾护航。在此基础上，“互联网+”的各种应用模式在后续的城乡融合发展过程中会进一步发扬光大，推进相关要素组合配对，更好地服务全面经济发展[①]。

广东电力基础设施在贯通城乡发展的过程中发挥着至关重要的作用，通过全面提高农网供电质量和供电能力而有力地促进了小城镇和中心村经济发展，进而带动了未来产业转型的机遇。乡村振兴、城乡融合的目的，最终是全面促进地方经济发展、让城乡群众过上幸福美满的生活。广东电网公司在致力于乡村振兴、城乡融合的过程中，也时时不忘提高城乡居民的幸福指数，让电力贯通城乡，为城乡居民的生活带来扎扎实实的便利、舒适和愉悦。

五　以智慧电网助力广东城乡融合高质量发展

展望未来，广东电网将进一步通过打造智能电网，在更高层面、全方位护航广东全省城乡融合高质量发展，在满足城乡融合经济对可靠供电和绿色环保需求的同时，也实现从“用上电”到“用好电”的深刻转变。积极融合引进新技术，先行先试，探索实践“5G+智能电网”，在目前业务场景数量及验证进度已经实现行业领先的基础上进一步扩大优势，在城乡融合的多元化经济发展中为新兴产业创造良机。

按照南方电网的整体部署，广东电网未来的行动计划，将以大湾区智能电网规划建设为核心，力争到2025年基本建成安全、可靠、绿色、高效的智能电网；到2030年，粤港澳大湾区将率先全面建成世界一流的智能电网，支撑大湾区现代化经济体系发展和智慧城市群建设。在这一宏伟的电力基础设施建设格局中，广东电网会继续致力于将全省各地的城乡发展引导汇入整个大湾区

① 周颖梅：《“互联网+”对电力营商环境优化的效果研究》，《科技创新导报》2020年第17（12）期。

发展的战略机遇中，实现更高层面的高质量发展。

为解决长期困扰广东发展的区域发展不平衡不协调问题，广东电网围绕广东省委、省政府“一核一带一区”规划重点发力，强化珠三角核心的引领带动作用，辐射带动东西两翼地区和北部生态发展区发展提质增效，促进区域协调平衡发展①。做强配农网，根据不同区域的发展现状、区位条件、资源禀赋等，差异化安排电网建设。此外，以提升供电可靠性为抓手，不断完善城镇输配电网络，加快实现满足城乡用电质量要求的步伐。着眼区域协调发展，落实“一核一带一区”建设，为广东全面建设社会主义现代化开局起步提供有力支撑，以更好地服从服务全国发展大局。同时，从“一核一带一区”功能定位和产业特色出发，着眼区域协调发展，以智能化、数字化发展为核心，统筹协调“十四五”智能电网规划研究。到 2025 年，基本构建容量充足、结构清晰、运行高效、事故可控的主网架结构；大幅提高配网网络结构水平、负荷供应能力、装备技术水平，常态化做好农村电网改造和供电服务保障，为广东全面社会主义现代化建设开局起步提供有力支撑，更好地服从服务于全国发展大局。

参考文献

南方电网能源发展研究院有限责任公司：《中国能源供需报告（2019 年）》，中国电力出版社，2020。

国家电网有限公司：《国家电网有限公司 2019 社会责任报告》，2020 年 3 月，http：//news. bjx. com. cn/html/20200326/1058039. shtml。

① 邹培勇：《关于“一核一带一区”格局中粤北山区发展路径的思考》，《广东经济》2020 年第 8 期。

B.22

文化赋能城乡融合的茶山“四新发展”模式

万 磊　张亦弛*

摘　要：　东莞市茶山镇委、镇政府，落实广东省城乡融合发展战略，用好茶山镇独特地理优势、制度优势、文化优势，坚持培育新动能、崇尚新风尚、创建新农村、强化新支撑，加速打造城乡融合发展的新引擎、新标杆、新样板、新环境，用“四新发展”闯出了一条城乡融合发展的独特之路。

关键词：　“四新发展”　城乡融合　东莞茶山镇

党的十九大报告强调建立健全城乡融合发展体制机制和政策体系，习近平总书记多次强调，建设好生态宜居美丽乡村，让广大农民有更多获得感幸福感。近年来，东莞茶山镇深入学习贯彻习近平总书记关于“三农”工作的重要论述和对广东重要讲话、重要指示批示精神，以高度的政治责任感和历史使命感奋力推进乡村振兴战略，大力发展农村民生社会事业，以更高标准谋划建设岭南风韵美丽乡村，推动城乡高质量融合发展，按照“三年取得重大进展、五年见到显著成效、十年实现根本改变”的时间表和线路图，坚持以优秀传统文化引领，为美丽乡村建设和城乡融合高质量发展赋能。

东莞茶山镇地处粤港澳大湾区腹地、广深港澳科技创新走廊，总面积45.4 平方公里，下辖 16 个村和 2 个社区，常住人口 29.4 万人，是全国文明

* 万磊，博士，广州市委党校讲师，主要研究方向为农村经济；张亦弛，中山大学旅游管理与规划系学生，主要研究方向为旅游管理。

镇、国家卫生镇和中国食品名镇，位列“全国百强镇”第83位。茶山镇历史悠久，人文底蕴深厚，因文化而兴、因文化而盛，拥有古村落等文化旅游资源，以及茶园游会、南社斋醮等丰富多彩的特色民俗活动。2019年全镇生产总值增长9.9%，村组两级实现总收入6.5亿元、纯收入4亿元，分别增长10.2%和17.5%，入选“首届中国乡村榜”、“全国乡村旅游重点村”及“广东省文化和旅游特色村”，牛过蓢入选“广东十大魅力古树乡村”。2020年，“茶山传统村落文化寻根之旅”获评“广东省乡村旅游精品线路”和“广东美丽乡村精品线路”，南社村获评“广东文化旅游名村”；寒溪水村在省“乡村振兴大擂台”中被评为“厕所革命优秀村”。在城乡融合发展中，茶山镇坚持培育新动能、崇尚新风尚、创建新农村、强化新支撑，用“四新发展”闯出了一条城乡融合发展新路。

一　培育经济发展“新动能”，打造城乡融合发展新引擎

着力推进乡村自然生态和经济社会协调发展，让绿色发展理念深入人心，生产生活生态相互融合，村容整洁有序、生态环境良好、留住绿水青山。建设精美农村，传承传统文化，彰显乡土乡味。设计规划建设看得见山、望得见水、记得住乡愁的特色农村，从一处美向处处美拓展，从外在美向内在美深化，实现村村各美其美，乡乡美美与共，建设生态宜居美丽乡村。

1. 全面提升发展空间，盘活农村土地资源

坚持用好用活土地资源，以地生财、以地发展。设立了3亿元农村产业振兴专项资金，积极引导扶持村集体盘活闲置土地或低效利用的厂房物业，充分发挥农村产业振兴专项资金的作用，目前已接受博头、粟边、寒溪水、增埗、孙屋、卢边6个村共计1.16亿元产业振兴专项资金申请，将盘活提升6个旧物业，每年可增加集体收入1800多万元。加快推进“三旧改造”。做好上元村、坑口村、茶山村旧改项目的指导和服务工作，加快开展不动产核查、权益人意愿征询、单元划定方案编制等工作；完成水厂片区、珀乐片区、坑口工业区三个更新单元的前期服务商的招引工作；推进光华电器厂改造项目的前期工作，为经济发展腾出土地空间。

2. 实施镇村合作招商，壮大农村集体经济

坚持以创新模式招引优质项目。实行“镇村联动、利益共享”招商模式，突破过去以村为主单打独斗的招商形式，注重以镇为单元谋划统筹，打破行政边界，提升项目能级，镇村合作之下共同引进优质项目的村（社区），将享受项目镇级税收分成的30%，成功引进了航达高新产业中心项目、航空发动机高精密部件生产线扩产项目等超亿元项目。同时，开展多种促消费行动。启动并提升“乐购东莞·活力茶山”促消费专项行动，激发商贸消费潜力，2020年共有126家商家进驻“乐购茶山”小程序，政府代金券及商家优惠券共带动消费达800万元；结合重要消费节点，搭建16个直播间，推动60多家企业参与，吸引37.2万人观看，创下超过88万元的销售额。

3. 突出“文旅+产业”，拓展产业发展新领域

大力打造茶文化品牌，结合“中国旅游日”“首届国际茶日”“茶文化节”等节点，依托茶文化主题图书馆、茶叶交易市场等阵地，通过举办茶道表演、现场制茶品茶、茶叶和茶具展销等，为茶叶爱好者和茶山搭建交流交易平台，助推茶产业发展。大力实施走出去战略，组建茶山特色旅游推介团参加香港国际旅游展、国际文化产业博览交易会、大湾区公共文化和旅游产品采购会等，举办茶山旅游推介及旅游产品展销会等活动，精准推介茶山旅游资源，增添茶山文旅产业加快发展新动能。

二　崇尚乡风文明“新风尚”，打造城乡融合发展新标杆

建立适应快速城市化地区需求的特色农业产业体系。以绿水青山“后花园”、乡村文旅产业为主导，推进乡村主动对接融入粤港澳大湾区主要城市，整合串联本地旅游资源，打造湾区农业与文化旅游服务业深度融合新标杆。

1. 加速文化基础设施建设，提升公共文化服务水平

注重乡风文明载体建设，以文化引领乡村振兴、城乡融合发展。一是高标准完成全覆盖建设任务。通过完善设施建设、打造特色阵地、提升服务效能等形式，将公共文化服务体系建设与乡村文化振兴紧密结合。先后完成17个村（社区）基层综合文化服务中心全覆盖建设，在东莞全市率先实现图书馆、文化馆两大文化场馆全覆盖。注重特色场馆建设，打造了全国首个乡镇级茶文化

主题图书馆；注重城乡文化设施一体化，建设3个城市文化驿站，新建和改建文化广场9个。至2020年，全镇公共文化设施建筑面积总和达38.43万平方米，全镇每万人拥有公共文化设施面积达0.82万平方米。二是创新基层公共文化服务方式。推动文化人才下乡，在原有基础上整合了一支专职文化管理员队伍，规模达到40人，下沉到村（社区），针对性地提供文化指导和服务。盘活东莞丰富的乡村社会组织资源，指导10个镇内文艺协会与村开展文化结盟，打造茶山圩文化艺术社区、寒溪水红色粤剧音乐创作、刘黄龙狮文化、粟边书法艺术等多个文化特色艺术之乡；培育出50多支群众文艺队伍，涌现出忠孝文化节、开灯文化节、松糕文化节、和谐邻里节等一批优质基层文化项目。三是开辟线上公共文化服务阵地。因应抗击新冠肺炎疫情需要，打造了"云宣讲""云游茶山""云上文艺"等"云上系列"公共文化服务项目，将丰富的免费文化套餐输送到群众家门口。四是推进全民健身。"十三五"期间新建改建公园7个、篮球场15个，健身房4个、健身路径7条，镇体育馆建成并投入使用。组织开展迎春长跑、乡村趣味运动会等群众体育活动近800场次，开展公益体育培训85个班次，培养各类体育竞技人才20人。

2. 深耕特色文化惠民，塑造文化发展品牌

一是弘扬优秀传统文化。出台《打造大湾区优秀传统文化实践地，全力推进"湾区宜居小镇、品质活力茶山"建设三年行动计划（2019～2021年）》，确定镇财政三年总投入不少于3亿元，实施"三步走"，夯实六大工程、21项任务。大力推动全民艺术普及行动、文化惠民千场演出、百场培训、名家课堂、公益电影放映等项目开展，品牌文化活动丰富多样，精彩纷呈，近年来共举办各类节庆、演艺、亲子互动等活动120多项、3300多场，服务群众近1500万人次，充分发挥了文化在凝聚民心、教化民众、敦化民风中的重要作用。积极引进、承办高品质文化惠民活动，打造"茶花杯"系列、茶园游会、首届中国农民丰收节、"张穆杯"系列等特色文化活动品牌，切实满足人民群众的精神文化生活，凝聚起全镇上下同心共筑中国梦的磅礴力量。二是打造文艺精品。配套出台《茶山镇文化艺术扶持奖励办法》《茶山镇文学艺术"茶花奖"评奖办法实施细则》等扶持制度，累计各类文艺创作展演获奖107项，其中国家级奖项10项、省级奖项14项、市级奖项83项。其中，《幸福的哭嫁》成功代表广东入围第十八届群星奖全国总决赛。

三　创建生态宜居“新农村”，打造城乡融合发展新样板

统筹山水林田湖草系统治理，把生态文明和美丽乡村建设作为乡村振兴的重要目标，合理配置农村生产、生活、生态三大资源与功能，全面兼顾经济社会生态三大效益与目标，准确把握保护与开发利用的关系，坚持绿色兴农发展理念，按照系统工程思路加强乡村生态保护修复，不断提升乡村自然生态承载力，还自然以宁静、和谐、美丽，满足人民亲近自然、体验自然、享受自然的需要。

1. 提升居住品质，建设“美丽家园”

一是加快推进人居环境改善项目。总投资约 5.5 亿元的农村人居环境改善三年行动计划实施项目总数为 267 项，目前已竣工投入使用 179 项，正在建设 38 项。二是加快推进连片示范区、特色精品村建设。加快南社超朗片区、圆头山片区、冲美博头片区、卢溪农业园四个农村人居环境整治连片项目建设。对照《东莞市特色精品示范村“十个一”工程创建指引》，按时间节点推进南社村、超朗村、寒溪水村完成市特色精品示范村创建工作并通过验收。三是全面推进农村泥砖房清理整治行动。出台《茶山镇农村泥砖房整治的工作方案》，全面完成 429 间农村破旧泥砖房清拆、硬底化或绿化美化升级工作，涉及面积约 1.6 万平方米，清出了安全、美丽、空间。四是完善农村基础设施建设。深入推进“厕所革命”，73 座公共厕所竣工并投入使用，进一步提升公共服务质量、市民生活品质；升级一批生活垃圾分类设施，厨余垃圾、大件垃圾及园林废弃物等垃圾终端处理项目，以及 10 个垃圾转运站投入使用，建设生活垃圾分类投放亭 105 个，四类分类桶 1054 套，派发厨余垃圾小桶 2.6 万只。五是开展环境综合整治。推动乡村微改造，实行清旧补绿、拆旧建绿、见缝插绿，打造小型休闲场所、临时停车场、绿色庭园等，补齐茶山镇城市精细化管理的短板，全面提升乡村景观。开展“六乱”等方面的整治，加强日常常态化监管，严厉执法，查处各类占道经营、乱堆乱放、杂物占用公共车位、“牛皮癣”等群众意见较大的城市顽疾；结合“地摊经济”，规划集中摆卖点，规范管理流动商贩乱摆卖问题，在南社村智安小区旁打造集中摆卖示范点，规范经营行为；结合“蓝天保卫战”的要求，重点整治烧烤流动商贩的乱摆

卖和改环保炉问题，对各摆卖区、餐饮店、流动商贩的烧烤炉进行全面排查摸底，责令一律改为环保炉，减少空气污染。

2. 推动“田园变公园”，建设“美丽田园”

一是全域整治田间窝棚。将整治范围扩大至田间、林地、建成区、储备用地等地点，全镇共清理窝棚及乱堆杂物2400宗，整治完成率为100%。其中窝棚2018宗，乱堆杂物382宗。重建工具房46间，重建率仅为2.3%，有力地改善和提升了田园风貌。二是大力发展都市休闲、旅游观光农业。通过新建稻田文化长廊、观光栈道和平台，安装艺术雕塑，同时结合“添花增彩”专项行动，持续升级改造上元稻田公园，将其打造成集生态保护、休闲观光、科普教育于一体的东莞首个以水稻为主题的公园。加快推进占地面积1600多亩的卢溪农业生态园建设，将其打造成集生产、生态、休闲、旅游于一体的农业生态园。三是开展标准化农田升级改造。完成博头村的埔田机耕路、排水系统等升级改造工作，促进了农业生产。

3. 整治园区环境，建设“美丽园区”

一是全面开展镇村工业园清洁行动。清理各村园区的堆积垃圾、废弃材料、建筑材料，推进园区厂房、围墙外立面风貌管控，拆除乱搭乱建设施，做好厂区周边绿化美化，使镇村工业园与村庄整治同步达到干净整洁标准。二是推动镇村工业园改造升级。制订《实施“工改工”（2020～2022）三年行动计划》，推进三年共3922亩“工改工”项目，重点推进增埗泛达工业区、南社横岭工业区、翔国电子、珀乐片区等工改工项目。

4. “盆景”变“风景”，建设“美丽廊道”

一是持续整治新增违法建筑。全面整治各类乱搭乱建物、违法建筑面积约127.48万平方米，完成率达134%，提前超额完成了任务。二是大力实施“彩色林”“添花增彩”“千景绣东莞”等专项行动。近两年来共完成了45.8万平方米彩色林建设，建成区绿化率达47%；规划建设了56个各具特色的街头小景①，有五彩缤纷道路风景线、有依河而建绿色风景带、有满足群众需求的精致小花园，等等，既美化了城市环境，也满足了群众休闲、锻炼需求；完成了

① 刘献兵、茶山宣：《东莞茶山：集中启用和揭牌一批民生项目》，http：//zgsc.china.com.cn/2021－01/04/content_ 41415639.html，最后检索时间：2021年1月4日。

宪法主题公园、横江公园等 28 个公园的升级改造，努力将其打造成生态美、人文美的“公园小镇”。

5. 打好治水攻坚战，建设“美丽河湖”

一是全力开展控源截污。加快截污次支管网建设，新建污水管网 130.2 公里，检修清淤污水管网 85.6 公里，整改管网错混漏接 185 处。扎实推进雨污分流改造工作，超额完成雨污分流改造的排水户 1095 家。二是大力推进水污染综合治理。建设完成 4 座分散式污水处理站，有效补齐全镇污水处理能力缺口。制定尾水生态补水循环利用方案，引进国外一流的微生物治理技术，标本兼治，修复水生态。三是加快推进碧道建设。完成东江、黄沙河、寒溪河等共 11.4 公里的堤岸道路、人行栈道及景观美化等配套建设。累计完成“清四乱”2.6 万平方米。

四　强化乡村发展“新支撑”，打造城乡融合发展新环境

通过就地培养、吸引提升等方式，分层分类培育高素质农民，带动乡村人口综合素质、生产技能和经营能力进一步提升，培养有文化、懂技术、善经营、会管理的高素质农民队伍，促进农业转型升级、农村持续进步、农民全面发展。

1. 构建乡村振兴政策体系，加强资金支持

健全以财政投入为主、稳定的村级组织运转经费保障机制，形成“1 + 5 + N”政策体系。率先出台《茶山镇人民政府关于推进乡村振兴战略的实施方案》，相应制定了 5 个行动实施方案，配套了《茶山镇乡村振兴（2018 ~ 2020 年）专项资金使用办法（试行）》《茶山镇农村人居环境改善行动工程实施细则（试行）》等专项文件。设立人居环境改善、农村产业振兴、城市更新等 3 个专项资金，每个专项资金规模为 3 亿元，共 9 亿元。强化资源要素投入，创新镇村合作、以奖代补、分档贴息等乡村建设和资金使用模式，完善城乡融合发展政策体系和体制机制，撬动社会力量，放大资金效益。

2. 强化基层干部队伍建设，夯实基层人才基础

产业发展需要人才支撑，乡村振兴离不开懂农业、爱农村、爱农民的农村人才。茶山镇选优配强农村（社区）两委领导班子，引导外部社会人才和新

乡贤投入农村建设，发挥群众参与的主体作用，完善村民议事机制，拓宽村民参与议事协商渠道，激活乡村治理内生动力。一是深入推进“头雁”工程。提前配强村（社区）“两委”班子，坚决落实三个职务“一肩挑”要求，做好村（社区）“两委”换届选举工作，完善“三个一肩挑”体系下村级党组织书记能力提升路径和干事创业激励保障机制。选聘26名优秀大学生村官及18名党建组织员。建立健全党组织领导下自治、法治、德治相结合的乡村治理体系。二是持续开展干部交流工作。持续开展和完善轮岗交流工作，全年共组织干部交流轮岗68人次，提拔53人次。三是实施党员教育精品工程。创新探索“模拟课堂”“一线课堂”“情境课堂”“求是沙龙”等党员教育精品课程，相关做法和成效获市委组织部、市委党校等上级部门高度肯定。开展“线上线下”党员教育培训共65期，培训对象3500人；培训入党积极分子、发展党员250人。

3. 培育新型职业农民，为农村发展提供人才支撑

一是推进“村民车间”建设。动员企业腾出岗位，相对集中安置就业困难人员，帮扶农村劳动力在“村民车间”实现稳定就业。目前已成功设置“村民车间”6个，安置劳动力90人。二是着力培育农村技能人才。大力推广企业职工线上适岗培训，为企业务工农村劳动力创造提升职业技能的渠道。累计完成线上适岗技能素质提升培训课程110期，培训4706人次；通过开展“一镇一品”技能培训项目提升农民就业技能。开展“粤菜师傅”“南粤家政”“农村电商”等特色培训项目，完成培训2900人次。三是开展多种就业服务线上活动。累计组织263家次企业参加“春风行动”“百日千万网络招聘专项行动”“第十一届校企合作洽谈会”等线上活动，发布岗位1307个，帮助达成就业意向3512人。

东莞茶山镇坚持用“四新发展”闯出了一条城乡融合发展新路，得益于其独特的地理位置优势、悠久的文化底蕴、创新的发展模式。特别是打造了一批城乡融合的典型特色项目，对城乡融合发展形成了示范带动效应。

参考文献

《中共中央国务院关于实施乡村振兴战略的意见》，人民出版社，2018。

陈锡文主编《走中国特色社会主义乡村振兴道路》，中国社会科学出版社，2019。
宋洪远：《大国根基——中国农村改革 40 年》，广东经济出版社有限公司，2018。
刘义强等：《资本下乡：城镇化进程中的乡村治理》，世界图书出版公司，2016。

B.23

工业化牵引下城乡融合发展的黄埔模式

——透视广州市黄埔区以工业化促进城乡融合发展之路

李耀尧　李慧敏*

摘　要：　根据区域发展特点推进城乡融合发展是现实的发展之策。在广东“一核一带一区”框架下，广州市黄埔区处于“核”的地带，依托其强势的工业优势，实施工业化牵引城乡融合发展战略，运用工业化思维谋划城乡融合型布局、发展城乡融合型产业、净化城乡融合型生态、创新城乡融合型治理、共享城乡融合型成果，探索了一条基于自身优势切实可行的城乡融合路径。未来，黄埔区将以创建广东省城乡融合发展示范区为抓手，为全省城乡融合发展提供鲜活的“黄埔经验”。

关键词：　工业化牵引　城乡融合　黄埔经验　广州市

在中国城乡统筹与融合发展进程中，乡村振兴与新型城镇化被视为两大重要抓手，各地在运用两大抓手中结合自身实际创新实践，形成了具有各自特色的城乡融合发展模式。处于珠三角及改革开放前沿阵地，广州市黄埔区经济和科技发达，是广东“一核一带一区”框架中的“核中之核”，2016 年获批广州市唯一的国家级产城融合示范区。黄埔区利用其工业化优势，坚持运用工业化思维进行谋划与创新发展，创造了一条切实可行的城乡融合的独特发展路子。

---

* 李耀尧，博士，广州开发区政策研究室主任，广州高新区高质量发展研究院院长，主要研究方向为产业经济；李慧敏，广东药科大学副研究员，主要研究方向为高等教育与文化价值观。

一　坚持用工业化思维谋划城乡融合型布局

黄埔区是集黄埔行政区和广州开发区（高新区）等功能区于一体的综合型区域，总面积484平方公里、总人口110万人，于2015年9月与广州开发区合署办公。其中，广州开发区成立于1984年12月，这是以工业经济、科技创新为主的经济功能区，成为广州市的工业大区和科技大区。近年来，黄埔区充分发挥工业大区优势，坚持以工业化思维谋划新型城乡融合发展，做好城乡融合发展的顶层设计。

1. 强化城乡融合规划引领，优化空间一体化布局

以工业化集聚发展思维，将工业建成区与农村同步规划提升。一方面，狠抓城乡融合发展规划布局。借鉴浙江的“一张蓝图绘到底”经验，黄埔区编制《黄埔区乡村建设规划》《广州市黄埔区乡村建设规划许可证实施细则》，让乡村住宅建设规划有法可依；组织编制《黄埔区村民住宅设计图集》，为农村建房提供设计咨询和引导；编制城乡融合重点区域——知识城莲塘村、迳下村和洋田村的《旅游文化特色村旅游规划》，引导乡村旅游向特色化、品牌化发展。全面落实《广州市黄埔区乡村振兴战略规划（2018～2022年）》，28个行政村已完成村庄规划，其中城乡融合村庄16个、集聚提升类村庄11个、特色保护类村庄1个，村庄规划全覆盖。与此同时，加快完成全区的乡村规划编制工作。加速统筹村级规划建设，加快完成行政村村庄规划编制和建设规划编制，推动村庄规划和村土地利用规划深度融合，做到农房建设有规划管理、行政村有村庄整治安排、生产生活生态空间合理分离，全面优化村庄功能布局。

另一方面，加强规划制度性保障到位。起草编制《广州市黄埔区促进实施乡村振兴战略若干措施》《盘活农村集体沉淀资金方案》《关于扶持壮大我区集体经济的实施办法》等政策，将中央、省、市有关“三农”工作的政策落实到区内农村、农民和农业企业，并结合黄埔区实际力求在体制机制上有所创新、有所突破，体现乡村振兴的黄埔特色、黄埔模式。在此基础上，明确城乡融合任务目标。落实“三年取得重大进展”硬任务战略部署，对标省、市三年取得重大进展硬任务，结合黄埔区实际，按照“生态宜居、产业兴旺、乡风文明、治理有效、生活富裕”总要求，制定《黄埔区对标三年取得重大

进展高质量推动乡村振兴的实施方案》，将乡村振兴三年任务分解成36项硬任务240项具体工作，做到任务目标、责任单位、完成时限“三落实”，确保乡村振兴有人抓，任务推进有人管，进展情况有人督。

2. 坚持落实四个优化要求，满足城乡融合要素配置

以工业化资源优化配置为引领，坚持在要素投入上做到位，在乡村治理上配备力量。一方面优化要素配置，坚持用财政真金白银投入。建立“三农”财政投入和社会投入稳定增长机制，拓宽资金筹措渠道，确保“三农”投入力度不断增大、总量持续增加。2019年区财政安排8.13亿元（不含基建资金），涉农资金投资乡村振兴重点项目高达21亿元。与此同时，保障城乡融合及乡村振兴用地需求。2019年全区乡村振兴用地计划中，中心城区外申报2420亩，中心城区内申报1625亩用地，用于保障涉及乡村振兴的各类留用地、基础设施、产业、商业等项目的用地需求。另一方面抓好治理力量配置，引导国有企业、民营企业等不同社会资本投入乡村振兴工作，引导产业带动能力强的各行业优质企业参与实施乡村振兴战略。充实“三农服务”力量，在干部配备上优先考虑乡村振兴需要，选派39名第一书记驻重点村，充实基层“三农”战线。在乡村振兴重点区域设立乡村振兴服务点和集体资产交易中心北大厅，把“三农服务”和“三资服务”送到农村一线。

3. 强化乡村振兴督查督办，建立健全长效管护机制

以工业化发展为支撑，坚持以工带农、建立督查常态化机制。为了加大对农村人居环境整治工作的推进力度，督促各镇街、行政村深入开展人居环境整治工作，黄埔区专门设立了人居环境整治督查小组，专职负责对行政村人居环境整治情况持续不间断、明暗相结合的检查，督查人员深入村社的各个角落，深挖人居环境整治的暗点、黑点，并及时曝光。2020年以来，制作暗访视频2次，发出整改督办230份，通过人居环境整治巡察暗访、督促整改，有力地推进了人居环境整治工作。建立与绩效挂钩的考核机制。为了促进乡村振兴特别是人居环境整治工作的顺利开展，黄埔区将乡村振兴工作纳入区属部门、镇街干部的绩效考核的内容，与个人利益直接挂钩。要求镇街将乡村振兴工作纳入村干部的年度绩效考核中，将乡村振兴工作与村干部的收入挂钩，促进乡村振兴工作的有力推进。建立乡村振兴战略动态信息机制。定期收集各部门、各镇街落实乡村振兴战略工作情况，汇总形成工作动态，制作乡村振兴工作简报5

期，印发至各部门和镇街，报送区委实施乡村振兴战略领导小组，便于全区掌握乡村振兴工作动态，营造齐抓共管的良好工作氛围。

二 坚持用工业化思维发展城乡融合型产业

黄埔区（广州开发区）依靠工业发展起家，在城乡融合发展中特别注重用产业发展思维推动乡村振兴与城乡融合一体化发展，发挥广州开发区工业强的优势与条件，以现代工业为乡村现代化产业与新型城镇化发展赋能。2020年，黄埔区产业振兴获得了新突破，引进隆平农业院士团队，以隆平国际现代农业产业园和隆平院士港为代表的农业重大项目进展顺利，四个“万亩”计划示范点建设取得实效；农村集体和农民收入实现了“连涨”，在受到新冠肺炎疫情影响的情况下，全区农村集体总收入超过 24 亿元（截至 2020 年 11 月 30 日），同比增长超过 31%。2020 年前三季度农村居民年人均可支配收入达到 34727 元，同比增长 6.3%。

1. 坚持以工补农，依托工业扶持现代农业发展

一是多举措开展为农服务。积极宣传各项强农惠农政策，发放农业产业化贷款贴息项目资金等补贴共 355 万元。坚持打造农业品牌，组织指导 5 家企业申报通过市级农业龙头企业，2 家市级农业龙头企业申报通过省级农业龙头企业，2 家企业成功申报粤港澳大湾区“菜篮子”生产基地，9 家企业申报 22 个省级名牌产品，2 家涉农单位获得区科普“突出贡献单位”荣誉称号。狠抓新型职业农民培训，培训人数 100 人，提高农民生产经营能力。开展“直通式”农业气象服务，为农业大户提供天气预报、农业气象服务咨询等点对点服务。

二是打造现代都市农业产业园。建设了云埔街新农人现代农业科技产业示范园和天麓湖农业价值创新园；初步形成了以洋田村太空农业硅谷项目为代表的田园综合体新型产业；利用城乡融合的特点，在红山街等交通便利、人流集中的地区建设了红山街双沙社区基本农田观光示范园。

三是推动“百企帮百村”行动。发挥全区工业企业多的优势作用，积极推动区属国企、驻区国企、高新企业、外资企业等参与乡村振兴工作，通过企业产业带动，推进乡村振兴战略。2020 年以来，共有 14 家企业与村完成结对

帮扶。如高新投资集团主动承担莲塘村产业发展和八斗－天鹿湖社区的乡村振兴建设，科学城集团主动承担迳下村产业规划和迳头－大坦－麦村－九楼的美丽乡村群建设规划，知识城集团采用“三旧改造”方式对均和村进行帮扶，引导产业带动能力强的各行业优质企业参与实施乡村振兴战略。

四是实施“粤菜师傅”工程。助推乡村振兴发展，制定《广州市黄埔区落实“粤菜师傅”工程 助推乡村振兴的实施方案》，确保“粤菜师傅”产业化有序推进。依托职业教育，支持本区户籍中学生入读粤菜制作的相关专业，着力培养一批本土粤菜师傅。将“粤菜师傅”相关项目纳入技能大赛，2020年5月，通过技能大赛评出6名区级技术能手，并参加市级“粤菜师傅”比赛、获得铜牌。扶持粤菜师傅就业创业，2020年全区共发放就业专项资金65.1亿元，补贴餐饮企业73家次，有效提升了专业品牌。

2. 坚持产城融合，实现城乡融合“产业兴旺”目标

发挥工业强、科技兴、山水好的优势，推动知识城等重大平台与周边村庄融合发展。促进知识城与各村功能互补、协同创新。引导村庄把留用地使用计划纳入知识城产业发展规划，融入知识城产业发展的统筹布局，承接知识城产业规模化生产，或发展高端物业出租等集体经济产业。

一是促进一、二、三产业融合发展。将三次产业发展作为抓手，充分挖掘知识城周边的农业产业资源、自然风光资源、古旧建筑资源、历史文化资源，推进知识城周边一、二、三产业融合发展。整合知识城周边的基本农田资源，发展生态农业，改善基本农业基础设施，引导土地流转集中和规模规范化经营，适度发展优质农产品加工企业，融入都市休闲农业项目，满足知识城高端优质特色农产品或农业原料需求。

二是打造文化及生态旅游重点项目。在历史文化特色和生态资源相对丰富的村庄，发展乡村文化旅游或郊野生态旅游，打造知识城传统文化名村和旅游度假休闲区。大力推进迳下村、莲塘村、洋田村等特色精品示范村建设，把迳下村打造成为城乡融合实践示范村，把莲塘村打造成为具有历史文化内涵及鲜明地方特色的美丽宜居乡村，把洋田村打造成为生态环境优美、文化特色鲜明、基层治理得力的文明和谐示范村。助力文旅小镇建设。重新开放广州现存最早、保存最好的书院——玉嵒书院。经过精心修缮的玉嵒书院建筑群重新焕发风采，牌匾石刻、文物史料、陈列展览、导游讲解等配套服务多维展示传统

文化精髓，彰显玉嵒书院深厚的历史文化内涵，为打造香雪文旅小镇助力。

三是打造乡村特色文化品牌。打造“岭南榕树下”文化宣传阵地，把文化盛宴送到村民家门口。举办了黄埔区内首个大型越野挑战赛暨美丽乡村魅力新龙欢乐跑，约2000人参加活动，强化全民健身意识，推动乡村振兴战略和油麻山开发建设，共同打造天更蓝、山更绿、水更清的美丽家园。加强非物质文化遗产保护。东约善群堂龙狮协会被评为非物质文化遗产醒狮传承基地，陆柳卿工作室被评为非物质文化遗产广绣传承基地。完成了波罗粽、端午午时茶、客家山歌、舞春牛、扒龙舟和萝岗香雪等文化遗产的抢救性保护工作。

三　坚持用新型工业化理念净化城乡融合型生态

在新型工业化理念下，黄埔区坚持向生态要生产力，坚持生态型工业开发建设和乡村新型工业化与城镇化发展，生态治理取得明显成效，实现美丽城市与美丽乡村融合互动提升。2020年，黄埔区24个行政村基本建成“干净整洁村”，占比100%，完成年度创建目标；17条行政村达到“美丽宜居村”标准，占比71%，超额完成了广州市下达的目标任务。

1. 实施“万村整治”工程，农村人居环境优化见效

一是以现代化花园式工业园区为底色，全面提升村容村貌。2020年以来，全区先后组织开展了迎新春村庄清洁专项行动和村庄清洁行动春季、夏季、秋冬季战役，年底专项开展农村地区人居环境整治百日攻坚行动，全域以“三清理、三拆除、三整治”为重点开展农村人居环境整治。全区积极动员，干部带头，群众参与，28个行政村均成立了环境整治攻坚队，2020年共出动25712人次、清理垃圾约2640吨，派发宣传单15376，整治三线约30888米，美化绿化31289平方米。经过系列整治，农村人居环境得到进一步改善。贯彻落实习近平总书记重要指示，完成“厕所革命”任务。职能部门、镇街、村三级联动，解决选址、平地、建设中遇到的各种问题，全力推进乡村公厕的建设。2020年完成了新建24个乡村公厕、4个公厕升级改造的任务。另外3座生态智慧型公厕正在按计划稳步推进建设，农村无害化卫生户厕普及率达100%，厕所粪污得到有效处理。

二是全面提高农村生活污水处理率。九楼村、迳头村等7个村已完成雨污分流。同时，建设了10套农村生活污水一体化处理系统，加快推进新农村地区雨污分流系统管网建设82.5公里。2019年共15个行政村开展农村生活污水查漏补缺工程，截至2019年12月，15个行政村污水处理设施建设总体完成率为90.8%，取得了良好的治理效果。

三是全力抓好生活垃圾处理变革。所有自然村建立了垃圾收集设施，建立了完善的垃圾收集转运体系，“一镇一站、一村一点”任务完成率达100%。28个行政村采取自主保洁措施，每个村有专人专责，配置保洁人员228人和电动环卫保洁车，环卫保洁工作更加高效，成果更加显著。同时，加大宣传推广力度，每月开展“垃圾分类全民行动日”活动，发出《给村民的一封信》，做到每家每户都知晓垃圾分类做法、树立垃圾分类意识。全区乡村共建垃圾收集平台65个，覆盖全部村居，垃圾收集和垃圾收运无害化处理率达到100%。生活垃圾分类收集点228个，各村自行购置分类垃圾桶2500余个，方便村民投放，提高居民参与垃圾分类的意识和积极性。

四是加强农村住房建设管理。为了规范农村住房建设，所有行政村分别成立查违控违工作队，坚决打击违法建设，实现了“两违”零增长。共组织拆违行动71次，拆除“两违”245宗，拆除面积80817平方米。发动群众干部齐参与，将《门前“三包”责任书》纳入村规民约，每周五被定为“卫生日”，镇街、村干部带领村民搞卫生、除黑点，营造镇街、村、村民共同参与的良好氛围。

2. 推进“千村示范”工程，着力打造示范样板

一是坚持制定标准导引。编制《黄埔区农村人居环境整治导则》，并发放到所有行政村。借鉴浙江等地美丽乡村建设的先进经验，结合岭南村庄的特色，从道路整治、建筑设计、庭院空间整治、环境设计、绿化设计、基础设施等六个方面，对如何打造有特色的美丽乡村提出了可供选择的方案建议，为全区农村人居环境整治提供了指引和参考。

二是全力打造特色精品村。为较好地推进乡村振兴工作，区委、区政府多次组织赴浙江省等地美丽乡村工作成效突出的地方学习，组织实地考察、工作交流，借鉴他人的成功经验。为充分发挥示范村的带动作用，在认真调研的基础上，选择了基础较好的洋田村、莲塘村、迳下村作为农村人居环境整治的示

范村。同时，邀请富有农村建设经验的专业设计团队，按照省定特色精品村的标准，专门为示范村量身定制建设方案并全力打造。莲塘村、迳下村、洋田村的特色精品村创建正在积极有序地推进。

三是建设美丽乡村群。大力推动迳下－洋田－新田－旺村、莲塘－重燕塘、迳头－大坦－麦村－九楼和八斗－天鹿湖社区等美丽乡村群建设，促进城乡融合。上述乡村群正按照“以点带面，以线串点”的建设思路并结合农村人居环境整治、精品示范村创建、绿色廊道建设、河涌整治工程的实施全面铺开。制定《广州市黄埔区“五个最美”评选活动工作方案》，指导各镇街分类创建。2019 年共评出“最美庭院”12 户、“最美田园”9 个、“最美村道”2 条、“最美游园”5 个、“最美河湖（水塘）”4 条（个），并安排财政资金 70 余万元，对获得“五个最美”的单位或家庭进行奖励，全区通报表彰。

四是推进绿色廊道、绿色庭院建设。抓好区内路沿线、交通主干道沿线和农村地区道路的风貌整治和景观打造，形成生态景观美丽廊道，印发了《黄埔区关于绿色廊道绿色庭园建设的工作方案的通知》，启动了广汕公路（开放大道至水西路）乡村景观大道专业设计，推进“九龙大道－莲塘村”、“九龙大道－洋田”和“九龙大道－迳下”等 3 条绿色廊道建设。

3. 加强环境综合整治，全面提升乡村生态环境质量

一是改善乡村水环境治理。全面落实河长制，对凤凰河两岸“散乱污”场所进行整治，共拆除各类建（构）筑物 46 宗，面积共 21401 平方米。提高乡村绿化建设水平。开展乡村绿化美化建设工作，5 个乡村绿化美化项目在有序推进。狠抓林相改造，开展天鹿湖森林公园 4000 亩林相改造和金坑森林公园 1000 亩封山育林。创建森林小镇，长洲森林小镇被认定为广东省森林小镇，科学城大坑公园被列入 2019 年区级湿地公园。建立健全农村地区污水处理系统，加快实施雨污分流工程，将工业及生活污水通过污水管网纳入污水处理厂，雨水通过雨水管网直接进入中心河，实现雨污分排，减小污水处理厂的处理压力，解决雨天道路积水问题。推进凤凰河综合整治，全面完善河道景观整治及水体修复系统，逐步消除农村黑臭水体，实现河流水质全面提升。

二是加强农业面源污染控制。做好农药化肥的减量工作，通过宣传和推广

使用高效低毒农药、使用有机肥代替化肥等措施减低农药化肥的使用量，累计使用的农药和化肥大幅减少。继续开展畜禽养殖污染控制工作，已完成185家畜禽养殖场的清理工作，实现了在河涌整治范围内无畜禽养殖场。开展鱼塘养殖水治理工作，对辖区连片50亩以上鱼塘养殖水抽样检测，对水质不合格的鱼塘开展水质治理工作和抽检复查工作，确保鱼塘养殖水达标。

三是探索建设美丽宜居农民新村。探索农村居住品质提升方式，研究推进农民新村建设规划，考虑通过引进房地产企业、建设租赁住房，在不减少农民现有居住面积的前提下，建设花园式小区，实现村居环境整体改造，同时增加村集体住房租赁收入。大力深化农村人居环境整治。进一步加大宣传力度，在村民中凝聚生态绿色人居环境共识。推动黄埔区全域农村人居环境整治工作增质提档，深入开展“农村人居环境整治百日攻坚行动”，进一步提升农村人居环境品质和生态环境品质。抓好区内交通主干道沿线和农村地区道路的风貌整治和景观打造，形成生态景观美丽廊道。

四是建立健全乡村垃圾分类处理体系。建立完善的城乡市容环卫统筹管理标准体系，重点健全农村地区生活垃圾“户集、村收、镇处理”的管理网络，推行镇村环卫一体化。在每个村（社区）设置生活垃圾分类点，逐步完善生活垃圾分类收运处置体系，打造7个垃圾分类和资源化利用示范村，实现全区农村生活垃圾减量达到38%以上，资源利用率达到18%以上，示范村村民生活垃圾分类知晓率达到98%以上，垃圾分类投放准确率达到60%以上。

四　坚持系统推进城乡融合型治理创新

作为广州市改革开放起步最早的地方，黄埔区坚持用系统化的改革创新思维协调推进乡村治理与城乡融合发展。

1. 坚持党建引领，强化党组织对城乡融合发展的领导

一方面，坚持实施“固本强基”工程。从区直机关、事业单位和国有企业中选派了28名党性强、综合素质高的党员干部担任28个行政村的党组织第一书记，实现100%覆盖。全区17个镇街和131个村（社区）党群服务中心完成挂牌，建成3个党群服务中心示范点并发挥示范作用，党组织服务功能不断增强，乡村基层组织建设得到加强，新龙镇洋田被评为全国乡村治理示范村。

另一方面，实施“头雁工程”。强化“第一书记”管理，完善第一书记5项日常工作制度，量化工作评价指标，每季度定期分析第一书记工作成效，找差距、补短板，提升“头雁”引领实效。发挥“头雁”效应。选派39名第一书记驻重点村，聚焦涉黑涉恶、“四治”工作，提升基层组织的纯洁性、凝聚力。扩充“头雁”力量。建立村（社）后备队伍“人才库”，后备干部人数达667人，平均每个村（社）配备2名以上后备干部。提升“头雁”能力。打造“区委党校－镇街党校－基层党群服务中心”“三位一体”教育培训平台，设立“头雁讲堂”，配置“头雁学习包”；开展“羊城村官上大学”活动，选送54名村（社）干部、村级后备干部参加学历提升教育，提升“头雁”知识水平和业务能力。

2. 推动自治改革，进一步提高村民自治水平

开展新时期村规民约修订完善工作。71%的行政村完成修订完善工作，将乡村振兴要求、自治法治德治精神、移风易俗、村庄规划管理等纳入村规民约。深化城乡协商机制。全区28个行政村已建成村级居民议事厅，村民协商自治模式实现全覆盖。选取了九楼村、枫下村、何棠下村开展村协商议事示范点建设，工作正有序推进中。全面推进村民小组“五有”规划建设。提高村民小组监督管理的规范化、制度化水平，全区各村、社区村（居）务监督委员会实现全覆盖。

3. 坚持依法自治，大力推进和强化农村法治建设

一是健全农村公共安全体系。构建党组织为主、多方合力推动的治理体系。推动党员在乡村治理中带头示范，引导群众自觉听党话、感党恩、跟党走。激发包括各级党组织、政府、企业、社会组织、党员个体和村民个体等多元主体在内的治理力量，形成多元主体参与、多维监督、多重激励的长效性乡村治理机制，构建共建共治共享的社会治理体系。认真开展平安乡村建设，2019年行政村警务室覆盖率达100%。推进网络化管理，推动镇街、村居综治中心规范化、信息化建设和网格化管理工作，共排查各类防范、火险、维稳、治安等隐患4000多条，整改率达95.3%。防范化解乡村社会稳定风险，设立18个人民调解中心，8个行政村达到省级民主法治村标准。

二是加强乡村法律服务工作。健全一村一法律顾问工作机制，法律顾问实际每月到村社区现场服务时间由原来每月坐班服务1天调整为每月服务坐班2

天。开展“宪法和法律宣传进万家”“法援惠民生·助力农民工”“人民调解月”等宣传活动，开展形式多样的普法活动446场次，印刷宣传海报5000余张，发放宣传单29万余份，受众达1073800人次。定期轮训农村基层治理干部和相关人员。开展“请进来”或“走出去”活动，通过举办讲座、现场培训、专家辅导等多种方式，培养一批“留得住、用得上”的农村基层治理人才，提升农村基层治理人员的理论水平和解决问题能力。加强村民自治、自我监督能力，推动居民议事制度向村民小组延伸。深化村民小组“五有”规范化建设，提高村民小组监督管理的规范化、制度化水平。加强村委会、村民监督委员会骨干业务培训，加强村务监督委员会对村民决策的监督职能。

三是探索开展数字化治理。各村推进“综治中心+网格化+信息化”建设，完善并促进综治中心规范化运行，拓展村（社区）综治网格化管理，推进智能网格建设，将特殊人群、严重精神病障碍患者、重点青少年等各类人群服务管理纳入网格服务管理中；加快信息化建设，深化智能化应用，增强综治中心预测预警预防各类风险的能力。加强家风家训建设，开展农村“德育”行动，组织村（社区）挖掘、整理、编写家训，推进文明家风进机关、进校园、进村社、进家庭，用数字化提升文明治理水平。

五 坚持共建共享城乡融合成果

黄埔区工业基础雄厚，财税总收入迈入千亿元大关，在推动城乡融合发展过程中坚持将工业化成果惠及全体人民，服务于现代化建设大局，加强民生保障，大力促进村集体和村民收入持续提高。

1. 坚持发挥工业优势，多渠道提高农民收入

一是促进高质量就业。加快盘活村社集体资金。引入国有基金公司、国有银行盘活村集体沉淀资金，通过委托贷款、设立产业投资基金等方式，投资于区重点建设项目，提升村集体资金收益率。推进农村剩余劳动力精准就业，2019年全区创建19个充分就业村，28个行政村已全部完成公共就业服务平台建设。开展职能技能培训，举办农村劳动力职业技能培训班，共培训272人，发放技能晋升培训补贴559.75万元，惠及3228人。

二是壮大农村集体经济。大力推动农村集体产业发展。对存量建设用地进

行升级改造，经营性留用地结合旧村改造实现价值最大化。发展物业经济，鼓励和支持村社改造升级物业，用于出租以获取收益。在政策和资金上，对村民发展家庭农场及农民专业合作社给予鼓励和支持。为解决农村集体经济发展“不平衡不充分”问题，大胆探索以财政补助方式，提高经济联社收入。以乡村振兴为抓手，按照“一村一策”原则，确保以多种形式盘活土地和物业收益，引导农村集体资产向产业化发展，确保集体经济收益稳定增长。

三是盘活农村集体资产。为开拓农村集体资金投资渠道、提高农村集体资金收益，出台盘活农村集体存量资金的指导意见和推广方案，通过银行委贷、建立产业振兴基金的方式，在保证村集体资金安全的前提下，把农村集体闲置资金用于区属国有企业重点项目，在解决重点项目建设融资难问题的同时，增加村集体和农民收入。

2. 坚持发挥工业优势，推进农村集体经济改革与发展

一是做好农村经营管理工作。完成 2664 + 871 宗农村集体土地确权登记，基本完成集体土地所有权确权登记工作，并建立了农村集体土地所有权登记发证成果数据库。开展农村集体产权制度改革，落实下拨农村集体工作经费，推动各街镇出台相关工作方案，调研宣讲 140 余人次。推进农民专业合作社“空壳社”专项清理检查，组织各街镇开展农村承包地确权登记颁证“回头看”问题排查并整改。

二是抓好农村集体资产交易。通过全区“三资”平台交易的集体资产 596 宗，约 21.31 亿元，保障集体权益，增加集体收入，预防农村基层腐败，为留用地合作开发项目等区重点项目落地保驾护航。率先在广州市成功采用电子竞价方式完成农村集体资产交易项目，减少资产交易中“串标”“围标”“买标”等违规行为发生。修订《黄埔区农村集体资产财务管理办法》，健全制度。优化“三资”平台功能，助力“三资”管理工作提速、增效。扎实深入开展农村集体“三资”管理检查。完成 52 个经联社、572 个经济社的清产核资验收工作，完成 2018 年经联社理事会成员“三资”管理绩效考核工作，开展基层党组织违规发放补贴整改专项工作，已清退 1857.34 万元。强化农村集体“三资”系统预警排查，并及时跟进相关问题的整改。培训各街镇、农村集体业务管理人员、理事会成员共 800 余人次。

三是加大金融支农力度。提升金融服务站服务水平。扎实推进农村及社区

金融服务站建设，共建成农村金融服务站5家、社区金融服务站61家，普惠金融服务能力进一步提升。支持辖内银行创新乡村振兴金融服务，建设银行开发区支行与黄埔区签订了《实施乡村振兴战略协议》，并选取了九楼村作为“乡村振兴－劳动者港湾”建设试点，开展劳动者港湾服务及金融知识、乡村振兴政策宣传等服务。加强金融知识及金融风险防范宣传，每月定期开展金融知识宣传活动，开展防范非法集资宣传“进村居”活动。

3. 坚持发挥工业优势，补齐农村公共服务短板

一方面，完善农村地区医疗卫生服务网络体系。北部乡村引进知识城南方医院、中山大学肿瘤防治中心知识城院区、广州泰和肿瘤医院、广州皇家丽肿瘤医院等大型综合医院和专科医院。完善基层医疗卫生机构布局，九佛街和龙湖街均配备社区卫生服务中心，新龙镇配备卫生院，完善农村地区医疗卫生服务。开展农村地区家庭医生式签约服务，家庭医生签约服务已覆盖所有行政村，共签约70442人，签约率达60.83%。九龙镇中心卫生院还被定为广东省家庭医生式服务团队师资骨干培训省级培训基地。优化农村养老机构布局，全区农村建设爱心午餐供应点33个，镇街、村居日间托老中心33个，农村老年人活动站点28个，实现农村日间托老中心、爱心午餐服务村居全覆盖。另一方面，深入推进“百企帮百村”工程。组织区内优秀企业与村社开展党建及产业共建合作，定期梳理全区村（社区）急需帮扶的项目，向被纳入“百企帮百村”的企业定向发布，引导促进帮扶项目落地，鼓励工业反哺农业。重点发挥区属国有企业的示范带动作用，以国有企业助力乡村振兴与城乡融合发展。

展望未来，黄埔区将认真贯彻广东省委、省政府《广东省建立健全城乡融合发展体制机制和政策体系的若干措施》及“十四五”城乡融合发展规划，积极创建广东省城乡融合发展示范区，进一步探索出工业化牵引下的产城融合、城乡一体发展新模式，为全省城乡融合发展做出示范引领、提供鲜活的“黄埔经验”。黄埔区将对标对表国家城乡融合发展试验区相关改革举措，加快建立工农互促、城乡互补、全面融合、共同繁荣的新型工农城乡关系。一是创新集体建设用地开发模式，盘活农村低效产业用地。探索农村承包地“三权分置”具体实现形式。整合利用腾退宅基地和碎片化集体建设用地，推动零散土地归宗，破解土地用途变更困难、产权关系难以协调、开发利益分配不

均等问题。规范推进集体经营性建设用地入市，逐步实现其与国有土地同等入市、同权同价。推动城中村、村级工业园等可连片开发区域土地整治入市，积极探索集体土地整备制度。二是加快“三旧”改造改革创新，实现城乡面貌焕然一新。扎实开展省“三旧”改造改革创新试点工作，实施“快拆快批快建”模式，实行“先拆后建、以拆促建、拆建并举”，确保三年、力争两年完成全区“三旧”改造拆旧任务。推动旧工业园蝶变为新产业园，实现老城市新活力、老园区新生机。实施旧村改造2.0版，促进乡村人居环境、功能配套、产业人文的整体提升，构建“生产生活有生态、有山有水有风光”城市生态。三是大力培育新产业新业态，打造现代特色农业产业体系。依托科研实力与产业集群优势，结合打造省生物安全与健康产业先导区，扎实开展生物育种、转基因技术、微生物工程、农业信息化和自动化控制等研发，抓好优质高产粮食品种攻关，推出一批有突破性的主导品种。探索工商资本与农村集体合作共赢模式，加快导入现代服务业、现代农业、乡村旅游业，实现农村经济可持续发展。四是创新农业人口市民化机制，全面提升农民整体素质。通过对农村劳动力资源整合、就业创业岗位设计、职业技术培训、户籍社保衔接等，加快农民转变观念、提升素质，增强其再就业能力。大力倡导文明健康的生活方式、消费方式、休闲方式、交往方式，让农民尽快摒除“小农”意识，转变固有观念，真正实现从农民向市民转变。

参考文献

习近平：《把乡村振兴战略作为新时代“三农”工作总抓手》，《社会主义论坛》2019年第7期。

习近平：《关于〈中共中央关于全面深化改革若干重大问题的决定〉的说明》，《求是》2013年第11期。

《中共中央国务院关于建立健全城乡融合发展体制机制和政策体系的意见》，《人民日报》2019年5月6日。

廖彩荣、陈美球：《乡村振兴战略的理论逻辑、科学内涵与实现路径》，《农林经济管理学报》2017年第6期。

陈晓华：《乡村转型与城乡空间整合研究——基于“苏南模式”到“新苏南模式”

过程的分析》，安徽人民出版社，2008。

朱翠明：《如何促进城乡融合发展》，《人民论坛》2019 年第 7 期。

王亚华、苏毅清：《乡村振兴——中国农村发展新战略》，《中央社会主义学院学报》2017 年第 6 期。

罗必良：《明确发展思路，实施乡村振兴战略》，《南方经济》2017 年第 10 期。

广东省委、省政府印发《广东省建立健全城乡融合发展体制机制和政策体系的若干措施》。

B.24
“四行”并重系统推进城乡融合的电白“沙琅模式”

杨 明 王洪益*

摘 要： 在广东省“一核一带一区”战略框架及城乡一体化发展格局下，作为全省“一带”区域之一，茂名市电白区基于其区位优势和资源禀赋，大力推进实施高质量乡村振兴战略，坚持以“产业先行、基建同行、整治并行、党建领行”作为城乡融合抓手，全力发展特色型经济、支撑型配套、生态型村貌、引领型党建，从实践中构筑了具有一定影响力的“沙琅模式”。“十四五”期间，电白区将着力于顶层设计与模式创新，实现城乡融合新突破,谱写新辉煌。

关键词： 乡村振兴 城乡融合 沙琅模式 广东

沙琅镇是茂名市电白区县域副中心，也是辐射带动电白北部崛起发展的前沿阵地，承载着培育县域经济新增长点、加快人口聚集、提升城镇化水平等经济社会功能。近年来，沙琅镇把思想和行动统一到中央和省委决策部署上来，增强实施乡村振兴战略的政治之举和责任担当，念好乡村振兴战略“产业兴旺、生态宜居、乡风文明、治理有效、生活富裕”20字“经”，奏响乡村振兴最美“七部曲”，让工作“亮”起来，让群众“动”起来，让产业“强”起来，让环境“美”起来，让治理“活”起来，让乡风“淳”起来，让服务

* 杨明，博士，广东金融学院马克思主义学院院长、教授，主要研究方向为乡村发展与农村党建；王洪益，茂名市电白区政协副主席、区农业农村局长，主要研究方向为农村经济与乡村振兴。

“优”起来，注入多元内涵和发展活力，2020 年该镇尚塘村再获国家级荣誉——第六届全国文明村镇。沙琅镇坚持把“产业先行、基建同行、整治并行、党建领行”作为城乡融合抓手，构筑了具有一定影响力的“沙琅模式”。

一　产业先行：以特色型产业构筑城乡融合经济

沙琅镇区位优势显著，自然环境优美，沙琅江绕镇而过，人文底蕴深厚，民风淳朴善良，是全国知名的养龟镇，被誉为“中国养龟第一镇”“中国石金钱龟之乡”。按照乡村振兴“强基础、兴产业、美环境、展新貌”思路，沙琅镇积极挖掘特色资源，推动土地流转，促使农民合作社、家庭农场、龙头企业等多元主体融合，走上产业先行的致富之路，努力构筑特色型城乡融合经济体。

一是狠抓产业发展规划。建立联农带农富农机制，迅速形成龟鳖养殖、南药加工，沉香、萝卜、黄皮、果蔗、百香果种植等种养业为主体的“一镇一业”“一村一品”产业格局，达到人无我有、人有我“精”的良好产业发展状态，以产业支撑助推乡村振兴战略的稳步实施。沙琅因龟鳖养殖入选“全国一村一品示范镇”，谭儒萝卜、琅东沉香、鱼花百香果 3 个项目入选 2019 年电白区“一村一品”项目建设。目前全镇已建立“一村一品”项目库 17 个，荣获“广东名镇”“全省十大明星小镇”“全国特色小镇”等荣誉称号。2018 年养龟 450 万只，产值 6 亿元，占全镇 2018 年农经收入 10.7 亿元的 56.13%，从事主导产业农户年人均收入 18000 元，比其他一般农户年人均收入高 16% 以上。龟鳖产业在当地各级政府的大力支持扶助下，在成功突破了人工驯化养殖、人工繁育技术难关的基础上，形成了一套完整的养殖技术，为龟鳖产业可持续发展奠定了扎实技术基础，加快了优良龟鳖种子群体发展速度，逐步形成了一项规模较大的水产特种养殖产业。与此同时，沙琅镇针对龟鳖的药用价值开展保健食品和药品方面的精深加工，除了制作龟酒、龟苓膏等制品外，还与药企深入合作，为以后产业的持续发展打下基础。除了龟鳖养殖业和沉香种植业外，该镇还大力发展乡村旅游、农业产业、家庭农场。积极推动乡村的生产类型和生产主体多元化发展，有多样化的种植业、养殖业，有丰富多彩的乡村手工业，有大田的农业生产，还有房前屋后种瓜种豆的庭院经济，更有随着现代社会发展形成的乡村休闲度假等新型产业类型。乡村产业的经营主体也是多

元的，既有以农户为主体的产业类型，也有以合作社、农业企业、外来资本为主体的产业，形成了一定的产业集聚发展规模。

二是重点发展龟鳖养殖产业。推动产业发展从"一种一养"到新型产业。龟鳖养殖产业是沙琅镇主要支柱产业，经过30多年的发展，养殖户已遍布整个沙琅，养殖品种主要有三线闭壳金钱龟、黄喉拟水龟、小鳄龟、金头龟（黄缘盒龟）、乌龟、山瑞鳖、珍珠鳖等。为引领群众致富奔小康，早在2000年，尚塘村便通过"一种一养"发展特色农业。种，就是种植粤西闻名的沙琅通心菜；养，就是龟鳖养殖。其中，沙琅通心菜的种植是该村的一个传统产业。早期通过引导群众，取得了一定的市场效益。对引领群众致富奔小康的龙头产业龟鳖养殖，尚塘村分"三步走"加速龟鳖产业的发展。第一步，组织引导村民大力发展龟鳖养殖。村党支部根据龟鳖市场供不应求，而且经济效益很高等特点，召开支部扩大会，号召党员要更新观念，带头示范做表率。请有经验的龟农和专家传授技术，并通过"一帮一"的形式帮扶村民养龟。全村养龟的户数从2000年的10户迅速发展到今天的数百户。经过多年发展，当地的龟鳖业从零星散户日渐发展成为经济发展的支柱产业，一幢幢"金龟"楼拔地而起，一辆辆"金龟"车，进入村民家中。第二步，成立龟鳖业协会。为更好地解决信息交流、疾病防治、商品销售等问题，镇政府积极发动本镇和邻近的养龟户联合起来，成立了全国第一个镇级龟鳖业协会，还成立了尚唐龟鳖养殖专业合作社，并定期组织活动、交流心得、推广技术，提高养殖水平。第三步，规划建设龟鳖交易市场及龟鳖生态养殖观光园。尚塘村村委会投资90多万元，建设占地2400平方米、功能配套的龟鳖交易市场，时至今日这里已成为全国最大的龟鳖交易集散地，并建成龟鳖生态园。

三是加快拓展产业链。尚塘村还以龟鳖养殖规模化和南药种植及饮片加工业发展为契机，创建集龟鳖养殖和南药种植的产前、产中、产后全产业链的健康产业特色小镇，形成龟鳖饲料加工、龟鳖研究、生态养殖、南药标准种植、农业观光、龟鳖文化和中医药文化科普推广、龟鳖和南药高档生物材料加工、产业展览展示等宜居、宜业、宜游的大健康产业特色镇。在实施乡村振兴战略的大背景下，尚塘村抓住机遇，以坚实的养龟产业基础加强与省内外同行的交流与合作，培育、催生、壮大一批养殖场所和加工企业，拉长产业链，做强做大龟鳖产业，形成集养殖、销售、康养、观光于一体的新型产业，促进农村经济繁荣，助力美丽乡村建设。

四是培育壮大龙头企业，加快推动产业振兴。沙琅镇不断拓展政策空间，帮助企业开拓市场，增强市场竞争力；用好各级政府出台的系列扶持政策，靠前服务，加强指导，帮助解决企业生产经营中存在的融资、用地、人才及品牌建设等方面的困难和问题，解除企业后顾之忧，不断引导和支持企业加大科技创新力度，开展产学研合作，引进新技术、新成果、新工艺，不断提升自主创新能力和核心竞争力。如位于镇内的广东俊邦药业有限公司，总投资7000多万元人民币，厂区占地面积10000多平方米，主要种植藿香、泽泻、天冬、麦冬、凉粉草、金钱草、牛大力、山药等中药材，同时还收购全国各地特产中药材，带动各地农户1500户，人均增收2500元。沙琅镇一直坚持多方面培育扶持龙头企业，激励企业转型升级，鼓励企业兼并重组、强强联合；对带动行业内小微企业的龙头企业给予奖补，搭建平台推动大小企业形成产业联盟。同时，营造更加公平规范的竞争环境，激发龙头企业自主创新；也使小微企业与大企业合作共生，形成自己的差异化优势，促进更多产业形成龙头引领、梯队协同、优势互补的集群。

五是推进三大经济产业园区建设。沙琅拥有三大经济产业园区，随着园区不断发展，沙琅县域副中心经济带动辐射效应不断凸显。（1）沙琅县域副中心南药片区。该园区位于沙琅城区南面2公里处，紧邻国道325线，规划用地200亩，是县域副中心特色产业发展的重要载体，也是电白区“一园八区”之一和全区医药与健康产业的主要集聚区。目前片区已落户广东君元沉香山中药饮片有限公司、广东君元医疗器械有限公司等10家南药加工及贸易企业，年产值近3亿元，主要生产中药饮片、保健食品、食品香料、医疗器械等产品，兼顾进出口贸易、南药种植、旅游开发等产业，逐步形成“龙头企业+基地+农户”、种植加工一体化、产供销一条龙的产业化新格局。（2）沙琅县域副中心产业园。该园区位于沙琅城区西南边，是电白区“一园八区”和沙琅县域副中心城区建设的重点项目之一，距茂名港高速沙琅出入口约2公里，距沈海高速观珠出入口和深茂高铁电白站不足15公里，总用地面积2500亩。规划有食品加工、南药加工、龟鳖养殖等三个片区，配套服务中心、人才公寓、学校医院、龟鳖产业博物馆和园区孵化中心等设施，总投资约50亿元。目前园区基础设施全长约4456米的“一主三次”主干道路建设正在加紧推进。园区

产业正在对接入园南药加工企业9家，食品加工企业3家，珠三角转移企业11家，总投资近10亿元。产业园将集工业、旅游、商住、教育、医疗等于一体，形成高端产业集聚、特色产业明显、带动效应强劲、服务功能完善的新型产城一体化建设格局。（3）物流园。该园区位于新规划的国道325线东侧、茂名港高速沙琅出口处，总规划用地约2000亩，首期500亩，计划投入资金1.3亿元，拟打造成为电白北部片区物流中心、配送中心、物流信息中心和商品集散地。项目建成后，预计年物流量总额超20亿元，将有力地推动电白北部片区产业发展和交通互联互通，带动北部片区农产品加工、南药加工、生态旅游、龟鳖养殖、果蔬种植等特色产业和沉香文化发展，增强县域副中心的活力和全国特色小镇的魅力。目前，项目征地已完成，全长约1105米的物流园大道建设工程正在加紧推进。

六是举办“三月三”文化旅游艺术节，为城乡融合注入人文内涵。“三月三”文化旅游艺术节是沙琅的传统节日。农历三月三这天，举办的活动有：书画展、楹联展、山歌对唱、大型狂欢晚会、传统粤剧、特色美食、沉香及农产品推介，以及乡村生态旅游精品线路推介等。“三月三”文化旅游艺术节深植乡村沃土，以文化活动为载体，绵延乡镇文脉，全方位展现沙琅镇在基层党建、产业发展、乡村振兴、社会治理、城乡融合、脱贫攻坚等方面的工作成效，有效地促进了经济社会和谐发展，提升了沙琅文化知名度与区域影响力。

二　基建同行：以支撑型配套构筑城乡融合根基

在产业发展的同时，沙琅镇坚持大力发展基础设施，补齐固强基础设施短板，实现农村向城市看齐。一方面是配齐硬件设施。实施村村通自来水工程全覆盖，推进“四好农村路”建设，329个自然村实现村道村巷硬底化，建成镇级水质净化厂1个、村级污水处理站73个，镇级垃圾转运站1个，村级垃圾收集点743个，建成村级公厕12间、“好心公园”36个。建设村级综合性文化中心17个，逐步完善阅览室、棋牌室、书画室以供村民使用，并建设全民健身中心和多功能运动场，添置各类器材，丰富农民体育活动。按照省统一标准，建成基础设施齐全、医技资源充足的村级卫生站15间，村民诊疗条件和就医环境得到极大改善。另一方面是加快配套服务。强化乡村物流快递服务建设，建立村级基层快递末端网点，向农民群众提供优质的各类物资快递服务；设置村级网络配送点，通过微信购买小程序及微信群购买健康好菜，让村民享受到值得信赖的家门口服务。以尚塘村为例，辖区13个自然村的道路已全部硬化，硬化率达到100%，拓宽乡道两边共5000米路基，安装路灯219盏，全面实现绿化亮化美化；集中供水覆盖率达到100%，建设并投入使用污水处理站6座，铺设污水收集管道13000多米，建设雨水排渠2300米，实现雨污分流；建设投入使用村级标准卫生站1个，镇卫院派驻医疗服务团队1个；建成“好心公园”7个，面积45200平方米。

三　整治并行：以生态型村貌构筑城乡融合底色

沙琅镇畅通整洁的村道、林立的小洋楼，“高大上”的农贸市场，令人眼前一亮的“农家小院”，还有底蕴深厚的古树林……融合乡村生态美与城市质感，无不展现出新时代电白生态宜居的乡村风采。

一是抓好规划整治。利用每个自然村的村边闲置公用地，进行统一规划、统一建设。同时，扎实推进“小三园”建设，引导村民利用废弃房屋拆后的空置地及房前屋后的空闲地复种复绿，用竹料扎编美观实用的篱笆，围造建成“小花园、小菜园、小果园”；闲置多年的古树林，经过整治规划后，变身群众休闲的好去处。城乡融合发展，要把城镇和乡村贯通起来，推动城镇基础设施向农村延伸、城镇公共服务向农村覆盖、城镇现代文明向农村辐射。“户分类、组收集、村集中、镇中转”，尚塘村结合“城乡清洁工程”的开展，通过严格执行生活垃圾实施办法，使全村的生活环境一改以往的脏乱差，如今亮丽整洁宜居村庄风貌展现无遗。此外，还修建了文化广场、舞台、图书室、篮球场、宣传长廊、农贸市场、好心公园等一批公益性基础设施项目，实现了农村生活垃圾收集转运，打造平安家园的“雪亮工程”实现全覆盖。

二是实施集中存放。实施“杂物集中存放、禽畜集中圈养，打造整洁乡村”计划。探索推广“农家小院”建设，利用村边闲置公用地改造建设杂物集中存放处、禽畜集中圈养园、蔬菜种植地，统一规划、统一建设、统一分配、统一管理，由专人监督，每户一块菜地、一个杂物存放点，一间家禽圈养栏。有效解决了农村杂物堆放、人畜共处问题，营造整齐清洁的农居环境，形成新农村的一道亮丽风景线。例如，谭儒村共设立19个杂物集中堆放点，平均每户拥有5平方米大小的小隔间，此举既解决了农户习惯在房前屋后乱堆乱放的难题，也为村民扔之可惜、留着不用的杂物开辟了容身之所，营造了整齐、有序、清洁的乡村环境。此外，着力打造岭南客家特色乡村，全面实施旧房美化及村巷美化工程，对民居外立面进行风景、名训墙绘及美颜、美图装饰，对村巷小道铺设鹅卵石等，提升特色乡情立体风貌效果。

三是实施清拆行动。针对村庄环境不优的问题，沙琅镇以“三清三拆三整治”为着力点，打好乡村振兴第一硬仗，集中力量挨家挨户攻克。在“三清”方面，清理乱堆乱放、杂草杂物、积存垃圾、淤泥、漂浮物和障碍物1049处，清理河道16公里；在“三拆”方面，清拆危旧房、废弃猪牛栏、旱厕、违建2345处140000多平方米；在“三整治”方面，整治生活垃圾、生活污水、水体污染600余宗，杜绝乱扔乱放、乱排乱倒现象。同时建立农村保洁长效机制，全部行政村均成立管护队伍或者保洁队伍，配备保洁车1辆，每个自然村配备保洁员1名，实行保洁收费服务，农村卫生环境面貌焕然一新。

四　党建领行：以引领型党建构筑城乡融合堡垒

沙琅镇党委坚持以强有力的党建引领城乡融合发展。

一是构建组织体系。强化党组织领导，成立以镇党委书记为总指挥的工作领导小组，抽调全镇精干力量组成专职办公室，书记、镇长分别挂帅谭儒、尚塘两个示范村委，以点带面，镇党政班子带领镇村干部全员上阵，层层传导责任。充分发挥基层党支部战斗堡垒和党员先锋模范作用，做好“党建+产业”“党建+环境”“党建+设施”“党建+治理”“党建+服务”等工作融合，通过落实“一村一团队”机制，实行“领导分片包抓、镇干部驻村指导、党员干部包组包户、群众广泛参与、对标挂图作战”的工作模式，广大干群并肩奋斗热情干事，全镇掀起乡村振兴建设和人居环境整治热潮。

二是实施“头雁”工程。充分发挥党建引领功能和党员干部引擎作用，推行“候任村（社区）干部”制度，选拔配备25名候任村干部。加强村级民主法治建设，定期组织基层党员干部学习、宣传农村法律法规，规范落实“三公开”民主决策和民主监督制度，全面推行“阳光村务”，依法依规推进乡村振兴。组建村民理事会317个、村级治安巡逻队17支和志愿者服务队51支，提高村级自治能力。深入推进平安乡村建设，坚决铲除农村黑恶势力及其滋生土壤，大力实施“雪亮工程”，完善社会治理防控体系，全面提高群众“两度一率”。

三是广泛发动群众。全面推进乡村振兴战略，每一位村民既是践行者，也是受益者。沙琅镇紧紧依靠群众，积极发动群众“唱主角”，正确引导群众当乡村振兴的“排头兵”。通过召开村民代表会议、村民理事会、“板凳会”“树下会”“座谈会”“夜灯会”，及“大锣鼓”、“大喇叭”、微信群、横幅、标语、广告、问卷、考卷、小册子等多种形式进行全面宣传，让乡村振兴战略意义、要求、做法家喻户晓，深入人心，实现村民从“要我干”到“我要干”的转变。每村成立志愿者队伍，积极参与行动。广大村民群众全力配合，自愿捐款献地，自觉无偿参加乡村振兴各项建设，自动落实门前三包主动干。

四是决战脱贫攻坚。沙琅镇将决战脱贫攻坚、带领人民群众奔小康、不断提高生活水平作为执政施政的重要出发点和落脚点。2019年全镇农林水科目支出金额为310万元，比2018年多34万元，增长12.32%。同时，对15个非省定贫困村安排配套奖补资金916万元进行乡村振兴建设，对河口、新陂两个省定贫困村配套奖补资金共3200万元。2019年全镇建档立卡相对贫困户766户1808人中达到脱贫标准的有747户1728人，脱贫率为97.5%，完成年度脱贫攻坚任务。农村居民人均可支配收入增速加快，2019年，农村居民人均可支配收入为17089.4元，同比增长8.4%，比城镇居民人均可支配收入增速高1.4个百分点，城乡居民收入差距进一步缩小。同时，大力开展拆旧复垦工作，提前并超额完成2020年区政府下达的589亩拆旧复垦工作任务。全镇拆旧复垦已通过立项面积约1204.88亩，为分配工作任务的205%。拆旧复垦可补偿给群众每亩30万元，有利于提高人民群众生活水平，增强其幸福感和获得感。

五　前景展望：以顶层设计再谱城乡融合新辉煌

沙琅镇推动金龟、南药、旅游观光和休闲等特色产业协同发展，社会各项事业取得了成效，构筑了城乡融合“沙琅模式”。但也存在产业缺乏后劲，龟

鳖养殖业面临发展瓶颈；消费终端开发不足，市场尚未形成规模；乡村经济形式单一；特色文化资源优势还没有转化为产业优势；县域副中心政策红利未能有效利用等，从而影响乡村振兴与新型城镇化进度等问题。

未来，我国城乡融合发展将城市和乡村放在平等的地位，全面推动城乡经济、社会、文化、生态、治理各领域的制度并轨、体制统一，加快城乡要素市场一体化，让公共资源在城乡之间均衡配置，生产要素在城乡之间双向流动，生产力在城乡之间合理布局，治理资源在城乡之间科学调配，充分发挥城乡各自的功能，形成工农互促、城乡互补、全面融合、共同繁荣的新型工农城乡关系。沙琅镇将以顶层设计再创城乡融合新篇章，推动农业全面升级、农村全面进步、农民全面发展，要将所有的村全部建成“环境美、产业美、精神美、生态美”的美丽乡村。

一是开展城镇化顶层设计，推进新型城镇化健康发展。城乡一体化注重缩小城乡差距，推动农村与城市发展协同共进，而乡村振兴战略则以农村的发展为重点，统筹农村实现持续、协调和稳定发展。在城乡一体化和乡村振兴战略的对接中，镇委、镇政府要做好经济、文化、社会和生态领域的体制机制创新，出台相应的政策，为各方面工作提供政策支持，协调好经济效益、社会效益、文化效益和生态效益之间的关系，构建统一、完善的政策体系。政府要在诸如农村土地政策、户籍管理制度、社会保障制度以及公共产品供给政策等方面逐步突破城乡二元结构束缚，立足农村发展实际，探索农村经济社会发展之路。

二是促进产业结构升级，带动农村经济社会协同发展。乡村一体化和乡村振兴战略对接的关键在于优化农村的产业发展环境，推动农村的传统产业结构向现代农业、旅游业等新型产业形态的转变，实现农村经济结构的转型。坚持城乡区域统筹，突出特色，把培育新产业新业态作为发展县域经济的重中之重，积极探索“三产融合”发展模式，深化农村改革，推动资源要素在乡村落地生根。在产业升级中，要充分发挥市场在资源配置中的决定性作用。由于农村市场发育程度低，产业发展单一，因此各地要不断完善农村电力、交通以及通信等基础设施建设，充分利用现代信息技术尤其是电子商务平台，以龟鳖养殖规模化和南药种植及饮片加工业发展为契机，创建具有龟鳖养殖和南药种植的产前、产中、产后全产业链的健康产业特色小镇，形成融合龟鳖饲料加工、龟鳖研究、生态养殖、南药标准种植、农业观光、龟鳖文化和中医药文化科普推广、龟鳖和南药高档生物材料加工、产业展览展示等的宜居、宜业、宜游的大健康产业特色镇。龟鳖养殖企业应充分挖掘龟鳖食疗和药用功效，开展多方向多层次的开发利用，全面提高龟鳖产业的附加值，助力脱贫致富和乡村振兴。

三是引导农民弘扬社会主义核心价值观，加强精神文明、生态文明建设。城乡一体化还需要通过政策引导、制度规定和纪律要求充分调动基层政府、村民组织和农村党员的积极性来实施文明提升工程；利用传统媒体和新媒体等各种农民喜闻乐见的宣传、文艺活动形式，传播主旋律，使社会主义核心价值观成为农民普遍遵守的价值理念和行为习惯；还要引导农民树立生态环境保护理念，形成可持续的生态文明建设与乡风文明互促共进的局面。

四是因地制宜探索适合本地区的对接模式。沙琅镇不同地区的农村也存在相当大的发展差异，一些经济发展水平较高的农村，在城镇化和工业化方面，几乎与城镇发展水平持平；而部分农村发展水平相对落后，因此，实现卫生、医疗、教育、养老等社会保障资源城乡均衡分布，是推动城乡一体化的关键。需实现城乡养老保险制度衔接，统筹城镇居民医保和新农合等城乡社保体系的兼容性与无缝联结。推动农民工尤其是新生代农民工在公共福利方面的制度性安排，找到打破城乡社会保障二元结构的突破口。

五是大力发展城乡一体化金融服务体系。逐步建立和完善农村金融体系，更好地为农户和中小企业提供融资服务。积极完善农村金融组织体系，放宽农村金融机构准入政策，鼓励社会资本参与设立村镇银行、农村资金互助社和小额贷款公司等新型农村金融机构；通过政府补贴、市场化运作等方式，引导和鼓励保险机构开展政策性农业保险业务，扩大农业保险覆盖面；探索农村集体土地使用权抵押贷款的新形式。

六是打造云端“三月三”文化旅游艺术节。通过策划形式多样的“云端”节会活动，帮助销售沙琅镇特色产品，进一步扩大沙琅镇的县域副中心影响力。与此同时，基于线上线下相结合，增强活动举办的持续性。

参考文献

穆克瑞：《新发展阶段城乡融合发展的主要障碍及突破方向》，《行政管理改革》

2021 年第 1 期。

郑智维：《广东茂名电白区林头镇：把党员凝聚在兴农产业链上》，《民生周刊》2020 年第 20 期。

梁明楣：《以党建引领电白乡村振兴发展的实践与思考》，《经济研究导刊》2020 年第 10 期。

汪厚庭：《山区乡村产业振兴与有效治理模式和路径优化——基于皖南山区乡村实践研究》，《云南民族大学学报》（哲学社会科学版）2021 年第 1 期。

赵建刚：《乡村振兴背景下乡村产业振兴之路探索》，《山西农经》2021 年第 1 期。

B.25

“三位一体”高水平城乡融合的蕉岭样板

——蕉岭以高水平城乡融合促进高质量乡村振兴

左晓斯　郑金富*

摘　要：　蕉岭坚持以习近平新时代中国特色社会主义思想为指导，塑造美丽乡村新品牌，闯出高水平城乡融合发展新路子；构造城乡建设一体化新体系，开创基本民生服务保障新格局；成功探索“一区”地域基层党建引领发展新机制新模式，确保乡村振兴高质量发展。

关键词：　城乡融合　乡村振兴　三位一体　蕉岭

广东省蕉岭县地处广东省东北部、闽粤赣三省交界，属于全省“一核一带一区”区域发展新格局中的北部生态发展区。全县总面积960平方公里，是世界长寿乡、原中央苏区县、中国生态文明县、全国农村综合改革示范县、全国农村集体产权制度改革试点县和全国乡村治理体系建设首批试点县。近年来，蕉岭坚持以习近平新时代中国特色社会主义思想为指导，积极参与构建“一核一带一区”区域发展格局，认真落实省委“1+1+9”工作部署，狠抓美丽乡村建设和城乡一体化，打造美丽乡村、城乡一体、党建引领“三位一体”城乡融合新样板，探索出以高水平城乡融合促进高质量乡村振兴的新模式。

蕉岭样板的突出特点是发挥本地资源禀赋条件和空间优势，构建具有比较

* 左晓斯，博士，广东省社会科学院社会学与人口学研究所所长，研究员，主要研究方向为城乡社会学与社会治理；郑金富，广州大学经济与统计学院应用经济学硕士，研究方向为农村经济。

优势、创新能力和持续盈利能力的产业结构和各种业态，完善城乡产业分工体系，推进城乡一二三产业融合发展，突出“生态区”特性，明确目标，清晰定位，找准产业发展方向，高质高效推进城乡融合；推动有为政府和有效市场有机结合，党建引领，文化推进，组织动员，发挥一切积极因素，塑造文旅产业、生态产业新体系、新机制、新格局；以人为本推动城乡协调发展，精心培育具有市场优势的业态和产业；打破城乡二元体制壁垒，盘活土地要素，以县城为载体，以乡镇为依托，发展县域经济，推动城乡要素自由流动，高效对接，实现城乡土地、劳动力、技术和资本的优化配置。

一 塑造广东美丽乡村新品牌，闯出“一区”城乡融合发展新路子

蕉岭坚持以主体生态环保样板区为目标导向，全力塑造“一区”特色、培育“一区”动力、树立“一区”品牌。

（一）坚持以绿色发展塑造“一区”特色

“绿水青山就是金山银山”，蕉岭以绿色革命理念推进美丽乡村建设，通过“造平台、重宣传、强美化”等有效政策手段推进全县绿色革命。高起点构造工农协调、城乡融合发展平台，塑造、提升、擦亮“世界寿乡·富美蕉岭”品牌形象。多渠道开展营销推广，借助“世界长寿乡生物与大健康高峰论坛”、“卡拉比－丘理论发展四十年”国际会议、“论稻蕉岭·一米惊人——2019中国（梅州·蕉岭）特色丝苗米高峰论坛”等国际国内重大活动宣传蕉岭文化，得到中央电视台、南方日报等主流媒体报道，提高了蕉岭旅游精品线路、特色乡村旅游产品的社会和市场辨识度，推动“世界寿乡·富美蕉岭”文旅产业发展，为县域经济注入强大活力。积极实施“美丽城区提质”和“美丽乡村建设”两项行动方案，协调镇村、相关部门及通信运营商，结合实际情况和各方具体需要，对蕉岭主要街道、小区、旧城区道路的架空线缆开展“入廊整规、多线入槽、多网融合、多杆合一”等整治和美化提质工作，打通城乡融合“最后一公里阻梗”，实现城乡美美与共。

（二）坚持以生态变革激发“一区”动力

蕉岭深入挖掘红色文化、乡村文化遗存，形塑出具有地方特色的“文化魅力”，以此作为文旅产业的独特内容和产业基石。注重挖潜、利用、改造自然资源和田园风光，培育建设长潭白马上合农业观光园、三圳九岭荷花种植采摘观光园、三圳芳心葡萄种植采摘观光园等多个农业观光园；合理匹配城市旅游功能，打造石窟河寿乡画廊旅游区、卡拉比－丘成桐广场、丘成桐国际会议中心、长寿广场、怀仁里文化长廊等一批城市旅游功能区。积极参与构建粤闽赣三省旅游联盟，实现区域联动，整合资源，互输客源；整合培训资源，借助广东（蕉岭）美丽乡村培训学院、广东（蕉岭）乡建馆等品牌优势，开发研学产品，承接全国各地干部教育培训、商务、政务等研学游活动，探索文旅融合新路子。充分发挥蕉岭籍科学家、院士、商界企业家力量，全力助推生态旅游发展：借助国际著名数学家丘成桐院士影响力，举办具有世界级影响的学术论坛，提高蕉岭旅游知名度；与蕉岭籍微生物专家吴清平院士合作，共同推动蕉岭生物健康产业发展；与铁汉生态环境公司合作，打造蕉岭康养旅游产业等。

（三）坚持以文旅创新树立“一区”品牌

蕉岭坚持以绿色文旅产业立县，与历史文化底蕴相结合，实施文旅创新发展战略。已开通旅游观光公交20多条线路，设立共享自行车站点，方便游客个性化出行选择；完善游客集散咨询服务体系，强化客运站、A级景区、乡村旅游点游客中心功能，设立旅游咨询服务点，推动旅游厕所覆盖城乡，推进智慧旅游建设，建立蕉岭旅游大数据平台，实现“A级景区无线网络全覆盖”，“一部手机游蕉岭”。真正做到了旅游设施共享、文旅资源共享、旅游效益共享。根据城乡资源禀赋、民俗文化、产业格局差异，优化组合不同类型的旅游产品，发挥城乡、乡镇之间、村镇之间的城乡资源互补与协作，实现核心与边缘区域之间的相互带动、错位发展。

二　构筑城乡建设一体化新体系，创出“一区”城乡融合发展新格局

在美丽乡村建设实践中，蕉岭以解决民生问题为要，从路通水通财通到设

施融通、再到教育和医疗卫生服务畅通，有效地打造出“一区”特色的城乡融合发展新格局。

（一）加速推进城乡交通一体化，实现城乡路通财通

为解决制约城乡交通运输协调发展的突出问题，蕉岭加快推进城乡交通运输基础设施一体化、城乡客运服务一体化、城乡货运物流服务一体化建设，努力营造城乡交通运输一体化发展大格局。重点在“四好农村路”建设、运输服务、运输装备、政策保障、投融资渠道等方面展开探索，吸取先进地区城乡交通运输一体化建设经验和有效做法，推动城乡交通运输一体化水平全面提升。

一是推进城乡交通运输基础设施一体化。结合创建“四好农村路”全国示范县建设工作，蕉岭编制发展规划，优化路网结构，提升道路等级，增强道路通达深度，提升公路安全保障能力，严格技术标准和建设程序，以“建好、管好、护好、运营好”农村公路为目标，着力优化农村公路路网结构，完善农村公路管理体制，从完善优化运输网络，打通阻碍城乡一体化衔接的“断头路”，彻底解决“最后一公里问题”；加强城市道路、干线公路、农村公路、产业和旅游公路的直接“对接”，强化县镇村之间的交通联系；探索农村公路养护市场化改革等关键方面着手，全面推进城乡交通运输基础设施优化提升工程。

二是推进城乡客运服务一体化建设。蕉岭积极统筹城乡公交一体化划转，优化农村客运通达条件，完善候车亭管养体制，探索“农村公路＋”模式，推动农村客运服务均等化建设，从大力发展定制公交、微公交等新型运输方式；绿色交通、智慧交通两个方面推进城乡客运服务一体化建设。立足农村客运站点与农村公路同步规划、同步设计、同步建设的“一镇一站”建设计划，在全市范围内率先开通粤运新能源城乡公交车，现共投入95辆客运车辆（含50辆纯电动客车），开通23条路线，通过投入45辆小型客车推行“镇通村”农村客运，实现镇村级别的公共客运出行网，打通城区、乡镇、村三级城乡客运网络体系，全县97个行政村通客车率达100%。开通镇村交通运输服务监督电话，营造稳定、和谐的交通出行环境，努力推进城乡客运服务一体化工作，打通城乡客运最后一公里。

三是推进城乡货运物流服务一体化建设。按照“企业主体、政府推动、市场运作、合作共赢”原则，从完善电子商务物流服务网点建设、建立覆盖全县的电子商务物流服务体系、开展电子商务人才培育三个方面，推进城乡货运物流服务一体化建设。完善电子商务物流服务网点建设。以行政村为单位，依托当地邮政等物流站点、村民个人开设的商店等已有的建筑设施，建设改造村级电子商务服务站点66个（省定贫困村实现全覆盖），镇级电子商务服务站点7个，站点服务功能涵盖代收代缴、代买代卖、小额信贷等各项便民服务功能。建立覆盖全县的电子商务物流服务体系。对现有的县域范围内电子商务和物流配送资源进行整合，建设县级物流配送分拨中心，以乡（镇）村的服务站点作为物流配送网点，鼓励城乡公交、“镇通村”农村客运班线充分发挥农村物流作用，构筑“村村物流到户”“不出村里头，产品就运走”的城乡客货运服务一体化网络。

（二）加速推进城乡信息基础设施一体化，实现城乡设施相通

蕉岭坚持推进新型基础设施建设，持续加大投入，合理规划布局，率先实现20户以上自然村4G信号、光纤网络、县城城区5G信号全覆盖，电商、物流服务建设不断强化，以完善的通信基础建设，保障服务乡村振兴。

一是乡村治理和电子政务方面取得进展。通过新技术的运用，蕉岭城乡基层治理将得到更多外部指导与制度性输入，基层治理体系和治理能力将得到极大提升。疫情暴发以来，蕉岭逐步建立起城乡数据资源管理系统和风险管理系统，在应对重大突发事件中的数据汇总、资源调配、信息共享方面实施统一管理，平台资源转换为管理效能能力大幅提升。目前，蕉岭管控农业自然风险、农业市场风险以及重大公共卫生突发事件风险能力大幅提高，数字化、信息化服务在城乡一体化发展中潜力得到进一步释放。城乡运行管理实现信息互通、资源共享，推动城乡管理、社会治理“一网共治”，县、镇、村三级数字化综合服务管理水平显著提升。在数字交通领域，推进“一个中心（交通大数据中心）、三大平台（智慧感知平台、综合业务平台、创新服务平台）”的建设发展成效显著。

二是建设完善电商公共服务体系。蕉岭积极组织和推进电子商务示范县建设，目前已有7个电子商务镇级服务站点和66个电子商务村级服务站点，定期开展对站点从业人员进行业务培训。成功培育发展电子商务企业6家，其中

农产品电商企业5家、工业电商1家。利用农产品电商平台，不断完善快递物流服务渠道，在全县各行政村逐步布点设立电商服务站（点），畅通老百姓的农产品销售渠道，促进农户创收增收，有效为老百姓建好奔康致富平台和信息快车道。

（三）加速推进城乡供水一体化，实现城乡同饮安全水

蕉岭重点抓群众要求强烈的村村通供水工程、农村集中供水工程，打破行政区划和城乡二元供水格局，统筹规划、分期实施、整合全域水务资源，以改善农村生活饮用水条件、提高供水质量，使老百姓喝上干净自来水。创立长效安全管护机制，推动供水管理数字化、信息化，实现农村供水规模化标准化建设、市场化运作、一体化管理、智慧化服务。

一是完善和提升农村饮水工程设施。结合本地实际，蕉岭针对丘陵地形较多，难以进行大范围集中供水，农村自来水迟迟未能全面覆盖，供水保证率较低，水压不够、水量小，遭遇连续干旱天气时容易出现村民饮水困难等现实问题，明确以县城供水管网延伸和规模化供水为主、镇级水厂及小型集中式供水为辅、分散式供水为补充的供水体系。通过科学测算，打破镇与镇、村与村的地域界线，加大水资源统筹力度，择优选取水量充足、水质良好的水源作为取水点；同时，大力推动供水管网互联互通，打通供水管网“最后一米”，坚决杜绝供水水源水质不达标、管网“毛细血管”不通等问题，加快推进全域自然村集中供水全覆盖。

二是创立长效安全管护机制。全面建立县、镇、村三级河长制管理体系，实施每周巡河制，通过“广东河长”App对巡河实际情况进行动态化管理，实时监测河长和相关部门履行职责情况，对任务完成情况进行考核，强化激励问责，从“河长制”走向“河长治”。强化对河长的考核问责，建立问题清单、责任清单和整改清单，实现差异化绩效评价考核，考核结果作为地方党政领导干部和村级组织负责人综合考评的重要依据，实行生态环境损害责任终身追究制，对造成生态环境损害的，严格按照有关规定追究责任。在镇村自来水供应管理模式上，坚持一体化管理、多元化管理相结合，全县农村供水工程由县供水服务中心统一管理，镇村因地制宜，根据工程的规模不同，采取多种管理模式，成立相应机构（供水服务站、点等）进行管理。目前，全县已实施

完成蕉城镇、长潭镇、三圳镇（蕉华）的城乡供水一体化交接管理工作，积极推动建立城乡供水成本统一核算的水价定价机制，实行城乡同网、同质、同价、同服务供水，由负责供水的企业统一进行运行管理，初步实现镇村供水的规范化运营管理。

三是推动供水管理数字化、信息化。在保障全县农村供水能力、全面推进城乡供水一体化工作基础上，开展城乡供水信息化建设。率先在三圳镇、蕉华工业园区实施供水信息化，全面保证供水工作的科学性。通过智能硬件、远传水表、水质监测器、流量监测器等设备的信息采集，蕉岭实现在系统平台上可以对水表用量、水压、水质浑浊度、酸碱度、余氯浓度和管道流量等具体情况进行监管，直观看到每个村和每个用户精确情况，同时对用水量、水质超标、水压过低等异常自动告警，及时解决。数据同步于手机 App，通过数据自动分析，形成对农民用户和服务人员的信息化管理，提高水费收缴率、降低成本，促进节能降耗，优化水利资源，提高管理水平，提高用户对供水服务的满意度。县水务部门与相关部门保持密切联系和沟通，确保农村居民可持续地获得安全饮用水，继续完善“互联网 + 人饮”的农村供水管理模式，计划至 2025 年实现全县供水信息化管理目标。

（四）加速推进城乡教育一体化，实现城乡优质教育共享

按照“因校制宜、分类指导、质量为本、稳步实施”的工作方针，蕉岭努力探索基础教育阶段区域联盟化办学模式。全县着手组建 6 个教育联盟，涵盖 8 个镇和 1 个蕉华工业园区，实现城乡全覆盖。推动联盟内学校在战略规划、日常管理、课程建设、教师发展与教育教学设施使用等方面实现共享、互通、合作、共生，基本形成联盟化办学新体制。

一是组建学校联盟。由县教育局进行评定认可办学规范、管理高效、质量上乘、示范性强、社会赞誉度高且具有一定规模的核心学校。由县城优质龙头学校牵头，带动 4 ~6 所乡镇或县城相对薄弱学校，组建同层次、同学段的教育联盟。由核心学校提出联盟化办学的可行性论证报告，明确组建教育联盟的目的和任务。

二是进行教师管理改革。推进教育联盟化办学关键在于教师流动，重点解决教师流动不畅问题。完善教师管理体制，进行“县管校聘”改革，制定完

善优秀教师到薄弱学校交流支教的相关支持政策，在考核的同时切实保障交流轮岗校长、教师的各项待遇，因地制宜改善农村教师和交流教师的工作、生活条件。初步实施“三流动一固定”原则，即优秀管理干部向薄弱和乡村学校流动、优秀教师向薄弱和乡村学校流动、优质教育资源向薄弱和乡村学校流动原则，坚持学生按照户籍或居住地在固定区域划片就近入学的原则。联盟龙头学校通过校际互派校长、干部、教师，开展经常性交流互动，进行公开课、同课异构等活动，进行教育理念间的碰撞。同时以派驻骨干教师、开展跨区骨干教师培训、线上交流、大数据分析等形式进行交流，开展教育督导帮扶，提升整体办学水平，使联盟各校教育水平提升上新台阶。

三是优化考核机制。县政府每年对联盟化办学工作进行考核排位，考核结果与绩效考核挂钩。教育局初步建立联盟化办学考核评估机制，将各乡镇、县直有关部门支持联盟化办学工作列为考核重要内容，对县域内联盟化办学水平、薄弱学校成长成果、联盟整体社会声誉等方面进行督导评价，考核结果与校长年度考核、教师绩效工资挂钩，对薄弱学校任职管理干部和教师单独考核等。由交通管理部门着手会同教育部门，适时研究和开通相关公交线路，切实逐步解决交流教师和学生入学的交通需求，进而解决“县城挤、乡村空”和“因教进城”的问题，从畅通公共交通着手为有效消除城区大班额问题提供保障。

（五）加速推进城乡医疗一体化，实现城乡居民健康联保

围绕助力“世界客都·长寿梅州”建设，以补齐公共卫生服务短板、设卫生强县为突破口和着眼点，针对城乡之间、不同层级医疗机构之间的资源配置在结构上不合理，分布不平衡的问题，全力强基层、建高地、促医改、保健康，建设“卫生强县”，增强县级医疗综合服务能力，提高镇级中医服务水平，打通村级医疗卫生服务“最后一百米”，实现县镇村三级就医环境大提升，全力强基层、建高地、促医改、保健康，为人民群众提供全方位全周期健康服务。

一是县级医疗综合服务能力提升。对全县医疗卫生资源数量、规模、布局和功能定位进行优化配置，大力推进县人民医院、县中医医院、县妇女儿童医院等三家县级医院迁建工程，全力对标“三级综合”医院目标，进行医疗服

务能力升级。新院规划按照现代化医院建设的思路和理念，结合蕉岭“世界寿乡”的区域特色，从升级软硬件设施、加强医院人才技术培养、做大做强重点学科、建强紧密型医联体和智慧型医院建设等方面着手，最大程度提升医疗服务能力。新院建成使用后，共设置病床890张，新增病床450张，推动全县县域住院率提高到85%，每千人口病床数增加到5.95张，超过卫生强县每千人口病床数5.4张的标准。相比老院区，新院区总占地面积扩大到169.5亩，是之前的5倍，将在硬件上实现率先突破。在就医流程规划方面，三家新院均以医疗街连通主体建筑，以清晰标识和无障碍通道，提供一站式就医服务。

二是镇级医疗综合服务能力提升。针对乡镇卫生院中医药服务能力短板，不断推动“中医服务基层化”工作，对全县8间镇卫生院和1间社区卫生服务中心的中医馆进行再提升建设，在打造含中医康复区、中医诊疗区、中医保健区的中医综合服务区的同时，完善中医诊疗设备；设置“桂岭名医”工作室；强化中医人才引进培养；落实专家下沉和分级诊疗制度，全面提升中医馆综合服务能力，使广大基层群众在家门口就能享受中医理疗和中医药“简、便、廉、优”的实惠。按照强基创优三年人才计划，每年引进一批中医临床、中医骨伤、中医针灸等方面人才，优先聘用有执业资格的中医药人才，逐步壮大中医人才队伍，打通人才内外联网通道；实施中医人才培育工程，经择优，每季度派送各镇医生和护士参加县级中医适宜技术推广培训，鼓励优秀人才参加市级中医适宜技术培训，从根本上解决乡镇卫生院中医人才短缺、适宜技术应用偏狭的问题。开拓中医医疗养生新领域，以“互联网+治未病”为目标，初步打造形成了中医特色医联体、智慧公卫服务体系，打通“院前预防－院中治疗调养－院后观测”三个环节，让广大群众足不出户就能切实享受到优质的医疗服务。

三是村级医疗综合服务能力提升。打通村级医疗卫生服务“最后一百米”，按照“三统一、三保障、三融合”标准，对全县69间村卫生站进行规范化建设和一体化管理，乡村医生全面进驻，行政村全面覆盖，三年任务一年完成。每个村卫生站按80平方米面积建设，统一设诊断室、治疗室、家庭医生签约服务室、药房4大功能区，配齐53种基本设备、100多种中药，能满足各村重点人群高血压、糖尿病等常见病、多发病的诊断治疗，实现基本医疗服务不出村。充分发挥县级医院的龙头作用，通过专家进村、业务培训、双向转诊等，促进人员、技术、管理等优质医疗资源下沉建立统一管理、统一培训、统一考核的区域医疗联合体。医联体延伸至村，镇卫生院医生挂钩村卫生站，建立基层首诊、分级诊疗、急慢分治、双向转诊的诊疗模式和转诊、会诊绿色通道，医疗专家每周到站坐诊指导，让基层群众在“家门口”就可享受优质医疗服务。全面推进建立家庭医生签约服务制度，组建由县级医院、镇卫生院、村卫生站医生共同组成的家庭医生团队，充分依托全县69个村卫生站公建规范化平台，通过“互联网+健康管理机”，为老年人、慢性病患者和妇女儿童建立农村居民电子健康档案，可订制保健方案、提供健康宣传知识和服务信息。全县目标人群居民电子健康档案覆盖率达到85%，家庭医生服务签约已达80000多人。

三　探索基层党建引领新机制，干出“一区”城乡融合发展新成效

蕉岭高水平推动城乡融合发展，在美丽乡村建设和城乡一体化建设取得重大成效，关键是建立了基层党建新体制新机制。县委全面贯彻落实新时代党的建设总要求和新时代党的组织路线，坚持以党建为引领，以人民为中心，高水平抓好城乡融合发展，高质量促进乡村振兴实施。2020年全县实现生产总值突破100亿元，同比增长5.1%；一般公共预算收入6.02亿元，常住人口城镇化率55.52%。第一产业增加值为17.46亿元，同比增长5.0%；第二产业增加值为44.39亿元，同比增长8.0%；第三产业增加值为38.28亿元，同比增长2.2%。从增速看，蕉岭地区生产总值增速比全国（2.3%）、全省（2.3%）、全市（1.5%）分别高2.8、2.8、3.6个百分点，增速居全市第1位；从总量看，经济总量首次突破百亿元大关，是2015年67.14亿元的1.5倍，占全市经济比重由2015年的7.1%提高到8.3%。

（一）实施党建堡垒“四大工程”行动

一是以强化农村党组织领导地位为目标，大力实施“三强四带”工程。围绕推动农村党组织全面进步全面过硬，以“三强四带”行动为抓手不断提

升党组织组织力，构建“一核三元、四权同步、多层共治”村级治理体系。规范化建设农村党组织。围绕落实加强党的基层组织建设三年行动计划，优化农村党组织设置，配强党组织班子成员，确保党组织班子成员不少于村委班子成员，村（社区）党组织设置得到进一步优化。严格组织生活制度，“一村一策”整顿软弱涣散村党组织，强化政治功能，提升组织力，激发党组织战斗堡垒作用。健全农村党组织引领机制。全面设立村党组织银行账户，制定村党组织财务管理制度，统筹管理办公经费、服务群众专项经费、村集体经济收入等村级资金。深化落实“四议两公开”，进一步明确由党组织书记主持村级各类会议，由村党组织审议研究村级“三重一大”事项，由村党组织提名村监委会、监事会、村民理事会成员人选，规定农村各类组织定期向党组织汇报工作，推动农村党组织对其他基层组织的领导程序化、规范化、制度化，确保村党组织成为脱贫攻坚、乡村振兴的“主心骨”。发挥党代表联络站作用。加强发挥党代表在支持、提升村务监督工作中的功能，按照“六有”标准建设党代表镇级中心联络站，规范设置党代表、人大代表村级联络站点。建立支部服务日制度，村党组织书记、委员每周五到党群服务中心接待服务党员群众，收集民意、解决问题，进一步提升党服务群众的效能。

二是以加强党组织带头人队伍建设为先导，深化推进“头雁”工程。选优配强农村党组织书记。大力实施“党员人才回乡计划”，以“村推镇选县考察”的模式，着重从致富能手、退伍军人、外出能人、返乡大学生等党员群体中选拔培养村党组织书记后备干部。深入实施加强党的基层组织建设三年行动计划，全面完成新一轮村（社区）“两委”换届工作，100%实现村党组织书记“三个一肩挑”，进一步优化“头雁”队伍结构。按“一个项目、一名领导、一套班子、一抓到底”的“四个一”要求，加快推进重点项目落地落实。坚持每年举办县级村（社区）党组织书记集中培训班，与地方院校联办村干部大专、中专学历提升班，有效提升党组织书记抓党建引领决战决胜脱贫攻坚、实施乡村振兴战略的能力。村“两委”干部补贴以县级“一卡通”每月发放到位，根据绩效考核情况发放绩效奖励，落实从优秀村（社区）党组织书记中专项招录（聘）乡镇公务员、事业编制人员政策，激励干事创业。选好用好管好省定贫困村、扶持村集体经济试点村驻村第一书记，指导村党组织班子强化自身建设，提升战斗力、凝聚力，帮助村党组织争取优惠政策、资金、项目，发展“一村一品”，以产业发展推动村集体经济持续增收，全县省定贫困村全部脱贫出列。

三是以全面强化党员带头作用为重点，深入实施南粤党员先锋工程。严格党员教育管理。巩固深化“不忘初心、牢记使命”主题教育成果，依托镇党校，积极发挥九岭党员党性教育基地和东岭红色革命教育基地两个市级党员教育基地作用，集中轮训农村党员，编印《学习路上》系列口袋书，抓实抓细习近平新时代中国特色社会主义思想学习教育，全面提升党员党性修养、宗旨意识，促进先锋作用发挥。坚持管好用好党员关爱基金和农村党员互助金，将党员享受关怀帮扶与履行义务结合起来，及时对困难党员给予帮扶救助，树立正确的激励导向。提高党员发展质量。落实农村发展党员“村培镇管县审”制度，对发展年龄超过 50 周岁、低于 25 周岁或与村“两委”班子和镇党政领导班子成员是近亲属关系人员入党的，报县委组织部审查，切实把好党员入口关。搭建党员作用发挥平台。固定每月第一个周五为支部主题党日，教育引导农村党员开展带头联系服务群众、带头参与村庄建设、带头参加公益活动、带头创业带富“四带”行动，积极参与扫黑除恶、乡村振兴、创建全国文明城市等中心工作，以及认种一棵树、认管一条圳、认扫一条路“三个一”活动。目前，全县共培育了 277 个党员创业带头人，打造 105 个党员创业带富基地，党员带头认种 1987 棵树、认扫 808 条路、认管 794 条圳。开展党组织和党员“双报到”活动。组织全县 27 个机关单位党组织 1149 名在职党员到所在社区（村）报到开展服务。开展“一名党员、一面旗帜”活动，完善村（社区）干部包片、党员包户服务群众制度。每年投入 1000 万元高标准规范化改造升级村级党群服务中心，并规范设置党代表联络站点，建立支部服务日制度，村（社区）党组织书记、委员每周定期定点接待服务群众，让群众诉求有人听、有人管、有人帮。

四是以提升服务群众效能为目的，深入推进基础保障工程。强化农村阵地建设。2018 年以来累计投入 3000 多万元，用于新建、修缮 31 个村（社区）党群服务中心，升级改造 107 个公共服务站，切实改善村级办公、服务党群条件，夯实基层组织基础。坚持硬件提升与软件完善相结合，充分整合党建、政务和社会服务等资源，主动承接县镇下放的公共服务事项，积极拓宽为民服务功能，不断建强服务群众“红色阵地”。强化村级经费保障。落实以财政投入为主、稳定的农村党组织经费保障制度，制定出台农村党组织财务管理制度，镇村逐级健全管理细则，严管用实村级办公经费和党组织服务群众专项经费，推动更多惠民服务由村党组织落实，强化党组织引领力、主导权。强化联系服务举措。选派291名机关党员干部到全县97个村开展“联乡兴村”行动，每队配套10万元工作经费，指导建强村级班子、理顺治理体系、整顿软弱涣散村，协调聚合各方力量、营造文明乡风，行动开展以来共帮助村级解决小微问题640多个，为群众办实事好事2960多件，进一步密切党群干群关系，提升村党组织引领发展能力。

（二）实施党建引领人才促进发展行动

强化乡村振兴人才支撑，坚持以柔性引才引智为手段，夯实“三农”人才队伍基础。通过优化人才发展环境，引进农业人才团队，大力培养本土人才，加大人才培训力度，培养造就一支懂农业、爱农村、爱农民的“三农”工作队伍，为全面推进乡村振兴提供坚强的人才保障和智力支撑。

一是强化引才引智，院地院企合作共推乡村振兴。蕉岭依托资源禀赋，深化院地合作，利用人才智力不断深化农业农村改革，激活农村资源要素，着力增强农业发展新活力，全面推进乡村振兴。积极引才引智。主动对接华中师范大学、华南农业大学、山西大学等国内高校，推进院地双方合作，邀请教授、专家学者、博士等前来调研，同时与其建立全面战略合作关系，从战略顾问、顶层设计、规划设计等全领域开展合作，探究美丽乡村建设路径，为实施乡村振兴战略提供人才和智力支持。深化院地院企合作。发挥“世界长寿乡”品牌和吴清平院士牵头的大健康产业研究团队等优势，高标准高质量打造广东（梅州）大健康高科技产业园，成功举办以“环境、食品、基因与健康长寿”为主题的世界长寿乡生物与大健康高峰论坛，借智借力加快大健康高科技产业园、珍稀食用菌产业园、“桂岭硒谷”特色小镇等项目建设，加快振兴发展。引进华南师范大学生命科学院、昆虫科学与技术研究所同广东金蛭生物科技股份有限公司建立科研基地，培养农业高水平科技创新人才和高层次管理人才。深化与广东省微生物研究所合作，建设功能微生物与大健康（蕉岭）研究院，为发展食用菌产业提供技术储备。积极与广东省科学院、广东省生物工程研究所合作，共建广东省科学院富硒生物科技创新中心。加强与暨南大学等科研院校合作，按照国家、行业富硒产品标准，配合做好富硒柚子、茶叶、稻米等富

硒农产品标准制定工作。

二是强化“三农”人才培训，壮大乡村振兴主力军。近年来，蕉岭以深化农业供给侧结构性改革为主线，汲取新思维，建立新机制，激发新活力，培育出一大批具有市场前景的实力新三农人，加快农业转型升级，壮大农业产业振兴主力军。加强职业教育培训。设立广东（蕉岭）美丽乡村培训学院，开办以来共举办（接待）各类培训班200多班次，参训人员1万多人次。积极实施“粤菜师傅”“南粤家政”“广东技工”工程，设立县桂岭职业培训学校，建成蕉岭粤菜师傅工程展示体验培训馆，成功打造“南粤家政”综合培训就业示范基地，“粤菜师傅”授业结业100多人；开展“南粤家政”服务培训391人；推进职业技能提升行动，培训2612人，开展企业新型学徒制培训109人。积极推进高素质农民培育工程，近年来共培育300多人。组建蕉岭“新农人”协会。提升“新农人”生产技术能力和经营管理水平；为吸引更多新农人返乡创业，大力推动众创空间建设，为新农人返乡创业提供便利；以盘活“沉睡”资源、加快农业转型升级为突破口，在全省率先完成农村土地确权登记颁证的基础上，为大批新农人干事创业开辟绿色通道。

三是实施新乡贤返乡工程，整合社会各界人力资源。发挥乡贤、名人效应。利用蕉岭独特的人文资源，助推旅游经济发展，实现城乡旅游产业蓬勃振兴。统筹社会各方人力资源。统筹选派291名县直机关干部下乡到村开展“联乡兴村”行动，以“认真听、全面访、努力做”的形式，指导建强村级班子、指导理顺治理体系、指导整顿软弱涣散村、协调聚合各方力量、协调营造文明乡风，发挥“三指导两协调”作用，协同推进乡村振兴，帮群众解决小微问题500多件，为群众办实事好事1600多件。深入开展“万企帮万村”活动，以村企结对为载体，以发展农村产业和振兴乡村为核心，引导企事业单位、社会各界和新乡贤参与支持全域城乡融合发展和乡村振兴工作，为乡村振兴赋能，实现社会、村、企之间的资源共享、优势互补、互动双赢。

（三）实施党建引领要素改革创新行动

立足于“八山一水一分田”的地理特征，蕉岭坚持党的领导推动全要素流动及配置机制改革，开展土地整治，提高耕地质量和连片度，盘活乡村存量建设用地，构建美丽宜居的客家村落和生态多样的长寿之乡，2021年1月新铺镇被列为全域土地综合整治国家试点单位。

一是土地流转整合资源，规范保障产权交易。蕉岭作为第三批国家级农村集体产权制度改革试点县，全面完成全县 1600 个单位清产核资的摸底调查、三榜公示、签字确认、数据录入及成员身份界定工作，其中村级 97 个、组级 1503 个，集体经济组织成员 17.3 万人。清产核资单位账面资产总额 2 亿多元；全县有集体土地总面积 110 多万亩。在明晰产权的基础上，建立广东省首个县级农村产权交易中心，打造县、镇、村三级产权交易平台，由产权交易中心制定统一流转合同，规范流转行为，引导村民主动参与产权市场，以市场配置提升农村资源的价值，通过产权交易平台，交易流转 115 笔，面积 1.3 万亩。同时，出台《蕉岭县农村土地承包经营权抵押贷款管理暂行办法》，缓解规模经营者资金压力，全县农村土地承包经营权抵押登记 464 笔，面积近 3000 亩，发放贷款 2.59 亿元。通过在全县范围内鼓励土地流转、土地入股等形式，蕉岭培育出一批农民专业合作社、家庭农场等新型农业经营主体，改变了以往传统的、单一的农业生产经营方式。全县数字农业成效突出，各类新型经营主体经营耕地面积 3.18 万亩，占全县耕地面积的 25.3%。培育家庭农场 289 家，农民专业合作社 402 家（国家级 4 家、省级 12 家、市级 25 家），农业龙头企业 44 家（省级 7 家、市级 32 家、县级 5 家）。

二是土地合作筑巢引凤，吸引产业落地生根。从制约乡村产业发展的土地入手，蕉岭秉承因地制宜、科学规划、高效整合的理念，通过土地合作，将碎片化土地进行集中连片整治，打造高标准农业用地，筑巢引凤，通过三种合作模式吸引产业落地生根。探索农户 - 企业合作模式。对于不具备规模化流转土地条件的村民小组，由村党组织牵头，通过组织有意愿发展产业项目的村民与蔬菜种植企业对接、协商开展产业合作。探索农户 - 村民小组 - 企业合作模式。对于具备规模化流转土地条件的村民小组，先由村民小组组织村民流转、调换、平整土地，再通过村党组织牵头，组织村“两委”、村民小组、企业三方协商土地使用权出让条件，后开展产业合作。探索农户 - 合作社 - 企业合作模式。对于具备规模化流转土地条件，且有意愿进一步扩大产业发展规模的村民小组，充分发挥村民理事会协调、引导作用，鼓励村民集约流转土地，量化入股成立“土地股份合作社”。以小组为单位进行土地调换，开展土地连片整治，由村集体筹集资金平整土地，统一作价出租或入股农业企业，以土地租金

发放、劳务派遣、经营分红等多种形式帮助农户增收致富。

三是拆旧复垦激活沉睡资源，提升农村整体风貌。蕉岭扎实推进农村人居环境整治提升，有效提升村庄整体风貌。通过建立配套奖补制度，推动农村宅基地改革。积极探索建立宅基地有偿退出和转让机制，制定农村宅基地建房审批管理方案，规范宅基地审批和建设管理，支持农村集体经济组织及其成员通过自营、入股、合作等方式盘活闲置宅基地和闲置住宅。出台《蕉岭县乡村风貌提升行动实施方案》，“拆旧建新”面积达1000平方米以上的，政府给予配套公共设施以及“三通一平”等政策倾斜。叶田村车三村民小组杨屋理事会通过召开户代会、协商议事会等形式，引导村民拆除闲置祖屋2000平方米，通过资源整合，盘活可以利用建房宅基地4000平方米，统一农村建房风貌管控，集中建成11户农民新居，配套休闲健身公园和绿化带，极大改善了周边群众的生产生活环境，建成村民共建共治共享的乡村自治新格局。文福镇鹤湖村对3万多平方米的危旧房屋进行连片拆除，规划整理出18000多平方米进行集中改造。规划建设民居38栋面积12000平方米、广场面积1200平方米，公园建设、岌湖集中建房区道路建设、绿化亮化等面积5000平方米，从而解决有新房无新村的难题和群众自建房用地难的问题。在拆旧建新的基础上，剩余土地进行复垦，通过省内统筹，引导外部资金注入，破解偏远山区发展缺乏资金支持的困境。自2018年以来，全县拆旧复垦项目面积为1266.65亩，已交易指标面积766.0809亩，地方收益超4亿元，为乡村发展注入可观资金。

四是聚焦群众急难愁盼，全力保障基本民生。全年全县一般公共预算收入6.44亿元，同比增长6.9%，增速居全市第1位。集中八成财力用于民生，坚持每年办好十件民生实事。2020年，蕉岭加快发展各项社会事业，全县民生支出27.02亿元，占一般公共预算支出的85%，民生实事基本完成。改善办学条件，全面保障教育民生，优化教师队伍结构，2020年新增小学学位1620个，改扩建幼儿园7间，新增公办幼儿园学位780个，普惠性幼儿园覆盖率达80%以上。县人民医院、县中医医院、县妇女儿童医院等三家县级公立医院迁建项目落成，省级健康促进县、省级卫生县城创建工作顺利通过省级评估验收，创建省级食品安全示范县顺利通过中期评估考核。完成文化馆（站）评估定级，新增2家市级文物保护单位，创建图书馆丘成桐国际会议中心县级分馆，推动蕉华园区书香企业创建等，全县群众幸福感、获得感、安全感获得空前提升。

附　　录

Appendix

B.26
广东城乡融合大事记

赵恒煜　李任远　林泰麾*

2007年

2月8日　广东省人民政府办公厅印发《广东省城镇化发展“十一五”规划》，将建立城乡统筹的产业体系，为城镇化发展奠定基础，逐步完成城乡融合这一主要任务。

2010年

5月28日　广东省省长黄华华主持召开省政府常务会议，审议并原则通过珠三角地区基础设施建设等五个一体化规划和其他有关事项。其中，《珠江三角洲地区城乡规划一体化规划》中提出，要促进城乡融合和区域协调发展，

* 赵恒煜，博士，广东省社会科学院助理研究员，主要研究方向为国际传播；李任远，法学博士，广东省社会科学院副研究员，主要研究方向为国际法；林泰麾，吉林大学珠海学院公共管理学院学生，主要研究方向为公共管理。

为建设亚太地区最具活力和竞争力的世界级城镇群提供强大支撑。

7 月 30 日 广东省人民政府办公厅印发《珠江三角洲城乡规划一体化规划（2009 ~2020 年）》，将重点优化城市（镇）增长区、培育新城和新型社区、促进城乡融合作为主要任务。

2012年

11 月 8 日 党的十八大报告明确提出“推动城乡发展一体化”，形成以城带乡、城乡一体的新型城乡关系，政策重心依然侧重于城市，以城市带动乡村的发展。

2015年

5 月 1 日 中共中央总书记习近平在中共中央政治局第二十二次集体学习时强调，加快推进城乡发展一体化，既是党的十八大提出的战略任务，也是落实“四个全面”战略布局的必然要求。全面建成小康社会，最艰巨最繁重的任务在农村，特别是农村贫困地区。我们一定要抓紧工作、加大投入，努力在统筹城乡关系上取得重大突破，特别是要在破解城乡二元结构、推进城乡要素平等交换和公共资源均衡配置上取得重大突破，给农村发展注入新的动力，让广大农民平等参与改革发展进程、共同享受改革发展成果。

2017年

5 月 22 日 中国共产党广东省第十二次代表大会在广州召开，中共中央政治局委员、广东省委书记胡春华在报告中强调，要统筹推进区域城乡协调发展，构建全省一体化发展新格局。统筹全省生产力和人口布局，提升珠三角、带动东西北，促进城乡融合发展。要充分发挥珠三角的辐射带动作用，把先发优势转化为先行责任。

8 月 22 日 广东省住房城乡建设厅、广东省发展和改革委员会联合印发《广东省新型城镇化规划（2016 ~2020 年）》，提出要促进珠三角和粤东西北城市融合互动发展。到2020年，全省常住人口城镇化率达71.7%左右，户籍人口城镇化率达到50%，实现不少于600万本省和700万外省农业转移人口及其他常住人口在城镇落户；户籍人口城镇化率与常住人口城镇化率差距明显缩小。

10月18日 中共中央总书记、国家主席、中央军委主席习近平在中国共产党第十九次全国代表大会上作报告时指出，要坚持农业农村优先发展，按照产业兴旺、生态宜居、乡风文明、治理有效、生活富裕的总要求，建立健全城乡融合发展体制机制和政策体系，加快推进农业农村现代化。巩固和完善农村基本经营制度，深化农村土地制度改革，完善承包地"三权分置"制度。这是中央首次将"城乡融合发展"写入党的文献。城乡融合发展成为实施乡村振兴战略、加快推进农业农村现代化的重要突破口，标志着中国特色社会主义工农城乡关系进入新的历史时期。

2018年

1月2日 中共中央、国务院印发《关于实施乡村振兴战略的意见》。在实施乡村振兴战略的总体要求中提出，要坚持城乡融合发展。坚决破除体制机制弊端，使市场在资源配置中起决定性作用，更好地发挥政府作用，推动城乡要素自由流动、平等交换，推动新型工业化、信息化、城镇化、农业现代化同步发展，加快形成工农互促、城乡互补、全面融合、共同繁荣的新型工农城乡关系。加强各类规划的统筹管理和系统衔接，形成城乡融合、区域一体、多规合一的规划体系。到2020年，城乡基本公共服务均等化水平进一步提高，城乡融合发展体制机制初步建立；到2035年，城乡基本公共服务均等化基本实现，城乡融合发展体制机制更加完善；到2050年，乡村全面振兴，农业强、农村美、农民富全面实现。

1月25日 广东省省长马兴瑞在广东省第十三届人民代表大会第一次会议上作政府工作报告。报告提出，要坚持全省一盘棋的思路，深入实施乡村振兴战略、区域协调发展战略，优化珠三角、东西两翼和粤北山区发展格局，健全城乡融合发展体制机制，加快实现基本公共服务均等化、基础设施通达程度比较均衡、人民生活水平大体相当，加快补齐区域城乡发展不平衡这块最大的短板。健全城乡融合发展体制机制，开展“万企帮万村”行动，吸引资本、技术、人才等要素更多地向农村流动。

2月27日 广东省委、省政府出台《关于稳步推进农村集体产权制度改革的实施意见》，以保障农民权益为根本出发点和落脚点，以管好用好农村集体资产为重点，从切实加强农村集体资产管理、稳步推进农村集体经营性资产产权制度改革、健全完善农村集体经济运行体制机制、强化保障举措等方面就广东如何稳步推进农村集体产权制度改革提出意见。

4月30日 《中共广东省委关于加快推进新时代全面深化改革的若干意见》发布，其中提出要加快完善城乡融合发展体制，把实施乡村振兴战略作为新时代“三农”工作总抓手，推动城乡要素自由流动、平等交换，加快形成工农互促、城乡互补、全面融合、共同繁荣的新型工农城乡关系。

6月13日 《中共广东省委、广东省人民政府关于推进乡村振兴战略的实施意见》印发，对推动全省乡村振兴做出全面部署。按照时间表，到2020年，城乡融合发展体制机制初步建立；到2022年，城乡融合发展体制机制基本健全，现代化乡村产业体系、生产体系和经营体系初步形成；到2027年，城乡基本公共服务均等化基本实现，城乡融合发展体制机制更加完善。到2035年，乡村振兴取得决定性进展，农业农村现代化基本实现。到2050年，乡村全面振兴，农业强、农村美、农民富全面实现。

6月28日 广东省第一批15个省级现代农业产业园建设名单正式发布，每个产业园5000万元建设资金即日拨付到实施主体。省级现代农业产业园围绕六大任务开展建设，其中包括创新城乡融合发展的体制机制、建设乡村振兴的样板区。

7月23日 中共广东省委十二届四次全会提出，要以大力实施乡村振兴战略为重点，加快改变广东农村落后面貌，同时强调要聚焦振兴产业、人才、文化、生态和组织，集中用力，坚持以城带乡、城乡一体化发展。

8月16日 中共中央政治局常委、国务院副总理、粤港澳大湾区建设领导小组组长韩正在北京人民大会堂主持召开粤港澳大湾区建设领导小组全体会议时强调，要强化规划引领，推动大湾区内各城市合理分工、功能互补，提高区域发展协调性，促进城乡融合发展，构建结构科学、集约高效的大湾区发展格局。

9月21日 中共中央总书记习近平在十九届中央政治局第八次集体学习

的讲话中强调，要把乡村振兴战略这篇大文章做好，必须走城乡融合发展之路。我们一开始就没有提城市化，而是提城镇化，目的就是促进城乡融合。要向改革要动力，加快建立健全城乡融合发展体制机制和政策体系。

9月26日 中共中央、国务院印发《乡村振兴战略规划（2018～2022年）》，其中，实施乡村振兴战略的基本原则是：坚持党管农村工作，坚持农业农村优先发展，坚持农民主体地位，坚持乡村全面振兴，坚持城乡融合发展，坚持人与自然和谐共生，坚持改革创新、激发活力，坚持因地制宜、循序渐进。

10月9日 珠三角乡村振兴工作片区推进会在惠州市召开。会议强调，要深入学习贯彻习近平总书记重要讲话精神，提高政治站位，把乡村振兴作为解决发展不平衡不充分问题的重要抓手，进一步在全省掀起工作热潮。珠三角乡村振兴要坚定不移走城乡融合发展之路，结合粤港澳大湾区建设谋划推动农村高质量发展，率先实现农业农村现代化。副省长叶贞琴强调，珠三角各市要认真贯彻落实党中央和省委、省政府部署要求，树立更高工作标准，充分发挥自身优势，以基层党建引领乡村治理，深入整治农村人居环境，大力发展富民兴村产业，推动乡村振兴工作走在前列。

10月23日 中共中央总书记、国家主席、中央军委主席习近平在广东清远考察时指出，城乡区域发展不平衡是广东高质量发展的最大短板。要下功夫解决城乡二元结构问题，力度更大一些，措施更精准一些，久久为功。要坚持辩证思维，转变观念，努力把短板变成“潜力板”，充分发挥粤东西北地区生态优势，不断拓展发展空间、增强发展后劲。

10月25日 中共中央总书记、国家主席、中央军委主席习近平在广东考察时听取了广东省委和省政府工作汇报，对广东各项工作给予肯定，提出了包括提高发展平衡性和协调性在内的四个方面的工作要求，强调要加快推动乡村振兴，建立健全促进城乡融合发展的体制机制和政策体系，带动乡村产业、人才、文化、生态和组织振兴。

12月19日至20日 国务院发展研究中心副主任王安顺率队到东莞就城乡融合发展等情况进行调研。

12月26日 在广州参加全国党刊年会的全国党刊杂志社社长、总编辑一行40多人来到英德市调研，对英德市“破解城乡二元结构问题”的探索和成功经验给予了肯定。

2019年

1月23日 中央全面深化改革委员会第六次会议审议通过《关于建立国土空间规划体系并监督实施的若干意见》，提出要坚持陆海统筹、区域协调、城乡融合，优化国土空间结构和布局，统筹地上地下空间综合利用，着力完善交通、水利等基础设施和公共服务设施，延续历史文脉，加强风貌管控，突出地域特色。

1月28日 广东省省长马兴瑞在广东省第十三届人民代表大会第二次会议上作政府工作报告时指出，将坚持农业农村优先发展，建立健全城乡融合发展体制机制和政策体系，按照产业兴旺、生态宜居、乡风文明、治理有效、生活富裕的总要求，加快推进农业农村现代化。要促进城乡融合发展，大力推动以人为核心的新型城镇化，支持符合条件的农业转移人口在城市落户安居。

同日，广东省人大代表、省委常委叶贞琴参加省十三届人大二次会议汕尾代表团分组审议、省政协十二届二次会议农业农村组分组讨论时指出，要建立健全促进城乡融合发展的体制机制和政策体系，把广东省农业农村发展短板加快变成“潜力板”和“压舱石”。

2月20日 广东全省实施乡村振兴战略工作推进会在广州召开。省委书记李希强调，要深化城乡融合机制体制创新，破解城乡二元结构。要深化农村基层党建引领，不断提升农村基层党组织政治功能和组织力，打造引领乡村振兴的坚强战斗堡垒。

3月1日 广东省人民政府办公厅印发《供销合作社新型乡村助农服务示范体系建设实施方案》，对新型乡村助农服务示范体系建设目标、建设规范、建设任务、建设方式等都提出了明确要求。

3月29日 商务部新闻发言人高峰在28日举行的例行新闻发布会上表示，为促进消费，商务部积极推进城乡高效配送专项行动，打通农产品进城、工业品下乡的“最后一公里”。部分地区在网络优化、技术应用、模式创新等方面已经取得初步成效，城乡双向融合的物流互动配送体系初步建立。在此基础上，商务部已经确定首批30个城市深入开展专项行动。

4月8日 国家发展改革委在其官网发布《2019年新型城镇化建设重点任

务》，以更少的落户限制、更好的公共服务、更完善的配套政策、更优化的城镇布局、更高质量的城市建设、更协调的城乡融合发展，勾画出2019年新型城镇化建设的轮廓。其中，珠海、惠州、江门、肇庆将全面取消落户限制，广州、深圳、佛山、东莞将调整完善积分落户政策，大幅增大落户规模、精简积分项目，确保社保缴纳年限和居住年限分数占主要比例。

5月5日 《中共中央国务院关于建立健全城乡融合发展体制机制和政策体系的意见》公开发布，分别从战略、目标、政府和市场、产业、社会福利等方面阐释了城乡融合体制机制和政策体系的本质特征和内在要求，不仅确立了建立健全城乡融合发展的体制机制要分“三步走”的改革路线图，更有涉及户籍、土地等多个关键领域的改革任务书，是城乡融合发展的纲领性文件，对于厘清认识、明确发展目标和路径、制定发展政策、描绘发展蓝图具有重大意义。

4月16日 广东召开全省农村综合改革专项小组第一次会议，深入学习贯彻中央全面深化改革委员会第七次会议精神，认真落实省委全面深化改革委员会第三次会议要求，部署2019年农村改革工作。会议强调，要提高政治站位，深入推进城乡融合发展，深化农村综合改革，在系统推进、专题攻坚、探索突破上持续发力，进一步打破城乡发展的制度藩篱，推动城乡要素自由流动、平等交换，持续激发农业农村发展活力，全力推动广东省农村改革在新时代继续走在全国前列。

4月19日 全国现代农业产业园工作推进会在广东省江门市召开，中华人民共和国农业农村部部长韩长赋出席会议并在讲话中指出，建设现代农业产业园是党中央、国务院做出的重要决策，各地要从实施乡村振兴战略的大格局、农业高质量发展新阶段和城乡融合发展大背景来深化认识现代农业产业园建设的重要意义和功能定位，高起点高标准谋划推进产业园建设，引领带动乡村产业做大做强和农业发展转型升级、提质增效，发挥产业园联工促农、联城带乡的桥梁纽带作用，探索城乡融合发展之路。

4月20日 农业农村部与广东省政府在广州签署《部省共同推进广东乡村振兴战略实施合作框架协议》，省委书记李希见证签约，农业农村部部长韩长赋、省长马兴瑞共同签署协议并致辞。根据协议，双方将共同推进农业供给侧结构性改革、农业农村现代化、城乡融合发展、区域协调发展、农村人居环境整治、农村基层有效治理等走在全国前列。

5月6日 国家发展改革委就建立健全城乡融合发展体制机制和政策体系有关情况举行发布会，介绍建立健全城乡融合发展体制机制和政策体系有关情况，并回答记者提问。

5月10日 中共中央、国务院印发《关于建立国土空间规划体系并监督实施的若干意见》，其中指出，要坚持陆海统筹、区域协调、城乡融合，优化国土空间结构和布局，统筹地上地下空间综合利用，着力完善交通、水利等基础设施和公共服务设施，延续历史文脉，加强风貌管控，突出地域特色。

5月12日 广东省委常委叶贞琴率省政府办公厅、省农业农村厅负责同志出席清远市破解城乡二元结构、推动城乡融合发展工作座谈会，要求清远牢记习近平总书记嘱托，发扬敢闯敢试、敢为人先的改革精神，探索破解城乡二元结构、建立健全城乡融合发展体制机制和政策体系，创造新时代“清远经验”。

5月26日 清远市与广东省农业农村厅共同举行推进清远国家城乡融合发展试验区建设合作框架协议签订仪式，携手创建“破解城乡二元结构促进城乡融合发展国家级试验区”。

6月25日 中共中央政治局召开会议，会议强调，要坚持农业农村优先发展，坚持多予少取放活，推动城乡融合发展，集中精力做好脱贫攻坚工作，走共同富裕道路。

6月27日 破解城乡二元结构专题研讨会在清远市召开。国内知名学者、专家齐聚清远，为破解城乡二元结构把脉建言。清远市委书记郭锋表示，要强化体制保障，积极争取广东省出台支持清远探索城乡融合发展的指导意见，借智借力组建城乡融合发展专家库。这是继2019年清远市委、市政府先后与中国农村研究院、中央党校党建部、南方日报经济智库等省内外高端智库展开合作以来，再次邀请知名专家聚焦城乡二元结构、乡村振兴等问题进行深度研究。

7月4日 广东省委印发《关于深入学习贯彻习近平总书记视察广东重要讲话精神 奋力开创新时代广东改革开放新局面的决定》，提出要对标全面建成小康社会必须完成的硬任务，发挥广东城市经济发达的优势，以工补农、以城带乡，探索城乡融合发展的体制机制和政策体系，有效破除城乡二元结构。

7月5日 广东省委、省政府印发《关于贯彻落实〈粤港澳大湾区发展规划纲要〉的实施意见》，提出要促进城乡融合发展，建立健全城乡融合发展体制机制和政策体系，推动城乡基础设施互联互通、公共服务普惠共享、资源要素平等交换、生产要素充分对接，努力把短板变成“潜力板”。

7月11日 广东省委召开全面深化改革委员会第四次会议，研究并原则通过了佛山市南海区创建广东省城乡融合发展改革创新实验区的申请。7月31日，广东省委全面深化改革委员会正式批复同意佛山市南海区建设广东省城乡融合发展改革创新实验区，佛山市南海区成为广东首个省级城乡融合发展改革创新实验区。

7月12日 广东省委、省政府印发《广东省实施乡村振兴战略规划（2018—2022年）》，提出要建立健全促进城乡融合发展的体制机制和政策体系，通过解决乡村发展“人、地、钱”供给短板问题，促进城乡要素自由流动，进一步激发乡村内部活力、优化乡村外部发展环境，重塑城乡关系，促进城乡融合发展。

7月19日 广东省委和省政府印发《关于构建“一核一带一区”区域发展新格局促进全省区域协调发展的意见》，提出要促进城乡融合发展。统筹实施区域协调发展战略和乡村振兴战略，加快建立健全促进城乡融合发展的体制机制和政策体系，推动城乡基础设施互联互通、公共服务普惠共享、资源要素平等交换、生产销售充分对接，引导人才、资金、技术等要素资源“上山下乡”。按照全省区域协调发展和城乡融合发展的要求，科学合理布局建设特色小镇。

7月23日 国家发展改革委规划司组织撰写了一批解读文章，《宏观经济管理》编辑部将解读文章汇编形成《全国城乡融合发展专刊》出版发行，从新高度、新起点、大方向、政策核心、政策重点、政策落脚点等方面，对如何建立健全城乡融合发展体制机制和政策体系，进行了深入分析。

7月24日 国务院办公厅同意发展改革委建立城镇化工作暨城乡融合发展工作部际联席会议制度。

7月24日 广东省省长马兴瑞主持召开省政府常务会议并在会上强调，要将现代农业产业园作为广东省实施乡村振兴战略的重要举措、推动城乡融合发展的重要平台来抓。

7 月 31 日　广东省人民政府办公厅印发《农业农村部　广东省人民政府共同推进广东乡村振兴战略实施 2019 年度工作要点》。其中提出，要推动形成城乡融合、区域协调发展的乡村振兴战略规划体系；要健全促进城乡融合发展体制机制，加快推动梅州、惠州、江门、清远、韶关和佛山市三水区乡村振兴综合改革试点工作，力争 2019 年在破解城乡二元结构、农村人居环境整治、推动农村土地流转、创新农村建设管理模式、农村宅基地和农房建设管理等重点领域取得进展。

8 月 15 日　广东省省长马兴瑞率省有关部门赴清远市英德市沙口镇、广东省农业科学院茶叶研究所英德基地调研，深入贯彻落实习近平总书记对广东省重要讲话和重要指示批示精神，结合开展“不忘初心、牢记使命”主题教育，研究推动破解城乡二元结构改革试点工作。

8 月 18 日　由北京国发华融经济研究院会同中国人力资源开发研究会、中国西部研究与发展促进会、中国小康建设研究会、中国民族贸易促进会、北京民营经济发展促进会、中国陶瓷工业协会等 30 多家社团组织和地方政府共同发起的“中国首届城乡融合发展峰会”暨“中国城乡融合发展联盟成立仪式”在全国人大会议中心举行。中国城乡融合发展联盟宣告成立，大会通过了《中国城乡融合发展联盟北京共识》。

8 月 21 日　广东省人民政府办公厅印发《农业农村部、广东省人民政府共同推进广东乡村振兴战略实施 2019 年度工作要点》，将推动形成城乡融合、区域协调发展的乡村振兴战略规划体系和健全促进城乡融合发展体制机制列入年重点工作。

8 月 29 日　广东省委全面深化改革委员会审定印发了《关于坚持和加强农村基层党组织领导扶持壮大集体经济的意见》，针对当前各地农村集体经济发展还不平衡不充分问题，在政策上与国家有关部署安排作了充分衔接，并结合广东实际提出坚持和加强农村基层党组织领导地位，多路径壮大集体经济、多形式盘活集体资产、多渠道促进农民增收的政策举措，明确可从当年度村级集体收益增量中拿出一定比例对发展壮大集体经济做出突出贡献的村两委干部予以奖励。

9 月 4 日　广东省人民政府颁布《关于深化改革加快推动“三旧”改造促进高质量发展的指导意见》，强调要坚持以目标为引领的原则，以促进城乡融合发展和经济高质量发展为根本目标，建立政府引导、市场运作、规划统筹、政策支撑、法治保障的“三旧”改造工作新格局。

10月8日 中国中小城市高质量发展指数研究成果发布，佛山市顺德区、南海区蝉联全国综合实力百强区前两名，并分别蝉联全国绿色发展百强区和全国新型城镇化质量百强区第一名。

10月26日 广东省省长马兴瑞主持召开省政府常务会议，研究推进乡村振兴、道路交通安全管理、港珠澳大桥广东水域通航安全管理等工作。会议指出，要进一步深化农村改革，加快建立健全城乡融合发展的体制机制和政策体系，推动破解城乡二元结构等重点、难点问题，突出农村人居环境整治、富民兴村产业发展、脱贫攻坚三大重点，抓好乡村振兴硬任务落实落地。

11月26日 中国共产党广东省第十二届委员会第八次全体会议通过了中共广东省委贯彻落实《中共中央关于坚持和完善中国特色社会主义制度、推进国家治理体系和治理能力现代化若干重大问题的决定》的实施意见，提出要坚持农业农村优先发展，破解城乡二元结构，建立健全城乡融合发展体制机制和政策体系，完善城乡统筹规划制度，加快形成工农互促、城乡互补、全面融合、共同繁荣的新型城乡关系。

12月13日 广东省省长马兴瑞主持召开省政府常务会议，研究压减省级权责清单事项、优化政府职责体系、推动城乡融合发展等工作。会议强调，要深入贯彻落实党中央、国务院关于推动城乡融合发展的决策部署，坚持问题导向，突出广东特色，注重衔接平衡，统筹做好城乡规划布局，增强各项改革的系统性、整体性、协同性，着力破解户籍、土地、资本、公共服务等方面的体制机制弊端。

12月19日 国家发展改革委、中央农村工作领导小组办公室、农业农村部、公安部等十八部门联合印发《国家城乡融合发展试验区改革方案》，聚焦11个方面的试验任务，深入探索、先行先试，并公布了11个国家城乡融合发展试验区名单，广东省内的广清接合片区入选，范围包括：广州市花都区、增城区、从化区，清远市清城区、清新区、佛冈县、英德市连樟样板区，面积9978平方公里。该规划拟通过花都、增城、从化城乡融合发展试验探索，以点带面，逐步形成可借鉴、可复制的典型经验和体制机制改革措施，在更大的面上推动广州城乡融合发展。

12 月 25 日 中共中央办公厅、国务院办公厅印发的《关于促进劳动力和人才社会性流动体制机制改革的意见》中提出，要建立健全城乡融合发展体制机制和政策体系，推进新型城镇化建设和乡村振兴战略实施，引导城乡各类要素双向流动、平等交换、合理配置。

2020年

1 月 14 日 广东省省长马兴瑞在广东省第十三届人民代表大会第三次会议上作政府工作报告时指出，过去一年来，广东省在推进城乡融合发展，加大“万企帮万村”力度，各类人才返乡下乡创业等方面取得新成效。接下来，将抓好健全城乡融合发展体制机制，积极开展破解城乡二元结构试点示范，推进国家城乡融合发展试验区广清接合片区建设。

1 月 15 日 在清远市清新区委七届十次全会上，清新区委书记余国平提出，要深入推进“南融”“东联”“西拓”“北优”“破解城乡二元结构、加快城乡融合发展”五大行动，开启城乡现代化建设新局面。

3 月 2 日 《中共广东省委　广东省人民政府关于加强乡村振兴重点工作决胜全面建成小康社会的实施意见》出台，其中包括制定推进国家城乡融合发展试验区广清接合片区建设的配套措施，建立健全推进城乡融合发展的体制机制和政策体系。支持梅州、惠州、江门、清远和佛山市三水区开展乡村振兴综合改革试点，支持佛山南海建设广东省城乡融合发展改革创新实验区，支持广州从化建设全省乃至全国乡村振兴示范区，总结推广一批可复制的经验做法。

3 月 18 日 广东省农业农村厅党组副书记，省委农村工作办公室、省扶贫开发办公室常务副主任许典辉等一行到南海区调研广东省城乡融合发展改革创新实验区建设工作，村级工业园升级改造是南海区推进实验区建设的重要内容，彰显出省委对南海村改工作寄予厚望。

3 月 24 日至 25 日 广东省发展和改革委员会举办广东省建立健全城乡融合发展体制机制和政策体系业务培训，除广州主会场外，21 个地市和国家城乡融合发展试验区广清接合片区 7 县区设立分会场。广东省城乡融合发展工作专班成员、省发改委部分机关干部，各市、县区有关人员近 700 人参加培训。

4月3日 国家发展改革委印发《2020年新型城镇化建设和城乡融合发展重点任务》，从提高农业转移人口市民化质量、优化城镇化空间格局、提升城市综合承载能力、加快推进城乡融合发展四个方面提出了二十六项重点任务。

4月17日 广东省人民政府成立广东省城镇化工作暨城乡融合发展工作领导小组，加强对全省城镇化工作和城乡融合发展工作的组织领导。领导小组办公室设在省发展改革委，承担领导小组日常工作。

4月27日 中共中央总书记、国家主席、中央军委主席、中央全面深化改革委员会主任习近平在主持召开中央全面深化改革委员会第十三次会议并发表重要讲话时强调，对事关经济高质量发展的体制机制问题，要抓住完善要素市场化配置、转变政府职能、优化营商环境、扩大国内需求、稳定产业链供应链、推进城乡融合发展、加快科技创新、扩大对外开放、促进人与自然和谐共生等重要方面，加强系统集成，统筹部署推进。

4月30日 江门市印发了《关于积极应对新冠肺炎疫情进一步促进消费扩容提质的若干措施》，共涉及7个方面29条内容，包括大力优化市场供给、重点推进文旅休闲消费提质升级、着力建设城乡融合消费网络、加快构建"智能+"消费生态体系、持续提升居民消费能力、全面营造放心消费环境等方面。

5月8日 广东省委、省政府印发《广东省建立健全城乡融合发展体制机制和政策体系的若干措施》，通过建立健全有利于城乡空间融合发展的体制机制、建立健全有利于城乡要素合理配置的体制机制、建立健全有利于城乡基本公共服务均等化和基础设施一体化的体制机制、建立健全有利于乡村经济多元化发展的体制机制、建立健全有利于乡村治理的体制机制、建立健全有利于农民收入持续增长的体制机制、加强组织保障等举措，推进广东加快建立工农互促、城乡互补、全面融合、共同繁荣的新型工农城乡关系，促进城乡融合发展，实现乡村振兴和农业农村现代化。同时，将根据珠三角和粤东、粤西、粤北地区发展阶段及特点，各选择1~2个市、县开展省级城乡融合发展试点工作。

5月12日 清远市初步确定了建设国家城乡融合发展试验区广清接合片区（清远片区）2020年工作思路，概括为"1221"工程，突出"改革"主线，推动土地制度进行革命性改革，在探索建立农村集体经营性建设用地入市制度等方面精准发力；抓住“城乡要素自由流动”和“公共资源合理配置”两个关键；建立两类标准体系：北部以探索乡村振兴为主要内容的“连樟标准”和南部以探索城乡融合为主要内容的“广清一体标准”；建设一批推动城乡融合发展典型项目，高起点部署推进试验区建设工作。

5月14日 中共中央总书记习近平在主持中共中央政治局常委会会议时指出，要“深化供给侧结构性改革，充分发挥我国超大规模市场优势和内需潜力，构建国内国际双循环相互促进的新发展格局”，基于供给、需求视角，首次提出了“双循环”概念。

6月8日 清远市政府与中国农业发展银行（简称“农发行”）广东省分行签订《支持与服务国家城乡融合发展试验区广清接合片区合作协议》。计划于2020～2025年，农发行广东省分行力争提供不低于300亿元的意向性融资支持，对清远市的国家城乡融合发展重点领域、典型项目优先给予金融支持，包括粮食安全类、城乡发展一体化类、农业现代化类、脱贫攻坚类等。

6月23日 佛山市南海区第十六届人大第五次会议开幕。会上，《佛山市南海区人民政府关于加快建设广东省城乡融合发展改革创新实验区着力打造示范片区的报告》及《佛山市南海区人民政府关于实施“交通大会战”（2020年—2025年）的报告》同步被提交大会审议。前者是推进粤港澳大湾区建设与实施乡村振兴战略结合起来的具体行动，聚焦解决南海城乡发展不平衡不协调的问题；后者是践行粤港澳大湾区发展规划及广佛全域同城的具体行动，旨在构建现代化综合交通体系，拉开城市框架，提升区域价值。

6月29日 广东省自然资源厅公布第一批村庄规划优化提升试点名单，共计62个试点。东莞市厚街新围大迳、塘厦龙背岭、谢岗南面3处村庄入选试点，积极探索城乡融合地区村庄规划经验，共获得119亩建设用地规模的支持。

7月14日 清远市委宣传部组织开展的传承弘扬“清远经验”、决战决胜脱贫奔康——“大学习、深调研、真落实”调研活动走进佛冈县。为探索推进城乡融合发展，佛冈探索开展广佛（佛冈）产业园配套设施项目、黎安村旧村庄升级改造工程、广东（佛冈）万洋众创城项目等14个城乡融合发展典型项目，并谋划了28个、近58亿元的建设项目，进一步提升县城的综合承载能力，加速推动城乡融合发展。

7月20日 国家城乡融合发展试验区广清接合片区动作频频，展现出“化学反应”的强势能量，全力加快广清一体化和入珠融湾步伐。具体举措及进展包括：142个项目集中签约动工、公共卫生应急物资产业园揭牌、与金融机构签订合作协议、广清城轨开通倒计时、广东职教城二期建筑封顶、腾讯清远高新区云计算数据中心开工。

7月24日 广州市社会科学院出版《广州城乡融合发展报告（2020）》，系统地回顾了2019年广州城乡融合发展的成效与亮点，对广州城乡融合发展形势进行了分析和展望。

7月30日 广东省人民政府办公厅印发了《农业农村部　广东省人民政府共同推进广东乡村振兴战略实施2020年度工作要点》，在深化重点改革部分，提出了土地股份合作制、土地承包、农村集体产权制度、城乡融合发展等农业农村改革工作内容，涉及推进国家城乡融合发展试验区广东广清接合片区建设和省级城乡融合发展试点，支持佛山市南海区建设广东省城乡融合发展改革创新实验区等方面。

同日，佛山市南海区桂城街道举行广东省城乡融合发展改革创新实验区行动计划发布暨映月新城重点项目推进会。会上，桂城提出投入超50亿元，高标准建设63公里桂城滨河生态走廊，打造沥桂南岸公园、半月岛公园、平洲滨水公园、尖东公园等多个重要节点，串联沿岸多种文化与景观资源，打造滨江休闲长廊，为南海中心城区打造新地标和城市名片，并计划在未来三年内投入超1200亿元，打造“城市更城市，乡村更乡村”的“桂城样本”。

8月3日 广东省农业农林厅发布《2019年广东省农业农村厅部门整体绩效自评报告》，广东省各地确权登记颁证“回头看”基本完成，在91个县区启动农村承包地经营权流转奖补试点。农村集体资产清产核资工作如期完成，超过3万个集体经济组织完成了改革任务，确认成员身份1581万人。在841个行政村启动扶持村级集体经济发展试点，指导梅州市等“四市一区”开展乡村振兴综合改革试点、佛山市南海区建设广东省城乡融合发展改革创新实验区，支持广清接合片区开展国家城乡融合发展改革试验区工作，连樟村及周边地区实现了“一年一变化”目标。

8月25日 中国共产党广东省第十二届委员会第十次全体会议在广州召开，会议指出，要着力推进新型城镇化，充分发挥珠三角核心区的辐射带动作用，大力提升粤东、粤西、粤北地区城市化水平，促进乡村振兴，加快城乡融合发展。

8 月 28 日 广州、清远两市在广州琶洲中洲交易中心联合举办高质量推进广清一体化发展暨老广游清远系列项目启动仪式，创新“政府引导、市场主导、有效激励、社会参与”帮扶模式，全面驱动广清产业共建、消费拉动、就业（教育）帮扶“三驾马车”。老广游清远等一系列项目的集中签约，旨在构建联农、带农、益农的稳定机制，助力脱贫攻坚与乡村振兴有效衔接，释放城乡融合发展新红利。

9 月 1 日 中共中央总书记、国家主席、中央军委主席、中央全面深化改革委员会主任习近平主持召开中央全面深化改革委员会第十五次会议并发表重要讲话，强调要大力实施乡村振兴战略，健全城乡融合发展体制机制和政策体系。

9 月 13 日 广东省农房管控和乡村风貌提升（粤西）现场推进会在湛江雷州市召开。省长马兴瑞强调，农房管控和乡村风貌提升是实施乡村振兴战略、加强和改进乡村治理的必然要求和重要抓手，也是建立健全城乡融合体制机制、建设生态宜居美丽乡村、实现乡村全面振兴的重大任务，事关广大农民群众的获得感、幸福感。

9 月 19 日 广东省委全面深化改革委员会印发《佛山市南海区建设广东省城乡融合发展改革创新实验区实施方案》，允许南海直接复制省其他实验区已获批权限，以全域土地综合整治为突破口，促进城乡全面融合。南海成为全省率先启动省级城乡融合发展改革创新实验区建设的城市，投入约 3300 亿元，推进 141 个重点项目和 9 条特色廊道建设，集中力量打造一批城乡融合发展标杆区域。此外，南海大力推进村级工业园升级改造，提前 3 个月完成 2020 年 3 万亩土地拆除整理任务，累计拆除整理 48035 亩土地，推动 30 个自然村实施整村改造。

9 月 22 日 佛山市南海区举行“数治南海　智融城乡”广东省城乡融合发展改革创新实验区数字化治理工作推进会。会上，南海区“城市大脑”一期正式上线暨二期规划、广东省数字政府填表报数管理系统试点成果，以及“南海造”产品库正式发布，南海区城乡融合大数据治理平台启用，“南海通”App 及小程序上线。

9月23日 佛山市顺德区政府印发《地券管理操作指引》，首次提出“地券”概念，通过对拆旧复垦指标赋能，按照不同功能进行细化分类，创新制度设计。预计实施后，将极大激活土地相关权益人拆旧复垦的积极性，促进顺德区村级工业园改造“生态复垦复绿模式”的进一步实施。建立地券管理制度，是广东省支持顺德率先建设高质量发展体制机制改革创新实验区的一个重要事项，也是顺德促进城乡融合发展、推动土地节约集约利用的一个重要举措。

9月25日 中共中央总书记、国家主席、中央军委主席习近平对供销合作社工作做出重要指示，肯定了近年来全国供销合作社在促进现代农业建设、农民增收致富、城乡融合发展等方面所做的大量工作。

9月27日 佛山市南海区召开全面建设广东省城乡融合发展改革创新实验区工作推进大会，对南海区建设省城乡融合发展改革创新实验区的工作做出详细部署。

10月15日 中共中央总书记、国家主席、中央军委主席习近平在广东考察时强调，要坚决贯彻党中央战略部署，坚持新发展理念，坚持高质量发展，进一步解放思想、大胆创新、真抓实干、奋发进取，以更大魄力、在更高起点上推进改革开放，在推进粤港澳大湾区建设、推动更高水平对外开放、推动形成现代化经济体系、加强精神文明建设、抓好生态文明建设、保障和改善民生等方面展现新的更大作为，努力在全面建设社会主义现代化国家新征程中走在全国前列、创造新的辉煌。

10月18日 国务院新闻办公室就深入学习贯彻习近平总书记在深圳经济特区建立40周年庆祝大会上的重要讲话精神，扎实推动深圳综合改革试点落地见效有关情况举行发布会。自然资源部副部长庄少勤在会上指出，应更好地发挥市场机制作用，增强空间流量配置的充裕性和便利性。在区域流量上，要通过完善市场交易平台，加快构建城乡统一的建设用地市场，促进城乡融合发展，使区域资源可以在一个平台上进行交易、进行流通。

10月19日 广东省农业农村厅召开党组（扩大）会议，专题传达学习习近平总书记出席深圳经济特区建立40周年庆祝大会和视察广东重要讲话、重要指示精神。会议强调，要全面推进农业农村各项改革，抓实抓细农房管控和乡村风貌提升，加快城乡融合发展。打好脱贫攻坚收官战，保持脱贫攻坚政策总体稳定，巩固扶贫成果，提升扶贫水平，完善扶贫工作机制，推进全面脱贫与乡村振兴有效衔接。

10 月 21 日 广州市召开学习贯彻习近平总书记出席深圳经济特区建立 40 周年庆祝大会和视察广东重要讲话重要指示精神干部大会。会议强调，要对标对表“创新思路推动城市治理体系和治理能力现代化”重要要求，树立全周期管理意识，深化城市更新九项重点工作，统筹推进城乡融合发展，健全“令行禁止、有呼必应”党建引领基层共建共治共享社会治理格局，建设平安广州，持续提升国际大都市治理能力和水平。

10 月 29 日 “全域城乡融合　共谋高质发展——狮山推进城乡高质量融合工作大会”在佛山市南海区狮山体育馆召开。狮山镇正式对外发布狮山城乡高质量融合发展的总体路径，通过空间格局重构、产业格局重构和环境生态重构推进全域城乡融合发展。

11 月 2 日至 12 月 3 日 广州日报佛山全媒体传播中心联合南海区委宣传部推出“城乡融合看南海”——南海区全面建设广东省城乡融合发展改革创新实验区系列调研报道，采编团队深入南海 7 镇街，走访南海区农业农村局、南海经济促进局等相关牵头单位，与负责人进行深度对话，最终形成系列高质量的融媒体报道。系列报道共 14 篇，合计超 4 万余字，全面深入解读了南海全省探路城乡融合的做法思路。

11 月 12 日 广东省发展和改革委员会公布了《广东省城乡融合发展省级试点地区名单》，包括 7 个市县试点和 39 个中心镇试点地区。

11 月 17 日 佛山市南海区桂城街道召开全面推进广东省城乡融合发展改革创新实验区建设工作大会，明确下一阶段推进城乡融合需突破的关键节点，对任务落实进行号召动员。会上提到，2020 年以来，桂城在推动城乡融合发展上取得了不少成果，但仍存在人居环境整治不彻底、相关工程项目建设滞后等问题。会议要求，聚焦重点，持续攻坚，全面建设广东省城乡融合发展改革创新实验区先行示范区。

12 月 30 日 广东省城镇化工作暨城乡融合发展工作领导小组办公室印发《广东省县城新型城镇化补短板强弱项实施方案》，在“推进公共服务设施提标扩面、推进环境卫生设施提级扩能、推进市政公用设施提档升级和推进产业培育设施提质增效”等四大领域，提出提升广东县城综合承载与服务能力、治理水平的 17 项建设任务。

12 月 13 日 中国共产党广东省第十二届委员会第十二次全体会议审议通过《中共广东省委关于制定广东省国民经济和社会发展第十四个五年规划和二〇三五年远景目标的建议》。提出要坚持把解决好“三农”问题作为工作重中之重，全面实施乡村振兴战略，强化以工补农、以城带乡，推动城乡融合发展，发展精细农业、建设精美农村、培养精勤农民，加快农业农村现代化。健全城乡融合发展机制，高水平建设国家城乡融合发展试验区广清接合片区。

12 月 29 日 中共英德市委十三届十一次全会召开，会议提出，要围绕国家城乡融合发展试验区连樟样板区建设和改革发展，积极复制推广“连樟经验”。

12 月 30 日 中共中央总书记、国家主席、中央军委主席习近平出席中央农村工作会议并发表重要讲话。他强调，要推动城乡融合发展见实效，健全城乡融合发展体制机制，促进农业转移人口市民化。要把县域作为城乡融合发展的重要切入点，赋予县级更多资源整合使用的自主权，强化县城综合服务能力。

同日 广东省城镇化工作暨城乡融合发展工作领导小组办公室印发《广东省县城新型城镇化补短板强弱项实施方案》。其中明确提出，到 2022 年，基本补齐以示范县（市）为重点的县城公共服务、环境卫生、市政设施、产业配套等领域设施短板。到 2025 年，新型城镇化建设成效显著，形成一批可复制可推广的“广东模式”与“广东经验”。

S 基本子库
SUB DATABASE

中国社会发展数据库（下设 12 个子库）

整合国内外中国社会发展研究成果，汇聚独家统计数据、深度分析报告，涉及社会、人口、政治、教育、法律等 12 个领域，为了解中国社会发展动态、跟踪社会核心热点、分析社会发展趋势提供一站式资源搜索和数据服务。

中国经济发展数据库（下设 12 个子库）

围绕国内外中国经济发展主题研究报告、学术资讯、基础数据等资料构建，内容涵盖宏观经济、农业经济、工业经济、产业经济等 12 个重点经济领域，为实时掌控经济运行态势、把握经济发展规律、洞察经济形势、进行经济决策提供参考和依据。

中国行业发展数据库（下设 17 个子库）

以中国国民经济行业分类为依据，覆盖金融业、旅游、医疗卫生、交通运输、能源矿产等 100 多个行业，跟踪分析国民经济相关行业市场运行状况和政策导向，汇集行业发展前沿资讯，为投资、从业及各种经济决策提供理论基础和实践指导。

中国区域发展数据库（下设 6 个子库）

对中国特定区域内的经济、社会、文化等领域现状与发展情况进行深度分析和预测，研究层级至县及县以下行政区，涉及省份、区域经济体、城市、农村等不同维度，为地方经济社会宏观态势研究、发展经验研究、案例分析提供数据服务。

中国文化传媒数据库（下设 18 个子库）

汇聚文化传媒领域专家观点、热点资讯，梳理国内外中国文化发展相关学术研究成果、一手统计数据，涵盖文化产业、新闻传播、电影娱乐、文学艺术、群众文化等 18 个重点研究领域。为文化传媒研究提供相关数据、研究报告和综合分析服务。

世界经济与国际关系数据库（下设 6 个子库）

立足“皮书系列”世界经济、国际关系相关学术资源，整合世界经济、国际政治、世界文化与科技、全球性问题、国际组织与国际法、区域研究 6 大领域研究成果，为世界经济与国际关系研究提供全方位数据分析，为决策和形势研判提供参考。

法律声明